Springer-Lehrbuch

Rolf G. Henzler

Information und Dokumentation

Sammeln, Speichern und Wiedergewinnen
von Fachinformation in Datenbanken

Mit 44 Abbildungen und 50 Tabellen

Springer-Verlag

Berlin Heidelberg New York
London Paris Tokyo
Hong Kong Barcelona
Budapest

Prof. Dr. Rolf G. Henzler
Fachhochschule für Bibliothekswesen
Studiengang Dokumentation
Wolframstr. 32
W-7000 Stuttgart 1

Die Deutsche Bibliothek – CIP-Einheitsaufnahme
Henzler, Rolf: Information und Dokumentation: Sammeln, Speichern und Wieder-
gewinnen von Fachinformation in Datenbanken; mit 50 Tabellen / Rolf Gunther
Henzler. – Berlin; Heidelberg; New York; London; Paris; Tokyo; Hong Kong;
Barcelona; Budapest: Springer, 1992
(Springer-Lehrbuch)

ISBN-13: 978-3-540-55703-6   e-ISBN-13: 978-3-642-77658-8
DOI: 10.1007/978-3-642-77658-8

Umschlaggestaltung: Struve & Partner, Heidelberg
Satz: Reproduktionsfertige Vorlage vom Autor

45/3140 – 5 4 3 2 1 0 – Gedruckt auf säurefreiem Papier

Nicht Worte suche ich, nein Weisheit

Fluch des Thamus, Klassisches Griechenland

In Daten schwimmen, nach Informationen dürsten

Ausspruch aus der Zeit des IuD-Programms

*Verwechselt einen umfangreichen Wortschatz
nicht mit Wissen*

Swami Sri Yukteswar, Indien des 20. Jahrhunderts

Vorwort

"Die Arbeit der Menschen wird im 21. Jahrhundert hauptsächlich in der
Erzeugung von Information durch Forschung und Wissenschaft, im Sammeln,
Aufbewahren, Auswerten, Verbreiten von Information und in der Organisie-
rung des Wissens bestehen." Das waren die Worte, die Bundesminister Gen-
scher auf dem Zukunftstag '91 am 23.5.91 in Düsseldorf an die Teilnehmer
richtete.

Eine Beschäftigung im Bereich dieses Spektrums kann mehr technisch orientiert erfolgen wie etwa in den Bereichen der Informatik und der Druck- und
Medientechnik oder wie bei Journalisten mehr auf die Bevölkerung ausgerichtet.
Weit weniger im Brennpunkt des öffentlichen Interesses standen bislang die den
Journalisten, Informatikern und Medientechnikern zuarbeitenden Berufe, deren
methodische Kenntnisse von unschätzbarem Wert für Forschung und Gesellschaft sind.

Ein Studium dieser rein dienstleistungsorientierten Berufe der modernen
Informationsgesellschaft kann im wesentlichen in vier Fachrichtungen mit
unterschiedlichen Zielsetzungen und Schwerpunkten stattfinden:
- im *Archivwesen* mit den Schwerpunkten des dauerhaften Aufbewahrens aller
Arten von Informationen, die repräsentativ für eine Person/Institution sind;
- im *Bibliothekswesen* mit den Schwerpunkten Literatursammlung, -bereitstel-
lung und Bestandsvermittlung und Kultur-Management für die verschiedenar-
tigsten Benutzergruppen (wobei hier zwischen den Studiengängen für öffentliche
Bibliotheken und wissenschaftliche Bibliotheken unterschieden werden muß);
- im *Buchhandel/Verlagswesen* mit den Schwerpunkten der Präsentation von
Informationen, des Vertriebs und der Kundenberatung;
- und in der *Informationswissenschaft/Dokumentation* mit den Schwerpunkten
Datensammlung, Informationserschließung, -aufbereitung, -vermittlung und
-präsentation, verknüpft mit dem Erwerb von Kenntnissen zur fachdisziplinen-
orientierten Informationsverarbeitung im Dokumentationsprozeß.

Das letztgenannte Studienfach ist Thema dieses Kompendiums und hat eine
klassische Mittlerfunktion zwischen der Informatik/Technik einerseits und dem
Archiv-, Bibliotheks- und Verlagswesen andererseits. Informationswissenschaftler und Dokumentare sind vergleichbar mit dem Typ eines Universalge-

lehrten/Allround-Managers, der im Gegensatz zum Spezialisten (der möglichst viel über ein möglicherweise kleines Fachgebiet wissen soll) über möglichst viele Fachgebiete etwas weiß, um zwischen verschiedenen Fachgebieten eine Kommunikation herzustellen. Natürlich kann dieser Anspruch bei der praktischen Tätigkeit nicht aufrechterhalten bleiben, da eine Spezialisierung auf das Fächerspektrum der Institution stattfinden muß, für die man die Kommunikation zwischen den Fachleuten organisieren muß. Die Anforderungen an eine(n) zukünftige(n) Dokumentar(in) sind daher vielfältig, sie reichen von fachwissenschaftlichen Kenntnissen über methodisch-technische Qualifikationen bis zu persönlichen Qualitäten. Selbstverständlich muß ein Studium der Dokumentation eine starke Ausrichtung auf praxisorientierte Projekte unter erheblichem EDV-Einsatz haben und zusätzlich studienbegleitende Praktika aufweisen.

Das Fach Dokumentation ist in einem dynamischen Wachstumsprozeß begriffen, was sich in der Art des darüber erscheinenden Schrifttums ablesen läßt: Nicht nur die Anzahl der Zeitschriften, sondern auch die Anzahl der grundlegenden Monographien hat zugenommen und graues Schrifttum abgelöst. Das vor 14 Jahren erschienene Standard-Handbuch (der "LaiLuMU") ist inzwischen komplett überarbeitet und in der 3. völlig neu gefaßten Ausgabe (Buder, Rehfeld und Seeger 1990) nicht mehr wiederzuerkennen. Auch die zwei klassischen Kerngebiete des Dokumentationswesens, die inhaltliche Erschließung und die Speichertechniken des bisher einzigen Lehrbuchs von W. Gaus (Dokumentations- und Ordnungslehre) aus dem Jahre 1983 charakterisieren die Tätigkeit von Dokumentaren der 90er Jahre nur noch aus einer Blickrichtung. Doch das Fach *Information und Dokumentation* ist aufgrund der sich schnell entwickelnden Datenverarbeitung sehr innovativ und strahlt auch auf andere Wissensgebiete aus, so daß viele Inhalte, insbesondere das Online-Recherchieren, in die Studiengänge Bibliothekswesen, Archivwesen, Buchwissenschaft und Informatik integriert werden. Sowohl für die dokumentarischen Anteile dieser Studiengänge als auch für das Grundstudium des Dokumentationswesens ist es erforderlich, eine kompakte und einheitlich didaktisch aufbauende Zusammenfassung für die dokumentarische Praxis der Gegenwart und nahen Zukunft darzustellen, die weder auf zu viele Spezialgebiete noch zu ausführlich auf wenige Gebiete eingeht.

Dieses Buch soll der Weiterentwicklung der Fachdisziplin Rechnung tragen und ist ein Versuch, die wichtigsten Tätigkeiten moderner Dokumentare in einer elementaren Präsentation zu beschreiben. Außerdem soll das Buch verankern, was man hierzu an theoretischen Kenntnissen benötigt: Das erste Kapitel beschreibt den allgemeinen Informationskreislauf in der Gesellschaft und die Organisation von Informationsstellen, indem das gesamte Umfeld charakterisiert wird, wo Wissen entsteht und weiterverbreitet wird und somit einen globalen Einblick in die Informationsszene gibt. Im zweiten Kapitel (Informationsquellen) wird dargestellt, welcher Art die von den genannten Organisationen erstellten Informationen sind und in welcher logischen, organisatorischen und physikalischen Form sie vorkommen bzw. aus welchem Anlaß sie entstehen. Obwohl die beiden ersten Kapitel auf die besonderen Bedürfnisse des Dokumentationswesens ausgerichtet sind, stellen sie doch Bezüge zum Archiv- und Bibliothekswesen her, was bei den folgenden, auf diesen Grundlagen basierenden Kapiteln, nicht der Fall ist. Das dritte Kapitel beschäftigt sich mit der Ordnungslehre, deren detaillierte Kenntnisse für ein Wissen um den Datenbankaufbau (viertes Kapitel) nutzbringend sind. Letzteres ist das *zentrale* Kapitel des Kompendiums, das sich mit der Konzeption von Datenbanken und deren Aufbau befaßt. Dazu werden Grundkenntnisse der EDV vorausgesetzt. Es vertieft einige Aspekte des dritten Kapitels, und man erhält sowohl eine Vorstellung von Speicherungsformen, als auch wie sie sich bei Recherchen auswirken. Das fünfte Kapitel (Information Management) ist sehr heterogen und versucht, verschiedene kleinere mit dem Dokumentationswesen verbundene Fächer (z.B. Informationsrecht, Druck, Betriebslehre) ohne komplexe wissenschaftliche Spezialkenntnisse zu einer Einheit zusammenzuführen mit der Beschränkung auf die wesentlichen Kenntnisse im betrieblichen Einsatz. Hauptsächliches Thema des sechsten Kapitels (Organisation des Online-Retrieval) ist, die Grundlagen zum Online-Recherchieren zu legen und die Begleitumstände des Online-Retrievals zu analysieren. Dabei werden gleichzeitig grundsätzliche Methoden zum Wiederfinden der gespeicherten Informationen erläutert. Kapitel sieben (Informationsnetze und Telekommunikation) ist wieder mehr technisch orientiert und demonstriert die Grundlagen und verschiedenen Möglichkeiten zur Nutzung von Rechnernetzen über Datenfernverarbeitung. Kapitel acht (Retrievalsoftware, -sprachen, -strategien) ist schließlich den Programmpaketen zu Abfragesprachen und deren optimaler Nutzung für Recherchen gewidmet. Kapitel neun (Informationsvermittlung/Literaturversorgung) rundet die Kenntnisse zur Informationsvermittlung und der Informationsmittel auch unter Einbeziehung konventioneller Quellen ab. Kapitel zehn (Auswertung und Aufbereitung von Daten und Informationen) ist der Präsentation von Daten in statistischen und textorientierten Programmpaketen gewidmet, wobei auch grundsätzliche Fragen der Bewertung und Auswertung von Informationen diskutiert werden.

Natürlich ist die Gewichtung subjektiv, sie resultiert jedoch aus der Erfahrung von zwölf Jahren hauptamtlicher Lehrtätigkeit in der Ausbildung von Dokumentaren an der Stuttgarter Fachhochschule für Bibliothekswesen. Dieses Kompendium reflektiert in etwa die "Stuttgarter Schule".

Folgendem Personenkreis bin ich sehr zu Dank verbunden: Herrn Thuss aus Heidelberg für die Betreuung während der letzten beiden Jahre, die ich an diesem Werk schrieb, und das wiederholte kritische Durchlesen aller Kapitel, Herrn Gaus aus Ulm und Herrn Umstätter aus Köln für die gesamte Durchsicht des Werkes kurz vor der Vollendung, den Kollegen Blum und Vogeler für die kritische Durchsicht und Überlassung einzelner Teile ihrer Vorlesungsunterlagen. Für Verbesserungsvorschläge zum Kapitel Datenbankaufbau danke ich Herrn Mie aus Darmstadt, zum Thema Telekommunikation und Informationsnetze Herrn Knobloch aus Heidelberg und Herrn Hackemann aus Karlsruhe für die Überarbeitung des Abschnitts Informationsrecht. Alle Leser sind ebenfalls mit aufgerufen, kritische Anmerkungen und Verbesserungsvorschläge mitzuteilen.

Für das gründliche Korrekturlesen und für stilistische Verfeinerungen danke ich vor allem Frau May (FH Bibliothekswesen Stuttgart, Studiengang Dokumentation), die den Stoff auch auf inhaltliche Fragen und seine Verständlichkeit für Anfangssemester durchlas, und meinem Bruder Gunter. Dank sage ich aber auch all meinen Studenten, die mich immer wieder durch kritische Fragen dazu geführt haben, meinen Vorlesungsstoff zu überdenken, zu ergänzen und zu aktualisieren. Eine besondere Widmung gilt vor allem dem ersten, im Frühjahr 1992 unsere Fachhochschule verlassenden Absolventen-Jahrgang des eigenständigen Studiengangs Dokumentation, dem ich einige Teile des Abschnitts Informetrie im zehnten Kapitel verdanke.

Heidelberg, im Juni 1992   Rolf G. Henzler

Inhaltsverzeichnis

1 Informationskreislauf

1.1 Einleitung

1.1.1 Stationen der Dokumentation

Der Belgier Paul Otlet hatte am Anfang des Jahrhunderts (1905) die Bezeichnung Dokumentation geprägt. Im eigentlichen Sinne Dokumentation betrieben wurde jedoch schon in dem von Colbert angeregten *Journal de Scavans* im Jahre 1665. In diesem ersten Dokumentationsdienst wurde bereits auf andere Publikationen aufmerksam gemacht (vgl. Windel 1980). Die Geschichte der Dokumentation hat schon seit Anfang des 20. Jahrhunderts eine enge Bindung an die Industrie und wurde zu Beginn weitgehend mit Normungsarbeiten verbunden. So wurde 1917 der Normenausschuß der Deutschen Industrie (*NDI*) gegründet, der zwischenzeitlich *DNA* hieß und später (1975) in das Deutsche Institut für Normung (*DIN*) umbenannt wurde. Auch die Geschichte des Bibliothekswesens weist viele Marksteine des Dokumentationswesens auf, so die Entwicklung von Ordnungssystemen und Klassifikationen. Eine internationale Organisationsform bekam die Bewegung der Dokumentare im Jahre 1937 mit der Gründung der Dachgesellschaft Fédération Internationale de Documentation (*FID*). 1941 wurde in Deutschland mit der Deutschen Gesellschaft für Dokumentation (*DGD*) eine Mitgliedergesellschaft gegründet. Ansätze einer Professionalisierung erhielt das Dokumentationswesen 1950 mit der ersten Ausgabe einer Zeitschrift mit dem Namen *Nachrichten für Dokumentation*. Die Bedeutung der Dokumentation als wichtiger Faktor für Forschung und Entwicklung erkannten die Amerikaner anläßlich des *Sputnik-Schocks*, der ihnen klar machte, daß sie in der Informationsbeschaffung für die Forschung auch fremdsprachiges Schrifttum berücksichtigen müssen, worauf der *Weinberg-Report* 1963 folgte, der neue Maßstäbe für die Aufbereitung von Informationen setzte. Ende der sechziger Jahre wurden in Deutschland mit dem Lehrinstitut für Dokumentation (*LID*) in der DGD (Frankfurt) und der ersten Schule für Medizinische Dokumentation (Ulm) auch einschlägige Ausbildungseinrichtungen geschaffen.

Auch in Europa wurde nun mehr in die Informationsindustrie investiert, und es wurde versucht, die europäischen Informationsstellen einander näherzubringen. Eine wichtige Prämisse war dabei, daß unabhängig vom Standort jeder mit gleichem Recht und ohne wirtschaftliche Benachteiligung zu Informationen Zugriff haben sollte. Zu diesem Zweck wurde nach langen Jahren der Planung endlich 1979 das europaweite Telekommunikationsnetz *EURONET* realisiert (s.auch Kap. 7.6.2), nachdem in Deutschland (West) von der sozialliberalen Bundesregierung mit der Planung des ersten *IuD-Programms* (1974-1977) die infrastrukturellen Voraussetzungen für das Bekanntwerden der Datensammlungen geschaffen wurden. Dazu wurde erst einmal mit einer Bestandsanalyse aller dokumentationsbezogenen Aktivitäten begonnen, die dann in eine Strukturierung der Informationslandschaft mündete, indem ab 1977 die Fachinformationszentren gegründet wurden. Ein weiteres Merkmal der wachsenden Professionalisierung ist die Gründung einer *Online-Benutzergruppe* (*OLBG*) im Jahre 1978 als Interessenvertretung gegenüber den Anbietern von Datenbanken. Auf diese mehr planerisch organisierte Informationspolitik folgte das mehr marktwirtschaftlich orientierte *Fachinformationsprogramm* 85-88 nach politischem Wechsel in Bonn. In der Folge wollte man Entwicklungsarbeiten im Informationswesen weniger subventionieren und mehr den Gesetzen des freien Marktes überlassen. Information erhält seitdem mehr und mehr den Charakter einer Ware, die auch etwas kostet und die es zu vermarkten gilt. Das neueste Fachinformationsprogramm 90-94 soll erreichen, daß die Nutzung der *Fachinformation* (*FI*) weiter gesteigert und die Forschung und Entwicklung im Bereich Fachinformation weiter intensiviert wird (Näheres bei Seeger 1990b).

1.1.2 Sinn und Zweck der Dokumentation

An erster Stelle steht hier das Mengenproblem mit einer steigenden Flut von publiziertem Wissen, das so dramatisch war, daß in den 60er und 70er Jahren viele Autoren dieses Thema aufgegriffen (vgl. de Solla Price 1963) und auf ein fast exponentiell wachsendes Schrifttum hinwiesen. Neuere und exakte Zahlen zum *Wachstum des Schrifttums* sind kaum erhältlich, es gibt höchstens Vermutungen von insgesamt ca. 50 Mio. Bücher, 200 000 laufenden Zeitschriften — davon mehr als 100 000 mit wissenschaftlichem Hintergrund —, 300 000 Patente, 500 000 Forschungsberichte und mehr als eine Million Konferenz- und Tagungsberichte und noch viele Informationsquellen mehr. Ein weiteres Problem ist die Aktualität bzw. die Wachstumsfrage: Auf dem Gebiet der elektronischen Datenverarbeitung verdoppelt sich die relevante Literatur alle drei Jahre; man kann vermutlich auch mit einer Halbwertszeit von drei Jahren rechnen, d.h. nach drei Jahren ist ca. die Hälfte der publizierten Literatur veraltet. Dieser Trend nimmt noch zu, da das wissenschaftliche Arbeiten zunimmt. Gegenüber 10 Mio. Wissenschaftlern im Jahre 1950 soll es 100 Mio. Wissenschaftler im Jahre 2000 geben (90 % der Wissenschaftler, die je gelebt haben, leben heute). Außerordentlich problematisch ist, daß aufgrund nicht

gefundener Publikationen — sei es, weil in selteneren Sprachen publiziert oder
sei es, weil nicht in einem Literaturinformationssystem recherchiert wurde —
in den USA ca. 2-4 Mrd. Dollar durch Doppelforschung verschwendet werden.

1.1.3 Definitionen von Information und Dokumentation

Grundlage der Dokumentation ist die *Information*, die die Wahrnehmung von
Daten nach unterschiedlichen Gesichtspunkten ist (vgl. Gaus 1983):
- Information als *verstandene Nachricht*: Daten können dekodiert und ver-
  standen werden,
- Information als *Wissensvermehrung*: Die verstandene Nachricht muß für
  den Empfänger neu sein,
- Information als *Bestätigung der Vorkenntnisse*: Sie dient zur Überprüfung
  und Sicherstellung des Wissensstandes.

Es gibt also *objektive* Charakteristika:
- Information als Wiedergabe eines Sachverhalts in übermittelbarer Form; in
  diesem Fall ist es besser, den Begriff *Daten* für *aufgezeichnete, verarbeit-
  bare* Symbole jeder Art einzuführen.

Der *subjektive* Aspekt des Informationsbegriffs wird durch den allgemein-
gehaltenen Sachverhalt *Verringerung von Ungewißheit* repräsentiert.

Ein weiterer Aspekt, der durch die Zunahme von Datenbanken noch aktueller
wird, ist das "Überinformiertsein", das Überreaktionen hervorrufen kann. Die
Fülle sofort abrufbarer Unternehmensdaten suggeriert Entscheidungen, die
eigentlich nicht notwendig wären, jedoch durch die verfügbare große Datenmenge sinnvoll erscheinen.

Ein interessantes Problem ist die später noch zu diskutierende Frage der
richtigen Auswahl von Information.

Um nun Information dauerhaft verfügbar halten zu können, muß man
Dokumentation betreiben: Die *klassische Definition von Dokumentation* lautet:
*Documentation, c'est réunir, classer et distribuer des documents de tout genre
dans toutes les domaines de l'activité humaine.*

Die Dokumentation ist danach das Sammeln, Ordnen und Nutzbarmachen
bzw. gezielte Wiederauffinden von Dokumenten aller Art ohne Rücksicht
darauf, ob die dazugehörigen Schriftstücke verfügbar sind. Man faßt außerdem
die Technik und Methode dieser Tätigkeit zum Zwecke der Verbreitung von
Informationen unter diesem Begriff zusammen. Im eigentlichen Sinne wären
somit sämtliche bibliothekarischen und archivarischen Tätigkeiten in National-
bibliotheken, Sammlungen, Archiven, Firmen, Regierungsstellen, Parteien
oder Verbänden dokumentationsbezogen.

Als *erweiterte* Definition wird empfohlen, jeweils treffende Komposita mit
dem Wort Dokumentation zu verwenden. Im Rahmen des ersten Informa-
tionsprogramms (IuD-Programms) entwickelte sich der Begriff *IuD* (Infor-

mation und Dokumentation), später *Fachinformation*. In manchen Kreisen ist
auch *BID* (Bibliothekswesen, Information und Dokumentation) üblich.

Neuerdings wird das Ordnen näher differenziert in Erfassen, Erschließen,
Speichern, worauf logisch das Bereithalten folgt, während die Nutzbarmachung
mit dem gezielten Wiederauffinden, dem *Information Retrieval* von Dokumenten und Informationen in Zusammenhang gebracht wird. Die Technik und
Methode zum Zwecke der Verbreitung von Informationen nennt man ebenfalls
Information Retrieval. Weitere Definitionen zum Informationsbegriff werden
bei Gränzer (1992) und Scheidgen, Strittmatter und Tack (1990) diskutiert.

Der *Dokumentationsprozeß* basiert normalerweise auf einem Kreislauf von
eingegebenen Daten, die gespeichert werden, um in veränderter Form wieder
ausgegeben zu werden. Es findet also eine Transformation von Input- in
Output-Strukturen statt, die dann nach einem jeweils gewünschten Benut-
zerinteresse systematisch verfügbar gemacht werden: Die grobe Einteilung der
Phasen besteht aus: Auswertung, geordneter Speicherung, Verarbeitung und
recherchierfähige Aufbereitung, kontinuierlichem Verfügbarmachen verschiedener Varianten von Ausgabedaten. Das kann z.B. in einer Bibliothek, Video-
thek, einer Krankenblattdokumentation (auch Röntgenbild-Dokumentation)
oder einer Ersatzteilverwaltung sein.

Die Grundeinheit eines Dokumentationsprozesses ist das *Dokument,* ein
Informationsträger mit festgelegter Information. Unter *Informationsträger* versteht man ein beliebiges Medium, auf dem Informationen fixiert werden können,
sei es in Schrift- oder Bildform, in akustischer Form oder in einer anderen
körperlich manifesten Form. Entscheidendes Kriterium ist die Reproduzierbarkeit; z.B. ist ein Gespräch erst dann ein Dokument, wenn es (etwa auf Band)
aufgezeichnet ist. Ein *Primärdokument* enthält Information in originaler Form.
Eine detailliertere Gliederung, welcher Art ein Primärdokument sein kann, ist
aus Kap. 2 ersichtlich (dort Publikationsmedium genannt). Ein weitergehender
Begriff für Primärdokument ist *Informationsquelle*; damit wird charakterisiert,
daß es sich nicht nur um Dokumente, sondern auch um andere Materialien
handeln kann. Der neutrale Begriff ist *dokumentarische Bezugseinheit (DBE).*
Ein *Sekundärdokument* ist ein Dokument, das einem Primärdokument entnom-
mene Information enthält; es wird *Dokumentationseinheit (DE)* genannt. Eine
DE ist die Datenmenge, die stellvertretend für eine DBE in den Dokumentationsprozeß eingeht. Eine DE ist repräsentativ für die Gesamtheit aller
wesentlichen Merkmale einer DBE und wird während des Dokumentationsprozesses als Einheit behandelt. Weitere Begriffsklärungen sind im Glossar
von Marek (1981) und bei Seeger (1990a) aufgeführt.

Eine Differenzierung der Dokumentationsverfahren wird pauschal in
Literaturdokumentation und *Daten- und Fakten-Dokumentation*, im folgenden
nach Art der dokumentarischen Bezugseinheit bzw. Informationsträger, vorgenommen.

Unterscheidungskriterien. Man unterscheidet primär nach der *Zugriffsart:*
Direkte Dokumentation: Ein nach dem Prinzip der direkten Dokumentation erstelltes Dokument liefert (oft im Volltext) sofort die gewünschten Informationen (z.B. Datendokumentation von Tabellenwerten) und erspart dem Benutzer das zeitraubende Beschaffen und Auswerten weiterer Informationsquellen, da beim Vorgehen nach diesem Dokumentationsprinzip Daten über die Bezugsobjekte (DBE) in sämtliche vom Benutzer gewünschten kleinsten Dateneinheiten zerlegt, analysiert, gespeichert und wieder verfügbar gemacht werden.
Indirekte Dokumentation: Sie gibt nur Hinweise auf die Dokumente, auf die Endinformation, d.h. sie gibt nur eine Zwischeninformation. Ein Beispiel für die indirekte Dokumentation ist die Literaturdokumentation.
Referral: Es gibt Hinweise auf Dokumente über Institutionen, die ihrerseits Hinweise auf direkt verfügbare oder indirekt beschaffbare Informationen geben (z.B. Firmen- und Produktdatenbanken).

Ein zweites *Unterscheidungskriterium* ist das *Dokumentationsobjekt:*
Individuen: Personen (Patientendokumentation), Experten, Institutionen (Körperschaftendokumentation)
Ereignisse: Fälle, Termine, Projekte, Umfragen
Materielle Gegenstände: Dokumentation von Produkten (Ersatzteillager), Stoffen (Pharmaforschung), Kunst-Objekten (z.B. Museumsdokumentation)
Bilder, Ton, Musik: Presse- und Mediendokumentation
Begriffe: Thesauri (s. Kap. 3.3.2), Nomenklaturverzeichnisse
Numerische Daten: Hier gibt es jedoch fachgebietsspezifische Unterschiede. Wirtschaftsdaten sind konkrete statistisch erhobene Daten, die jahreszeitlich schwanken können und in dieser Form oft *Zeitreihen* genannt werden. In der Physik hat man gut definierte Daten, sie werden oft "*harte Daten*" genannt. Doch auch sie bleiben nicht immerwährend gleich, da verbesserte Meßmethoden oft zu genaueren Werten führen. Ältere Ergebnisse können und müssen dann gelöscht werden. In Biochemie und Meteorologie gibt es oft nicht reproduzierbare Daten ("*weiche Daten*"), doch selbst bei technologischen Daten gibt es gelegentlich auch Probleme der Reproduzierbarkeit, weil der exakte Zustand der untersuchten Proben nicht genau bekannt ist.
Schrifttum: (Bücher, Zeitschriftenartikel, Patente, Projektberichte, Reports, Arztbriefe, Prospektsammlungen). Im engeren Sinn: bibliographische Dokumentation oder Literaturdokumentation (bei Büchern, Zeitschriftenartikeln, Reports).

Ein letztes Einteilungskriterium erfolgt nach dem *Fachgebiet*, z.B. Naturwissenschaften, Biowissenschaften, Technik, Informatik, Mathematik; Geisteswissenschaften, Sozialwissenschaften, Rechtswesen, Kunst, Musik.

1.2 Informationsfluß und Kommunikationsbarrieren

1.2.1 Modell des Informationsflusses

Das Prinzip des globalen Informationsprozesses besteht in einem fortwährenden
Kreislauf von Informationen, zu denen es jeweils Informationsquellen oder
-erzeuger und Informationssenken oder -verbraucher geben muß. Ein verein-
fachtes informationstheoretisches Modell nach Shannon zeigt Abb. 1.1.

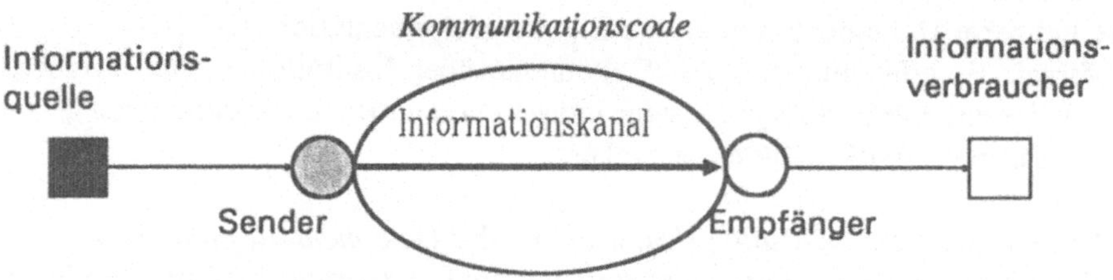

Abb.1.1. Der Weg von der Informationsquelle zum Informationsverbraucher

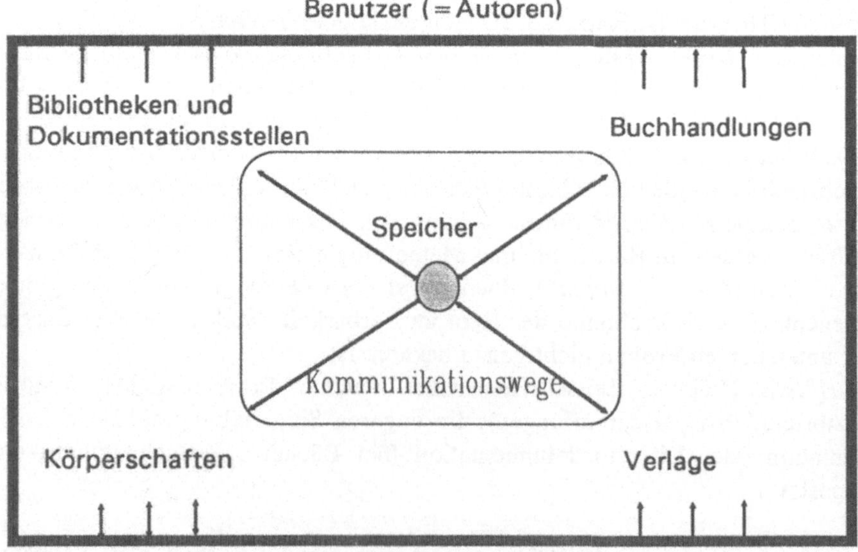

Abb. 1.2. Erweitertes Modell des Informationsflusses

Das erweiterte Modell (s. Abb. 1.2) nennt Autoren und Benutzer gleichzeitig als Informationsquellen und -verbraucher und als deren Sender bzw. Empfänger Körperschaften, Verlage, Buchhandlungen, Bibliotheken und Dokumentationsstellen, die miteinander sowohl direkt als auch über den Informationskanal (die Pfeile und der Knoten in der Mitte) verbunden sind. Die Pfeile charakterisieren die Kommunikationswege und -netze, während der Knoten den gemeinsamen Speicher (oft durch eine Datenbank dargestellt) versinnbildlicht. Das abgerundete Rechteck kann mit den konventionellen direkten Kontakten verglichen werden. Sender und Empfänger repräsentieren den Zwischenhandel, von dem die Senderseite z.B. mit dem Verlag vergleichbar ist, der die vom Wissenschaftler in Buchform erzeugten Informationen an den interessierten Leserkreis vermittelt. Die Empfängerseite könnte man eher mit dem Bibliothekar oder Dokumentar vergleichen, der sich mehr an den Wünschen seiner Kunden orientiert, für die er den Makler darstellt.

Der globale Informationskreislauf kennt im wesentlichen vier Wege der Vermittlung von Information:
– *direktes Gespräch* mit anderen Wissenschaftlern,
– *Vortrag* auf einem Kongreß,
– *Elektronische Post*,
– *Veröffentlichung*.

Obwohl die beiden ersten Kommunikationswege für die Wissenschaftler von größter Bedeutung sind und der dritte Weg zunehmend an Bedeutung gewinnt, soll im folgenden nur noch der letzte Kommunikationsweg untersucht werden, weil er die quantitativ bedeutendste Möglichkeit bietet, Informationen auch anderen zugänglich zu machen. Informationssuchende können sich zur Beschaffung von Veröffentlichungen an folgende Personen bzw. Institutionen wenden:
– an die *Autoren* selbst
  (der schnellste Weg, sofern man Autoren zum gesuchten Fachgebiet kennt),
– an herausgebende *Körperschaften*
  (ein Weg zu nicht in Verlagen erscheinenden Veröffentlichungen)
– an den *Verlag*
  (beliefert den Informationssuchenden mit allen einschlägigen Informationen über Publikationen)
– an den *Buchhandel*
  (vermittelt Informationen für Kaufwillige)
– an die *Bibliothek*
  (Zugang für den Endbenutzer oft über den Umweg des Katalogs)
– an *Informationsvermittlungsstellen*
  (Datenbanken, Referateorgane, Bibliographien, Verzeichnisse, Handbücher: Erschließung durch Fachleute; Zugang zur Information auf dem Umweg über Register oder Datenbanken).

Eine ausführlichere Darstellung des in Abb. 1.2 dargestellten Sachverhalts zeigt Abb. 1.3 für den Fall einer Literaturdatenbank. Die Ideen der Autoren werden mit Hilfe eines auch den Fachkollegen verständlichen Fachvokabulars formuliert. Das Resultat ist dann z.B. ein Buch oder ein Zeitschriftenartikel. Im Falle eines Beitrags für eine Zeitschrift wäre die Zustimmung des Herausgebers oder eines Gutachtergremiums zur Publikation zu erlangen. Die Entscheidung gründet sich auf verschiedene Qualitäts- und Relevanzkriterien, die in Kap. 4.5.3 zum Thema *Dokumentationswürdigkeit* diskutiert werden. Ähnliche Entscheidungen werden auch bei Büchern durch den Verleger getroffen. Ein weiterer Filter besteht in den Auswahlkriterien für die konkrete Bibliothek oder Literaturdatenbank, die von den jeweiligen Benutzern abhängig sind. Der Fachmann für diese Tätigkeit muß sich die Brille seiner Benutzer aufsetzen und entscheiden, welche Informationen für sie wichtig sind; man nennt das daher *Scope*. Die ausgewählten Artikel werden nun wieder gründlich daraufhin durchgelesen, welche Aspekte für den jeweiligen Kundenkreis einschlägig sind und entsprechend mit systemspezifischen Schlagwörtern (*Deskriptoren*) und/ oder Inhaltsangaben versehen. Den ersten Vorgang nennt man *Indexieren*, den letztgenannten *Referieren*. Diese Angaben werden in einen elektronischen Speicher aufgenommen und nach Datenbankgesichtspunkten organisiert.

Ein analoger Vorgang findet bei der Informationssuche statt. Benutzer stellen in der Informationsstelle eine Frage, für die die Mitarbeiter in der Dokumentationsstelle (oder die Benutzer selbst) erst die geeignetste Datensammlung finden müssen, um danach mit den bestpassenden Schlagwörtern in der idealen logischen Kombination die Suchfrage computergerecht prozessieren zu können. Es bestehen folgende Informationsbarrieren:

Eingabeseite:
– Auswahl einer Publikation durch Auswahlgremien von Zeitschriften
– Auswahl von Zeitschriften durch einen Informationsdienst
– artikelspezifische Auswahl der jeweiligen Fachreferenten
– publikationsgerechte Verschlagwortung und Inhaltscharakterisierung
Ausgabeseite:
– Auswahl der für eine Frage jeweils bestgeeigneten Datensammlung
– Auswahl der fragespezifischen Begriffe aus Anfrage und Zusatzinformationen
– systemgerechte, logische Formulierung der Suchschritte
Benutzerseite:
Folgende Kritik wird häufig genannt: Informationsdienste sind
– zu wenig bekannt
– zu teuer
– überflüssig, da sie viel Ballast enthalten
– nicht schnell genug
– nicht vollständig.

Grafische Darstellung der Informationskette von Autor zu Benutzer im Rahmen eines Informationssystems

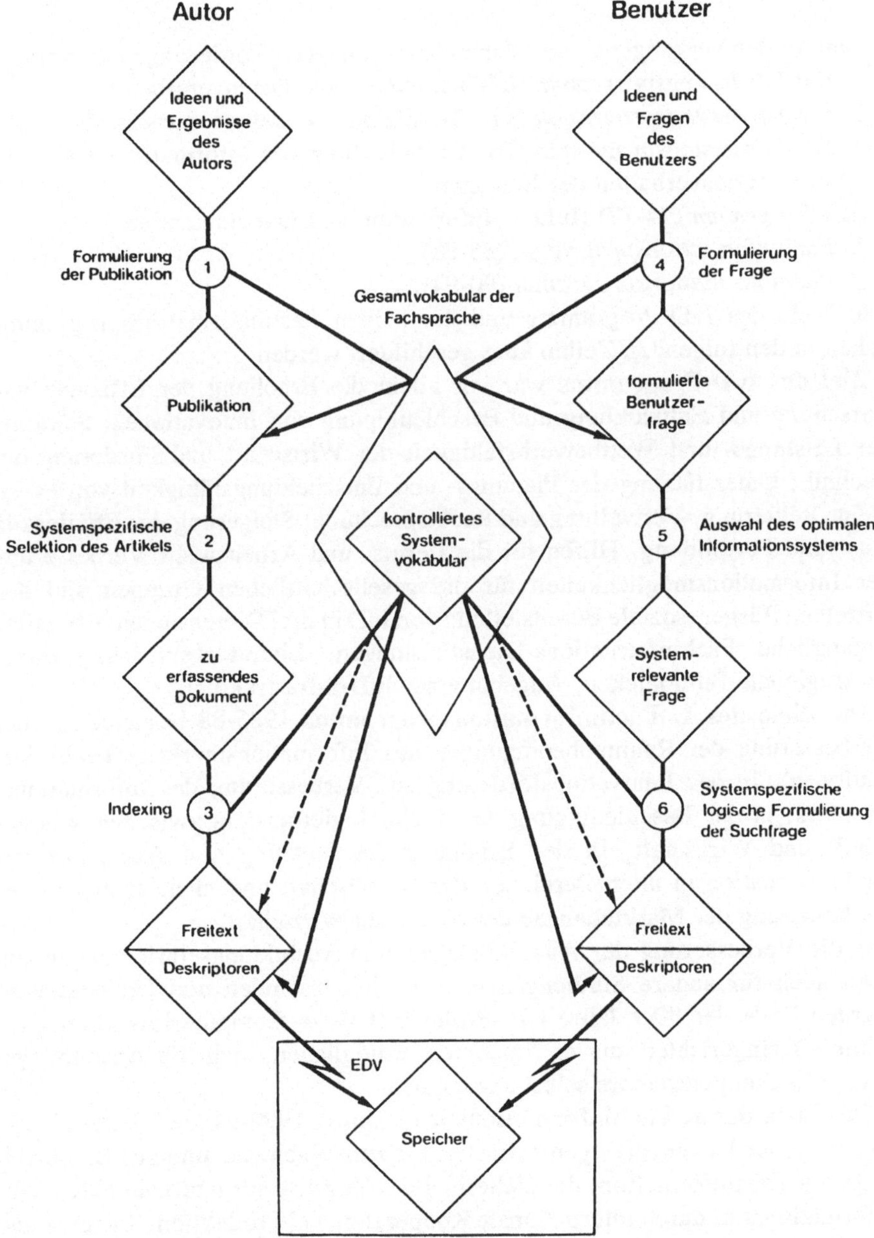

Abb.1.3. Informationskette vom Autor zum Benutzer

1.3 Organisation der Informationseinrichtungen

1.3.1 Informationspolitische Grundlagen des Kommunikationswesens

Es gab in den vergangenen drei Jahrzehnten folgende Förderungsprogramme:
   1. DV-Förderungsprogramm (67-70): allgemeine Datenverarbeitung
   2. DV-Förderungsprogramm (71-74): allgemeine Datenverarbeitung
   3. DV-Förderungsprogramm (76-79): Schaffung von Informationssystemen,
   Informationsverhalten der Benutzer
   IuD-Programm (74-77) (IuD = Information und Dokumentation)
   1. Fachinformationsprogramm (85-88)
   2. Fachinformationsprogramm (90-94).
Die Ziele des IuD-Programms und der beiden Fachinformationsprogramme
sollen in den folgenden Zeilen kurz geschildert werden:
   Ziel des IuD-Programms war vor allem die Erhöhung der Effizienz von
Forschung und Entwicklung und Beschleunigung von Innovationen; Stärkung
der Leistungs- und Wettbewerbsfähigkeit der Wirtschaft und Förderung der
Technik; Unterstützung der Planungs- und Entscheidungsfähigkeit von Parla-
ment, Regierung, Verwaltung und Rechtsprechung; Steigerung der Effizienz in
Aus- und Fortbildung. Hilfen für die Berufs- und Arbeitswelt; Verbesserung
der Informationsmöglichkeiten für die gesellschaftlichen Gruppen und den
einzelnen Bürger (soziale Bereitstellung von IuD in drei Dimensionen: öffentlich
zugängliche Fachinformations-Dienstleistungen, Literaturversorgung durch
überregionale Bibliotheken, Angebot einer IuD-Infrastruktur).
   Die Ziele des 1. Fachinformationsprogramms 1985-88 bestanden in der
Verbesserung der Rahmenbedingungen des Informationsmarktes (Fachinformationen), in der Innovationsförderung zur Verbesserung des Informations-
transfers, in der Beschleunigung des Technologietransfers zwischen Wissenschaft und Wirtschaft, in der Erhöhung der Nutzung und Akzeptanz der
Fachinformation in allen Bereichen der Gesellschaft und nicht zuletzt in der
Verbesserung der Marktchancen der deutschen Wirtschaft.
Für die Verbesserung der Ausstattung an IuD-Ausbildungseinrichtungen (jedoch auch für andere Studiengänge an Fachhochschulen und Universitäten)
wurden Ende der 80er Jahre CIP-Projekte (CIP = Computerinvestitionspro-
gramme) eingerichtet, die es Studenten ermöglichen, sich die Ausbildungs-
inhalte in Computerlabors selbst anzueignen.
   Die Ziele des 2. Fachinformationsprogramms 1990-94 sind der Auf- und
Ausbau einer leistungsfähigen Infrastruktur zum Nachweis und zur Bereitstellung von Fachinformation, die Sicherung des Zugriffs auf internationale Fachinformation u.a. durch internationale Kooperation bei Produktion, Angebot und
Vertrieb von Fachinformation, die Weiterentwicklung des Angebotes durch
Bereitstellung hochwertiger deutscher Fachinformation für in- und ausländische

Nutzer, die Steigerung der Nutzung von Fachinformation, Förderung der Aus- und Weiterbildung und die Förderung von Forschung und Entwicklung im Bereich der Fachinformation.

Das aktuellste Förderungsprogramm *IMPACT* (Information Policy Market Actions) stammt von der Europäischen Gemeinschaft und wurde als IMPACT 1 während einer Anlaufphase 1989/90 implementiert, um als IMPACT 2 in der Hauptphase 1991-1995 zur Entwicklung der grenzüberschreitenden Bereitstellung und Nutzung von Informationsdiensten im Europäischen Binnenmarkt beizutragen. Es soll damit europaweit die Nutzung von Informationsdiensten stimulieren.

1.3.2 Wissenschaftliche Einrichtungen

Unter dem Aspekt der Produktion von Informationen könnte man schlechthin die gesamte Gesellschaft als Informationsproduzenten betrachten. Für unsere Zwecke erscheint es jedoch sinnvoll, sich an dieser Stelle auf die Produzenten wissenschaftlicher Informationen zu beschränken:
– Universitäten
– Forschungsorganisationen
– Großforschungseinrichtungen
– Forschungs- und Entwicklungsabteilungen in Firmen

1.3.3 Unterhaltsträger von Informationseinrichtungen

Als Unterhaltsträger von Informationseinrichtungen treten auf:
– *Bund*
   (direkt nachgeordnet als Behörde)
– *Bund und Länder*
   (in einer privatwirtschaftlich organisierten Form – GmbH oder Stiftung oder Großforschungseinrichtung)
– *Länder*
   (bei Ausbildungsstellen, bei Universitäten, bei Behörden und Gerichten, bei Parlamenten, jedoch auch bei zentralen kulturellen Einrichtungen wie Museen)
– *Kommunen*
   (nicht bei reinen Dokumentationsstellen, jedoch in Gemeindebibliotheken als möglichen Anlaufstellen für dokumentarische Probleme)
– *Anstalten des öffentlichen Rechts*
   (z.B. Rundfunk- und Fernsehanstalten)
– *Kirchen*
– *Vereine, Verbände und sonstige Körperschaften*
   (hier handelt es sich um eine ziemlich typische Trägerschaft)
– *Privatfirmen, Industrie.*

1.3.4 Wissenschaftsfördernde Einrichtungen

Der nun abzuhandelnde Aspekt der *Verbreitung von Informationen* betrifft das Senden von Informationen im Sinne der Abb. 1.2. Gemeint ist damit die zweite Stufe nach der Produktion von Informationsquellen. Die Struktur des Informationswesens ist so vielgestaltig, daß sie den weiten Bogen folgender Einrichtungen umfaßt:

Auftraggeber, die die Forschung initiieren, finanzieren, begutachten

Ministerien: In der Regel werden Forschungsprojekte durch den Bundesminister für Forschung und Technologie (*BMFT*) gefördert. Wenn sie jedoch definitiv in die Kompetenz eines einzelnen Ministeriums fallen und von zentraler infrastruktureller Bedeutung sind, wie z.B. der Betrieb des Deutschen Instituts für Medizinische Dokumentation und Information (*DIMDI*) (s. Tabelle 1.2), so werden sie auch gelegentlich von den einzelnen Ressorts gefördert (in diesem Fall vom Bundesgesundheitsministerium).

Auch die Wissenschaftsministerien der Länder fördern Forschungsprojekte, und zwar insbesondere in den sowieso von ihnen finanzierten Universitäten. Die Max-Planck-Institute werden je zur Hälfte von Bund und Ländern finanziert, die Großforschungseinrichtungen zu 90% vom Bund und nur zu 10% von den Ländern. Gelegentlich kommen auch Privatfirmen in den Genuß von Forschungsmitteln, wenn sie für die Allgemeinheit innovativ tätig sind.

Planungsgremien: Hier sind vor allem der *Wissenschaftsrat* und die *Bund-Länder-Kommission* aktiv, die zu anstehenden Forschungsprojekten entweder von den Ministerien oder von den Projektträgern befragt werden.

Organisationen und Behörden, die mit Projektträgerschaft beauftragt sind: Projektträgerschaft heißt, daß die Finanzierung und Förderung eines Forschungsprogramms nicht unmittelbar vom Ministerium, sondern in Vertretung des Ministeriums von einer fachkompetenten Organisation betreut wird. Viele Projekte werden von der Deutschen Forschungsgemeinschaft (*DFG*) betreut und begutachtet, die hauptsächlich mit Forschungsplanungsaufgaben betraut ist. Die DFG hat auch eine zentrale Beratungsfunktion für Regierungen und Parlamente. Sie hat einen Bibliotheksausschuß, der auch für Information und Dokumentation zuständig ist. Ausländische Projekte werden vom Deutschen Akademischen Austauschdienst (*DAAD*) betreut. Die Betreuung von IuD-Projekten wurde früher von der Gesellschaft für Information und Dokumentation (*GID*) wahrgenommen. Diese in den siebziger Jahren des "IuD-Aufbruchs" gegründete Gesellschaft, die zentrale Infrastrukturaufgaben wahrnahm, wurde jedoch im Jahre 1987 teilprivatisiert und in der Folge teilweise aufgelöst. IuD-Projekte werden momentan von der Niederlassung der Gesellschaft für Mathematik und Datenverarbeitung (*GMD*) in Darmstadt betreut. Ebenso wird die zentrale

Aufgabe einer Informationsstelle im IuD-Bereich vom Informationszentrum der GMD (*GMD-IZ*) wahrgenommen.

Viele Forschungsprojekte werden auch von privaten Geldgebern (*Sponsoren*), oft von Stiftungen, aber auch von aktiven Firmen gefördert; besonders aktiv im Informationswesen sind die Stiftung Volkswagenwerk, die Thyssen-Stiftung und die Robert-Bosch-Stiftung.

Organisationen mit Querschnittsaufgaben im IuD-Bereich

Organisationen von nationaler Bedeutung
Deutsches Institut für Normung (*DIN*), Berlin
(Erstellung von Normen in fachspezifischen Arbeitsgruppen),
Deutsches und Europäisches Patentamt, München
(Zuständigkeit für Dokumentation, Prüfung und Erteilung von Patenten).

Dachvereinigungen von Organisationen
European Information Producers' Association (*EURIPA*)
(Vereinigung der Hersteller von Datenbasen für Europa),
European Association of Scientific Information Centers (*EUSIDIC*)
(Interessenvertretung der europäischen Hersteller, Betreiber und
Anbieter von Datenbasen und Datenbanken),
International Organisation of Standardization (*ISO*)
(Internationale Normungsorganisation),
International Federation of Information Processing (*IFIP*)
(Internationale Gesellschaft für Informationsverarbeitung),
International Cooperation in Information Retrieval among Examining Patent
Offices (*ICIREPAT*).
(Internationale Kooperation zur Verbesserung von Patentrecherchen).

Fachgesellschaften
Hier sind eine Reihe von Mitgliedergesellschaften zu nennen, die sich für die wissenschaftliche Weiterentwicklung im IuD-Wesen engagieren, so die bereits erwähnte DGD. Aber auch in Spezialgebieten wie z.B. Medizin (*GMDS*: Deutsche Gesellschaft für Medizinische Dokumentation, Informatik und Statistik) und Agrarwissenschaften (*GBDL*: Gesellschaft für Bibliotheken und Dokumentationsstellen des Landbaus), oft zusammen mit anderen methodischen Disziplinen (Archivwesen, Bibliothekswesen, Statistik und Informatik), gibt es Mitgliedergesellschaften. Sowohl die DGD als auch der Verein deutscher Dokumentare (*VDD*) sind Mitgliedervereinigungen, die sich an den Wünschen ihrer Mitglieder orientieren. Die Interessen der DGD liegen dabei eher bei wissenschaftlichen und praktischen Fragen der Arbeitsmethodik, die insbesondere für die Tätigkeiten der Dienststellen von Bedeutung sind (sozusagen eher arbeitgeberorientiert), der VDD dagegen orientiert sich eher an beschäfti-

gungspolitischen Fragen im Interesse der Arbeitnehmer und ist damit eher mit einer Gewerkschaft zu vergleichen, die ihren Mitgliedern bei Tarifangelegenheiten, Eingruppierungsfragen sowie bei der Bestimmung von Tätigkeitsmerkmalen beratend zur Seite stehen kann. Internationale Gesellschaften sind die bereits erwähnte FID und die International Federation of Library Associations (*IFLA*). Bekannt sein sollten auch die American Society for Information Science (*ASIS*), die unter Beibehaltung der Abkürzung in *Association for Information Management* umbenannte Association of Special Libraries (*ASLIB*), der Arbeitskreis für Spezialbibliotheken (*ASpB*) und die Online-Benutzergruppe in der DGD (*OLBG*).

Regionale Vereinigungen

Zusammen mit Archivaren und Bibliothekaren gibt es auch einige regionale Vereinigungen im Informationswesen. Zur Zeit sind das folgende: Berliner Arbeitskreis Information (*BAK*), Arbeitskreis für Information (*AKI*) Rhein-Main, Hamburger Arbeitskreis für Dokumentation (*HADOK*), Arbeitskreis für Information (*AKI*) Köln, Münchner Arbeitskreis für Information und Dokumentation (*MAID*), Arbeitskreis für Information (*AKI*)Stuttgart, Wiesbadener Arbeitsgemeinschaft Information (*WAI*), Pharma Arbeitskreis Information und Dokumentation (*PAID*) Süd.

Institutionen, die Veröffentlichungen herausgeben und vermarkten

Verlage

Verlage stellen im wesentlichen Bücher und Zeitschriften her, die dann (über den Buchhandel) an Kunden vertrieben werden - sie erweitern ihre Aktivitäten in Richtung *Neue Medien* (audiovisuelle Medien, CD-ROM, Software, elektronisches Publizieren und Datenbanken). Um diese Veröffentlichungen bekannt zu machen, müssen Werbemittel aller Art und Werbetexte, sowie laufende Mitteilungen und Kataloge verfaßt und verbreitet werden.

Körperschaften

Körperschaften aller Art geben selbständig sogenannte *graue Literatur* (die nicht im Buchhandel erhältliche Literatur) heraus.

Organisationen, die erschienene Veröffentlichungen aufbereiten, lagern und anbieten

Medien

Tageszeitungen, Rundfunk und Fernsehen greifen aus der Fülle täglich neu produzierter Informationen das heraus, von dem sie glauben, daß es möglichst viele Leser/ Hörer/ Zuschauer interessiert. Auch sie haben das Problem der Auswahl für die spezielle Sicht ihrer Benutzer. Die Medien nutzen ihrerseits eigene Datensammlungen in ihren Archiven, Dokumentationseinrichtungen und Bibliotheken für die Bereitstellung von Informationen, sehr häufig beziehen sie jedoch Informationen von Nachrichtenagenturen. Ausführliche Informationen zur Massenkommunikation sind in Koszzyk und Pruy (1981) enthalten.

Nachrichtenagenturen
Die wichtigste Informationsquelle für alle Massenmedien sind Nachrichtenagenturen wie die Deutsche Presse-Agentur (*dpa*), der Deutsche Depeschendienst (*ddp*), die amerikanische Associated Press (*AP*), die britische Reuters (*rtr*) und die französische Agence France Press (*AFP*). Eine weitgehende Neutralität wird dadurch garantiert, daß Rundfunkanstalten und Verleger als Gesellschafter die Eigentümer sind und keine Organisation mehr als 1,5% des Kapitals besitzen darf sowie mehrere weltanschauliche und politische Richtungen vertreten sind. Außerdem darf der Staat keine Anteile am Kapital der Agenturen erwerben.

Archive
Sie sammeln Archivalien, also dokumentarischen Bezugseinheiten, die auf Dauer aufbewahrt werden. Dabei erfolgt eine Bewertung, was zum jeweiligen Zeitpunkt aufbewahrenswert ist, und es wird immer wieder neu zu entscheiden sein, welche Dokumente im Laufe der Jahre "dokumentationsunwürdig" werden. Es lohnt sich nur dann, ein Archiv einzurichten, wenn Informationen aus der Vergangenheit häufig benötigt werden, oder wenn sie "bedeutend" einmalig sind. Historische Kenntnisse sind für Archivtätigkeiten unerläßlich. Nicht um ein Archiv handelt es sich – auch wenn der Name oft fälschlicherweise anstelle des Begriffes Dokumentationsstelle verwendet wird – bei Presseausschnittssammlungen ("Pressearchiv") und Sammlungen von Tonträgern ("Tonarchiv"), weil die Informationen aktuell benötigt werden. Sie werden somit nicht als Zeugnis der Epoche einer Organisation (wie z.B. Staat und Kirche) für aufbewahrenswert gehalten. Man unterscheidet nach den jeweiligen Trägern Bundesarchiv, Hauptstaatsarchive, Kommunalarchive, kirchliche und private Archive (vor allem Werksarchive), sowie Archive für Parlamentsmaterialien, Parteien, Verbände, aber auch für Literatur, Kunst und Wissenschaft oder Wirtschaft. Materialien werden nach dem Provenienzprinzip (Herkunft) und nach dem Pertinenzprinzip (sachliche Zugehörigkeit) geordnet. Eine enge Zusammenarbeit von Dokumentaren des Fächerspektrums Medien, Kultur, Politik mit Archiven erscheint aufgrund vieler ähnlicher Aufgabenstellungen sinnvoll.

Bibliotheken
Hier untergliedert man in Öffentliche Bibliotheken mit einem Kulturauftrag für die Gesellschaft, Wissenschaftliche Bibliotheken mit einer hohen Bedeutung für

die Förderung der Forschung und betriebsinterne Bibliotheken von Firmen, Behörden und Forschungseinrichtungen. Es sind gut viermal so viele Informationsfachleute an Bibliotheken tätig wie an Fachinformationseinrichtungen, deren Kapazität auch für dokumentarische Dienstleistungen genutzt werden könnte. Wichtigste Funktion der Bibliotheken für das Dokumentationswesen ist die Bereitstellung ihrer Bestände für die Literaturversorgung, den Leihverkehr. Eine weitere zentrale Einrichtung für das Bibliothekswesen ist das Deutsche Bibliotheksinstitut (*DBI*), Berlin, das für EDV-bezogene Aufgaben an Bibliotheken konsultiert werden kann und in dieser Hinsicht auch Koordinationsaufgaben wahrnimmt. Eine weitere für das Dokumentationswesen einschlägige bibliotheksorientierte Organisation ist die bereits genannte Arbeitsgemeinschaft der Spezialbibliotheken (*ASpB*), denn *Spezialbibliotheken* sind diejenigen Einrichtungen, die zwischen Bibliotheks- und Dokumentationswesen stehen und zwischen den jeweiligen Interessen von Bibliothekaren und Dokumentaren am besten vermitteln können (s. Tabelle 1.4). An ihnen wird Literatur zu festgelegten Fachgebieten umfassend und möglichst vollständig gesammelt. Eine ausführliche Darstellung der Bibliotheksszene findet sich bei Köttelwesch (1976).

Dokumentationseinrichtungen

Die Strukturen von Dokumentationseinrichtungen sind im Unterschied zum Bibliothekswesen nicht klar abgegrenzt (s. Tabelle 1.1). Vor allem gab es nach dem ersten IuD-Programm eine globale Neuordnung der Informationssysteme und -zentren, deren Auswirkungen sich heute noch zeigen, sowie die Schaffung einer zentrale Einrichtung, die Gesellschaft für Information und Dokumentation (GID). *Fachinformationssysteme (FIS)* hatten federführend unter einem *Fachinformationszentrum (FIZ)* die Aufgabe der fachorientierten Informationsbereitstellung, teils durch Vermittlung ausländischer Datensammlungen, teils durch eigene Erstellung. Sie halten auch Kontakte zu *Hosts*, die diese Fachinformationen in speziellen Rechenzentren bereithalten, von wo sie über diverse Telekommunikationsnetze abgerufen werden können. Diese Fachinformationssysteme waren zum Teil in Behörden und öffentlichen Einrichtungen angesiedelt, in der Mehrzahl aber privatwirtschaftlich organisiert, jedoch mit erheblicher Förderung durch die öffentliche Hand. Die ursprüngliche Planung betraf sowohl die Natur-, Sozial-, Wirtschafts- und Geisteswissenschaften. Realisiert wurden mit Priorität die Natur- und Ingenieurwissenschaften. Nicht gegründet wurden entsprechende Einrichtungen für Verbrauchsgüter, Wirtschaft und Geisteswissenschaften. Diese Aufgaben werden teilweise durch die großen Bibliotheken wahrgenommen. Außerdem nicht geschaffen wurde eine zentrale Fachinformationseinrichtung für Auslandskunde; ersatzweise gibt es dafür den Fachinformationsverbund *Internationale Beziehungen und Länderkunde*. Auch zur zentralen Organisation der Forschungsprojekte wurde keine

integrierende Einrichtung gegründet, jedoch gibt es als zentrale Informationseinrichtung dafür das Informationszentrum für Dokumentationswissenschaften
der Gesellschaft für Mathematik und Datenverarbeitung (GMD-IZ), Darmstadt.

Tabelle 1.1. Typologie der Dokumentationsstellen

Art der Dokumentationsstelle	**Aufgabe der Dokumentationsstelle**
Fachinformationszentren (FIZ) / Zentrale Fachinformationseinrichtungen	Federführende Dokumentationsstellen zu einem Fächerspektrum.
Informationsanalysezentren	Meist an Forschungszentren angegliederte Informationsstellen zur Auswertung von Datensammlungen, die mit der Generierung von Faktendatenbanken betraut sind.
Dokumentationsring, Fachinformationsverbund	Über Kooperationsverträge verbundene Dokumentationsstellen, die arbeitsteilig zu einer Datenbank zuliefern.
Hosts	Rechenzentren: Organisieren den Datenbankaufbau aus maschinenlesbar gelieferten Datenbeständen und stellen sie über Telekommunikationssysteme einer breiteren Öffentlichkeit zur Verfügung.
Informationsvermittlungsstellen	Bereits existierende Datensammlungen und Datenbanken werden über Datenfernverarbeitung recherchiert. Solche Informationsvermittlungsstellen (*IVS*) sind oft Teil einer übergeordneten Einrichtung (z.B. Firma, Forschungsorganisation) und bringen dann nur Dienstleistungen für diese Institution. Von zentraler Bedeutung als Dienstleistungseinrichtung sind jedoch die IVS an Bibliotheken, weil oft ein enger Zusammenhang zwischen konventioneller Literatur und Datenbankinhalten existiert und die Literaturversorgung im Anschluß weitergeführt werden kann.
Medienarchive	Mediendokumentation und -archivierung von Volltext- und Bilddokumenten in Presse, Funk und Fernsehen.
Innerbetriebliche Dokumentationsstellen	Dokumentationsstellen in Forschungsorganisationen oder Firmen, die sowohl eigene Bestände anlegen als auch Informationen von und nach außerhalb vermitteln.

Die Fachinformationseinrichtungen sind in Tabelle 1.2 zusammengestellt, wobei nach wie vor auffällt, daß Biowissenschaften (I.), Naturwissenschaften und Technik (II.) und Sozial- und Wirtschaftswissenschaften (III.) dominieren und in den Geisteswissenschaften noch keine zentrale Anlaufstelle existiert.

Tabelle 1.2. Übersicht über die existierenden Fachinformationseinrichtungen

I. Biowissenschaften	
FACHGEBIETE	INSTITUTIONEN
Medizin, Biologie, Gesundheitswesen	*Deutsches Institut für Medizinische Dokumentation und Information (DIMDI)*, Köln; *Bundesinstitut für Sportwissenschaft (BISp)*, Köln; *Institut für Dokumentation und Information in der Sozialmedizin (idis)*, Bielefeld
Ernährung, Land- und Forstwirtschaft	*Zentralstelle für Agrardokumentation und -information (ZADI)* und *FIZ Ernährung, Land- und Forstwirtschaft (ELF)*, Bonn
II. Naturwissenschaften und Technik	
FACHGEBIETE	INSTITUTIONEN
Chemie	*FIZ Chemie GmbH*, Berlin
Physik, Mathematik, Informatik, Energie	*FIZ Karlsruhe, Gesellschaft für wissenschaftlich-technische Information mbH*, Leopoldshafen
Metallverarbeitung, Werkstoffe	*FIZ Werkstoffe e.V.*, Berlin
Rohstoffgewinnung und Geowissenschaften	*IZ Rohstoffgewinnung, Geowissenschaften, Wasserwirtschaft (GEOFIZ)* bei der Bundesanstalt für Geowissenschaften und Rohstoffe, Hannover
Elektro- und Feinwerktechnik, Kfz-Wesen	*FIZ Technik e.V.*, Frankfurt/M
Normen, Technische Regelwerke	*Deutsches Informationszentrum für Technische Regeln (DITR)* im Deutschen Institut für Normung (DIN) e.V., Berlin
Patente	*Deutsches Patentamt*, München
Umwelt	*Umweltbundesamt*, Berlin

Tabelle 1.2. Übersicht über die existierenden Fachinformationseinrichtungen
II. Naturwissenschaften und Technik (Forts.)

FACHGEBIETE	INSTITUTIONEN
Verkehr	*Zentrale Informationsstelle für Verkehr (ZIV)*, Köln
Raumordnung, Städtebau, Bauwesen	*Informationszentrum Raum und Bau (IRB)* der Fraunhofer-Gesellschaft, Stuttgart

III. Wirtschafts- und Sozialwissenschaften	
FACHGEBIETE	INSTITUTIONEN
Wirtschaftswissenschaften	*HWWA-Institut für Wirtschaftsforschung*, Hamburg
Recht	*Juristisches Informationssystem (JURIS)*, Saarbrücken
Arbeits- und Sozialpolitik	*Institut für Arbeitsmarkt- und Berufsforschung (IAB)*, Nürnberg
Bildung	*Leitstelle Dokumentationsring Pädagogik (DOPAED)*, Frankfurt/M; *Max-Planck-Institut für Bildungsforschung*, Berlin
Sozialwissenschaften	*IZ Sozialwissenschaften* der Arbeitsgemeinschaft Sozialwissenschaftlicher Institute e.V., Bonn
Staatenkunde, internationale Beziehungen	*Stiftung Wissenschaft und Politik (SWP)*, München-Ebenhausen
Statistik	*Statistisches Bundesamt*, Wiesbaden, sowie die *Statistischen Landesämter*

Ursprünglich wurde für jedes Fachinformationssystem ein staatlicher Host geplant. Realisiert wurden bis heute DIMDI, Köln (Datenbanken der Bio- und Sozialwissenschaften); Scientific and Technical Information Network (STN), Karlsruhe, Columbus/Ohio und Tokio (Datenbanken der Naturwissenschaften und Technik); JURIS, Saarbrücken (Datenbanken des Rechtswesens); FIZ Technik, Frankfurt (Datenbanken der Technik und Wirtschaft).

In der folgenden Tabelle 1.3 sind Einrichtungen des Informationswesens zusammenfassend dargestellt:

Tabelle 1.3. Einrichtungen des Informationswesens

Einrichtungen	*Aufgabenstellung*	*Zentrale Anlaufstelle*
Dokumentations-stellen	Nachweis von Informationen aus dem Schrifttum aller Art (meist aus Datenbanken)	Gesellschaft für Mathematik und Datenverarbeitung (GMD-IZ), Darmstadt
Verlage; Buchhandel	Produktion von Büchern und Zeitschriften; Beschaffung von Verlagsprodukten	Börsenverein des Deutschen Buchhandels, Frankfurt/M
Bibliotheken	Sammeln, Archivieren, Nachweis und Ausleihe von Schrifttum (gelegentlich auch von Tonträgern und Bilddokumenten)	Deutsches Bibliotheksinstitut (DBI), Berlin Zentral- und Verbundkataloge
Filmdienste – Filmstellen – Diatheken – Videotheken	Sowohl kommerziell betrieben (Filmverleihe, Videotheken) als auch öffentlich geförderte Institutionen (Filmdienste für klassische Filme) stellen Filme oder Dias (Diatheken) bereit.	Landesfilmstellen Filmverleihe Filmdienste Videotheken
Phonotheken	Sammeln, Archivieren, Nachweis und Ausleihe (eingeschränkt) von Tonträgern	Deutsches Musikarchiv, Berlin Tonarchive der Sender
Museen, Artotheken	Sammlung von Kunstgegenständen aller Art. Der Sammelbegriff hierfür ist Artothek. Verzeichnung der zugehörigen Gegenstände in Auktions- oder Museumskatalogen	Museen der Bundesländer
Archive	Mehrdeutige Bezeichnung: Staatsarchive lagern und bewahren wichtige Urkunden; Zeitungs- oder Tonarchive liefern außerdem eine Dienstleistung; interne Archive in Firmen legen veraltete bzw. später benötigte Informationen ab	Staatsarchive Ton- und Schallarchive Pressearchive Registratur

Zu den Einrichtungen des Bibliothekswesens folgt wegen der besonderen Bedeutung für die Dokumentation gesondert Tabelle 1.4. Laut Bibliotheksplan 1973 ist zuerst die kommunale Bibliothek wegen einer Ausleihe zu konsultieren.

Im Falle eines nicht zu deckenden Spezialbedarfs kann als ein zentrales Nachweisinstrument für die nach Regionen des Leihverkehrs aufgegliederten Bezirke einer der zuständigen Zentralkataloge und (online verfügbaren) Verbundkataloge befragt werden. Kann der Bedarf auf Landesebene nicht gedeckt werden, ist der überregionale Leihverkehr in den Zentralen Fachbibliotheken oder Sondersammelgebietsbibliotheken einzuschalten. Dieser "Leitweg" wird im Rahmen der *Fernleihe* von der die Bestellung annehmenden Bibliothek festgelegt. Die entsprechenden *Leihverkehrsregionen* finden sich in Tabelle 9.4. Ausführliches bibliothekarisches Grundwissen findet sich bei Hacker (1992).

Tabelle 1.4. Übersicht über Einrichtungen des Bibliothekswesens

Bibliothekstyp	*Aufgabenstellung*
Nationalbibliotheken	Die Nationalbibliotheken sammeln und archivieren die in einem Land erstellten Veröffentlichungen. Außerdem weisen sie diese in einer Nationalbibliographie nach. In Deutschland (West) wurde diese Aufgabe von der Deutschen Bibliothek (Frankfurt) wahrgenommen, im östlichen Teil kam die Deutsche Bücherei in Leipzig dieser Aufgabe nach. Inzwischen ist die Deutsche Bibliothek mit der Deutschen Bücherei fusioniert und nimmt damit beide Aufgaben wahr. Benutzer erhalten (außer zu den Lesesälen) nur in begründeten Ausnahmefällen Zutritt. In Deutschland existiert zur Sicherstellung dieser Sammelaufgabe das Pflichtexemplargesetz.
Öffentliche Bibliotheken	Die wichtigste Aufgabe dieser Bibliotheken besteht im Kulturmanagement, indem sie der breiten Öffentlichkeit Wissen nahebringen. Man findet *zentrale Stadtbibliotheken, Zweigbibliotheken* und *gruppenorientierte Bibliotheken (z.B. Kinderbibliotheken, Blindenhörbüchereien)* sowie *institutsorientierte Bibliotheken (Schulbibliotheken, Patientenbibliotheken)*
Wissenschaftliche Bibliotheken	Bibliotheken, die wissenschaftliches Schrifttum sammeln, archivieren und (gegebenenfalls) ausleihen. Sie sind auch damit beauftragt, das Kulturgut der Nation zu erhalten. Sie umfassen folgende Typen von *Universalbibliotheken, Landesbibliotheken* und *Hochschulbibliotheken* .
Landesbibliotheken	Landesbibliotheken haben die Aufgabe, das in ihrer Region publizierte Schrifttum zu sammeln, zu archivieren, nachzuweisen und auszuleihen. Dabei ist ihnen das Pflichtexemplargesetz nützlich, das ihnen die Ablieferung allen in der Region publizierten Schrifttums garantiert.

Tabelle 1.4. Übersicht über Einrichtungen des Bibliothekswesens (Forts.)

Bibliothekstyp	Aufgabenstellung
Hochschulbibliotheken	Hochschulbibliotheken dienen in erster Linie der Versorgung des Lehrkörpers, der Studenten und der Forscher an den jeweiligen Hochschulen. Sie gliedern sich meist in eine zentrale Universitätsbibliothek, eventuell in *Fachbereichsbibliotheken* und in eine große Zahl von *Institutsbibliotheken*. Außerdem gibt es auch *Fachhochschulbibliotheken* und Bibliotheken von Hochschulen privater Träger.
Zentrale Fachbibliotheken	Diese Bibliotheken haben die bundesweite Aufgabe, einschlägige Fachliteratur zu ihrem Fachgebiet zu sammeln und nachzuweisen: *Zentralbibliothek der Medizin*, Köln *Zentralbibliothek der Landbauwissenschaft*, Bonn *Technische Informationsbibliothek (TIB)*, Hannover *Zentralbibliothek der Wirtschaftswissenschaften*, Kiel.
Spezialbibliotheken	Fachlich ausgerichtete Bibliotheken mit speziellen Beständen für ihren jeweiligen Kreis von Wissenschaftlern, oft Bibliotheken von (Groß-) Forschungseinrichtungen, die der Allgemeinheit unter bestimmten Voraussetzungen zur Verfügung stehen.
Sondersammelgebietsbibliotheken (SSG)	Sie dienen zur Sicherstellung der überregionalen Literaturversorgung im Rahmen eines Systems von rund 35 Universalbibliotheken, Spezialbibliotheken und zentralen Fachbibliotheken. So ist z.B. die Staatsbibliothek Preußischer Kulturbesitz SSG für Amtsdruckschriften.
Firmenbibliotheken	Diese Bibliotheken stehen zur firmeninternen Nutzung zur Verfügung.
Parlaments- und Behördenbibliotheken	Diese Bibliotheken sind in ihrem Öffentlichkeitscharakter außerordentlich eingeschränkt, weil sie stark den Dienstleistungen der jeweiligen Behörden unterworfen sind.
Sonstige Bibliotheken	*Kirchliche Bibliotheken, wissenschaftliche Stadtbibliotheken* und *Bibliotheken von Verbänden*. Je nach Fachgebiet sind auch die Sammlungen dieser Bibliotheken für Dokumentationsstellen von Interesse.

1.4 Ausbildungseinrichtungen

Dokumentation als eigenständiges Studium zu betreiben, war keinesfalls immer eine Selbstverständlichkeit. In der Vergangenheit gab es zwei unterschiedliche Tendenzen. In der praktischen Tätigkeit gab es und gibt es heute noch die Ansicht, daß man zur Ausübung des Dokumentationsberufs im wesentlichen Fachkenntnisse benötige und sich die methodischen Kenntnisse in Fortbildungsveranstaltungen aneignen könne. Diese Personengruppe wollte auch möglichst mit Bibliothekaren Kontakt haben. So wurde die erste Art einer Dokumentationsausbildung von Dokumentationspraktikern am Lehrinstitut für Dokumentation (LID) der DGD in Frankfurt veranstaltet und führte lediglich zum Abschluß mit der Bezeichnung "diplomierte(r) Dokumentar(in)". Auch die Absolventen der den Universitäten Ulm und Gießen angeschlossenen Schulen bekamen mit ihrer Abschlußbezeichnung "Medizinische(r) Dokumentar(in)" keine staatlich anerkannte Diplomurkunde.

Insofern war es für den Berufsstand der Dokumentare eine logische Entwicklung, mit der staatlich anerkannten Bibliothekarsausbildung ein gemeinsames Curriculum zu planen. Dies führte schließlich im Jahre 1980 in Hannover und Stuttgart zu Studiengängen unter Beteiligung von Bibliothekaren, die mit dem akademischen Grad "Diplom-Dokumentar(in)" abschließen; eine dazu analoge Entwicklung gab es auch in Köln.

Erst an der FH Darmstadt wurde ein eigener Weg — unter Verwendung des neuen Namens Diplom-Informationswirt (ein moderneres Wort anstelle Dokumentar) — beschritten, wobei insbesondere die Fachkomponente stärker betont wird: mit den beiden Schwerpunkten *Medien- und Wirtschaftsdokumentation* sowie *Chemieinformation*.

Auch in Hannover begann ein stärkerer Individualisierungsprozeß, indem die gemeinsamen Anteile mit den bibliothekarischen Studiengängen stärker reduziert wurden. Zu den beiden bestehenden Studiengängen des allgemeinen Dokumentars und des auf die Biowissenschaften spezialisierten Dokumentars wurde der Studiengang "Technischer Redakteur" eingerichtet.

Ebenso hat sich in Stuttgart 1988 ein eigener vom Bibliothekswesen unabhängiger dokumentarischer Studiengang entwickelt, dessen Studiendauer wie in Hannover 7 Semester ist, und der sich stärker individualisiert und professionalisiert hat. Fachkenntnisse in dem zu dokumentierenden Fächerspektrum werden intensiver vermittelt: Es gibt die drei Schwerpunkte *Wirtschaft, Medien-Kultur-Politik, Medizin-Umwelt-Technik.* Um der Berufswirklichkeit zu entsprechen, wird trotz allem nicht zu stark auf Spezialisierung gesetzt.

Weiterentwicklungen sind auch in Hamburg zu beobachten: Die Fachhochschule plant einen Studiengang *Mediendokumentation,* und im Rahmen eines von drei Institutionen (*Akademie Werbung, Graphik, Druck, Stiftung Grone-*

Schule, Verein für wissenschaftliche Weiterbildung) in Zusammenarbeit betreuten Projektes wird ein Aufbaustudium zum *Technischen Redakteur* angeboten. Schließlich ist noch in Köln mit der Planung des Studiengangs *Informationsmanager* ein neuer Trend erkennbar. Die (hier interessierenden) Ausbildungseinrichtungen des Dokumentationswesens, an denen zukünftige Informationsexperten ausgebildet werden, sind auf unterschiedlichen Ebenen angesiedelt (s. Tabelle 1.5) (vgl. Gaus 1992; Anders 1984):

– auf *mittlerem* Niveau (Dokumentations-Assistenten: Realschulabschluß)
– auf *gehobenem* Niveau (Diplom-Dokumentare bzw. Diplom-Informationswirte, Medizinische Dokumentare: Fachhochschulabschluß oder gleichwertige Ausbildung)
– auf *akademischem* Niveau (Diplom-Informationswissenschaftler, Diplom-Informatiker oder wissenschaftliche Dokumentare: als Universitätsabschluß oder nach Universitätsabschluß in anderem Fachgebiet).

Tabelle 1.5. Dokumentations- und informationswissenschaftliche Ausbildungseinrichtungen in Deutschland

Ort	Name der Einrichtung	Abschluß [Studiengang]
Berlin	FU Berlin, FB Kommunikationswissenschaften, Arbeitsbereich Informationswissenschaft	Magister Artium (M.A.) [Haupt- oder Nebenfach Informationswissenschaft]
	TU Berlin, FB Informatik, Inst. für Angewandte Softwaretechnik	Diplom-Informatiker (in) [Schwerpunkt Informationswissenschaft]
Darmstadt (Hessen)	FH Darmstadt, FB Information und Dokumentation	Diplom-Informationswirt(in) (FH) [Studienrichtg. Wirtschafts- und Mediendokumentation; Chemieinformation]
	TH Darmstadt, FB Informatik, FG Datenverwaltungssysteme II	Diplom-Informatiker (in) [Schwerpunkt Informationswissenschaft]
Dresden (Sachsen)	Berufsfortbildungswerk (bfw) im DGB	Medizinische(r) Dokumentar(in) (MD) [ab 1993] und Medizinische(r) Dokumentationsassistent(in) (MDA)
Düsseldorf (Nordrhein-Westfalen)	Univ. Düsseldorf, Philosophisches Institut	Magister Artium (M.A.) [Neben-/ Wahlpflichtfach Informationswissenschaft]
Frankfurt (Hessen)	Lehrinstitut für Dokumentation der DGD (bis 1991)	Hier wurden Dokumentare aller Laufbahnhierarchien (mittlere, gehobene und wissenschaftliche) seit dem 2. Weltkrieg ausgebildet.

Tabelle 1.5. Dokumentations- und informationswissenschaftliche Ausbildungseinrichtungen in Deutschland (Forts.)

Ort	Name der Einrichtung	Abschluß [Studiengang]
Freiburg (Baden-Württemberg)	Berufsfortbildungswerk (bfw) im DGB	Medizinische(r) Dokumentar(in) (MD)
Gießen (Hessen)	Univ. Gießen, Lehranstalt für Medizinische Dokumentationsassistenten	Staatl. geprüfte(r) Medizinische(r) Dokumentationsassistent(in) (MDA) [gleichwertig mit Medizinische(r) Dokumentar(in) anderer Bundesländer]
Greifswald (Mecklenburg-Vorpommern)	Institut für berufliche Fortbildung	Medizinische(r) Dokumentar(in) (MD) und Medizinische(r) Dokumentationsassistent(in) (MDA)
Halle (Thüringen)	Berufsfortbildungswerk (bfw) im DGB	Medizinische(r) Dokumentationsassistent(in) (MDA)
Hannover (Niedersachsen)	FH Hannover, Fachbereich BID	Diplom-Dokumentar(in) (FH) [Allgemein oder Fachrichtung Biowissenschaften]
Ilmenau (Thüringen)	TH Ilmenau	Diplom-Informatiker(in)
Kiel (Schleswig-Holstein)	Berufsfortbildungswerk (bfw) im DGB	Medizinische(r) Dokumentar(in) (MD)
Köln (Nordrhein-Westfalen)	FH des Bundes für öffentliche Verwaltung in Verbindung mit der FH für Bibliotheks- und Dokumentationswesen, Köln	Diplom-Dokumentar(in) (FH)
Konstanz (Baden-Württemberg)	Univ. Konstanz, FG Politik/ Verwaltungswissenschaft, Lehrstuhl Informationswissenschaft	Diplom-Informationswissenschaftler(in) [Haupt- oder Nebenfach Verwaltungswissenschaft]
Marburg (Hessen)	Deutsche Angestellten-Akademie e.V. im Bildungswerk der DAG, Schule für Medizinische Dokumentation	Staatlich geprüfte(r) Medizinische(r) Dokumentationsassistent(in) (MDA) [gleichwertig mit Medizinische(r) Dokumentar(in) anderer Bundesländer]
Mühlhausen (Thüringen)	Berufsfortbildungswerk (bfw) im DGB	Medizinische(r) Dokumentar(in) (MD) und Medizinische(r) Dokumentationsassistent(in) (MDA)

Tabelle 1.5. Dokumentations- und informationswissenschaftliche Ausbildungseinrichtungen in Deutschland (Forts.)

Ort	Name der Einrichtung	Abschluß [Studiengang]
Münster (Nordrhein-Westfalen)	Berufsfortbildungswerk (bfw) im DGB	Medizinische(r) Dokumentar(in) (MD) und Medizinische(r) Dokumentationsassistent(in) (MDA)
Potsdam (Brandenburg)	Fachhochschule Potsdam, Lehrinstitut für Information und Dokumentation (ab 1992)	Wissenschaftliche(r) Dokumentar(in) und Dokumentationsassistent(in)
Regensburg (Bayern)	Univ. Regensburg, Institut für Allgemeine und Indogermanische Sprachwissenschaft	Magister Artium (M.A.) und Dr.phil. [Schwerpunkt Informationswissenschaft]
Saarbrücken (Saarland)	Univ. Saarbrücken, Fachrichtung Informationswissenschaft	Magister Artium (M.A.), Diplom-Informationswissenschaftler(in) und Dr.phil.
Stuttgart (Baden-Württemberg)	FH für Bibliothekswesen, FB III Berufsfortbildungswerk (bfw) im DGB	Diplom-Dokumentar(in) (FH) Medizinische(r) Dokumentationsassistent(in) (MDA)
Ulm (Baden-Württemberg)	Univ. Ulm, Schule für Medizinische Dokumentation	Medizinische(r) Dokumentar(in) (MD) und Medizinische(r) Dokumentationsassistent(in) (MDA)

1.5 Berufsbild und Berufswirklichkeit: Anforderungen

Heute muß man vom langweiligen Dokumentar Abschied nehmen, dessen "Dokumentationstätigkeit" nur darin besteht, Akten abzulegen, um damit seine "Tätigkeit" zu "dokumentieren". Auch die im Kern heute noch gültige klassische Definition des Inputs (Sichten, Auswählen, Beschaffen und Erfassen, Erschlie-ßen), der Speicherung und des Outputs (Nutzung, Verteilung, aktive Vermittlung und Vermarktung) muß erweitert werden: Nicht mehr allein die originäre Datenbankaufbereitung neuer Informationen ist das Ziel, sondern verstärkt die Veredelung und das Konvertieren von einer Darstellungsform in eine andere. Mehr noch, heute hat das Berufsbild der Dokumentare ein mehrdimensionales Spektrum: Es hat Beziehungen zu Fachwissenschaftlern aller Berufszweige, Unternehmensberatern, Informatikern und Bibliothekaren.

Die Anforderungen an eine(n) zukünftige(n) Dokumentar(in) sind daher vielfältig, sie reichen von fachwissenschaftlichen Kenntnissen über methodisch-technische Qualifikationen bis zu persönlichen Qualitäten.

Die *fachlichen Voraussetzungen* sind Fachwissen in der zu dokumentierenden Fachdisziplin, die Fachkomponente soll im dokumentarischen Studium etwa 20 % einnehmen, vor allem eine Einführung und Strukturierung des angestrebten übergreifenden Fächerspektrums.

Dokumentare stehen im Zentrum der Kommunikation zwischen extern und intern, wobei der Informationsstrom von draußen (externe Informationsstellen, Verlage, Hosts) gezielt in die eigene Institution hereingeholt werden muß, um entweder die Informationen direkt an die anfragenden Endbenutzer weiterzugeben oder sie in einem eigenen Speicher zu sammeln. Deshalb sind soziale, politische und rechtliche Kenntnisse des Informationsmarkts, das Wissen um Zugriffs- und Nutzungsmodalitäten und der damit verbundenen Begleitumstände unbedingt erforderlich. Erst dadurch sind Dokumentare in der Lage, Fähigkeiten zum Vermittler von Informationen zwischen externen Systemen und internem Bedarf, aber auch umgekehrt, zwischen intern verfügbarem Wissen und von außen herangetragenen Wünschen zu entwickeln, die durch die zunehmende Verflechtung vieler Firmen miteinander immer wichtiger wird (vgl. Staud 1991a).

Zur Beschaffung des vielfältigen Informationsspektrums sind unterschiedliche Formen (Texte, Graphiken, Bilder, Software sowie Teile derselben: Chemiedaten, statistische Daten oder Werkstoffdaten), Trägermedien derselben (vom Papier über elektronische zu optischen Medien) und Wege (konventionell per Brief, Telefon, Gespräch oder online) zu beherrschen.

Dazu gehören informationspraktische Fertigkeiten des problembewußten Erschließens und Bewertens, der Nutzung eines Informationssystems sowie des Datenbankaufbaus bezüglich der Recherchierbarkeit und des Inhalts einzelner Datenbanken bzw. Veröffentlichungsformen. Zu diesem Zweck werden Dokumentare in der Entwicklung von Kategorienschemata, der Datenerfassung und -erschließung ausgebildet und lernen das Klassifizieren von Schriftstücken und anderen Medien mittels passender Ordnungssysteme. Wesentlicher Schwerpunkt sind auch infrastrukturelle Aufgaben der Weiterentwicklung von Softwareprodukten, Ordnungssystemen und Organisationsaufgaben bei der Erstellung, Konvertierung und "Veredelung" von Informationsdiensten und die Erstellung und Aufbereitung von statistischen Informationen, wozu Kenntnisse der Organisation des Managements und Marketings erforderlich sind.

An *technischen Fertigkeiten* werden Grundkenntnisse zur Arbeitsweise einer EDV-Anlage, die Bedienung der Datenendgeräte und Kommunikationsnetze gefordert und Kenntnisse zur Überwachung technischer Geräte. Insbesondere sind auch Datenbankkenntnisse in einer großen Anwendungsvielfalt wegen der Fähigkeiten zum Planen und korrekten Einspeichern in und zum Abfragen aus unterschiedlichen Datenbankorganisationen erforderlich.

Die eigentlichen Früchte seiner Arbeit erntet der Dokumentar bei der Vermittlung aktueller Informationen mittels Recherchen, sei es zur Vorbereitung eines Produktionsprozesses, zur Überwachung der Konkurrenz, zur Erstellung von Marktanalysen oder ganz allgemein zur Unterstützung des Managements.

Die *persönlichen Qualitäten* bestehen zum allergrößten Teil aus Kommunikationsbereitschaft und der Wahrnehmung des Umfelds der Benutzer. Die Beratungstätigkeiten erfordern auch Kenntnisse der Randbedingungen, unter denen der Benutzer arbeitet, und die Fähigkeit, mit klaren Fragen dem Informationsproblem auf den Grund zu gehen. Die Kommunikationskomponente beinhaltet auch ein gutes Sprachgefühl bei der Umsetzung eines natürlichsprachigen Themas in die Dokumentationssprache oder in Stichwörter. Beschleunigend und kostensparend wirkt sich ein gutes Gedächtnis für Details der Bedienung von Informationssystemen aus, weil man immer wieder wegen überraschender Zwischenergebnisse von der ursprünglich vorbereiteten Suchstrategie abweichen muß. Aus diesem Grund benötigt man auch viel Geduld, weil es oft kein klar definiertes bestes Ergebnis gibt, was logisches Denken zur Analyse der theoretisch möglichen und sinnvollen Alternativen erfordert. Ideal wäre auch ein Sinn für graphische Gestaltung und Design bei der Ausarbeitung von Informationsangeboten.

Nach all den genannten positiven Fähigkeiten von Dokumentaren könnte man vermuten, es handle sich dabei um Universalgenies. In der Tat zeichnet sich dieser Beruf dadurch aus, daß man von den vielseitigsten Fachgebieten etwas wissen muß, um Kommunikationsprozesse in der allzu zersplitterten Welt der Fachspezialisten herstellen zu können. Hierzu ist auch erhebliches Organisationstalent und ein Gespür für die optimale Wegfindung zum Wissen erforderlich. Ein wohl entscheidender Faktor im Tätigkeitsfeld der Dokumentare ist die Fähigkeit, graue Eminenz zu sein und dienstleistungsbezogen alle Fäden ohne großes Aufsehen in der Hand zu halten, ohne dafür die Lorbeeren ernten zu wollen. Das aus diesem Grund latent mangelnde Selbstwertgefühl wird in dem Maße gestärkt und sich in Souveränität verwandeln, wie Informationsspezialisten professionelle Arbeit leisten.

Vom Umfeld abhängig kann der Arbeitsplatz von Dokumentaren sehr unterschiedlich aussehen: In einer großen Dokumentationsstelle wird man sich mehr auf gewisse Arbeitsgebiete spezialisieren und die erforderlichen Fachkenntnissen werden dort von Fachwissenschaftlern eingebracht, während man in einer kleineren Informationseinrichtung sehr viel mehr interdisziplinäre Kenntnisse aus der EDV, Statistik, Bibliothekswesen und dem zu dokumentierenden Fächerspektrum haben muß. Ist das Beschäftigungsfeld in einer Behörde, wird man die verstaubten Schriftgutverwaltungen in moderne Informationsvermittlungsstellen umstrukturieren müssen, in der freien Wirtschaft muß man sich dagegen so mit Informationen vollpumpen, daß man die für die Firma relevanten Neuigkeiten sofort erkennt.

Qualifikationstests. Es gibt keine fertigen Tests, mit deren Hilfe man eindeutig bestimmen kann, daß eine Person mit besonderen Fähigkeiten für den Beruf der Dokumentarin oder des Dokumentars geeignet wäre; auf der anderen Seite gibt es einige abschreckende Tätigkeiten, von deren Vorhandensein man schon möglichst bald wissen sollte. Diese entsprechen auch Verlags- oder Bibliothekstätigkeiten und es wird empfohlen, sie einmal zu üben, auch wenn sie monoton sind:

1. *Abschreibetest.* Inwieweit ist der Aspirant in der Lage, eine Seite von Dokumentationseinheiten möglichst fehlerfrei (Text- und Zeichensetzung) abzuschreiben. Hierbei werden die Qualitäten Zuverlässigkeit und Exaktheit bewertet.

2. *Korrekturtest.* Der zu Testende soll zwei (aus einer Seite bestehende) Textvorlagen, von denen eine fehlerhaft abgeschrieben ist, miteinander vergleichen und anhand einer Liste von Duden-Korrekturzeichen in der fehlerhaften Textvorlage markieren. Dabei wird in zwei Dimensionen getestet, auf Genauigkeit im Textlesen und im Einsatz eines Regelwerks (Duden-Richtlinien).

3. *Alphabetischer Ordnungstest.* Ein Schlagwortregister (eine Seite) eines Buches enthält Einordnungsfehler. Diese sollten markiert werden. Hier wird sowohl abstraktes Denken wie auch Konzentrationsfähigkeit getestet.

Interessanter sind folgende, geistig anspruchsvollere Tests:

4. *Inhaltlicher Ordnungstest.* Es sollen ca. 50 Buch-, Zeitschriften-, Zeitschriftenaufsatz-, Konferenz- oder Filmtitel inhaltlich 10 Sachgruppen zugeordnet werden. Dabei sollen Allgemeinwissen und systematisches Denken geprüft werden.

5. *Computertest.* Das an der Dokumentationsstelle eingesetzte EDV-System wird Interessenten vorgeführt und erläutert und sie werden gebeten, selbst damit umzugehen. Getestet wird dabei die Vertrautheit mit Systemen, Konzentrationsfähigkeit und abstraktes Denken. Zum allgemeinen Test der Auffassungsgabe im Umgang mit Computern, könnte ein Graphikprogramm dienen, weil es nur eine kurze Einweisungszeit erfordert und man das Erklärte sofort testen kann und außer dem Verstehen logischer Funktionsabläufe auch andere Eigenschaften wie Mut zum Ausprobieren und Kreativität in der Darstellung erkannt werden können.

6. *Kommunikationstest.* Im Einzelgespräch und in Gruppengesprächen können mehrere Bewerber auf ihre geistige Beweglichkeit, Diskussionsfreudigkeit, Ausdrucksfähigkeit und ihr Verhalten in der Gruppe beurteilt werden.

Die genannten Tests sind individuell zu gestalten und nur als Richtinien für einen Denkansatz zu verstehen, wie Dokumentationsstellen sich unter mehreren Bewerbern den oder die für sie passende auswählen können.

Entwicklungstrends. Mehr und mehr werden Systeme aktuell, die ohne viel Aufwand ein schnelles Sammeln von Informationen vornehmen, was zu einer Dequalifizierung der Dokumentare führen kann. Auf der anderen Seite erfordern diese Systeme einen viel größeren Aufwand infrastruktureller Tätigkeiten, um diese vereinfachten Formen der Eingabe überhaupt zu ermöglichen. Deutlich im Vormarsch ist der Aufbau von Kooperationen verschiedenster Ausprägung. Dies charakterisiert eine weitere Tendenz der Entlastung von Routinetätigkeiten und stellt damit dokumentarisches (Hilfs-)Personal frei. Andererseits wird jedoch für Normierungs- und Anpassungsarbeiten im nationalen oder internationalen Rahmen vermehrt Fachwissen erforderlich. Weiterhin werden traditionelle Hilfsmittel der Datenerfassung und der Datenübernahme aus fremden Systemen ausgebaut und mit erweiterter EDV-Unterstützung versehen, was die Entwicklung von Benutzerhilfen bedingt. Zunehmend erfordert die Unüberschaubarkeit des Informationsmarktes wesentliche Qualifikationen von zukünftigen Dokumentaren, die hauptsächlich auf Übersichtskenntnisse abzielen. Wichtig vor allem sind Telekommunikation und EDV-Einsatzvorbereitung für Informationseinrichtungen. Die Auswahl an einfachen Faktendatenbanken und deren Bedeutung dürfte weiter steigen. Zwar sind nach wie vor keine Standards einer Retrievalsprache zu erwarten, jedoch sind diese durch die Konzentrationstendenz zu wenigen Hosts bzw. Hostkooperationen sowie Mailboxsystemen und benutzerorientierten Oberflächen weniger entscheidend. Problematisch ist nach wie vor die starke Verlangsamung der Literaturbeschaffung infolge geringer Personalkapazitäten in öffentlich-finanzierten Bibliotheken. Hier ist zu hoffen, daß die Beschaffung durch elektronische Möglichkeiten wenigstens für neuere Literatur beschleunigt werden kann. Noch mehr dezentrale Rechner-Strukturen bilden sich heraus, teilweise durch Vernetzungen mit Großrechnern, teilweise durch Rechnereinsatz auf Abteilungsebene. Das macht eine gute EDV-Ausbildung unumgänglich. Also wird Do-it-yourself beim Hardware-Umgang ebenso gefordert sein wie bei Softwareanpassungen zur Änderung des Bildschirmaufbaus, zur Reihenfolge der Ausgabedaten und zur Ausgabe zusätzlicher Daten. Wünschenswert wäre eine Transparenz der Programme, die ermöglichen soll, daß Fehlermeldungen verändert werden können. Es ist zu erwarten, daß die Funktion von Informationsspezialisten für Recherchen mit der Computerisierung jedes Arbeitsplatzes von Fachwissenschaftlern zunehmend mehr anerkannt werden. Voraussetzung dafür ist ein bedeutendes Fachwissen und große Erfahrung im Berufsfeld.

2 Informationsquellen

2.1 Einleitung

Informationsquellen für den Dokumentationskreislauf können verschiedener Natur sein. Es ist zu berücksichtigen, daß es sich um allgemein zugängliche Schriftstücke handeln könnte — dann wäre der Begriff *Publikationsmedien* angebracht, das sind im Unterschied zu Massenmedien Informationsmittel zur Verbreitung von Wissen. Auch könnte man daran denken, daß Spiele oder Kassetten in den Dokumentationsprozeß Eingang fänden — für diese wäre eine Eingruppierung außerhalb der Druckmedien wesentlich, man findet dafür oft die Bezeichnung *Non-Book-Material*, die aber insofern mißverständlich ist, daß sie in manchen Verzeichnissen auch Zeitschriften miteinschließt. Insofern empfiehlt sich eher die Bezeichnung *Non-Print-Material*. Wesentlich sind auch Aspekte wie die *Maschinenlesbarkeit* von Informationen (solche Medien werden dann auch *Datenträger* genannt). Wenn Schriftstücke aus Teilen oder Extrakten (sog. *Abstracts* oder *Summaries*) von Publikationen bestehen, also *Sekundärdokumente* sind, dann sollen deren materielle Träger im folgenden *Informationsträger* genannt werden. Wird eine Sammlung von Sekundärdokumenten publiziert und ist sie im Zusammenhang mit einem gezielten Informationswunsch zu sehen, dann soll von einem *Auskunftsmittel* gesprochen werden. Im Rahmen der Datenerhebung genügt die Sammelbezeichnung Informationsträger, falls maschinenlesbar, Datenträger. Auch ein komplettes Buch kann in der Form eines Datenträgers vorliegen. Man kennt dabei auch Kombinationen von Medien im *Medienverbund*: Zusammenarbeit von Massenmedien mit anderen gedruckten Medien (z.B. besteht das Telekolleg aus einer Fernsehsendung mit Begleitbuch) und als *Medienpaket*, die eine Kombination von gedruckten Medien mit audiovisuellen Medien bzw. Datenträger bezeichnen (z.B. Buch mit Dias, Videokassetten oder Diskette). Kombinationen erfreuen sich immer größerer Beliebtheit; sie sind aus didaktischen Zwecken sehr nützlich, werden sich also in Bibliotheken von Ausbildungseinrichtungen häufig finden. Ausführliche Begriffsklärungen zum Themenbereich Informations- und Publikationsquellen sind bei Hacker (1992), im Lexikon von Rehm (1991) und mit besonderer Berücksichtigung der neuen Medien im Handbuch von Ratzke (1984) zu finden.

2.2 Klassifikation der Publikationsmedien und -arten

Vordergründig leicht durchführbare und auch sinnvolle Unterscheidungskriterien für das Strukturieren und Beurteilen von Publikationsmedien sind äußere Aspekte der Materialbeschaffenheit, weil sich daraus Konsequenzen insbesondere für die Lagerung ableiten lassen, Gesichtspunkte der Zugänglichkeit, weil davon die Beschaffbarkeit und Bereitstellung abhängig ist. Die Berücksichtigung der Erscheinungsweise ist notwendig sowohl für die Verwaltung des Schrifttums (wegen Bestellmodalitäten, Aufstellungsproblemen etc.) als auch für den Benutzer notwendig (weil ihn die Aktualität des Schrifttums interessiert). Stärkeren inhaltlichen Bezug hat auch die Gruppierung des Schrifttums nach der herausgebenden Körperschaft und die jeweiligen Begleitumstände des Erscheinens, weil damit sehr viel über die jeweilige Benutzergruppe ausgesagt ist. Schließlich ist eine Klassifikation nach inhaltlichen Bezügen unmittelbar einleuchtend. Bei der Datenerhebung im Dokumentationsprozeß ist es sinnvoll, sämtliche der obengenannten Aspekte zu berücksichtigen, wobei die Prioritäten je nach Fachgebieten unterschiedlich gewichtet sein können. Im folgenden soll eine genauere Unterscheidung nach mehreren Dimensionen getroffen werden, da jedes Dokument unter mehreren Aspekten gesehen werden kann, die in Tabelle 2.1 dargestellt werden.

Man differenziert vordergründig in *Print-Medien* (s. Tabelle 2.1, Teil A,1.) und *Non-Print-Material* (s. Teil A, 2.-4.), in Broschüren und Bücher (s. Teil B), bezüglich der inhaltlichen Anforderungen an den Leser unterscheidet man in wissenschaftliche Literatur und Unterhaltungsliteratur (s. Teil C), sowie bezüglich der Erscheinungsweise in abgeschlossene Werke und Fortsetzungswerke (wichtigste Vertreter: Monographien und Zeitschriften) und selbständige und unselbständige Werke (Teil D). Schließlich wird noch nach dem Anlaß der Veröffentlichung in eine ganze Reihe von Facetten unterschieden, die im letzten Teil der Tabelle aufgegliedert sind. Die unterschiedlichen Aspekte sollen in Abb. 2.1 (S.49) an einem Beispiel aufgezeigt werden: Die *Arbeitsrichtlinien für die automatische Literaturdokumentation der Gesundheitspflege* liegen gemäß Teil A in gedruckter Form (*Print-Medium*) vor, Teil B weist sie als geheftet aus (*Broschüre*), in Teil C werden sie unter allgemeine *Nachschlagewerke* geführt, Teil D betrachtet sie als *Schriftenreihe* und nach Teil E handelt es sich um eine *Amtsdruckschrift*. Es könnte auch sein, daß in Kategorie E nach zwei Kategorien klassifiziert wird, z.B. nach Amtsdruckschrift und nach Report (s.auch Abb. 2.2). Hiermit soll zum Ausdruck kommen, daß eine klassifikatorische Ordnung der Medien relativ ist und je nach den Zusammenhängen immer wieder von neuem abzuleiten ist. Auch die hier vorgestellte Einteilung ist nur als ein grober Leitfaden durch das Dickicht der für die Dokumentation relevanten Medien zu betrachten, wobei die interessanteren Gliederungsgesichtspunkte in den Teilen C, D, E betrachtet werden.

Tabelle 2.1. Klassifikation von Dokumenttypen.
Teil A. Äußerer Aspekt der Publikationsform

1. Papierform	
Gedruckte Form	*Textdokument in Fließtext*: Eine sinnvolle Computerspeicherung erfolgt entweder in Text- oder Datenbanksystemen. *Fakten:* Tabellarisch vorliegende numerische Daten, Personenlisten, Projekte, Termine; eine Computerspeicherung ist nur in speziellen Datenbanken sinnvoll.
Maschinengeschriebene Form; Computerausdruck	*Protokolle* (Sitzungsprotokolle), *Akten* (Aktennotizen, sonstiges Schriftgut).
Handschriftliches	Normalerweise wertvolle alte Handschriften oder *Autographen* (Originalbriefe bedeutender Personen). In der Dokumentation wird man gelegentlich *Urbelege* darunter einstufen, bevor sie in ein EDV-System aufgenommen wurden.
Noten	Kommt für Musikarchive in Frage: Sinnvoll wäre eine abfragbare Speicherung der Anfangsmotive.
Bilddokumente	*Graphische Darstellungen, (Land-)Karten, Pläne, Kunstdrucke, Konstruktionszeichnungen, Plakate, Diagramme* (Elektronische Speicherung in einer voll-recherchierbaren Datenbank kann nur unter Verzicht auf hohe Qualität erfolgen, ansonsten kommt nur Einsatz der Bildplatte in Frage. Es gibt auch Kombinationen der obengenannten Formen.
2. Objekte	Das sind z.B.Spiele, Gemälde, Museumsgegenstände.
3. AV-Materialien	*Audiovisuelle Materialien* sind Medien, die entweder den Gehörsinn oder den visuellen Sinn oder beide Sinne zugleich ansprechen. Deren Material ist normalerweise aus Kunststoff, dessen Beschichtung bei der Aufnahme durch den Einfluß eines optischen oder elektromagnetisch arbeitenden Geräts so verändert wird, was bei der Wiedergabe die Darstellung verschiedener Formen und Klänge zur Folge hat. Das entscheidende Unterscheidungsmerkmal ist, daß zur Darstellung der enthaltenen Informationen eine technische Unterstützung durch einen der genannten Gerätetypen erforderlich ist.
Tonträger	*Kassette, Tonband, CD (Audio), Schallplatte.* Diese Materialien sind vor allem wichtig in Medienzentren wie Rundfunk, Fernsehen, um das Schallarchiv zu füllen.

Tabelle 2.1. Klassifikation von Dokumenttypen.
Teil A. Materialaspekt der Publikationsform (Forts.)

3. AV-Materialien (Forts.)	
Filme	**KLASSISCHES FILMMATERIAL** *Cinefilm (Stummfilm, Tonfilm)*: Die Bedeutung dieser Publikationsmedien geht angesichts der größeren Vielfalt der leicht kopierbaren Videofilme zurück, auch wenn ihre Bildqualität nach wie vor noch besser ist. *Diasammlungen*: sind vorzugsweise wichtig für Artotheken oder Museen, haben aber auch eine gewisse Bedeutung für Schulungen, die jedoch angesichts der zunehmenden Verbreitung von Folien für Tageslichtprojektoren zurückgeht. **MIKROFORM** Das Material besteht entweder aus dem *Silberhalogenfilm*: hohe photographische Qualität, hohe Lichtempfindlichkeit bei der Aufnahme, jedoch teuer und komplizierte Verarbeitung. Haltbarkeit: bezüglich der Lichtbeständigkeit unempfindlich, jedoch empfindlicher als der *Diazofilm* bezüglich mechanischer Einwirkung. Besondere Formen sind: a) *Mikrofilm* — er dient oft zur platzsparenden Lagerung und Sicherheitsverfilmung von Zeitungen (bei geringem Erfassungsaufwand), deren Lagerung zu aufwendig wäre oder von Unterlagen, die nur selten benutzt werden, b) *Microfiche* (DIN A6 quer, Verkleinerungsfaktor 18:1 bis 250:1). Der Microfiche dient eher als Publikationsmittel.
4. Neue Medien	Dieser Begriff ist unscharf, aber dennoch in der Praxis beliebt. Als Arbeitsdefinition empfiehlt es sich, darunter elektronische Medien mit optischen Darstellungsmöglichkeiten einzuordnen.
EDV-unabhängige Medien	*Videoband*: Die Rolle dieses Mediums nimmt besonders für Schulungszwecke zu. *Optische Bildplatte:* kombinierte Speicherung von Text, Bild und Ton in analoger Aufzeichnungstechnik; es kann jedoch keine private Direktaufnahme wie beim Videoband durchgeführt werden. Dient vor allem für Artotheken oder Museen als Medium hoher Qualität für Bilddokumente, mit direktem Zugriff auf einzelne Bilder. *CD (Compact Disc)*: Auf Lasertechnologie basierende Musikplatten.

Tabelle 2.1. Klassifikation von Dokumenttypen.
Teil A. Materialaspekt der Publikationsform (Forts.)

4. Neue Medien (Forts.)	
EDV-speicherfähige Medien	Sowohl Videobänder als auch CDs können auch für EDV-Zwecke eingesetzt werden. So kann z.B. ein Videorecorder unter gewissen Umständen als Speichergerät für die Datensicherung umfunktioniert werden. Die so beschriebenen Medien speichern jedoch EDV-Daten und keine Bewegtbilder. Ein weiteres für Computerzwecke einsetzbares Medium ist die CD als *CD-ROM (*Compact Disk - Read Only Memory), also nur im Lesezugriff erhältlicher Informationsdienst. Auf diesem Medium sind in der Regel Sekundärdokumente oder Informationsführer, wie Wörterbücher oder Kataloge verzeichnet. WORM (Write Once Read Multiple oft auch Write Once Read Many genannt), also Speichermedien, die im Gegensatz zu den durch den Hersteller beschriebenen CD-ROM von Anwender (nur einmal) beschrieben werden können [Näheres bei Lehmler und Schnelling (1981)].

Tabelle 2.1. Klassifikation von Dokumenttypen.
Teil B. Buchbinderischer Aspekt des Zusammenhalts

Losblatt-form	Als lose Blätter kommen Schriften wie *DIN-Normen* und Rechtsbestimmungen auf den Markt, aber auch *Datenerfassungsblätter* und jegliche Art von Formblättern kommen in Loseblattform vor.
Gefaltete Form	In dieser Form kommen *Zeitungen, Newsletters* sowie *Computerausdrucke* vor. Man tendiert oft dazu, die gefaltete Form als etwas nicht Endgültiges bezüglich der Bereitstellung für den Benutzer zu betrachten. Zur Archivierung erfordern sie geeignete Aufbewahrungsformen, die die zeitlich begrenzte Lebensdauer berücksichtigen.
Geheftete Form	Die wichtigsten Vertreter, die in dieser Form vorkommen, sind die *Zeitschrift* (s.unter Periodika) und die *Broschüre* (z.B. eine Werbedrucksache oder ein Regelwerk) und das *Taschenbuch*.
Buchform	In gebundener Form kommen dauerhafte, oft benutzte Monographien auf den Markt. Häufig benutzte und zu verleihende Zeitschriften werden nachträglich gebunden. Formal betrachtet werden durch Umschlag und Heftung zusammengefaßte einzelne Papierblätter als Buch bezeichnet — im Gegensatz zum Periodikum bezeichnet man auch eine abgeschlossene Publikation als Buch).

Tabelle 2.1. Klassifikation von Dokumenttypen.
Teil C. Dokumentarten: inhaltlicher Bezug

Belletristik	Unterhaltende, schöngeistige Literatur, Dichtung
Kinder- und Jugendliteratur	Diese beiden Formen erfordern keine besonderen dokumentarischen Aufwand bei der Speicherung, hier reichen normale bibliothekarische Ordnungsmethoden aus, die es dem Benutzer ermöglichen, sich am Regal zu orientieren.
Sachliteratur	Es gibt die Formen *allgemeinverständlich* (*Sachbuch*) und *fachspezifisch*, und auch *Fachliteratur*. Letzterer Begriff wird oft auch als Oberbegriff der *wissenschaftlichen Literatur* (soll hier nicht differenziert werden) verwendet.
Studien- und Forschungsliteratur	Diese dient zur Einführung in ein Fachgebiet, vermittelt spezielle Fachterminologie und weist auf einschlägige Grundlagenliteratur hin. Forschungsliteratur setzt die spezielle Fachterminologie voraus. Normalerweise ist sie nur für Fachleute des jeweiligen Spezialgebiets verständlich. Die Gliederung des Inhalts erfolgt standardmäßig in folgende Bestandteile: Material, Methode und Quellen.
Lehrbücher	Ein *Lehrbuch* (*Textbook*) stellt das anerkannte Wissen eines Faches zusammen und beschränkt sich auf das wesentliche, grundlegende Wissen eines Fachgebiets in didaktischer Gestaltung. Es kann sich auch um ein *programmiertes Lehrbuch* handeln, das auch als *Lerndiskette* zum Kennenlernen eines eng abgesteckten Stoffgebiets zur Verfügung steht. Weitere übliche Bezeichnungen, die mit dem Begriff *Lehrbuch* assoziiert werden können, sind *Einführung* (Beschreibung der besonderen Probleme eines Wissenschaftsfaches), *Leitfaden* (im Sinne eines Regelwerks bzw. praktischen Anleitung), *Lehrbrief* (zum Fernstudium), *Repetitorium* (*Pauk-Kurs* für die Prüfung).
Handbücher	Ein *Handbuch* (*Handbook*) gehört zur Gattung der wissenschaftlichen Standardwerke: Es ist eine zusammenfassende Bezeichnung für eine enzyklopädische, in einer Gemeinschaftsarbeit von mehreren Wissenschaftlern erstellte Zusammenfassung sämtlicher Aspekte eines Fachgebiets (z.B. Beilsteins Handbuch der Organischen Chemie), die oft auch in mehreren Bänden erscheint. Gelegentlich wird der Begriff auch für Auskunftsliteratur besonderer Form wie z.B Nachschlagewerke verwendet.

Tabelle 2.1. Klassifikation von Dokumenttypen.
Teil C. Dokumentarten: inhaltlicher Bezug (Forts.)

Studien- und Forschungs-literatur (Forts.)	
Manuale	*Manuale* sind Anleitungen in Form von *Benutzerhandbüchern* und vor allem zur Softwarebeschreibung erforderlich.
Sonstige Werke	Der wohl wichtigste Typus sind *wissenschaftliche Einzelarbeiten*.
Auskunftsliteratur, Nachschlagewerke	*Auskunftsliteratur* weist aktuelle Informationen zu Einzelfragen nach (s. Kap. 9.2).
Adreßbuch, Telefonverzeichnis, Mitgliederliste	Nachschlagewerke nichtnumerischer Fakten in alphabetischer oder systematischer Gliederung; werden oft als *Referral* (= Nachweisliteratur) bezeichnet.
Bibliographie	Die *Bibliographie* ist ein Literaturverzeichnis, oft auch mit Schlagwörtern oder kurzen Inhaltsangaben (*Referateorgane*).
Tabellenverzeichnis	Verzeichnis von numerischen oder von Formeldaten in Form von Tabellen zum direkten Ablesen von Ergebnissen (z.B. Werkstoffdaten).
Enzyklopädie, Fachlexikon, Glossar, Konversationslexikon	Dieser Typus wird im wesentlichen durch eine mehr oder minder ausführliche Darstellung der Begriffsinhalte zu einer vorgegebenen Benennung charakterisiert; dies kann sehr weitumfassende Begriffe beinhalten, die in der *Enzyklopädie* in aller Ausführlichkeit umfassend dargeboten werden
Terminologisches Wörterbuch, Übersetzungslexikon	Diese Publikationsform ist eher sprachbezogen und stellt die Benennungen ein und derselben Sache mit Angabe der richtigen grammatikalischen Formen und Schreibweisen in einer, zwei oder mehreren Sprachen dar.
Nachrichten, Mitteilungen	Diese Informationen werden meist aus aktuellem Anlaß publiziert und erscheinen oft in Zeitungen und Zeitschriften.

Aus der Tabelle (Teil D) wird ersichtlich, daß selbständig erschienene Werke differenzierter eingeteilt werden: Es gibt einmalige (abgeschlossene bzw. auf Abschluß angelegt) Werke, zur Fortsetzung bestimmte Werke (regelmäßig periodisch — unregelmäßig), Fortsetzungswerke (in mehreren Bänden erscheinend), Loseblattsammlungen und Periodika.

Auf Abschluß angelegte Werke

Der wichtigste Vertreter der ersten Gruppe ist die *Monographie*: Hier wird ein komplexer Gegenstand umfassend behandelt und hat längerfristige Bedeutung, jedoch geringere Aktualität. Der Begriff **Monographie** suggeriert, daß das Werk von **einem** Autor geschrieben sein könnte, dies ist nicht der Fall, sie kann ebenso von einer Gruppe von Autoren geschrieben sein, vielmehr ist damit eher gemeint, daß es sich um ein einzelnes Buch zu einem Thema handelt, das nicht periodisch erscheint.

Index: Ein Index wird einmal (meist zu einem Zeitschriftenband) geliefert, um nachzuweisen, was z.B. in dem ganzen Jahrgang erschienen ist. Er ergänzt die Sammlung der Zeitschriftenhefte. Sie muß vor dem Übersenden zum Buchbinder auf Vorhandensein des Index überprüft werden. Der Index hat also einen einmaligen Charakter innerhalb einer Periodizität.

Supplement: Wörtlich übersetzt heißt das "Ergänzungsband"; es handelt sich um zusätzliche, außer der Reihe erscheinenden Hefte einer Zeitschrift, kommt also auch innerhalb einer Periodizität einmal vor.

Mehrbändiges Werk: Eine Monographie erscheint ihres übergroßen Volumens wegen aus buchbindetechnischen Gründen in mehreren Bänden.

Sonderdruck: Autoren erhalten als eine Gegenleistung (u.a.) für ihre (unselbständige) Publikation eine Reihe von Sonderdrucken. Sonderdrucke haben gegenüber Fotokopien eine Reihe von Vorzügen (z.B. bessere Darstellung von farbigen Bildern). Eine Dokumentationsstelle ist gut beraten, zur Archivierung dokumentarischer Bezugseinheiten bei den Autoren Sonderdrucke zu bestellen.

Tabelle 2.1. Klassifikation von Dokumenttypen.
Teil D. Erscheinungsweise: Übersicht

Selbständige Werke		Unselbständige Werke	
Abgeschlossene Werke	Werke zur Fortsetzung	Teile aus Monographien	Artikel aus Periodika
Monographie Mehrbändiges Werk Supplement Index Sonderdruck	Schriftenreihe Loseblattsammlung Periodika * Zeitschrift * Zeitung * Zeitschriftenartige Reihe	Kapitel	Zeitungsartikel Zeitschriftenartikel Editorial Review Rezension
	Fortsetzungswerk Lieferungswerk		

Werke zur Fortsetzung

Schriftenreihe (Monographie in Reihe): Nicht auf Abschluß angelegte Folge von einzelnen, in sich abgeschlossenen Teilen (Bänden) (s.auch Abb. 2.1, 2.3).
Erkennungskriterien:
- Man unterscheidet in ungezählte und gezählte Reihen.
- Für die wissenschaftliche Dokumentation wesentlich sind vor allem Fachserien (nach thematischen Kriterien gegliedert) im Unterschied zu Verlegerserien.
- Es existiert ein gemeinsamer Serientitel als übergeordneter Gesamttitel.
- Es wird (wie bei Zeitschriften) auf gleiche äußere Aufmachung geachtet.
- Es gibt auch Unterreihen (Reihe innerhalb der Reihe) mit getrennter Zählung.
- Bei einer Beiheftreihe steht eine Reihe im (inhaltlichen) Zusammenhang mit einer Zeitschrift, wobei der Zeitschriftentitel im Reihentitel enthalten ist.

Beigaben: Folgende Ausprägungen sind möglich: Bezeichnung als *Beilage* (könnten aber auch lose beigelegte Teile eines Einzelwerks sein oder als regelmäßig erscheinende Beilage eines Periodikums. Erscheinen als *Sonderheft* (könnte auch außerhalb der Reihe erscheinendes Heft einer Zeitschrift sein: wird als unselbständig betrachtet). Erscheinen als *Supplement* (könnte aber auch Ergänzungsband eines abgeschlossenen Werkes sein).

Fortsetzungswerk (erscheint in mehreren Bänden):
Erkennungskriterien:
- Mehrere Teile eines Werkes erscheinen oft in unregelmäßigen Abständen.
- Jeder Teilband ist eine inhaltlich sinnvolle Einheit.
- Auf Abschluß, da inhaltlich begrenzt, angelegt.
- Oft wird Subskription vorgeschrieben (Bsp.: Handbuchreihe).
Sonderform *Lieferungswerk:*
- Teile sind inhaltlich unvollständig.
- Umfang, Erscheinungsfolge sind im voraus festgelegt.
- Bestellung des Gesamtwerkes, Bezahlung einzelner Lieferungen (Bsp.: Lexika, Enzyklopädien).

Loseblattsammlung (einzelne Blätter, die lose im Ordner aufbewahrt werden):
Erkennungskriterien:
- Kein vorhersehbarer Abschluß.
- Besteht aus den Teilen Grundwerk (= die erste Lieferung), Ergänzungslieferung, Einlegeanweisung, Kontrollblatt oft in Form eines neuen Inhaltsverzeichnisses.

Vorkommen: Bei schnell veraltenden bzw. zu ergänzenden Informationen (Bsp.: Programmierhandbücher, Manuals für Datenbasen oder Retrievalsprachen).

Probleme: Sehr arbeitsintensiv, bei der Inventarisierung liegt nicht für jede Lieferung ein physisch greifbares Buch vor.

Periodika (Periodicals): Inhalt besteht aus mehreren Beiträgen von verschiedenen Autoren.

Erkennungskriterien:

– Regelmäßiges, periodisches Erscheinen.

– Nicht von vornherein zeitlich befristet.

– Erscheinung in mehreren unselbständigen Teilen.

– Mit gemeinsamem Titel.

– Mit gleicher Aufmachung.

– Durchlaufende Zählung nach einzelnen Nummern, Heften, Bänden und/
  oder Jahren.

Eine für die Dokumentation besonders wichtige Form von Periodika ist die *Zeitschrift*, die aus diesem Grund etwas ausführlicher diskutiert wird. Man differenziert einerseits nach Niveau, nämlich grob in nichtwissenschaftliche (allgemeinbildende, populärwissenschaftliche) und in Fach- und wissenschaftliche Zeitschriften, andererseits aber auch bezüglich des Spezialisierungsgrades in allgemein-orientierte und fachspezifische Zeitschriften. Bei der Aufnahme in ein Literaturinformationssystem macht man die Erfahrung, daß es zu großen Streuungen kommt. Man wird niemals nur hochklassige Zeitschriften auswerten, andererseits wird man selbst für die Informationsanalyse für ein spezielles Fachgebiet wie z.B. für die Krebsforschung nicht nur rein krebsbezogene Zeitschriften auswerten, sondern ebenso allgemein biowissenschaftliche und sogar physikalische oder chemische Fachzeitschriften als auch klinische Zeitschriften daraufhin durchsehen, ob in ihnen für das zu dokumentierende Fachgebiet relevante Artikel erscheinen.

Die wohl bekannteste Form eines Periodikums ist eine *Zeitung*, die im allgemeinen täglich oder wöchentlich erscheint. Äußerlich erkennt man sie daran, daß sie aus losen, relativ großen Zeitungspapier-Lagen (geringerer Papierqualität) zusammengelegt ist und aus vielen kleineren Artikeln besteht, die oft nicht oder nur durch ein Namenskürzel bezeichnet sind. Beim genauen Hinsehen erkennt man, daß kein Titelblatt für den Jahrgang existiert und die Seiten für jede Ausgabe neu durchgezählt wird. Es gibt Tageszeitungen und fachspezifisch ausgerichtete Zeitungen.

Sonderform einer Fach-Zeitung ist ein *Newsletter*, der Informationen von Produzenten an seine Kunden verteilt und insofern die Funktion eines Mitteilungsblattes hat, das bezogen auf die Erscheinungshäufigkeit einer Zeitschrift gleicht (s.auch Abb. 2.4).

Zeitschriftenartige Reihe. Eine Mischform von Reihen und Zeitschriften ist eine zeitschriftenartige Reihe, die daran zu erkennen ist, daß es sich um inhaltlich abgeschlossene Teile handelt, die an einem Titelblatt und einem Inhaltsverzeichnis zu erkennen sind, dabei jedoch keine eigenen Stücktitel besitzen und periodisch erscheinen (z.B. Jahrbücher).

Bibliographisch unselbständige Literatur

Unselbständig sind Artikel oder Aufsätze im Rahmen einer übergeordneten Veröffentlichung, abhängig von deren Erscheinungsweise. Ein *Zeitschriftenartikel* hat eine kurze Entstehungszeit (im Vergleich zu einer Monographie) und eine enge, jedoch aktuelle Thematik. Zeitschriftenaufsätze sind in einer bibliographisch selbständig erscheinenden Aufsatzsammlung zu einem Band zusammengestellt und haben damit bezüglich der Einschleusung in ein Informationssystem monographischen Charakter.

Tabelle 2.1. Klassifikation von Dokumenttypen.
Teil E. Anlaß der Veröffentlichung

Amtliche Druckschrift (Government Document, Official Publication)	Eine Amtsdruckschrift charakterisiert den Typus aller von Behörden und anderen öffentlich-rechtlichen Stellen herausgegebenen oder veranlaßten Schriften. Urheber sind also alle Einrichtungen der Legislative (Parlamente), Exekutive (Regierungsbehörden) und Judikative (Gerichte), aber auch anderer öffentlich-rechtlicher Körperschaften (z.B. Ärztekammern, IHKs, Kirchen, Universitäten, Krankenkassen), Anstalten (z.B. Rundfunk- und Fernseh-Anstalten) und auch Stiftungen (z.B. Deutsches Krebsforschungszentrum) (s.auch Abb. 2.1, 2.2).
Halbamtliche Druckschrift	Diese Art von Druckschrift ist geprägt durch die Autorenschaft privatrechtlich organisierter Institutionen, deren Mitglieder fast ausschließlich der öffentlichen Hand angehören.
Kongreßschrift, Tagungsschrift (Conference Papers)	Veröffentlichungen von Tagungsvorträgen oder deren Kurzzusammenfassungen vor oder zu (*Preprints*) oder nach Tagungen (*Proceedings*) (s.auch Abb. 2.3).
Gelegenheitsschrift (Festschrift)	Meist ein Sammelband von Aufsätzen, die Vorträge anläßlich eines Kongresses zu Ehren eines Jubilars sein können.

Tabelle 2.1. Klassifikation von Dokumenttypen.
Teil E. Anlaß der Veröffentlichung (Forts.)

Hochschulschrift	Im engeren Sinn Schriften, die zur Erlangung eines Hochschulgrades führen: Habilitation, Dissertation, Magisterarbeit, Diplomarbeit, Zulassungsarbeit; im weiteren Sinne Schriften, die von der Hochschule herausgegeben werden: Vorlesungsverzeichnis, Studienführer, Satzungen. Analog zu dem Begriff *Hochschulschrift* gibt es den Terminus *Schulschrift* für alle von einer Schule oder Ausbildungseinrichtung außerhalb der Hochschule herausgegebenen Schriften.
Gesellschaftsschrift	Hierzu gehören sämtliche von einer Gesellschaft herausgegebenen Periodika und Monographien, ein Sonderfall sind die Akademieschriften, die *Transactions*.
Firmenschrift	Eine Firmenschrift ist eine von einer Firma herausgegebene Publikation, sei es wissenschaftlichen Charakters (aus Prestigegründen), sei es als Rechenschaftsbericht (wegen juristisch-administrativer Zwänge) oder seien es Werbeschriften (für das Marketing).
Report, Forschungsbericht	Oft ist es ein (Zwischen-)Fortschrittsbericht oder ein Projektbericht eines noch laufenden Forschungsvorhabens oder lediglich der Bericht als eine administrative Maßnahme der Forschungsförderung. Im Beispiel der Abb. 2.2 handelt es sich um ein Nachschlagewerk.
Norm, Standard	Eine Norm ist eine von Fachleuten erarbeitete Empfehlung einheitlicher materieller und immaterieller Regelungen für Aufgaben in Technik, Wirtschaft und Kommunikation. Eine Norm dient dazu, die technisch-wirtschaftliche Zusammenarbeit zu vereinfachen, zu rationalisieren und dabei einen gleichbleibenden Qualitätsstandard aufrechtzuerhalten (s.auch Abb. 2.5).
Patentschrift	Eine Patentschrift besteht aus einem Titelblatt mit der bibliographischen Beschreibung, den Patentansprüchen mit einem gesondert deklarierten Hauptanspruch, der Erfindungsbeschreibung und einem Blatt mit graphischen Darstellungen und Formeln (s.auch Abb. 2.6).

Ein *Zeitungsartikel* ist noch aktueller als ein Zeitschriftenaufsatz und spiegelt meist eine populärwissenschaftliche Darstellung wider. Auch Zeitungsartikel sind oft zur Aufnahme in eine Dokumentensammlung ganz sinnvoll, und zwar nützen sie als Nachweis für eine Anfrage nach Übersichtsartikeln. Bei Sammelwerken oder Handbüchern ist es oft gut, wenn man einen Teil exzerpiert und diesen *Teil einer Monographie* als dokumentarische Bezugseinheit zu betrachtet.

Kommentar zu amtlichen, halb- oder nichtamtlichen Druckschriften. Amtliche und nichtamtliche Druckschriften sind schwer beschaffbar, weil sie überwiegend im Selbstverlag der betreffenden Institutionen erscheinen. In den USA gibt es das zentrale Government Printing Office (GPO) und den National Technical Information Service (NTIS) (s.auch Abb. 2.2). Die Bedeutung dieses Schrifttums liegt hauptsächlich auf dem Sektor des Rechtswesens (Gesetze, Verordnungen, amtliche Statistiken), können gelegentlich aber auch informatorisch sein (Jahresberichte, technisch-wissenschaftliche Berichte, Nationalbibliographie).

Kommentar zu Tagungsschriften. Es werden sehr oft Veröffentlichungen im Selbstverlag durch den Veranstalter angeboten. Im allgemeinen wird die zu erwartende bibliographische Form entweder selbständig monographisch oder als Beiheft einer Zeitschrift oder unselbständig innerhalb von Zeitschriftenheften oder als Sonderheft sein. Diese Tagungsschriften sind oft schwer beschaffbar, weil man zuallererst Schwierigkeiten hat herauszufinden, in welcher der o.g. Formen sie veröffentlicht wurden. Sollte ein Nachweis gelungen sein, dann ist die konkrete Beschaffung immer noch umständlich, weil die Schriften meist nach der Tagung vergriffen sind oder nur für die Tagungsteilnehmer vorgesehen waren. Eine Dokumentationsstelle kann oft nur dadurch beschaffen, daß sie entweder Mitglied bei gewissen Gesellschaften wird oder Mitarbeiter zum Besuch der Tagung anmeldet.

Kommentar zu Reports. Der Anlaß ist also nicht immer ein rein wissenschaftlicher Beweggrund, da der Auftragnehmer (Contractor) zu einem solchen Bericht dem Auftraggeber (Sponsor) gegenüber verpflichtet ist. Dabei gibt es Zwischenberichte (*Progress Report*) und Abschlußberichte (*Final Report*). Ausgewählte Themen werden oft als *Technical Notes* publiziert. Bei militärisch interessanten Aufgabenstellungen werden oft noch Zugänglichkeitsbeschränkungen nach unterschiedlichen Geheimhaltungsstufen verfügt (*classified [=geheim], only for internal use [=nur für den Dienstgebrauch], unpublished [=unveröffentlicht]*). Diese Reports erscheinen oft in Microfiche-Form und sind an der Report-Nr. sofort zu erkennen. Die Struktur einer solchen *Report-Nr.* ist z.B. folgendermaßen:

– Code für Auftraggeber (Körperschaftsakronym)
– Code für Reportart
– Code des Sachgebiets
– Code für das Publikationsjahr
– lfd. Nr.

Folgende Merkmale sind außerdem noch codiert:

– Vertriebs-Nr. bei Vertrieb durch besondere Vertriebsstellen (z.B. NTIS für US-Government-Reports)
– Projekt-Nr., Grant-Nr.
– Entry-Date-Nummern aus Datenbanken
– Angabe ob geheim (C für "Classified").

Die besondere Bedeutung bei dieser Publikationsform besteht in der besonders hohen Aktualität, die gelegentlich auch Fehlschläge darstellen kann. Problematisch ist das schnelle Veralten spezieller Ergebnisse und die beschränkte Zugänglichkeit.

Mit der Gruppe der Reports assoziiert sind auch *Fortschrittsberichte*. Hierbei handelt es sich um einen zusammenfassenden, auswählenden Literaturbericht in Form eines Übersichts-Berichtes oder Referates, oft auch als Forschungsbericht angelegt (engl.: *Progress in...*, *Advances in...*, *State-of-the-Art-Report*). Diese Übersichtsberichte können entweder nur informativ angelegt oder kritisch bewertend formuliert sein. Bedeutung dieses Mediums für den Benutzer eines Literatur-Informations-Systems: Diese Art der Literatur muß zum gezielten Wiederauffinden für Anfragen eines allgemeinen Niveaus mit einer besonderen Kategorienbezeichnung charakterisiert sein. Es handelt sich dabei um eine inhaltliche Charakterisierung, unabhängig von der bibliographisch zu bestimmenden Erscheinungsweise (unselbständig — selbständig, periodisch — monographisch).

Eine vor allem in den Geisteswissenschaften, aber auch im Rechtswesen vorkommende Form einer Zusammenfassung zu einem Text mit hohem Informationsgehalt ist der *Kommentar*, oder eine *kommentierte Textausgabe* oder die *kritische Ausgabe*.

Kommentar zu Normen. Unter einer materiellen Norm versteht man z.B. die Festlegung der Oktanzahl bei Benzin bleifrei, unter einer immateriellen Norm z.B. die Festlegung einheitlicher Begriffe oder die Bedeutung von Symbolen.

Die 20 000 z.Zt. in Deutschland erhältlichen Normen werden erst durch eine zusätzliche Rechtsvorschrift rechtsverbindlich. Drei Institutionen, nach denen die Normen benannt sind, sind hier von hauptsächlichem Interesse: *DIN* (Deutsches Institut für Normung, Berlin), *ISO* (International Organization for Standardisation, Genf), sowie *ANSI* (American National Standards Instiute). Eine Norm wird von aus Fachleuten besetzten Normenausschüssen erarbeitet, wenn aus der Öffentlichkeit Anträge dazu eingehen. Die ersten Ergebnisse werden zu einem Normentwurf ausgearbeitet, der in Form einer Druckschrift öffentlich bekanntgemacht wird. Die erbetenen Stellungnahmen aus interessierten Kreisen werden vom Normenausschuß aufgenommen und in eine endgültige Norm aufgenommen. Diese wird in Form einer Druckschrift in DIN-A4-Format (aber auch in Microfiche) vom Beuth-Verlag veröffentlicht. Eine regelmäßige Überarbeitung wird ebenfalls garantiert. Gelegentlich kommt es zu einer *Vornorm*, wenn noch Vorbehalte bezüglich der Anwendung sind. Jährlich erscheint ein Verzeichnis "DIN-Katalog für technische Regeln. Verzeichnis der Normen und Normentwürfe 19..". Die Normen existieren auch in Sammlungen zu den jeweiligen Fachgebieten in Originalgröße, aber auch verkleinert in DIN-Taschenbüchern. Weiterführende Informationen bietet Klein (1989) in seiner "Einführung in die DIN-Normen".

Kommentar zu Patenten. Ein Patent hat einerseits einen sehr juristischen Charakter, andererseits auch technische Eigenschaften. Dem Erfinder wird damit für eine exakt zu beschreibende Erfindung vom Staat ein Schutzrecht erteilt, die ihm die alleinige wirtschaftliche Nutzung innerhalb seines Staates für eine gewisse Zeit ermöglicht (in Europa 20 Jahre). Damit sollen die Erfinderinteressen geschützt werden, jedoch außerdem sollen diese Kenntnisse Allgemeingut werden. Um die Qualität von Patentdatenbanken besser einschätzen zu können, soll ein kurzer Exkurs in das Patenterteilungsverfahren gegeben werden:

Die *Patentanmeldung* sichert dem Anmeldenden Priorität nach seinem Anmeldedatum. Hierbei wird der Hauptanspruch formuliert, und zwar so weit, daß man bei der weiteren Patententwicklung noch möglichst viele Optionen frei hat.

Die *Offenlegungsschrift* erscheint nach spätestens 18 Monaten und veröffentlicht die noch nicht geprüfte Patentanmeldung. Als *Auslegeschrift* wurde früher die Offenlegungsschrift nach eingehender Prüfung bezeichnet.

In der *Patentschrift* kann es noch zu Umformulierungen der ursprünglichen Offenlegungsschrift kommen. Sie enthält drei Kennzeichnungen, die Patentnummer, das Aktenzeichen und die Notation der Internationalen Patentklassifikation (IPC).

Patentrecherchen sind sehr teuer und für den Benutzer insofern unersetzlich, wenn er den Zugang zu einer technisch tatsächlich realisierten Anwendung erhält. Noch wichtiger aber sind Recherchen für Firmen, die — bevor sie eine Erfindung entwickeln — überprüfen möchten, inwieweit der Markt hierfür noch offen ist, d.h., ob es sich angesichts bereits existierender Patentansprüche noch lohnt, viel Zeit und Kapital zu investieren. Weiterführende Informationen sind bei Rhodius (1982) und Wittmann (1990) zu finden.

Die Beschaffung von Patenten kann nicht über den auswärtigen Leihverkehr abgewickelt werden, sondern lediglich über eine Einsichtnahme im Patentamt oder in einer der 14 sog. Patent-Auslegestellen, wobei natürlich Kopien hergestellt werden können. Zu den Patentschriften gehören auch die *Gebrauchsmuster*, die Erfindungen von geringerer Bedeutung (*Erfindungshöhe*) darstellen.

Kommentar zur Zugänglichkeit. Unterschiedliche Stufen der Zugänglichkeit charakterisieren die Möglichkeiten der Beschaffbarkeit:
- Buchhandel
- außerhalb des Buchhandels
- Selbstverlag
- Manuskripte
- Vereinsschrift (für Mitglieder)
- Geheim.[1]

2.3 Informationsträger

2.3.1 Arten von Informationsträgern

Anders als bei Publikationsmedien, bei denen inhaltliche Gesichtspunkte oder Probleme der Analysierbarkeit oder Beschaffbarkeit eine Rolle spielen, ist der Begriff *Informationsträger* im Dokumentationswesen noch nicht präzise als Fachausdruck eingeführt. Der Unterschied besteht in der Betrachtungsweise analog der Datenverarbeitung, die den Begriff *Datenträger* eingeführt hat und damit das Medium zur Speicherung von maschinenlesbaren Daten meint (zur näheren Erläuterung, wie diese Daten in den Rechner eingegeben werden sollen, s. Kap. 4.5.4). Mit einem Informationsträger sei im folgenden ein Oberbegriff zu Datenträger definiert, dessen feinere Untergliederung nach wesentlichen Gesichtspunkten bei der Art des Zugriffs auf Informationen oder der Ver- bzw. Entschlüsselung von Informationen vorgenommen wird. Insofern ist dieser Begriff für Dokumentationseinheiten (Sekundärdokumente) sinnvoller, der Begriff Publikationsmedien dagegen ist vorzugsweise zu verwenden bei dokumentarischen Bezugseinheiten (Primärdokumenten). Naturgemäß ergibt sich dabei auch eine Überlappung mit dem Begriff *Auskunftsmittel*, die ebenfalls als Publikationsmedien zählen, insbesondere bei Informationsträgern, die außer Haus vertrieben werden, wie z.B. Microfiche und Disketten. Auch hier wird man je nach Betrachtungsweise entscheiden. Unter Benutzungsaspekten nennt

---

1   Viele der in Kap. 2.2 erläuterten Definitionen und Erkennungskriterien stammen aus den Volesungsunterlagen des Kollegen Vogeler zum Fach Medienkunde, für deren Überlassung der Verfasser hiermit seinen Dank ausspricht.

man ein Medium Auskunftsmittel, unter dem Aspekt der Speicherungsmöglichkeiten nennt man es Informationsträger.

Eine Art von Informationsträgern gewährleistet einen direkten Zugriff auf die
einzelnen Dokumentationseinheiten. Eine andere Art Informationsträger ist nur
sequentiell abfragbar. Ein direkter Zugriff auf die einzelnen Dokumentationseinheiten ist nicht möglich.

Ein weiteres Unterscheidungkriterium unterschiedlicher Informationsträger
ist die *Lesbarkeit*:

– Informationsträger, die nur vom menschlichen Auge lesbar sind: Karteikarte, Papierbogen (*Beleg*),
– Informationsträger, die vom menschlichen Auge mit Unterstützung der
  Technik (ohne EDV) gelesen werden können: Microfiche, Mikrofilm;
– Informationsträger, die sowohl vom Menschen oder vom Computer gelesen
  werden können (sind damit auch Datenträger): Beleg mit maschinenlesbarer
  OCR-Schrift, Lochkarte, Markierungsbeleg, Touch-Screen;
– Informationsträger, die nur von der EDV-Anlage gelesen werden können
  (Datenträger): CD-ROM, Diskette, Magnetband, Magnetbandkassette (Datasette, Cartridge, Kartusche...), Magnetplatte, Videokassette (mit digitaler
  Aufzeichnung), WORM (s. Tabelle 2.1,3.).

2.3.2 Datenträger-Dimensionen

Datenträger kommen in folgenden Organisationsformen vor:
Datei: Eine gleichartig aufgebaute Sammlung von Daten, die nach bestimmten
Merkmalen erfaßt und die nach anderen bestimmten Merkmalen umgeordnet
werden kann. Dateien werden elektronisch gespeichert, die Informationsträger
sind damit Datenträger.
Datenbasis: Eine Sammlung von Dokumentationseinheiten in maschinenlesbarer Form, es handelt sich also um eine Datei, deren Datensätze Dokumentationseinheiten sind.
Datenbank: Eine nach dokumentarischen Methoden recherchierfähige und auf
einem Rechner installierte Datei. Oft wird der Begriff *Informationsbank* verwendet, wenn die zugrundeliegende Datei eine Datenbasis ist.
Datenpool: Ein Segment (Teil) einer Datenbank.

2.3.3 Erhebungsbögen

Neben der technischen Art, Daten abzuspeichern ist auch die logische Strukturierung nach einzelnen Kategorien unerläßlich, um eine spätere zielsichere
Recherche durchführen zu können. Die Abbildungen 2.7. - 2.8 und 3.9 zeigen

Beispiele von Erhebungsbogen, mit deren Hilfe Sekundärdokumente erfaßt werden können (Näheres zum Erfassungsvorgang s. Kap. 3.3.1 und 4.5).

2.4 Beispiele für Dokumentationstypen

Im folgenden sind einige Beispiele von Dokumenttypen vorgestellt, die für die dokumentarischen Alltag wichtig sein können und auf die bereits in der Tabelle 2.1 Teil A-E hingewiesen wurde.

Sämtliche Werke können nach Tabelle 2.1 (Teil A) als Veröffentlichungen in gedruckter Form klassifiziert werden.

Abb. 2.1. charakterisiert nach Teil B eine Darstellung in Buchform, nach Teil C ein Manual, nach D ein Exemplar eines selbständigen Werks zur Fortsetzung (Schriftenreihe), nach E eine amtliche Druckschrift. Abb. 2.2 stellt nach Teil B ebenfalls eine Buchform, nach C ein Manual, nach D ein selbständiges, abgeschlossenes Werk und nach E eine amtliche Druckschrift, die in Reportform (PB-222 991 ist Report-Nr. obwohl ohne Körperschaftscodes) erscheint. Abb. 2.3 ist gemäß Teil B ebenfalls in Buchform, C charakterisiert Studien- und Forschungsliteratur (Sammlung wissenschaftlicher Vorträge), bezüglich der Erscheinungsweise in D wird selbständiges, mehrbändiges (Teil 1) einer Schriftenreihe (SK 14) beschrieben, und laut E sind die beiden Typen Kongreß-schrift und Gesellschaftsschrift einschlägig. Abb. 2.4 erscheint nach Teil B in gehefteter Form, C weist diese Publikation als aktuelle Mitteilungen oder Nachrichten aus, D charakterisiert das Werk als Zeitschrift (formal auch an der ISSN erkennbar), und in E kann man Firmenschrift (wegen des werbenden Inhalts) und eventuell Gesellschaftsschrift (aus formalen Gründen: die herausgebende Institution ist ein eingetragener Verein) als relevante Kategorien finden. Abb. 2.5 liegt in gefalteter Form (Teil B) vor, als inhaltlichen Bezug (C) könnte man die Zugehörigkeit zur Auskunftsliteratur herausstellen, nach D handelt es sich um ein selbständiges, mehrbändiges Werk (aus Teil 2) in Reihe (Numerie-rung als DIN-Norm), und E weist eine Norm als Anlaß der Veröffentlichung aus. Abb. 2.6 und Abb. 2.7. liegen in Loseblattform (Teil B) vor, gemäß C ist Studien- und Forschungsliteratur der inhaltliche Bezug, D beschreibt ein selbständiges, abgeschlossenes Werk (Monographie), und laut E gibt es die Kategorien Amtliche Druckschrift und Patentschrift. Abb. 2.8 schließlich charakterisiert keine Originalveröffentlichung, sondern einen Erhebungsbogen für ein Sekundärdokument.

Schriftenreihe des
Institutes für Dokumentation und
Information über Sozialmedizin
und öffentl. Gesundheitswesen

Heft **3** 2. Auflage
Bielefeld – Oktober 1973

Arbeitsrichtlinien für die automatische Literaturdokumentation der Gesundheitspflege

Sozialmedizin – öffentliches Gesundheitswesen –
Arbeitsmedizin – Arbeitsschutz

Herausgegeben im Auftrage des Ministers für Arbeit. Gesundheit
und Soziales des Landes Nordrhein-Westfalen und der Berufsgenossenschaft der chemischen Industrie

Abb. 2.1. Beispiel einer Amtsdruckschrift und einer Schriftenreihe: Arbeitsrichtlinien für die automatische Literaturdokumentation und Gesundheitspflege

PB-222 991

NATIONAL LIBRARY OF MEDICINE

MEDLINE REFERENCE MANUAL

MEDLARS Management Section
Bibliographic Services Division
National Library of Medicine

September 1973

Reproduced by
NATIONAL TECHNICAL
INFORMATION SERVICE
US Department of Commerce
Springfield, VA. 22151

U.S. DEPARTMENT OF HEALTH, EDUCATION, AND WELFARE
Public Health Service
National Institutes of Health

National Library of Medicine
8600 Rockville Pike
Bethesda, Md. 20014

Abb. 2.2. Beispiel eines Reports und einer Amtsdruckschrift: Medline Reference Manual

Studien zur Klassifikation, Bd. 14 (SK 14)

Anwendungen in der Klassifikation, Bd.1

Proceedings
8. Jahrestagung der Gesellschaft für Klassifikation e.V.
Hofgeismar, 10. - 13. April 1984
Teil 1

Herausgeber: Rolf G. HENZLER
Gesellschaft für Klassifikation e.V.

Frankfurt/Main   INDEKS VERLAG   1985

Abb. 2.3. Beispiel einer Tagungsschrift (Proceedings):
Anwendungen in der Klassifikation, Bd. 1

fiz technik

„Nachrichten" 91/2

ISSN 0930-3936

INFOBASE '91 / April

INFOBASE '91 — Neuheiten auf einen Blick

Die Online-Nutzung entwickelt sich weiterhin expansiv — Nach 15 % Steigerung in 1990 wird 1991 ein Zuwachs von 21 % erwartet

Die Infobase bietet jährlich einen ausgezeichneten Überblick über die Entwicklung der Branche. Entgegen der skeptischen Berichterstattung zeigt der Markt für das Angebot von Online-Datenbanken schon seit vielen Jahren eine sehr stabile positive Entwicklung. Jährlich steigt die Nutzung zwischen 15 % und 20 %. Werte, von denen vergleichbare Branchen heute nicht mehr ausgehen können und die es verdienten, publizistisch herausgestellt zu werden. Dieser stabile Trend wird auch in Zukunft anhalten. Der Markt für Datenbanken entwickelt sich in Deutschland außerordentlich stetig. Jedes Jahr werden neue Benutzer gewonnen. Das Potential ist noch außerordentlich groß.

SHERLOCK setzt sich durch...

FIZ Technik setzt auf die Dezentralisierung der Recherchetätigkeit und folgt damit dem Trend in der Nutzung der EDV in Richtung auf arbeitsplatzorientierte Lösungen. Dem Informationsvermittler wächst dabei eine weitere Aufgabe zu. Er wird verstärkt „Kunden" aus dem eigenen Unternehmen betreuen, die selbst in Datenbanken recherchieren und hierfür eine Beratung erwarten. Seit September vergangenen Jahres bietet FIZ Technik hierfür mit großem Erfolg **Sherlock** an. Bis heute wurden 200 Sherlock-Pakete verkauft. Diese Nutzer setzen Sherlock heute aktiv in der täglichen Recherchepraxis ein. Es erreichen uns viel Lob und auch Verbesserungsvorschläge, die wir nach und nach in **Sherlock** einarbeiten werden. Anläßlich der Infobase stellen wir die Sherlock-Version 1.1 vor. Sie enthält zusätzliche Ausgabeformate, das automatische PARK und GO sowie einige wichtige Änderungen, die es z.B. erlauben, die Werk-

stoffindexierung der SDIM-Datenbank auch für den Nicht-Profi nutzbar zu machen.

DSO mit Star-Search und Dopplungsprüfung...

Neben der Einführung von Sherlock setzt FIZ Technik selbstverständlich - gemeinsam mit Data-Star - eine hohe Priorität in die Weiterentwicklung von DSO. Eine wichtige und wesentliche Neuerung ist **STAR SEARCH**, mit dem ein lang gehegter Wunsch der Onliner Wirklichkeit wird. Mehrere Datenbanken können intelligent hintereinander mit einer Fragestellung durchsucht werden. Das „intelligent" bezieht sich auf die komfortable Möglichkeit, die Fragestellung - falls erforderlich - der jeweiligen Datenbankstruktur anpassen zu können. Anschließend besteht die Möglichkeit, Doppelungen in den durchsuchten Datenbanken festzustellen. Wir stellen diese neuen Suchmöglichkeiten auf der Infobase vor und erläutern, wie diese interessanten Funktionen in den FIZ-Technik-Datenbanken eingeführt werden.

.. und Online-Thesaurus-Funktion

Bereits anläßlich der letzten INFOBASE präsentierte Data-Star die Thesaurus-Funktion in DSO. FIZ Technik führt diese sehr komfortable Such-Funktion für die selbst produzierten Datenbanken ein. Die FIZ-Technik-Thesauri erscheinen im Herbst in neuen aktuellen Auflagen und werden nach einem Neuaufbau der Datenbanken auch für die Frageformulierung online zur Verfügung stehen

(Fortsetzung Seite 2)

Mit den INFOBASE-Neuheiten

→ NEUE DATENBANKEN
→ STAR-SEARCH
→ SHERLOCK 1.1

auf Seite 3 bis 8

FREETIME

Der Druck der letzten FIZ-Technik-Nachrichten hatte sich etwas verzögert. Für viele von Ihnen kam daher die Ankündigung der FREETIME für die Datenbank BfAI-Außenhandelsinformationen zu kurzfristig. Wir bitten dafür um Nachsicht und haben diese Datenbank nochmals in das FREETIME-Programm aufgenommen.

Die nächsten FREETIME-Datenbanken und -Termine:

6. bis 10. Mai
BFAI -
Außenhandelsinformationen

13. bis 17. Mai
MIND -
Managementinfo Wirtschaft

10. bis 14. Juni
INSPEC 2

Innerhalb des FREETIME-Zeitraums erhalten Sie für die genannte Datenbank 30 Minuten kostenfreie Anschaltzeit. Für eine kostenfreie Online- Ausgabe wählen Sie bitte das Format FREE. Selbstverständlich können Sie auch Ausgabeformate innerhalb der FREETIME-Session benutzen, die – falls kostenpflichtig – zu den regulären Gebühren berechnet werden.

Fachinformationszentrum Technik e.V.
Amtsgericht Ffm. VR 7283

Ostbahnhofstraße 13
Postfach 60 05 47
D-6000 Frankfurt/M. 1

Tel. (069) 4308-225 • Fax (069) 43 08-200
Telex 4 189 459 fizt d
NUA 45690095014 + 022846431122014

Abb. 2.4. Beispiel eines Newsletters: FIZ-Technik "Nachrichten" 91/2

DK 001.811 : 025.32 : 002 : 003.62 — Januar 1984

	Titelangaben von Dokumenten Zitierregeln	DIN 1505 Teil 2

Bibliographic references to documents; rules for citing — Teilweise Ersatz für DIN 1505/12.61

Diese Norm wurde u. a. in Zusammenarbeit mit dem Ausschuß für Patentdokumentation der Deutschen Gesellschaft für Dokumentation (APD), der Deutschen Bibliothek, dem Deutschen Patentamt und der Gesellschaft für Information und Dokumentation (GID) aufgestellt.

Inhalt

<table>
<tr><td></td><td></td><td>Seite</td><td></td><td></td><td>Seite</td></tr>
<tr><td>1</td><td>Anwendungsbereich und Zweck</td><td>2</td><td>6.2</td><td>Hochschulschriften (Dissertationen, Habilitationsschriften, Diplomarbeiten, Magisterarbeiten u. dgl.)</td><td>8</td></tr>
<tr><td>2</td><td>Deskriptionszeichen</td><td>2</td><td></td><td></td><td></td></tr>
<tr><td>3</td><td>Selbständig erschienene bibliographische Einheiten (z. B. Monographien)</td><td>2</td><td>6.3</td><td>Forschungs- und Entwicklungsberichte (Reports); Firmenschriften</td><td>9</td></tr>
<tr><td>3.1</td><td>Angabe von Verfassern</td><td>2</td><td></td><td></td><td></td></tr>
<tr><td>3.2</td><td>Sonstige beteiligte Personen und körperschaftliche Urheber</td><td>2</td><td>6.4</td><td>Schutzrechte (Patente, Gebrauchsmuster, Erfinderzertifikate usw.)</td><td>9</td></tr>
<tr><td>3.3</td><td>Sachtitel</td><td>3</td><td>6.4.1</td><td>Schutzrechtshinweis</td><td>10</td></tr>
<tr><td>3.4</td><td>Unterreihen von Zeitschriften und Zeitungen</td><td>3</td><td>6.4.2</td><td>Identifikationsmerkmale</td><td>10</td></tr>
<tr><td>3.5</td><td>Bandangabe</td><td>3</td><td>6.4.3</td><td>Veröffentlichungsdatum</td><td>10</td></tr>
<tr><td>3.6</td><td>Ausgabebezeichnung</td><td>4</td><td>6.4.4</td><td>Anmelder bzw. Inhaber</td><td>10</td></tr>
<tr><td>3.7</td><td>Erscheinungsort</td><td>4</td><td>6.4.5</td><td>Prioritätsangabe</td><td>10</td></tr>
<tr><td>3.8</td><td>Verlag</td><td>4</td><td>6.4.6</td><td>Ergänzende Angaben</td><td>11</td></tr>
<tr><td>3.9</td><td>Erscheinungsjahr</td><td>4</td><td>6.4.7</td><td>Minimalangaben</td><td>11</td></tr>
<tr><td>3.10</td><td>Gesamttitelangabe</td><td>5</td><td>6.5</td><td>Normen</td><td>11</td></tr>
<tr><td>3.11</td><td>Ergänzende Angaben</td><td>5</td><td>6.6</td><td>Loseblattausgaben</td><td>11</td></tr>
<tr><td>3.12</td><td>ISBN</td><td>5</td><td>6.7</td><td>Geographische Karten</td><td>11</td></tr>
<tr><td>3.13</td><td>Zusätzliche Beispiele</td><td>5</td><td>6.8</td><td>Audiovisuelle und sonstige Materialien</td><td>11</td></tr>
<tr><td>4</td><td>Unselbständig erschienene bibliographische Einheiten (z. B. Zeitschriftenaufsätze)</td><td>6</td><td>6.8.1</td><td>Nichtflüchtige Medien</td><td>12</td></tr>
<tr><td></td><td></td><td></td><td>6.8.2</td><td>Flüchtige Medien</td><td>12</td></tr>
<tr><td>4.1</td><td>Verfasser- und Sachtitelangabe</td><td>6</td><td>6.9</td><td>Mündliche Äußerungen</td><td>12</td></tr>
<tr><td>4.2</td><td>Angabe des Teils</td><td>6</td><td>6.10</td><td>Unika und ähnliche Dokumente</td><td>12</td></tr>
<tr><td>4.3</td><td>Gesamttitelangabe</td><td>6</td><td></td><td></td><td></td></tr>
<tr><td>4.4</td><td>Herkunftsangaben (Quellenangaben)</td><td>6</td><td>7</td><td>Literaturverzeichnisse</td><td>12</td></tr>
<tr><td>5</td><td>Zitate ohne Bezug auf eine bestimmte Ausgabe</td><td>7</td><td>8</td><td>Transliteration von Angaben in fremden Alphabeten</td><td>13</td></tr>
<tr><td>5.1</td><td>Gesetzesstellen</td><td>7</td><td></td><td></td><td></td></tr>
<tr><td>5.2</td><td>Ausländische Gesetze</td><td>8</td><td></td><td>Anhang A Schutzrechte/Art des Dokuments</td><td>13</td></tr>
<tr><td>6</td><td>Besondere Schrifttumsarten</td><td>8</td><td></td><td>Zitierte Normen</td><td>17</td></tr>
<tr><td>6.1</td><td>Tagungsschriften (von Tagungen, Kongressen, Symposien u. ä. Zusammenkünften), Kataloge von Ausstellungen u. dgl.</td><td>8</td><td></td><td>Weitere Normen und andere Unterlagen</td><td>17</td></tr>
<tr><td></td><td></td><td></td><td></td><td>Erläuterungen</td><td>17</td></tr>
</table>

Fortsetzung Seite 2 bis 18

Normenausschuß Bibliotheks- und Dokumentationswesen (NABD) im DIN Deutsches Institut für Normung e.V.

Abb. 2.5. Beispiel einer immateriellen Norm.

(19) **BUNDESREPUBLIK DEUTSCHLAND**

DEUTSCHES PATENTAMT

(12) **Patentschrift**

(11) **DE 3803447 C1**

(51) Int. Cl.⁴: **B 23 K 9/10**

(21) Aktenzeichen: P 38 03 447.6-34
(22) Anmeldetag: 5. 2. 88
(43) Offenlegungstag: —
(45) Veröffentlichungstag der Patenterteilung: 24. 5. 89

Innerhalb von 3 Monaten nach Veröffentlichung der Erteilung kann Einspruch erhoben werden

(73) Patentinhaber:

B & V Beschichten und Verbinden GmbH, 6900 Mannheim, DE

(74) Vertreter:

Cohausz, W., Dipl.-Ing.; Knauf, R., Dipl.-Ing.; Cohausz, H., Dipl.-Ing., 4000 Düsseldorf; Werner, D., Dipl.-Ing. Dr.-Ing., 4150 Krefeld; Redies, B., Dipl.-Chem. Dr.rer.nat.; Fitzner, U., Dipl.-Ing. Dr.-Ing. Dr.jur., Pat.-Anwälte, 4000 Düsseldorf

(72) Erfinder:

Antrag auf Nichtnennung

(56) Für die Beurteilung der Patentfähigkeit in Betracht gezogene Druckschriften:

    DE   29 13 625 A1
    FR   22 27 924
    US   45 64 742

JP 55-54274 (A). In Patents Abstracts of Japan, Sect. M-20, Vol. 4, 1980, Nr. 96; MECKE, Hubert; KNAPP, Wolfram: Stand und Perspektiven elektronischer Stromquellen für das Lichtbogenschweißen. In: Schweißtechnik, Berlin 34(1984), Nr. 8, S. 340-342;

(54) Lichtbogenschweißgerät für Gleich- und Wechselstromspeisung

Lichtbogenschweißgerät, bestehend aus einem wechselstromgespeisten Gleichrichter 2, der einen Zwischenkreis 3 versorgt, einem primärseitig getakteten Stromwandler 18, 19, der sekundärseitig einen Stromkreis zur Speisung der Schweißelektrode 15, 16 bildet, wobei der Stromwandler 18, 19 zwei wechselweise getaktete Stromkreise A, B mit einem gemeinsamen Mittenanschluß C aufweist und ein Umschalter 14 vorgesehen ist, in dessen erster Stellung DC für Gleichstrombetriebe beide Stromkreise A, B gemeinsam mit einem Anschluß 16 der Schweißelektrode und in dessen zweiter Stellung AC für Wechselstrombetrieb der erste Stromkreis A mit dem einen Anschluß 16 und der zweite Stromkreis B mit dem anderen Anschluß 15 verbunden ist, und wobei parallel zu Freilaufdioden 11, 12 steuerbare Halbleiterschalter 11a, 12a vorgesehen sind, derart, daß in der zweiten Stellung des Umschalters 14 der der erste Halbleiterschalter 12a den Strom des ersten Stromkreises A und der zweite Halbleiterschalter 11a den Strom des zweiten Stromkreises B führt.

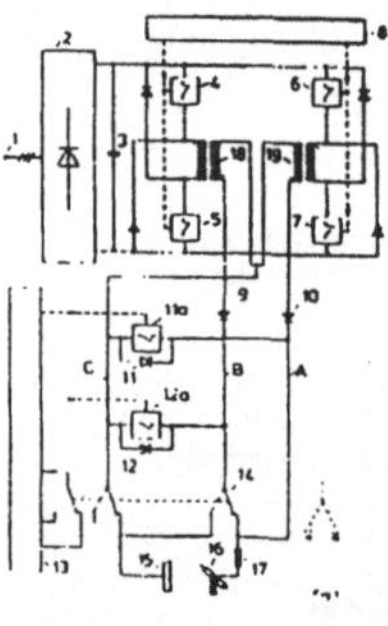

BUNDESDRUCKEREI   04. 89   908 121/417   70

Abb. 2.6. Beispiel eines Patents

BUNDESREPUBLIK DEUTSCHLAND

DEUTSCHES PATENTAMT

Gebrauchsmuster   U 1

```
A47L 23-26                    GM 78 24 553

AT 17.08.78   ET 07.12.78   VT 07.12.78
Bez: Stabrost
Anm: Arens, Erich, 5900 Siegen
```

Die Angaben sind mit den nachstehenden Abkürzungen in folgender Anordnung aufgeführt:

(51)   Int. Cl.   (21) GM-Nummer

NKI: Nebenklasse(n)

(22) AT: Anmeldetag   ET. Eintragungstag   (43) VT: Veröffentlichungstag

(30) Pr: Angaben bei Inanspruchnahme einer Priorität:
           (32) Tag   (33) Land   (31) Aktenzeichen

(23)   Angaben bei Inanspruchnahme einer Ausstellungspriorität:
           Beginn der Schaustellung   Bezeichnung der Ausstellung

(54) Bez.:   Bezeichnung des Gegenstandes

(71) Anm.:   Anmelder – Name und Wohnsitz des Anmelders bzw. Inhabers

(74) Vtr: Vertreter – Name und Wohnsitz des Vertreters (nur bei ausländischen Inhabern)

             Modellhinweis

G 6253
12.77

Abb. 2.7. Beispiel eines Gebrauchsmusters

INIS WORKSHEET
BIBLIOGRAPHIC AND INDEXING DATA

001 COUNTRY YEAR SERIAL NUMBER
002 WORKSHEET NO. TOTAL NO. OF WORKSHEETS
004 CHANGED / DELETED RECORD STATUS
005 AFFECTED PN
007 AFFECTED PN LEVEL
008 SUB CAT (PRIMARY) SUBJECT CATEGORIES (SECONDARY) NO. OF A-B ABS

TYPE OF RECORD: BOOK | AUDIOV | MISC | FART | PATENT | INCAT | COMPUT — B F I J P R T
BIBLIO LEVEL: ANAL | MONOGR | SERIAL | COLL — A M S C
LITERARY INDICATOR: ABSTRACT | CONF | N DATA | LEGAL | TRANSL | THESIS | COMP PR | STANDARD | UNPUBL | PILOT PROJ | MIS DOC — E K N Q T U V W X Y Z

1   009 [ ] Level

(Use a separate Worksheet for each level circled in the Bibliographic Level box starting with the left-most level and enter code in box 009. For serial entries use section 2 of this Worksheet. Use Abstracts Worksheet for abstracts.)

	Tag	Data (enter by typewriter only)
Personal Author(s) Inventor(s) Editor(s) (Affiliation(s))	100	
Collaboration	107	
Corporate Entry/ Assignee	110	
Acad. Degree	111	
Primary Title	200	
Primary Subtitle	201	
Conf. Title	210	
Conf. Place	211	
Conf. Date	213	
Original Conf. Title	215	
Original Title (transliterated)	230	
Original Subtitle (transliterated)	231	
Edition	250	
Report/ Patent Number	300	
Sec. Number(s)	310	
ISBN/IPC	320	
Contract Nr.	330	
Place of Publication	401	
Publisher	402	
Date of Publication	403	
Collation	500	
Language	600	
Notes	610	
Availability Note	611	
Title Augment. (Optional)	620	
Corp. Entry Code	710	

2   009 [S] Level   (enter by typewriter only)

	Tag	
Series/ Journal Title	230	
Series/ Journal Subtitle	231	
ISSN	320	
Coden	321	
Date of Publication	403	
Printing Date	404	
Collation	500	
Notes	610	

Descriptive Cataloguer: Indexer: Puncher:

Proofreader: Date Completed:

PLEASE TURN OVER   INIS Form 1 (Rev. 8)

Abb. 2.8. Beispiel eines Erfassungsbogens: Input Sheet des International Nuclear Information Systems [INIS] (Vorderseite ohne Kategorie für Sprache und Abstract)

3 Speicher und Ordnungslehre

3.1 Speichertechniken

3.1.1 Definitionen

Ein *Speicher* (im dokumentarischen Sinne) ist ein System von Sekundärdokumenten, das so strukturiert ist, daß die Aussagen auf den Sekundärdokumenten selektierbar sind.

Ist nur eine Aussage selektierbar, so spricht man von einem eindimensionalen Speicher. Dokumentationsspeicher sollten einen mehrdimensionalen Zugriff haben, um spezifische Abfragen durchzuführen.

Ein *File* (= Datei, Kartei) dient zur Ablage von Daten. Ein File legt die Struktur für eine Ordnung von Informationselementen (Dokumentationseinheiten) zugrunde.

Man unterscheidet in:
- *Direct File*, eine lineare Anordnung von Informationselementen gleicher physischer und logischer Struktur — eine Menge von Informationselementen mit eindeutig definiertem Anfang, definierter Reihenfolge und definiertem Ende. Häufig lineare Reihenfolgen sind alphabetisch, numerisch, chronologisch (Beispiele: Zugangsbuch, Kassenbuch).
- *Inverted File*, ein nach anderen Gesichtspunkten umgeordneter Speicher (Beispiele s. Kap. 4.3.3).

3.1.2 Speichereigenschaften

Die *Zugriffsmöglichkeiten* sind abhängig von der jeweiligen Speicherungsform (vgl. Gaus 1983):
Speichern ohne Adressen[1]: *Sequentieller Zugriff*

---

1 Eine Adresse bedeutet einen bestimmten numerierbaren Platz eines Speichers.

– First In, First Out (FIFO): Ein Element wird nach dem anderen gespeichert und beim Neubeginn in der gleichen Reihenfolge wieder gelesen.
– Last In, First Out (LIFO, Kellerspeicher): Die Elemente werden in der Reihenfolge, in der sie ankommen, eingespeichert, jedoch in umgekehrter Reihenfolge gelesen.

Speichern mit Adressen:
– der einfachste Fall eines Speichers mit Adressen ist ein sequentieller Speicher mit Zählwerk, bei dem die einzelnen Speicherplätze angespult werden können (z.B. Tonbandgerät). Diese Speicherungsform ist in Datenbanken ohne zusätzliche Zugriffsdateien realisiert.
– Speicher mit beliebigem Zugriff (*Random Access*), bei denen die Zugriffszeit für alle Speicher gleich ist. Diese Speicherungsform ist z.B. bei Arbeitsspeichern von Rechenanlagen oder in indizierten Datenbanken realisiert.
– *Assoziativer Zugriff*: Bei den bisher beschriebenen Speichertypen muß zum Lesen der Speicherplatz, von dem gelesen wird, vorgegeben sein. Beim Lesen des Assoziativspeichers wird dagegen der Inhalt angegeben und der Speicher durchsucht, ob und in welchem der Speicherplätze dieser vorgegebene Inhalt vorhanden ist. Assoziativspeicher (z.B. im menschlichem Gedächtnis) sind in Ansätzen mit der Hypertext-Philosophie verwirklicht.

Andere Kriterien für einen objektiven *Vergleich von Speichern* sind:
– *Medium* (Preis, Qualität, erforderliche Hilfsmittel)
– *Speicherkapazität* (Größe und Anzahl der einzelnen Speicherbausteine)
– *Speicherdichte*
– *Codierung*: Im Speicher liegt die Information in codierter Form vor. Bei EDV-Speichern werden auf dem Binärsystem basierende Codes verwendet.
– *Datensicherheit, Haltbarkeit*
– *Löschbarkeit* (Lese- und Schreibzugriff): Es besteht mehrmalige oder einmalige Beschreibbarkeit.
– *Zugriffszeit*.

Für die *Auswahl* und Bestimmung des bestpassenden Speichers sind folgende Vorgaben erforderlich:
– Scope: Schwerpunkt in Inhalt und Form
– Art des gewünschten Auswahlprinzips
– Form und Tiefe der Erschließung
– Umfang der zu schaffenden Sammlung
– Ordnung des Speichers
– Anforderungen an das Material des Informationsträgers
– Personenkreis
– Häufigkeit des Zugriffs.

3.2 Ordnungslehre und -theorie

Man kann zwar über eine göttliche Weltordnung philosophieren, im dokumentarischen Sinne kann jedoch gesagt werden, daß Ordnung a priori nicht vorhanden ist, sondern vom Menschen geschaffen wird. Ordnung muß ein Ziel haben. Es gibt kein vollkommenes Ordnungssystem, das alle auf der Erde vorhandenen Sachverhalte widerspruchslos in ein System einordnen kann, weil jede Tätigkeit von verschiedenen Menschen unter unterschiedlichen Aspekten gesehen werden kann. Ein ordnungsschaffender Prozeß wird durch die Einführung von Relationen zwischen einzelnen Informationselementen realisiert.

3.2.1 Ordnungssysteme und Ordnungstypen

Ein *Ordnungssystem* wird durch eine Menge von Regeln charakterisiert, die ein Ordnungsziel definieren und den Ordnungszustand sicher verwirklichen lassen. Man unterscheidet theoretisch folgende Ordnungstypen (vgl. Gaus 1983):
– Eine *Liste* wird durch eine lineare Ordnung nach Benennungen charakterisiert. Sie ist ein auf Papier geschriebenes File mit einer festen Ordnung. Das Einfügen neuer Elemente ist schlecht möglich; die Liste kann deshalb nur durch Supplemente ergänzt werden,
– in einer *Kartei* erfolgt eine Ordnung nach Benennungen, wobei die Ordnungselemente austauschbar sind,
– die Wörter *Schema, Gliederung, Raster* stehen für eine Ordnung von Begriffen,
– ein *Klassifikationsschema* repräsentiert die Ordnung von Beziehungen zwischen Begriffen und folgt einer eigenen Dynamik, die Relationen werden explizit sichtbar,
– ein *Thesaurus* ist die höchste Form dokumentarischer Ordnung von konkreten Relationen zwischen Begriffen und Benennungen und enthält ein streng kontrolliertes Vokabular von normierten Wörtern, den *Deskriptoren* (s. Kap. 3.3.2).

3.2.2 Festlegungen für den Ordnungsprozeß

Den folgenden Grundfragen im Ordnungsprozeß entsprechen die Fachtermini in Kursiv (vgl. Greiner 1978):

Was wird geordnet?   –   *Ordnungselemente*

Man kennt in erster Linie materielle Ordnungselemente (Gegenstände) – diese sind nur einmal zuzuordnen.

Will man unter mehreren Merkmalen auf die Ordnungselemente zugreifen, braucht man Register (s.u.) als Hilfsmittel. Für die Dokumentation interessant sind vor allem *immaterielle Ordnungselemente* (Begriffe, Bezeichnungen, Wörter; Begriffe und Benennungen können in gewissen Fällen zugleich Ordnungselemente und Ordnungmerkmale sein: Bsp. Ordnung von Begriffen in einer Systematik) sind mehrmals zuzuordnen, unter verschiedenen Merkmalen.

Wonach wird geordnet?   –   *Ordnungsmerkmale*

Ordnungsmerkmale sind formale oder begriffliche Eigenschaften, z.B. Beschaffenheit (Form, Farbe, Stoff), Funktion (Verwendungszweck), Relation (Herkunft, Hersteller).

Wie wird geordnet?   –   *Ordnungsdimension*

Gemeint ist damit eine zwar willkürliche, aber genau definierte Abfolge, z.B. alphabetisch, nach Ziffern, nach Wortlänge.

Welche Einheiten werden gebildet?   –   *Ordnungsklassen*

Man kann *Formalklassen* festlegen (eindeutig) oder *Begriffsklassen* (beliebig neu definierbare Begriffe, nicht immer eindeutig), indem man Gruppen von Ordnungselementen aufgrund von gleichen Merkmalen zusammenfaßt. Die Definition erfolgt durch vorgegebene Zuordnung eines Merkmals (z.B. für das Merkmal Farbe die Merkmalsausprägung blau).

3.2.3 Ordnungsprinzipien in Dokumentationsstellen

Man unterscheidet in:

Materielle Ordnung: Ordnungskriterium ist das äußere Erscheinungsbild (z.B. Druckschriften, Mikroformen, Karten, Tonbänder).

Formale Ordnung: Ordnungskriterien sind formale Elemente (z.B. alphabetisch nach Verfassern und Sachtiteln, chronologisch nach dem Erscheinungsjahr oder numerisch nach der Akzessionsnummer).Die Formalerschließung beschreibt den formal-äußeren und formal-enthaltenen Aufbau des Dokuments.

Inhaltliche Ordnung: Ordnungskriterien sind inhaltliche Elemente (systematischer Katalog, Schlagwortkatalog). Die inhaltliche Erschließung beschreibt die enthaltenen Sachverhalte.

Funktionale Ordnung: Ordnungskriterium ist die Funktion des Elements (z.B. Aufstellung im Lesesaal, in der Lehrbuchsammlung, Präsenzbestand, Ausleihbestand, Magazinbestand, Auskunftsmittel).

In Bibliotheken ist normalerweise nur die eindimensionale Ordnung und Suche möglich. Dokumentationsspeicher erfordern mehrdimensionale Zugriffsmöglichkeiten, d.h. die gleichzeitige Suche nach mehreren Merkmalen, da die inhaltliche Erschließung sehr viel tiefer geht als in Bibliotheken.

3.2.4 Register[2]

Ein Register besteht aus dem links stehenden Registereingang und bildet zusammen mit der rechts stehenden Registerinformation den selbständigen Registereintrag im Unterschied zum unselbständigen Registereintrag ohne die Registerinformation (z.B. bei Verweisungen).

Ein Register dient zur sortierten Verknüpfung von Beschreibungen und ist in Listenform aufgebaut. Verwechslungsmöglichkeit mit Inhaltsverzeichnis (stark verkürzte Darstellung des Inhalts in derselben Reihenfolge) und Frequenzwörterbuch (führt die Häufigkeit der Wörter im Text und nicht die Fundstelle auf), die äußerlich ähnlich aufgebaut sind.

Grundelemente eines Registers. Es gilt folgende Grundbeziehung:

$$Registereintrag = Registereingang \quad + \quad Registerinformation$$

Unter *Registereingang* versteht man die linke Seite der Bezeichnung, die im Registereintrag enthalten ist und zu dessen Einordnung das Register dient. Dieser Eingang kann sein:

– *abhängig*: das Wort(-fragment) zu Beginn des Registereingangs wird ersetzt durch ein Zeichen (hier ~), danach wird nur wiederholt, was sich vom vorangegangenen Wort unterscheidet. Diese Form ist empfehlenswert, wenn Platz gespart werden muß. Ein Beispiel für diese Methode zeigt Abb.3.1.

– *unabhängig*: jede Eintragung wird wiederholt, auch wenn nur geringfügig vom Vorgänger unterschieden. Diese Art Register entsteht häufig bei maschineller Verarbeitung und wirkt manchmal schwerfällig, hat jedoch Vorteile der Eindeutigkeit (s. Abb. 3.2).

Ordnung	13,33
~elemente	13
~sklassen	14
~slehre	12
~smerkmale	15,70

Abb.3.1. Abhängiges Register

Ordnung	13,33
Ordnungselemente	13
Ordnungsklassen	14
Ordnungslehre	12
Ordnungsmerkmale	15,70

Abb.3.2. Unabhängiges Register

---

2 Vgl. ausführlich bei Beling und Wersig (1980) und bei Körner (1983)

Die *Registerinformation* ist der Teil des Registereintrags, der vom Registereintrag auf das zugeordnete Element der Aufzeichnung verweist und auffindbar macht. Die Registereinträge mit abhängigen und unabhängigen Registereingängen werden analog abhängige und unabhängige Registereinträge genannt. Eine *Registerverweisung* verweist auf andere Registereinträge desselben Registers und enthält davon abgesehen keine *Registerinformation*. Ein *Registerzusatz* besteht aus zusätzlichen Aufzeichnungen, die nicht unabdingbar sind, aber nützlich zur besseren Klarheit hinsichtlich des Sachverhalts sind. Unter *mehrstufigen Registern* versteht man hierarchische Register mit Einrückungen. Übermäßige Hierarchisierung sollte vermieden werden, um das Register nicht zu unübersichtlich werden zu lassen.

Es gibt folgende *Registerarten* (eine Auswahl zeigt Abb. 3.3):
Natürliches Register (Registereingänge in natürlicher Wortfolge),
Permutiertes Register (außer Registereingängen in natürlicher Wortfolge sind auch permutierte bzw. invertierte Registereingänge vorhanden).*(Permutation* ist die Vertauschung der Reihenfolge innerhalb einer Wortgruppe. *Invertierung* heißt das Umdrehen der Reihenfolge von Adjektiv und Substantiv).
KWIC-Register (keyword in context): Der Registereingang steht in einer zentralen Lesespalte, umgeben vom zugehörigen Kontext vor bzw. nach dem Wort.
KWOC-Register (keyword out of context): Der Registereingang wird außerhalb des Kontextes in Listenform aufgeführt. Der Kontext steht (mit Längenbeschränkung) darunter.
KWAC-Register (keyword and context): KWOC-Register ohne Längenbeschränkung.

Dokumentation		
Faktendokumentation	3	
nichtnumerische ~	6	
numerische ~	8	
Literaturdokumentation	2	
biologische ~	1	
medizinische ~	9	

mehrstufiges Register

Erschließung inhaltlich kontexabhängig	4
Erschließung kontextabhängig inhaltlich	4
Erschließungsmechanismen	5
.	
.	
inhaltliche kontextabhängige Erschließung	4
kontextabhängige inhaltliche Erschließung	4

permutiertes Register

Dokumentation,	Bibliothek und Archiv. Information,	17
	Datenverarbeitungsberufe und Dokumentare	12
tungsberufe und	Dokumentare. Datenverarbei-	12
Themen der	Dokumentations- und Informationswissenschaft	13
Information,	Dokumentation, Bibliothek und Archiv	17

KWIC-Register

Abb.3.3. Verschiedene Registerarten

3.2.5 Sortierfragen

Beim Aufschlagen eines Registers sollte man nicht nur die Art der Anlage kennen, sondern auch die Ordnungsdimension, also die Art der Sortierung. Dabei gibt es folgende drei Grundformen:

Ordnung Buchstabe für Buchstabe: Bei dieser Ordnung werden alle Registereingänge so geordnet, daß für die Sortierung nur die in ihnen enthaltenen Buchstaben berücksichtigt werden. Leerstellen und Sonderzeichen werden übergangen, Groß- und Kleinbuchstaben gleich eingeordnet, Umlaute wie die Grundbuchstaben (oft) eingeordnet, Ziffern vor Buchstaben. Diese Ordnungsart ist in reiner Form unüblich, höchstens innerhalb eines Ordnungsmerkmals (s. Abb. 3.4).

Ordnung Wort für Wort: Mehrstufige Ordnung, so daß jedes in ihnen enthaltene Wort (Zeichenfolge zwischen zwei Leerstellen bzw. Bindestriche oder Satzzeichen) ein eigenes Ordnungsmerkmal bildet, diese Merkmale werden nacheinander zur Erstellung einer linearen Reihenfolge der Registereinträge herangezogen. Es werden also zuerst alle ersten Wörter für sich geordnet (meist Buchstabe für Buchstabe), wenn dieses zur Festlegung der Reihenfolge nicht ausreicht, nach dem zweiten Wort etc. So wird z.B. bei Telefonbüchern geordnet (s. Abb. 3.5).

Ordnung Zeichen für Zeichen: Jedes in den Wörtern auftretende Zeichen wird berücksichtigt. Dies ist die Ordnung von EDV-Anlagen, wenn keine besonderen Vorkehrungen getroffen wurden. Nach dem EBCDI-Code ergibt sich die Reihenfolge Leerstelle, Sonderzeichen, Kleinbuchstaben, Großbuchstaben, Zif-

Tagebucheintrag
Tagebuch-Eintragung
Taten
tatenloser Searcher
tatenlose Searcherin
Tätigkeit

Abb.3.4a. Ordnung Buchstabe für Buchstabe (Umlaut unberücksichtigt)

Tätigkeit
Tagebucheintrag
Tagebuch-Eintragung
Taten
tatenloser Searcher
tatenlose Searcherin

Abb.3.4b. Ordnung Buchstabe für Buchstabe (Umlaut berücksichtigt)

Tätigkeit
Tagebuch-Eintragung
Tagebucheintrag
Taten
tatenlose Searcherin
tatenloser Searcher

Abb.3.5. Ordnung Wort für Wort (Umlaut berücksichtigt)

fern. Im ASCII-Code kommen zuerst Sonderzeichen, dann Ziffern, Großbuchstaben und erst zuletzt Kleinbuchstaben, dann Buchstaben mit Diakritika und weitere Sonderzeichen (s. Abb. 3.6). Diese Ordnungsreihenfolge ist meist in EDV-Systemen üblich, auch wenn es manchmal programmgesteuerte Modifikationen gibt, die Großbuchstaben und Kleinbuchstaben gleich sortieren. Selbstverständlich können per Programme zur Erstellung eines Sortiertextes diese Regeln umgangen werden.

```
Tagebuch-Eintragung
Tagebucheintrag
Taten
Tätigkeit
tatenlose Searcherin
tatenloser Searcher
```

Abb.3.6. Ordnung Zeichen für Zeichen (ASCII-Code)

Es ist im übrigen nicht selbstverständlich, daß weltweit gleichermaßen alphabetisch sortiert wird (s.auch Kap. 9.1.5). Wüster hat darüber bereits 1976 berichtet. Problemfälle gibt es bei der Transliteration bzw. Transkription aus anderen Schriftzeichen (s. Kap. 4.5.5). Der Grundsatz, sich auf einheitliche Richtlinien zu einigen, wird durchbrochen durch die erforderlichen Konvertierungen von international verfügbaren Fremddaten. Auch die Sortierung von Vorsilben, Adelstiteln (Appositionen) ist wegen des Nationalitätenprinzips bei der Ansetzung ein Problem. Sortiert man computergerecht Zeichen für Zeichen, würde die Substanz 1.4-Dicarbonsäure bei 1 einsortiert. Gelegentlich werden bei der Erfassung Umstellungen vorgenommen, z.B. Di-(1,4)-Carbonsäure. Auf bibliothekarische Regelwerke kann hier nicht näher eingegangen werden, erwähnt seien hier lediglich grundsätzliche Probleme:

Die bei den preußischen Instruktionen übliche Ordnungsansetzung übergeht gelegentlich (abhängig von einer komplizierten Regelung) Adjektive in Titeln, so daß der Nichtbibliothekar bei einer Suche in älteren Bibliographien alle Titelwörter nacheinander ausprobieren muß. Auch die etwas moderneren *RAK (Regeln zur alphabetischen Katalogisierung)* bereiten so manche Überraschung. Bei einer konventionellen Suche muß man berücksichtigen, daß es Autorenschriften und Sachtitelschriften (bei Herausgeberschaft oder mehr als drei Autoren) gibt und nur Autorenschriften unter dem Autor bzw. nur Sachtitelschriften unter dem Titelanfang gefunden werden können und nicht umgekehrt (vgl. Haller und Pobst 1981).

3.3 Formen der Erschließung – Grundregeln

Der komplexe Vorgang der Datensammlung, -aufbereitung, -gliederung und -erfassung wird *Formalerschließung* genannt, die normalerweise durch den Diplom-Dokumentar durchgeführt wird. Erschließen heißt dieser Vorgang deshalb, weil Daten gemäß eines vorliegenden Regelwerks erhoben und für die

Eingabe in ein Datenbanksystem aufbereitet werden. Die *inhaltliche Erschließung* wird überwiegend durch Wissenschaftliche Dokumentare (evtl. Diplom-Dokumentare) durchgeführt. Hierzu gehört insbesondere die Auswahl der richtigen *Quellen*, Beurteilung der *Dokumentationswürdigkeit* (wenn sie also zum Scope der Datenbasis gehören, s.auch Kap. 4.5.3, 5.2.2), das Zusammenstellen von *Inhaltsangaben* (Referate), das Zuteilen von Inhaltskennzeichnungen (*Indexieren, Klassieren*) (s. Kap. 3.3.3). Im Unterschied zur Formalerschließung, in der jeder nur denkbare formale Aspekt in der Datenbank repräsentiert wird, ist ausschließlich der fachwissenschaftlich-inhaltliche Gesichtspunkt entscheidend, um das Wiederfinden eines Dokuments nach inhaltlichen Kriterien zu ermöglichen. Das ist im Vergleich zu formalen Suchaspekten selten eindeutig, weil es je nach Interpretation unterschiedliche Auffassungen zu ein und derselben Sache geben kann. Besonders schwierig ist dieser Vorgang deshalb, weil eine Komprimierung der auf mehreren Seiten beschriebenen Information auf einige wenige Schlagworte erfolgen muß.

Die verschiedenartigen Darstellungsaspekte einer Dokumentationseinheit aufgrund diverser Regelungen sind aus Tabelle 3.1 ersichtlich. Analogien zwischen der natürlichen Sprache und Dokumentationssprache und ihrer jeweiligen Hilfsmittel sind aus Tabelle 3.2 ersichtlich (vgl. Meyer-Uhlenried 1980).

Tabelle 3.1. Aspekte einer ausgefüllten Dokumentationseinheit

Kategorie bzw. Attribut	Inhalt bzw. Attributwert	Ansetzungsdaten bzw. normierter Attributwert	Codierte Daten
Vorgabe durch den speziellen Datenerhebungskatalog	Vorgabe durch Excerpt aus der dokumentarischen Bezugseinheit und zusätzliche Erläuterung, was unter der Kategorienbenennung zu verstehen ist	Vorgabe durch das Regelwerk zur formalen oder inhaltlichen Erschließung, stammt möglicherweise aus einer Liste von Standardwerten: z.B. Liste von Deskriptoren oder von Körperschaftsnamen	Vorgabe nach den Richtlinien der Datenerfassung: Codierung in der für das jeweilige System geeigneten maschinengerechten Form
Verfasser	René von Hugo	Hugo, René von	Hugo, Ren&e22 von
Datum	1.April 1991	1991, 04, 01	19910401

Anmerkung: Näheres zur Codierung siehe Kap. 4.5.2 bzw. Tab.4.8.

Tabelle 3.2. Linguistische Analogien zwischen natürlicher und Dokumentationssprache

natürliche Sprache	Hilfsmittel zur Sprachgestaltung	Dokumentations-sprache	Hilfsmittel zur Erstellung von Dokumentationssyste-men
Sätze	Syntaxregeln der Grammatik	Dokumentations-einheiten	Datenerfassungsschema
Wortarten: z.B. Verben, Substantive, Adjektive	Synonymlexika	Kategorien	Kategorienkatalog
Wörter	Wörterbücher	Deskriptoren	Thesauri
Orthographie	Standardwörterbuch (z.B. Duden)	Ansetzung	Regelwerke zur Erfassung und Erschließung

3.3.1 Grundelemente der Titelaufnahme

Zur Ordnung von Dokumentationseinheiten in Dokumentationsspeichern wäre es problematisch, blind bibliothekarische Ordnungsregeln zu übernehmen, weil diese einstmals für konventionell geführte Kataloge erstellt wurden und nicht für Datenbanken. Dennoch sind auch für die Registerauflistungen aus Datenbanken einheitliche Ordnungsregeln erforderlich. Wie schon oben erwähnt, beziehen diese sich auf das Ordnungsprinzip "Zeichen für Zeichen", sofern die Erschließung für Datenbanken vorgenommen wird. Die durchzuführenden formalen Erschließungsvorgänge sind (s.auch Tabelle 3.1):

– Bestimmen des Dokumenttyps der dokumentarischen Bezugseinheit
– Erkennen der einzelnen Informationen in der auszuwertenden Einheit
– Isolieren der auszuwertenden Informationselemente
– Zerlegen der Informationsbausteine in kleinste Grundeinheiten
– Isolieren der für die Titelaufnahme relevanten Bestandteile
– Ansetzen in standardisierter Form
– Zeichensetzung für die Datenerfassung.

Die Zerlegung der Informationselemente ist auf der Grundage des Kategorienkatalogs der DIN 31 631 durchzuführen. Diese DIN-Norm charakterisiert eine Dachstruktur zur Orientierung (als theoretischer Rahmen) mit größtmöglicher Allgemeingültigkeit für alle Arten der Dokumentation und liefert eine

Gesamtübersicht über alle denkbaren Daten- und Auswertungselemente. Daten-erhebungskataloge sind die Grundlage für die Erstellung konkreter Datenerfas-sungsschemata auf der Basis folgender Grundsätze (vgl. Meyer-Uhlenried 1980).

a) Jede in einer dokumentarischen Bezugseinheit vorhandene Informations-menge muß erfaßbar sein.

b) Jedes Informationselement soll nur einmal erfaßt werden. Damit soll einerseits unnötiger Doppelaufwand verhindert werden, andererseits Wider-spruchsfreiheit und Freiheit von Zuordnungsfehlern garantiert werden.

c) Logische Kompatibilität mit den Systemen, mit denen ein Informations-austausch erfolgen könnte, muß gewährleistet sein.

Die Hauptkategorien sind gegliedert nach Abschnitten; sie bestehen aus Ele-menten zur:
- internen Identifikation der dokumentarischen Bezugseinheit und zur Steue-rung des Dokumentationsprozesses
- direkten Dokumentation (Datendokumentation) und zur Dokumentation von Objekten (Gegenständen)
- Dokumentation von Personen, Institutionen, Veranstaltungen und Projekten
- Beschreibung des Sachtitels dokumentarischer Bezugseinheiten
- Beschreibung der Fundstelle dokumentarischer Bezugseinheiten und biblio-thekarischer Zusammenhänge
- Beschreibung dokumentarischer Zusammenhänge und zur Dokumentation von Vorgängen
- Beschreibung des Inhalts dokumentarischer Bezugseinheiten
- Dokumentation von Entscheidungen und Entscheidungsfindungen
- Systemüberwachung und -verwaltung.

Doch unabhängig vom Ordnungsprinzip ist das Problem der Ansetzung relevant, d.h. die Reihenfolge, in der Teile des Ordnungselements in die Erfassungskategorie aufgenommen werden und wie sie zeichenmäßig dargestellt werden. Normiert werden können hier z.B.Kategorien wie Zeitschriftentitel, Sprache, Land und Dokumenttyp. Die eingegebenen Werte können mit den computergespeicherten Listen auf Richtigkeit verglichen werden. Wesentlich zu betrachtende Ordnungselemente sind außerdem Personen (meist Autoren), Körperschaften und Sachtitel. Die Normierbarkeit in diesen Fällen ist der Fülle der Benennungen wegen nur schwer möglich. In erster Linie geht es um die korrekte Extraktion der richtigen Bestandteile aus der dokumentarischen Bezug-seinheit, zu der es mit der CIP-Kurztitelaufnahme (Cataloguing in Publication) in normalen Büchern eine Hilfestellung gibt. Auch bei Zeitschriftenaufsätzen ist es verhältnismäßig einfach, die richtigen Aufnahmeelemente zu finden.

Schwieriger ist das jedoch bei Reports oder Werbeschriften, weil dabei sowohl die Frage des korrekten Sachtitels als auch die der Personenansetzung und Institutionenschreibweise nicht eindeutig ist. Im folgenden sind wichtige Gesichtspunkte für Regelungen bezüglich der Erstellung eines einheitlichen Körperschaftsregisters zusammengestellt (im unten noch zu erwähnenden INIS-System wird übrigens jede Körperschaft gesondert aufgeführt und normiert):
– Anwendung von Abkürzungen
  – Setzen von Punkten
  – Setzen von Leerzeichen
– Vornamen oder Initialen von in Körperschaften enthaltenen Eigennamen
– Verfügbarer Zeichenvorrat an Sonderzeichen (z.B. Henkel & Co.)
– Institution ganz in Großbuchstaben, falls in der Vorlage angegeben
– Hinzusetzen des Ortes der Körperschaft (Position, Sonderzeichen)
– Hinzusetzen amtlicher Bezeichnungen und Rechtsformen.

Aufgrund der Unterschiedlichkeit der diversen aufzunehmenden Medientypen haben sich daher in den verschiedenen Dokumentationsstellen verschiedene Regelwerke entwickelt. In den 70er Jahren gab es mit der Planungseuphorie des 1.IuD-Programms einen Vereinheitlichungsversuch: es wurde der Leitfaden für formale Erfassung entwickelt (vgl. Hitzeroth, Marek, Müller 1976). Dieser Leitfaden war als eine Art Dachregelwerk konzipiert, trug jedoch in vielen Punkten eindeutig Merkmale des *INIS*-Regelwerks (International Nuclear Information System), das stark die Erschließung von Konferenzschriften und Reports berücksichtigt. Die Regeln waren dennoch nicht präzise genug für die Eingabe in eine Datenbank. Eine formal konsistente, standardisierte Ansetzung (Daten-Anordnung einer Informationseinheit, insbesondere in der Kategorie der Körperschaften oder Autoren) der dokumentationsspezifischen, nämlich unselbständigen und grauen Literatur wird in Dokumentationsstellen (im Unterschied zu Bibliotheken) nicht einheitlich gehandhabt. Es gab ursprünglich Überlegungen, den Leitfaden für formale Erfassung hierzu zu verwenden, doch dieses Unternehmen kann als gescheitert betrachtet werden. Stattdessen entwickelte sich das *INIS-Format* zum Quasi-Standard, dem die Systeme SDIM und AGRIS weitgehend folgten. Wenn man nun glaubte, es gäbe ein einheitliches bibliothekarisches Regelwerk, dann bemerkt man auch hier beim näheren Betrachten verschiedene Variationen der *RAK*, abhängig von dem jeweiligen Rechnersystem (RAK der Deutschen Bibliothek, RAK des Südwestverbunds, RAK des Deutsche Bibliotheks-Instituts), der Medien (RAK-UW, RAK-AV, RAK-Musik, RAK-Karten) und der Benutzer (RAK [Grundwerk], RRAK [Kurzfassung], RAK-ÖB, RAK-WB, RAK-PB). Diese Regelwerke sind schon so kompliziert, daß in allen Fällen Spezialisten für eine korrekte Ansetzung benötigt werden. Und keines dieser Regelwerke ist, wegen der mangelnden Berücksichtigung verbesserter Möglichkeiten für den Online-Betrieb, sinnvoll (vgl. Payer 1989).

So ist z.B. die früher durchaus sinnvolle Regelung der Abkürzung von Unter-
titeln für eine Datenbank verfehlt, weil man damit ähnlich Schwierigkeiten bei
der Suche hat wie mit ausgeschriebenen Zahlen (anstelle den Ziffern 1992 würde
Neunzehnhundertundzweiundneunzig in den Sachtitel geschrieben!). Unnötig
für eine Datenbank sind auch Angaben zu Verweisungen mit Angabe von
sogenannten Nebeneinträgen.

Weitere ansetzungsabhängige Suchprobleme im Register sind in Kap. 9.1.5
beschrieben. Doch nicht nur auf der Wortebene sind Regelungen zu treffen,
ebenso auch auf der Ebene einer Gliederung und Reihenfolge bibliographischer
Elemente, die im bibliothekarischen Bereich durch die *ISBD (International
Standard Bibliographic Description)* geregelt werden. Analoge Kategorienvor-
schläge werden durch DIN 31 631, abhängig vom jeweiligen Medientyp, gemacht (s. Kap. 4.5.2). Man benötigt Bestandteile für die Informationsvermittler,
um ihnen eine Recherche ausreichender Selektivität zu ermöglichen und für die
Endbenutzer, um ihnen die Entscheidung zu erleichtern, ob sie die korrespondierende dokumentarische Bezugseinheit benötigen und wie sie sie beschaffen
können (insb. Quellenangabe).

3.3.2 Inhaltliche Erschließungsinstrumente

Zur inhaltlichen Erschließung ist eine *Dokumentationssprache* erforderlich, eine
künstliche normierende Sprache zum eindeutigen Verschlüsseln und Speichern
von Sachverhalten, um damit eine möglichst ballastfreie und vollständige
Recherche in einem Dokumentationssystem zu ermöglichen. Eine Dokumentationssprache ermöglicht die Verdichtung der Inhalte von Publikationen auf die
wesentlichen dokumentationswürdigen Begriffe und stellt gleichzeitig eine
Beziehung zur Fachsprache der zu speichernden Publikationen her. Als eine
solche Dokumentationssprache könnte das in Kap.3.2.2 verwendete Ordnungssystem verwendet werden. Es wäre eine Illusion zu glauben, die natürliche
Sprache mit all ihren Ambiguitäten könnte die Rolle einer Systemsprache
übernehmen. Die bloße Suchbarkeit von im Text vorkommenden Wörtern ist
zu stark ballastanfällig, weil die bloße Erwähnung eines Wortes schon dazu
führt, daß das dazugehörige Dokument beim Suchvorgang als relevant nachgewiesen wird. Gelegentlich wird zwar versucht, durch Auswahl einschlägiger
Stichwörter aus dem Text eine treffende Charakterisierung des Inhalts vorzunehmen, was jedoch auf der Rechercheseite die Frage aufwirft, ob diese Wörter
vielleicht den Inhalt nur punktuell abdecken. Insofern ist eine Auswahl passender *Schlagwörter* durch Erschließungsexperten eine bessere Alternative, weil
man damit die Inhalte oft besser abdecken kann, allerdings muß man bei der
Recherche gegebenenfalls diese früher einmal verwendeten Schlagwörter erraten können.

Eine bessere Alternative wäre hier ein aus *Deskriptoren* bestehendes *kontrolliertes Vokabular*. Dieses entsteht durch Auswahl charakteristischer Wörter (*Vorzugsbenennungen*), die anderen weniger für die Normierung geeigneten vorgezogen werden. Gelegentlich prägt man der Einheitlichkeit der Sprache willen auch künstliche Wörter oder Wortgruppen. Die Kontrolle über das Vokabular wird auf zwei Weisen durchgeführt: Zum einen versucht man zu erreichen, daß immer wiederkehrend die gleiche Schreibweise gewählt wird (Normierung des Vokabulars) und zum anderen sollten über ein geeignetes Relationensystem immer die bestpassenden Deskriptoren gefunden werden. Man nennt den Vorgang auch *terminologische Kontrolle*. Die richtigen Schreibweisen findet man durch ein Nachsehen im Register, wobei hier insbesondere bei mehrgliedrigen Wortgruppen auch Registerverweisungen erforderlich sind. Eine höhere Form der Kontrolle findet mithilfe der Registerverweisungen von *Synonymen*[3] oder *Homonymen*[4] auf den treffenden Deskriptor statt. Eine noch stärkere Form der terminologischen Kontrolle findet im weitergehenden Relationensystem eines *Thesaurus* (s.u.) statt, das durch zusätzliche Benutzungsmodalitäten und Querverbindungen geregelt ist.

3.3.3 Formen inhaltlicher Erschließung

Es gibt drei Grundformen inhaltlicher Erschließung: *Indexieren*, *Klassieren* und *Referieren*. Während die letzte Methode auf der natürlichen Fachsprache basiert, basieren Indexieren und Klassieren auf einer Dokumentationssprache. Das Klassieren hat die Gesamtheit des Inhalts der dokumentarischen Bezugseinheit im Blickfeld und ordnet aus einem Vorrat von Klassifikationseinheiten die bestpassende für den überwiegenden Teil des Dokuments zu. Es gibt für die meisten Fachdatenbanken speziell auf das Fachgebiet zugeschnittene Klassifikationseinheiten. An allgemeinverbindlichen internationalen Klassifikationen gibt es die *DK (Dezimalklassifikation)* und ihre Variante, die *Dewey Decimal Classification*. Beide sind die einzigen weltweit benutzten universellen Klassifikationssysteme, die alle Wissensgebiete umfassen und Barrieren unterschiedli-

---

3 Synonyme sind salopp ausgedrückt verschiedene Wörter für gleiche Sachverhalte, die jedoch in der Realität mehr (z.B. Ei und Hühnerei) oder weniger (z.B. Telefon und Fernsprecher) abweichen können. In einer Dokumentationssprache verwendet man daher die Terminologie *Quasisynonyme* und drückt damit das Wissen um die Verschiedenheit der Bezeichnungen aus, die aber im Rahmen einer Dokumentationssprache als äquivalent oder "synonym" betrachtet werden können. Ausführlicher soll auf dieses Problem nicht eingegangen werden, weil dies bereits im Lehrbuch von Gaus im Jahre 1983 geschehen ist.

4 Homonyme sind pauschal ausgedrückt gleiche Wörter für unterschiedliche Sachverhalte, z.B. Schloß (1.Bedeutung: Gebäude, 2.Bedeutung: Verschluß durch Schlüssel).

cher Sprachen durch die Anwendung einer Ziffernnotation überwinden. Ihre Aktualisierung ist jedoch wegen der Beteiligung vieler Mitgliedsländer schleppend.

Die Indexierung kann auf Stichwörtern oder Schlagwörtern (freies Indexieren) oder auf Deskriptoren eines kontrollierten Vokabulars (gebundenes Indexieren) beruhen. Dieses Vokabular kann aus vielen Einzelwörtern oder vergleichsweise allgemeinen Begriffseinheiten zusammengesetzt sein, die sowohl bei der Indexierung als auch bei der Recherche zusammengesetzt werden müssen (*post-koordiniertes Indexieren*, z.B. der Sachverhalt "Bibliothek" würde mittels der Deskriptoren Gebäude, Bücher, Lagerung dargestellt). Man hat in diesem Fall kein allzu großes Vokabular zu pflegen und hat damit eine leicht durchzuführende terminologische Kontrolle. Andererseits kann es durch die zu allgemein definierten Schlagwörter beim späteren Retrieval auch zu falschen Kombinationen kommen, die ein ballastreiches Rechercheergebnis erwarten lassen. Möchte man diesen Ballast vermeiden, dann gibt es die beiden Alternativen, entweder eine Verknüpfungssyntax für die Deskriptoren zu definieren (der bessere, aber zu Beginn schwierigere Weg, vgl. Gaus 1983) oder die Verwendung von *präkoordinierten* Deskriptoren vorzusehen, die spezifischere Begriffe beschreiben, jedoch langfristig zu einem unüberschaubaren Vokabular führen. So gibt es z.B. in manchen Thesauri folgenden präkoordinierten (mehrfach zusammengesetzten) Deskriptor: "organische heterozyklische Kohlenwasserstoffe".

Der Indexierungsvorgang selbst ist in mehrere Schritte zu zerlegen:
1. Die indexierende Person liest und absorbiert das in einer dokumentarischen Bezugseinheit enthaltene Gedankengut.
2. Sie schreibt Notizen zum Artikel nieder.
3. Sie vergleicht mit bereits bekannten Sachverhalten.
4. Sie stellt Assoziationen her und versucht, gleichartige Dinge ihrer Indexierungserfahrung mit gleichartigen Benennungen zu belegen.

Die Indexierungserfahrung kann in zweifacher Form schriftlich fixiert werden, als Indexierungsrichtlinien (zur Anleitung) und als *Thesaurus*, der die zur Indexierung erlaubte Nomenklatur definiert und vereinheitlicht und mit den notwendigen Querverbindungen versieht. Arten der Thesaurusrelationen unter Angabe der Standardabkürzungen und der englischsprachigen Äquivalenzbezeichnungen sind in Tabelle 3.3 zusammengestellt und die Phasen der Erstellung sind aus Tabelle 3.4 zu erkennen. Ein Thesaurus kann dann als ideal betrachtet werden, wenn er für alle Suchragen an die mit ihm verknüpfte Datenbank einschlägige Hinweise liefert. Das bedeutet, jede Datenbank erfordert ihren individuellen Thesaurus (vgl. Umstätter 1992).

Sollte der Vorgang durch den Rechner in einer *automatischen Indexierung* durchgeführt werden, dann wären die Indexierungsrichtlinien in einen Algorithmus umzusetzen und der Thesaurus in ein ausgefeiltes Wörterbuch mit

umfangreichem Relationensystem, das spezifisch für eine Fachrichtung aufbereitet wurde.

Das Referieren basiert ebenfalls auf den ersten drei Schritten wie die Indexierung. Referate werden häufig von den Autoren selbst erstellt (Autorenrefe-
rate) oder von Fachleuten vorbereitet (Fremdreferate). Letztere können *indika-
tiv* (also nur den Text beschreibend) oder *kritisch* erstellt werden, indem die
referierende Person entweder für einen Benutzerkreis oder bezogen auf eine
Fachdisziplin oder auch persönlich eine Wertung abgibt.

Tabelle 3.3. Arten von Thesaurusrelationen

Relation	engl.Bezeichnung	Erläuterung
Benutze, Siehe, B	Use, See	Strenge Verweisung von einem Eingangswort in den Thesaurus auf die zu verwendende Vorzugsbenennung (Deskriptor)
Benutzt für, BF	Used for	Rückverweisung von der Vorzugsbenennung auf die zu ihnen führenden Eingangswörter
Benutze Kombination BK	Use combination	Zerlegungsanweisung eines Eingangswortes: Repräsentation durch zwei oder mehrere Deskriptoren
Benutze spezifischen Deskriptor BS	Use specific	Die vorgesehene Benennung ist zu allgemein und nur zu Einordnungszwecken verwendet. In MEDLINE wird das z.B. durch den Zusatz (NON-MESH) charakterisiert
Benutze generischen Deskriptor Siehe unter BG	Use generic See under	Die vorgesehene Benennung ist zu speziell für den Rahmen des vorliegenden Thesaurus, deshalb Verweisung auf übergeordneten Deskriptor
Erläuterung	Scope Note	Verbale Erläuterung der Begriffsabgrenzung
Oberbegriff OB	Broader Term BT	Übergeordneter Deskriptor im Thesaurus
Unterbegriff UB	Narrower Term NT	Untergeordneter Deskriptor im Thesaurus
Verwandter Begriff siehe auch VB	Related Term Associated Term see also RT	Unverbindlicher Hinweis auf ähnliche Deskriptoren

Buchbesprechungen sind z.B. in kritischer Form aufbereitet. Ziel eines Referates soll eine möglichst gute Informationsverdichtung sein, die den Benutzern eine Entscheidungsgrundlage dafür liefert, ob sie die zugehörige gesamte dokumentarische Bezugseinheit lesen wollen.

Als Richtlinien für das Referateschreiben sollte in erster Linie berücksichtigt werden, daß der Inhalt vor der Form steht, der konkrete Gegenstand (das Fachgebiet, die Fragestellung, das Untersuchungsobjekt) der Arbeit genau präzisiert wird, nicht ohnehin recherchierfähige Inhalte aus dem Titel wiederholt werden und im wesentlichen das Typische der Arbeit herausgearbeitet wird. Am besten hält man dabei die Reihenfolge ein, zuerst mit den Vorgaben und Randbedingungen zu beginnen, danach das Ziel der Arbeit, die Methodik, die Ergebnisse und schließlich deren Vergleich mit den Vorgaben, aus denen Empfehlungen für eine Fortsetzung abgeleitet werden könnte. An stilistischen Vorgaben wird empfohlen, möglichst einfache Sätze zu bilden, übermäßige Kompositabildung zu vermeiden; Abkürzungen sollen weitgehend weggelassen werden.

Tabelle 3.4. Erstellungsphasen für die Thesaurusentwicklung

1.	Auswertung von Wortlisten (Titelwörter, Schlagwörter, Suchwörter): Selektion oder Formulierung thesauruswürdiger Benennungen
2.	Morphologische und semantische Aufbereitung des bereinigten Wortmaterials: Wortstrukturen und inhaltliche Komponenten sind zu bewerten, zu erläutern und eventuell zu übersetzen
3.	Bildung von Thesaurusfacetten und -kategorien
4.	Zuordnung des thesaurusrelevanten Wortmaterials zu diesen Facetten
5.	Intellektuelle Bearbeitung des Wortmaterials in konventioneller Form und daraus folgende Strukturierung von Thesaurusrelationen
6.	Anwendung einer Thesaurus-Software zur Realisierung der Relationen in maschinenlesbarer Form (z.B. INDEX, PROTERM, LIDOS)
7.	Aufbereitung des Thesaurus in publizierbarer Form

3.4 Ablagesysteme

3.4.1 Manuelle Karteisysteme

Eine *Kartei* ist ein aus Karton oder Karten bestehender Informationsträger, ein Speichermedium, aus dem manuelle Karteisysteme organisiert sind. Eine besonders traditionelle Form dieses immer noch beliebten konventionellen Informationsträgers liegt bei der klassischen Steilkartei vor, in der Karteikarten aufrechtstehend hintereinandergestellt werden. Der entscheidende Vorteil der Steilkartei liegt darin, daß neue Karten ohne weiteres dazwischengestellt werden können und somit die Kartei erweitert werden kann, ohne daß die gewählte Ordnung gestört wird. Außerdem können Karten mit falschem oder veraltetem Inhalt ohne weiteres entfernt oder ausgetauscht werden. Ein Nachteil der Steilkartei ist, daß sie nur eindimensional ist, d.h. nur nach einem Merkmal abfragbar ist (eine konnotative — zwischen den Zeilen erkennbare — Bedeutung einer Kartei ist, daß sie ein internes, zeitlich begrenztes Speicherungsmedium ist). Diesem Nachteil kann teilweise dadurch begegnet werden, daß bei einer sachlich (systematisch) geordneten Steilkartei mehrere Karten nach verschiedenen Merkmalen für ein und dasselbe Dokument angelegt werden. Die Steilkartei kann mehrzügig sein. Sie besteht dann aus einem Haupt- oder Objektzug (*Direct File*), in dem alle Objekte in der Reihenfolge nachgewiesen sind, in der sie auch abgelegt sind, und aus mehreren Merkmalszügen (*Inverted Files*), so daß man auch unter anderen als dem im Hauptzug angegebenen Merkmalen auf die einzelnen Dokumentationseinheiten zugreifen kann. Die äußere Form der Karteikarten wird in DIN 1504 beschrieben (z.B. Papiergewicht 190 g/m^2 oder bei Publikumsverkehr sowie häufiger Benutzung 220 - 240 g/m^2).

Zusammenfassend die Vorteile normaler konventioneller Karteien:
– beliebig erweiterbar, Nachträge sind möglich (im Gegensatz zu Listen),
– keine technischen Hilfsmittel erforderlich,
– manuelles Bearbeiten am Schreibtisch ist möglich.
Die Nachteile:
– Zwei Arbeitsgänge (Sortieren und Ineinanderordnen) sind erforderlich,
– nur eindimensionale Suchen sind möglich,
– bei großer Schlagwortzahl arbeitsaufwendig (Vervielfältigung, Ordnung),
– Hilfsmethoden zur Ordnung erforderlich (Farbwechsel, Reiter),
– Vervielfältigung mühsam (meist Unikate).

Ein erster Ansatz zu einer Datenbanksystemen analogen Organisation (s. Abb. 4.6) ist in den nach mehreren Aspekten durchsuchbaren *Indexkarteien* anzutreffen, deren interessanteste die Endziffernkartei ist, bei der die Dokumentnummern der Übersichtlichkeit und gleichmäßigeren Speicherplatzausnutzung wegen nach den Endziffern geordnet sind. Sie kann nur in einem Schlagwortspeicher zur Anwendung kommen, da je Schlagwort eine Karteikarte angelegt wird, auf der als Ordnungskriterium oben ein Schlagwort steht. Verknüpfungen von mehreren Schlagwörtern ermöglichen aufgrund des hohen Ordnungsgrades ein schnelles Finden der einschlägigen Dokumentnummern. Ein Nachteil, der beim Rechner keine Rolle spielt, ist das zweistufige Verfahren bei der Suche.

3.4.2 Aktenablage

Grundsätzliche Hinweise. Es sind primär keine inhaltlichen, sondern formale eindeutige Kriterien auszuwählen. Das Schriftgut ist auf möglichst wenige Orte zu verteilen und nicht zu detailliert aufzugliedern. Die Definition sollte klar umrissen sein und sich nicht gegenseitig überschneiden. Falls Überschneidungen denkbar wären, sind Prioritäten festzulegen oder das Schrifttum ist mit Duplikat abzulegen. Jedes Schriftstück soll eine Codierung nach den folgenden vier Ebenen erhalten, damit eine eindeutige Ablage nach einem einheitlichen Aktenplan möglich ist, der einer globalen Einteilung gemäß folgenden Prinzipunterordnungen erfolgen soll:

* Ausgangsfrage:*Auf welchem Informationsträger?* –> **Grundfunktion**
* 1.Einschränkung: *Für wen? / Von wem?* –> **Adressatenkreis / Herkunft**
* 2.Einschränkung: *Wozu?* –> **Sachgegenstand**
* 3.Einschränkung: *Wer ist zuständig?* -> **Bearbeitungsmerkmal**

Die Frage nach den einzelnen Sachgegenständen kann nur individuell für die jeweilige Institution in einer Detailaufstellung mittels eines *Codeplans* (Aktenplans) erfolgen. Hierbei ist es sinnvoll, zusätzlich mit einer Aspektierung (in Form eines Anhängecodes) zu unterscheiden in *sachgegenstandsspezifische* und *allgemeine Merkmale* (diese gibt es in allen Grundfunktionen, Adressatenkreisen, bzw. bei jedem Sachgegenstand):
– Entwürfe, Vorarbeiten
– Formblätter
– Gesetze, Verordnungen, Normen
– Handgeschriebenes
– Literatur
– Protokolle

Als letztes ist die Frage nach der Entstehung zu beantworten und die für die Bearbeitung zuständige Person anzugeben. Die Grundfunktionen sind in Tabelle 3.5, der Adressatenkreis in Tabelle 3.6 zusammengestellt.

Praktische Hinweise

Konventioneller (Papier-)Schriftverkehr. Doppelte Buchführung, indem zusätzlich zum Original noch Tageskopien abgelegt werden. Es kann durchaus sinnvoll sein, in einem Ordner mehrere Funktionsgegenstände unterzubringen). Aktionen mit vorübergehendem Charakter sind gesondert zu behandeln. Jeder Mitarbeiter erhält verschiedenfarbige Ablagekörbe für Vorgänge mit abgeschlossener Bearbeitung und unerledigtes Schriftgut.

Mit Textsystemen erstelltes Schriftgut. Doppelte Buchführung entfällt, da es mehrere Möglichkeiten gibt (z.B. mit den NORTON-Utilities), Dateien oder Worte in Dateien wiederzufinden. Das Anlegen von Verzeichnissen kann nach den oben genannten Ebenen erfolgen. Insbesondere für die allgemeinen Merkmale bei Funktionsgegenständen können die dreistelligen Endungen in der Angabe der Datei verwendet werden. Die korrespondierende Ablage der Disketten sollte analog nach demselben Aktenplan erfolgen.

3.4.3 Organisation von Registraturen und Archiven

Organisatorische Voraussetzungen einer zentralen Ablage sind ein zentraler Standort, möglichst kurze Wege von allen Abteilungen und bequeme Erreichbarkeit für alle Abteilungen.

Tabelle 3.5. Grundfunktionen der Schrifttumsordnung

I. Bibliothek (Verwaltung aller Originaldokumente)
II. Datenverarbeitung (Verwaltung aller Daten und Programme) Originalprogramme Kopierte Programme Elektronisches Schriftgut (Briefe auf Disketten) Konventionelles Schriftgut
III. Dias, Bilder, Filme, Videofilme
IV. Lehre (aktiv und passiv) Ausbildung Fortbildung
V. Projekte (zeitlich befristete Entwicklung neuer Maßnahmen)
VI. Veröffentlichungen Vorträge Öffentlichkeitsarbeit

Tabelle 3.6. Adressatenkreis bzw. Herkunft des Schrifttums

A. Externer Schriftverkehr	**Weitere Untergliederungsaspekte**
Ministerien	Land
Informationsstellen	Ort
Ausbildungseinrichtungen	Konzern
Praktikumseinrichtungen	Institution
Firmen	Bereich
B. Interner Schriftverkehr	Abteilung
Arbeitsgruppe	Arbeitsgruppe
Abteilung	Person
(Fach-)bereich	
Dienststelle - vorgesetzte Behörde	
Konzern	
C. Personenbezogenes	*Zur Archivierung von Personalakten empfiehlt sich als Identitätskennzeichen die sogenannte I-Zahl unter Verwendung unveränderlicher Merkmale der Person (Geburtsdatum 6-stellig, Anfangsbuchstabe des Geburtsnamens, Geschlechtsbezeichnung)*
vertrauliche Daten	
Personaldaten	
persönliche Daten	

Vor der endgültigen Wahl eines definitiven Ablagesystems oder Ordnungssystems helfen praktische Kurzversuche, den individuellen Bedarf und bevorzugte Gewohnheiten in der Benutzung von Hilfseinrichtungen herauszufinden und große Fehlinvestitionen zu vermeiden. Bei der Einrichtung von Ablagetechniken ist vor allem auf große Ablageflächen zur Vorbereitung des Einordnens zu achten.

Der Begriff *Buchablage* charakterisiert die bekannte Handhabung von Aktenordnern. Dieses System ist kostengünstig, platzsparend (wenn voll, sonst schlechte Raumausnutzung), die Aufschriften sind optisch gut sichtbar und es existieren gute Ordnungsmöglichkeiten. Nachteilig ist, daß der Hebelmechanimus manchmal ausleiert und das erforderliche Lochen, es sei, die Unterlagen werden in gelochte Klarsichthüllen eingebracht.

Die *Hängeablage* in besonders dafür vorgesehenen Spezialschränken oder -schubladen macht wegen mangelnden Platzes Codiersysteme erforderlich. Das lose in Taschen eingebrachte Schriftgut ermöglicht leichte Handhabung. Das Verfahren ist vor allem bei unterschiedlich großen Akten platzsparend und suchtechnisch sinnvoll, wenn viele routinemäßig bekannte Vorgänge erfolgen, da in diesen Fällen kein langwieriges Verschlüsseln oder Entschlüsseln erfolgen muß. Jeder Vorgang kann in getrennter Tasche untergebracht werden und verhindert daher die Verstaubung. Störend sind beim Gebrauch jedoch die Einhängeschienen.

Die *Pendelablage* im Schrank bietet praktisch dieselben Vorteile wie die Hängeablage. Vorteilhaft ist, daß keine Schubladen oder sonstige Aufhängungen erforderlich sind, nachteilig ist jedoch die noch geringere Übersichtlichkeit wegen der schlecht möglichen Kennzeichnung der schmalen Rücken. Zusätzlich sind Spezialablagen für Sonderformen (Filme, Dias, Photographien und Pläne) zu berücksichtigen.

3.4.4 Kataloge

Kataloge sind Bestandsverzeichnisse aller Arten von verfügbaren oder lieferbaren Artikeln vom Versandhauskatalog über den Ersatzteilkatalog zum Auktions- und Bibliothekskatalog. Interessant ist dabei vor allem eine effektive Bestellkomponente, wie sie bei einigen Warenhäusern schon über Bildschirmtext (s. Kap. 7.6) und in fortschrittlichen Bibliotheken über die Ausleihkomponente des Online-Katalogs verfügbar ist (s. Kap. 9.4). In konventionellen Katalogformen wird aufgrund der jeweiligen Katalogisierungsregeln eine bestimmte Stelle gesucht, an der der Titel eingeordnet sein muß, falls vorhanden (eindimensional). In den computergespeicherten Formen wird eine Suchstrategie nach einigen Merkmalen angelegt, die bei gleichzeitigem Vorhandensein zum Nachweis des Dokuments führt (mehrdimensional).

Äußere Erscheinungsformen

Der *Bandkatalog*-Typus war der erste, der in der Geschichte verwendet wurde, und er ist der schnellen Übersicht wegen (da mehr Dokumentationseinheiten auf einen Blick zu übersehen sind) leicht zu handhaben und günstig für systematische Suchen. Er ist infolge der leichten Transportierbarkeit und wegen der an allen Orten möglichen Verfügbarkeit nach wie vor für externe Kataloge eine praktikable Alternative zum Online-Katalog. Der *Karten-* oder *Zettelkatalog* ist dies höchstens für kleine Interimsbestände, da er sehr platzaufwendig ist und wenig Überblicksmöglichkeiten bei der Suche und schlechte Versandmöglichkeiten bietet. Die *Flachsichtform* ("Kardex") wird insbesondere für die Führung von Zeitschriftenkatalogen verwendet, weil sich die schuppenförmige Anordnung insbesondere dazu eignet, daß man die Zeitschriftentitel auf einen Blick übersieht, andererseits ebenfalls die Möglichkeit besteht, zusätzliche Informationen dahinter unterzubringen, wobei die Gelegenheit zu Korrekturen und Änderungen gegeben ist. *Mikroformen*, insbesondere der *COM-Katalog* (Computer Output on Microform) sind heute als kostengünstige platzsparende Alternative zur Bandform für externe Kataloge beliebt, da sie auch schnell und billig reproduzierbar sind. Der Verschleiß ist zwar größer, aber wegen der regelmäßigen Updates erträglich. Das Handling ist wegen der Geräteabhängigkeit und der vergleichsweise schlechten Lesbarkeit etwas lästig.

Unter einem *OPAC* (Online Public Access Catalogue) versteht man einen öffentlich zugänglichen Katalog, bei dem der Computer in Form eines Dialogs dazu veranlaßt wird, den gewünschten Titel in der Datenbank zu suchen. Ein Vorteil ist insbesondere der mehrdimensionale Online-Zugriff mit allen Vorzügen des Online-Betriebs (s. Kap. 6.1). *CD-ROM*-Kataloge vereinen die Vorteile des OPAC und der Microfiche-Version. Große Datenmengen sind in einem vergleichsweise kleinen Speicher verfügbar (s. Kap. 9).

Arten der Einsatzmöglichkeiten bei der Bibliotheksbenutzung

Zum Nachweis des gesamten Schrifttums gibt es umfassende *Hauptkataloge*, den alphabetischen Katalog und den Standortkatalog. Ist der Nachweis nur eines bestimmten Medientyps an Schrifttum (Dissertationenkatalog, Zeitschriftenkatalog) erforderlich, verwendet man gelegentlich *Teilkataloge*, die aber auch oft aus historischen Gründen angelegt werden, wie z.B. beim Übergang auf ein neues Ordnungssystem. Teilkataloge werden auch aus pragmatischen Gründen angelegt: getrennte Fachbereichskataloge, Lesesaalkataloge, Kataloge für die Lehrbuchsammlung, Freihandkatalog. Für systematische Suchen gibt es *Sachkataloge* (nach Klassifikationen geordnete systematische Kataloge und Schlagwortkataloge). Gelegentlich findet man auch benutzerfreundliche Mischformen, die den alphabetischen und Schlagwortkatalog zusammenführen, z.B. den *Kreuzkatalog*, der eigentlich *Gesamtkatalog* genannt werden müßte. Leider ist dieser Begriff für Kataloge an Universitäten reserviert, die das gesamte Schrifttum aller Bibliotheken an Universitätsinstituten umfassen. *Zentralkataloge* (s. Tabelle 9.4) sind die zentralen Anlaufstellen in Leihverkehrsregionen als Hilfe für die Ausleihe zur Lokalisierung von Besitznachweisen der ausleihenden Bibliothek und Festlegung der Reihenfolge anzugehender Bibliotheken. Sie sollen auch die Erwerbung koordinieren, um Lücken und Doppelanschaffungen zu vermeiden. *Verbundkataloge* sind in der BR Deutschland regional, meist nach Leihverkehrsregionen organisiert, um arbeitsteilig in einen Rechner alle Katalogisate einer Region einzuspeichern; sie sind zumeist online abfragbar. Ein *Nationaler Gesamtkatalog* ist in Deutschland nicht verfügbar; es gibt lediglich eine deutsche Bibliographie des in Deutschland nach dem Kriege erschienenen Schrifttums. Zur Beschaffung von Büchern im Buchhandel gibt es das gesamte Verzeichnis lieferbarer Bücher aus Verlagen (*VLB*), *Barsortimentskataloge* (für Titel, die der Großhandel lieferbar hält), Verlagskataloge, Antiquariatskataloge, Buchauktionskataloge.

4 Aufbau von Datenbanken

4.1 Allgemeines

Die zentralen Begriffe dieses Kapitels sind *Wissensbasis, Datenbasis, Datenbank, Informationsbank* und *Informationssystem*. Ihnen allen zugrunde liegt ein *Dokumentenspeicher* (nach DIN 44300 einheitlich strukturiert: Näheres in Kap. 4.5.2). Unter einer *Wissensbasis* versteht man das Generieren von maschinenlesbaren Informationen, die methodisch so organisiert sind, daß man sie mit Hilfe einer Abfragesprache *analog zum menschlichen Assoziativdenken* abfragen kann. Ein Sonderfall einer Wissensbasis ist eine *Datenbasis*, deren maschinenlesbaren Informationen die Grundlage einer Datenbank bilden. Sie ist also eine Menge zusammenhängender und für die Speicherung und Verwaltung in einem Rechner vorgesehener Informationen, unabhängig ob sie noch extern (eher die dokumentarische Betrachtungsweise) oder schon im Rechner (die informatikbezogene Betrachtungsweise) verfügbar sind. Die Daten genügen einer Datenstruktur, d.h. ihre Bildung erfüllt die formalen Voraussetzungen eines *einheitlichen Schemas*. Der Begriff *Datenbasis* soll in Zukunft verwendet werden, wenn schwerpunktsmäßig der inhaltliche Aspekt und die Tatsache der Maschinenlesbarkeit betont werden sollen, ohne sie auf eine konkrete Rechnerinstallation hin zu beziehen: So gibt es z.B. nur eine Datenbasis des *MEDLARS*[1], jedoch weltweit mehr als zehn recherchefähige Rechnerinstallationen. Um die Art der inhaltlichen Aufbereitung stärker zu betonen, wird zur eindeutigen Charakterisierung oft der Begriff *Informationsbank* verwendet, vor allem dann, wenn es sich um dokumentationsspezifische Aspekte der Recherchierfähigkeit handelt. Eine Informationsbank kann auch in einzelne inhaltlich oder zeitlich abgegrenzte Datenbanksegmente eingeteilt werden, z.B. für eine Informationsbank von 1966 bis 1976. Zeitlich weiter zurückliegende Segmente werden *Backfiles* genannt. Eine Erweiterung des Begriffs Informationsbank zum *Informationssystem* ergibt sich, wenn zu Abfragen auch noch Möglichkeiten des

---

1   Medical Literature Analysis and Retrieval System: die maschinenlesbaren Literaturzitate der NLM (National Library of Medicine) in Bethesda, Maryland (USA)

Verwaltens von Ergebnisteilen der Recherche, Suchfrage und anfragender Benutzer hinzukommen. Dieser Begriff wurde zur Abgrenzung zum Term *Datenbank* eingeführt: Der Begriff *Informationsbank* sagt im wesentlichen aus, daß eine Datenbasis mithilfe einer DV-technischen Einrichtung gespeichert und benutzt werden kann. Jedoch wird stattdessen von Praktikern der Begriff *Datenbank* als Sammelbezeichnung für alle oben erläuterten Sachverhalte verwendet. Der Begriff Informationsbank konnte sich also nicht durchsetzen. Der Klarheit wegen wird er nur in diesem Kapitel verwendet, um eine Abgrenzung gegenüber informatikbezogenen Sachverhalten (Begriff *Daten-bank*) auszudrücken.

4.2   Typologie von Datenbasen

Abb. 4.1 charakterisiert die möglichen Arten von Datenbasen vom inhaltlichen Gesichtspunkt (*Scope*) der Anwendbarkeit für den Rechercheprozeß und hat insofern Konsequenzen auf die Struktur der Datenbanken, auf die in den folgenden Abschnitten eingegangen wird. Nach dieser Typologie soll auch vor-gegangen werden, wenn die für Recherchen erforderlichen Informationsbanken nach konkreten Bedarfssituationen ausgewählt werden (vgl. Mie 1990; Staud 1991b; Fichtl 1991).

Es gibt die traditionellen Möglichkeiten, Primärinformationen (in Form von Texten oder Fakten), Sekundärinformationen (in Form von Texten oder Hin-weisen) oder Tertiärinformationen (nur in Form des Hinweistyps *"Referral"*) abzulegen. Die *Faktenbanken* liefern direkte, verdichtete und veredelte sowie fachlich geprüfte Informationen, zu deren Nutzung oft erhebliche Fachkennt-nisse erforderlich sind. Eine andere Art von Informationen steht in *statistischen Datenbanken* bereit, in denen z.B. ökonomische, ökologische, fiskalische oder demographische Entwicklungen in Form von dynamischen Zeitreihen (nach Tagen, Wochen, Monaten oder Jahren gegliederte Tabellen) abgerufen werden können. *Bibliographische Datenbanken* liefern Sekundärinformationen in Form von Hinweisen auf publizierte Werke. Referral-Informationsbanken liefern i.a. Tertiärinformationen, sie geben Auskunft über Informationsquellen oder Fach-leute.

Allgemein wird unterschieden in "normale" statische (Hinweis-, Text- und Fakten-Datenbanken), bei denen Informationen zum direkten Abruf gespeichert sind, und in dynamische Datenbanken, aus denen die interessierenden Fakten-zusammenhänge beim Retrievalprozeß neu generiert bzw. aggregiert werden müssen. Man unterscheidet dabei vor allem *Modelldatenbanken*, die die Berech-nung verschiedener (meist naturwissenschaftlicher) Werte aufgrund eines Mo-dells ermöglichen und *statistische Datenbanken* für den Fall der Berechnung

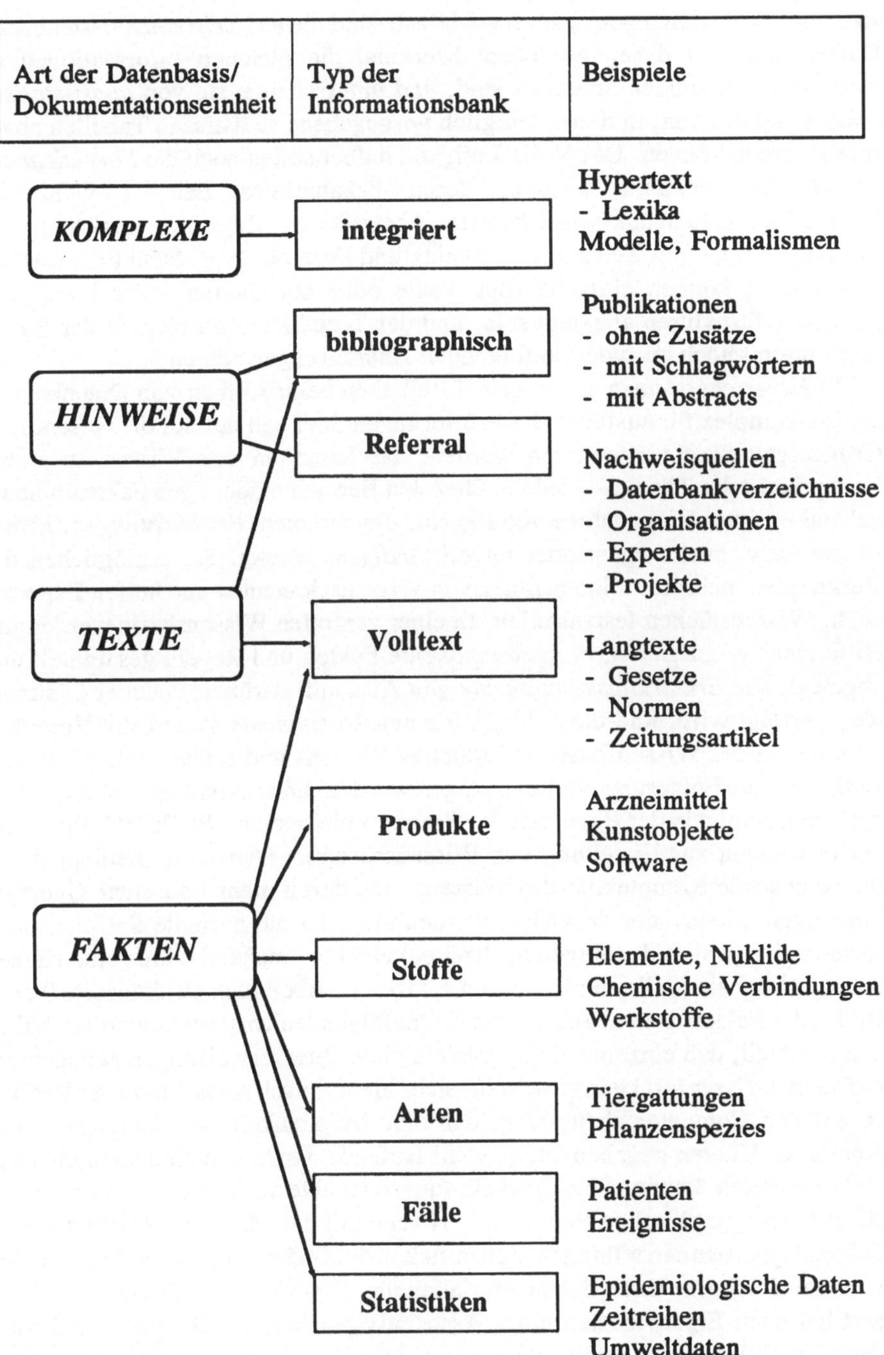

Abb. 4.1. Typologie der Datenbasen / Informationsbanken

statistischer Beziehungen. Deren wichtigste sind die aus *Zeitreihen* bestehenden Datenbanken, in denen zu jedem Merkmal die gleichen Informationen zu mehreren Zeitpunkten enthalten sind, und unterscheidet sie von *quasi-statistischen* Datenbanken, in denen lediglich vorgegebene statistische Tabellen abgerufen werden können. Der Vollständigkeit halber sollen noch die *Formalismendatenbanken* erwähnt werden, deren bekanntestes Beispiel wohl die REGISTRY-Datenbank von Chemical Abstracts ist. Zugrunde liegt hier eine formale Sprache mit Zeichensatz, Syntax und Formeln (z.B. Strukturformeln). Datenmäßig können einfache (nur Texte oder nur Fakten) oder integrierte komplexe Strukturen abgelegt sein, und der Trend zur Komplexität der Strukturen nimmt noch zu, wie die folgenden Ausführungen zeigen.

Mit *Expertensystemen* assoziierte Tätigkeiten beim Aufbau von Datenbanken sind zu komplex für ausführliche Erörterungen, hier soll nur auf die wesentliche Grundeigenschaft hingewiesen werden: das Sammeln von Wissen zu einem Fachgebiet oder Thema — jedoch über den Bereich eindeutiger Fakten hinausgehend — unter Hinzunahme von *Regeln, Algorithmen, Beobachtungen, Erfahrungen* bzw. auch *vagem* oder *unvollständigem Wissen*. Sie ermöglichen das Verknüpfen mehrerer Dimensionen von Wissenselementen und helfen Experten auch, Wissenslücken festzustellen. In einer zentralen Wissensbasis werden mit Hilfe einer *Wissenserwerbungskomponente* Fakten und Regeln gesammelt und abgelegt. Die *Erklärungskomponente* gibt Auskunft darüber, welcher Lösungsweg verfolgt wird, und die *Schlußfolgerungskomponente* steuert die Verarbeitung des in der Wissensbasis befindlichen Wissens und erläutert dabei gleichzeitig, welche Folgerung warum gezogen wurden. Die Erstellung von Expertensystemen erfolgt in der Regel mit der Programmiersprache *PROLOG*. Ein anderes Instrument zur Erstellung von Wissensbasen ist *Hypertext*. Bedingt durch die wachsende Komplexität des Wissens, das durch mehr und mehr Querverbindungen miteinander verknüpft werden muß, ist die normale Speicherungsform Papier (wegen der langen Suchzeiten) nicht optimal und würde einen hohen Aufwand der sinnvollen Präsentation erfordern. Aber auch strukturierte Text-, Bild- oder Fakten-Datenbanken, wie sie im folgenden vorgestellt werden, haben den Nachteil, daß einzelne Komponenten ohne Querverweisungen nebeneinander stehen. *Hypertext* beansprucht für sich, hierarchisch Ausschnitte der Realität so auf den Computer abzubilden, daß eine Möglichkeit des *Navigierens* von Knoten zu Knoten gegeben ist. Sowohl laufende Texte und Bilddaten als auch isolierte Fakten können über Verknüpfungselemente verbunden werden, indem sie auf einer graphischen Benutzeroberfläche mit der Maus angeklickt werden. Solche Hypertextdarstellungen eignen sich insbesondere gut für die Präsentation von Handbüchern, Unterrichtsmaterialien und Produktbeschreibungen. Hypertext hat auch Eigenschaften eines Assoziativspeichers, weil er assoziativ wie das menschliche Gedächtnis angelegt ist. Der Grund ist die Strukturierung der Objekte (Knoten) über Verknüpfungselemente, sogenannte *Links*, mit deren

Hilfe Texte, Fakten oder Graphiken an mehrere Kontexte angebunden werden. Entscheidend ist der Funktionsvorrat solcher Knoten, mit dem sie auf weitere Knoten verweisen können. Es interessiert auch die Frage, ob mehrere Fundstellen über eine Fenstertechnik gleichzeitig angezeigt werden können oder auch Verweisungen von Verweisungen möglich sind, sei es in demselben Dokument oder in anderen Dokumenten. Zusammengefaßt ergeben sich für Hypertext folgende Vorteile: erhöhte Sucheffektivität, einheitliches Darstellungsmedium, vollständige Information des Lesers unter Vermeidung von Redundanz (vgl. Schneider 1991).

Eine völlig andere Art von Datenbanknutzung ist der Abruf von kopierfähiger Software (*Telesoftware*) über Personal Computer oder andere Datenendgeräte. In diesem Fall werden die Originaldaten des Quellprogramms über die Datenfernübertragungsleitung transportiert, und der Benutzer hat lauffähige Programme vor Ort. Eine solche Art der Informationsbeschaffung gehört nicht zu den klassischen Tätigkeiten eines Dokumentars.

Der Vergleich in Tabelle 4.1 leitet schließlich über zu pragmatischen Anwendungsmöglichkeiten und beschreibt die Unterschiede von Volltext- und bibliographischen Datenbasen bezüglich struktureller Eigenschaften bei der Einspeicherung und bei der Recherche und skizziert ebenfalls, welche Qualität von Informationen der Endbenutzer zu erwarten hat. Je nach der Fragestellung kann der Benutzer somit die Auswahl treffen.

Tabelle 4.1. Vorteile von Volltextdatenbasen und bibliographischen Datenbasen

Vorteile Volltextdatenbasen	Vorteile bibliographische Datenbasen
Übernahme der gesamten Information (Text und Fakten) ohne subjektive Einschränkung	Informationsverdichtung
Kein Informationsverlust, weil nicht eingeschränkt auf Teile von Dokumenten	Selektion a) nach Qualitätsgesichtspunkten b) nach Benutzerwünschen
Aktuell gebräuchliche und neueste Fachwörter verfügbar	Terminologische Kontrolle über Thesaurus ist möglich
Suche nach mehreren Suchmerkmalen gleichzeitig ist erfolgreich	Suchbegriffe, die nicht immer explizit im Text vorkommen
Vorteilhaft anstelle ergebnislosen konventionellen Suchens	Ballastärmere Suche ohne mühsame Nachselektion
Sofortige Bereitstellung der Primärinformation	Vollständigerer Überblick zu einem Thema möglich

4.3 Datenbanksysteme

4.3.1 Allgemeines

Der Sinn einer Datenbank ist der eines *organisierten elektronischen Informationsspeichers*, in dem die Daten so abgespeichert werden, daß später die Rückgewinnung nach verschiedensten Gesichtspunkten möglich ist. Enthalten kann die Datenbank alphanumerische Daten (Textdaten und Tabellen) oder graphische Daten. Grundlage einer Datenbank ist eine Datenbasis: Eine *Datenbasis* im Sinne der Informatik ist eine Menge von maschinenlesbaren Datenelementen, die *nicht-redundant, unabhängig voneinander* und *mehrfach benutzbar* sind. Das bedeutet, jedes Datenelement ist nur einmal in der Datenbasis und könnte im Rahmen eines Rechercheprozesses auf der zugehörigen Datenbank beliebig oft abgefragt werden.

Bevor jedoch eine Datenbasis erstellt werden kann, ist es erforderlich, den relevanten Ausschnitt der realen Welt mittels eines Abstraktionsprozesses auf einen Informationsspeicher abzubilden. Die Querverbindungen in der realen Welt können durch Mengenrelationen repräsentiert werden, die sich wiederum als Relationen von Datenelementen in einem datenlogischen Modell widerspiegeln. Ein globales, analog zur Informatik entwickeltes Modell kann in etwa so wie in Abb. 4.2 dargestellt werden. Mit verschiedenen Konkretisierungsmaßnahmen erfolgt dann die Spezifikation der Hilfsmittel zum Einsatz des Systems, worauf die logische Struktur für eine Datenbank basieren kann.

Dabei zeigen sich verschiedene Ebenen der Betrachtungsweise, von denen allerdings die oberen Ebenen für dokumentarische Zwecke irrelevant sind. Es wird als selbstverständlich angenommen, daß das Wissen niemals vollkommen in einer Datenbank abgebildet werden und es sich nur um ein modellhaftes Abbild des Realitätsausschnittes handeln kann. Datenbanken kann man unter strukturellen und inhaltlichen Aspekten betrachten. Grundlegend ist die *Drei-Schichten-Architektur*, die eine interne Ebene zur physischen Darstellung, eine datenlogische Ebene zur konzeptionellen Gliederung der Elemente und eine externe Ebene für die Kommunikation mit dem Benutzer erfordert. Hierbei gibt es den strukturellen, systembezogenen Gesichtspunkt des Informatikers, der sich mit dem physischen Aufbau des Datenbanksystems bezüglich des Rechnereinsatzes im Hinblick auf Struktur und Verknüpfung der kleinsten Bausteine einer Datenbank beschäftigt und dabei deren Wiederauffinden nach formalen Kriterien ermöglicht. Der Informationswissenschaftler dagegen setzt die Existenz eines Informatikmodells voraus und plant darauf bezogen gezielte Anwendungen für den Benutzer. Die Informatik-Komponente soll hier nur insoweit angesprochen werden, als sie für das Verständnis der dokumentarischen Elemente sinnvoll und hilfreich ist. Bei den weiteren Spezifikationen unterscheidet sich der Ansatz des Informatikers von dem des Informationswissenschaftlers

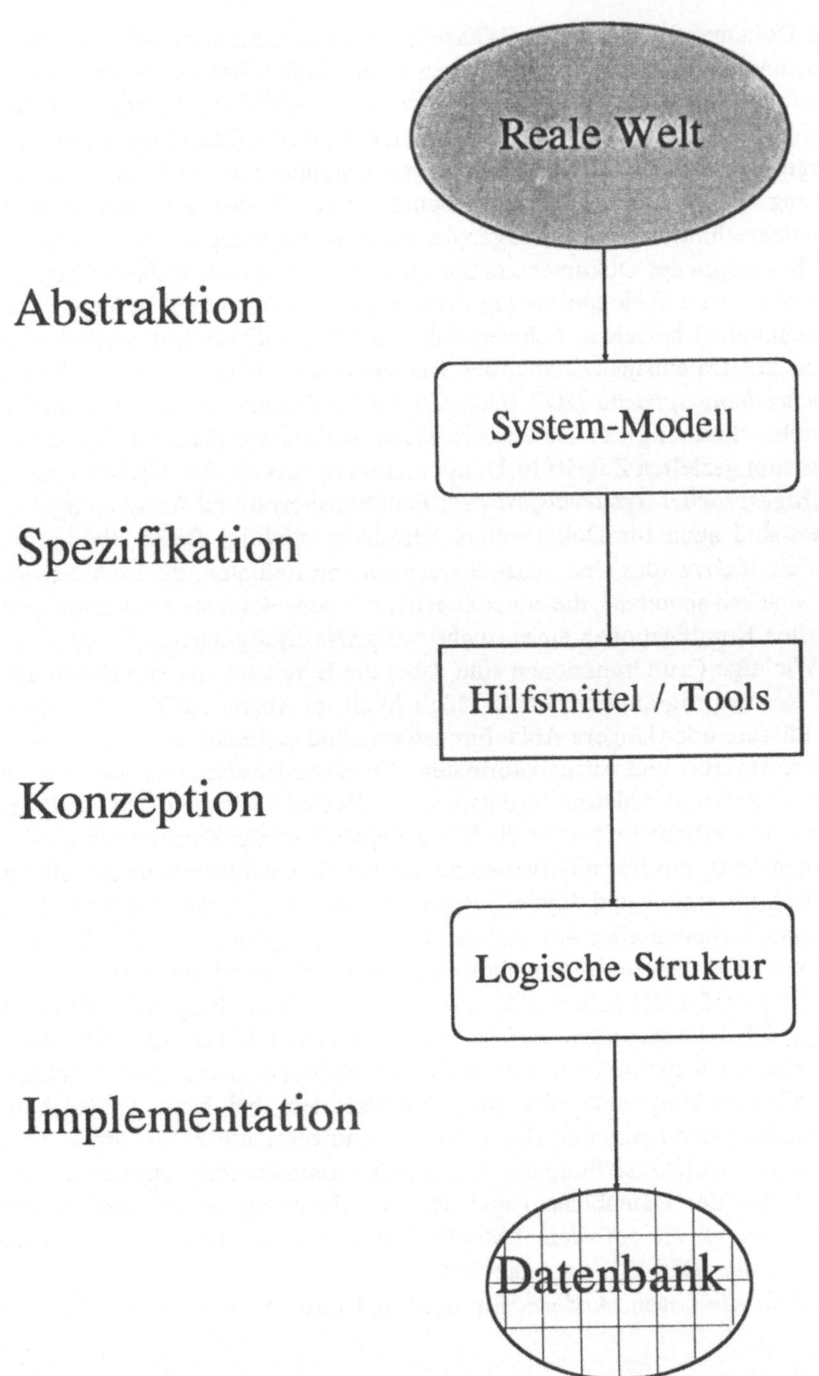

Abb. 4.2. Schritte zur Einrichtung einer Datenbank

und Dokumentars erheblich: Während der Informatiker bemüht ist, die Komponenten eines Rechners im Rahmen eines idealen Betriebssystems und einer Standard-/Anwendungs-Software optimal zu gestalten, indem er dafür die geeigneten Komponenten (die *Tools)* herstellt, ist der Dokumentar mehr mit den Fragen der Konzeption und Planung von Datenbanken sowie deren Implementierung befaßt. Informatikschwerpunkte, also Fragen z.B. zur technischen Benutzerschnittstelle oder Fragen der Paßwortsicherung können sich aber auch auf Interessen des Dokumentars bezüglich eines anwendungsbezogenen, benutzerorientierten Dialoggestaltung (Menüs und Kommandos, Anfänger- und Expertenmodus) beziehen. Schwerpunkt des Informatikers sind weiterhin Strukturen des Datenbanksystems, der Datenein- und -ausgabe, sowie der *Datenbeschreibungssprache DDL (Data Definition Language)*, die in Tabellen der Dateibeschreibung zur Datenbasis bereitgehalten werden. Zusätzlich interessiert zum gezielten Zugriff (u.U. mit mehreren verknüpften Suchelementen) die *Abfragesprache/ Retrievalsprache*[2]; Funktionsvorrat und Anwendung der letzteren sind auch für Dokumentare besonders wichtig. Diese *Abfragesprache* umfaßt *Makros* (das sind ganze Sequenzen von Befehlen, die nach dem Aufruf automatisch ablaufen), die einen Zugriff auf Datenelemente und die unterschiedlichsten Kombinationen eines solchen Zugriffs ermöglichen.

Wichtige Grundfunktionen sind dabei die Bereitstellung von Kombinations- und Rechenprogrammen mit der Möglichkeit der Ablage auf Zwischenspeichern für kürzere oder längere Ablaufprozeduren und der zusätzlichen Bereitstellung von Korrektur- und Ausgabeformaten, die entweder standardisiert sein können oder einer Benutzerdefinition entsprechen. Es sind folgende Arten von Programmen erforderlich: Editor für die Dateneingabe und für Korrekturen und Ergänzungen (evtl. ein Formulargenerator für die dazu erforderliche Erstellung von Bildschirmmasken und -layout), Report- und Listengenerator zur Erstellung von Ausgabeformaten aller Art und sonstige Hilfsprogramme für die Dateiorganisation und Daten- und Formatkonvertierung (vgl. Wiederhold 1987).

Eine Domäne des Informatikers ist es auch, sich mit Fragen der Ablaufsteuerung, dabei insbesondere auf der konzeptionellen Ebene mit Datenfluß- und technischen Kommunikationsmodellen zu befassen. Dabei sind Probleme der Netzüberwachung und -sicherung (insbesondere bei heute weitverbreiteten Rechnerkoppelungen) und Dialogsteuerung unverzichtbar. Das größte Problem dabei ist die Sicherstellung der richtigen Kommunikation zwischen den verteilten Teilen der Datenbanken und der Aktualisierung der Inhaltsverzeichnisse (*Directories*), die auf diese Datenbanken verweisen. Das *Datenbankmanagementsystem* (DBMS[3]) muß die von den Anwendungsprogrammen verlangten Zugriffe wie Lesen, Ändern, Einfügen und Löschen von Daten auf die Daten-

---

2   Standard ist hier *SQL* (Structured Query Language), ein IBM-Produkt.
3   Vgl. Codd 1979.

bank ausführen bzw. die Befehle auf die notwendigen Operationen in der physischen Ebene umsetzen und dafür sorgen, daß die Ausgabe in der vom Anwender festgelegten Form erfolgt. Das DBMS veranlaßt, welche Daten von wo geholt und wieder zurückgespeichert werden müssen. Dazu gehört das Einrichten der Tools (die durch Kommandos repräsentiert werden) für die Festlegung von Benutzerparametern, die Erstellung von Updates und die Kontrolle.

4.3.2 Arten von Datenbanksystemen

Die Daten einer Datenbank werden mit Hilfe von einem *Datenverwaltungssystem* in Dateien organisiert und mittels invertierter Dateien abfragbar gemacht, ohne daß der Benutzer Kenntnisse über die physische Speicherung der Datensätze besitzen muß. Während die Beziehungen zwischen Daten im o.g. Fall für jede neue Anwendung jeweils neu programmiert werden müssen, gibt es in einer höheren Organisationsform, einem *Datenbankmanagementsystem*, eine programmunabhängige Verwaltung der Daten, die Daten und Anwendungsprogramme sind also nicht miteinander von vornherein verknüpft (Abb. 4.3). So ist es möglich, daß Programme für mehrere Anwendungen gleichzeitig eingesetzt werden können, die sich jeweils nur durch unterschiedliche *Parametrisierungen* (=Auswahlmöglichkeiten) der Dateistruktur unterscheiden müssen. Änderungen des Erfassungsformats und der Datenanordnung in der Datenbank erzwingen also nicht immer eine Veränderung der Anwenderprogramme.

Es gibt also im wesentlichen zwei Arten von Datenbanksystemen, eine, die ohne Programmierung betrieben werden kann (*Wirtssprachensysteme*) und eine andere, die den Eingriff des Programmierers zur Veränderung des Codes erfordert, ein im Vergleich zu einer von Anwendern durchführbaren Parametrisierung diffizileres Verfahren.

Datenbanksysteme können trotz Parameterauswahlmöglichkeiten zusätzlich eine Programmiersprache bereitstellen; das kann entweder eine eigene Datenbankprogrammiersprache sein (z.B. *dBase*) oder die Schnittstelle zu anderen Programmiersprachen. Man nennt sie oft *Autonome Systeme*. Sie werden durch die Existenz einer eigenen Abfragesprache charakterisiert, z.B. *GRIPS* (=General Relational Information Processing System) bei Host-Information-Retrieval-Systemen und *dBASE* bei PC-gestützten relationalen Datenbanksystemen. Ideal ist eine Synthese zwischen den Vorteilen beider Arten, der Flexibilität einer sehr individuellen Lösung (Programmierumgebung) und dem schlüsselfertigen Einsatz für eine Reihe von Standardlösungen.Die zugehörigen Standards werden vom *CODASYL* (=Committee on Data' Symbol Language) *Data Description Language Committee*, einer internationalen Arbeitsgruppe zur Definition von Dateibeschreibungssprachen, empfohlen, so nennt man z.B. Datenbanksysteme mit hierarchischer oder netzartiger Struktur CODASYL-Datenbanksysteme.

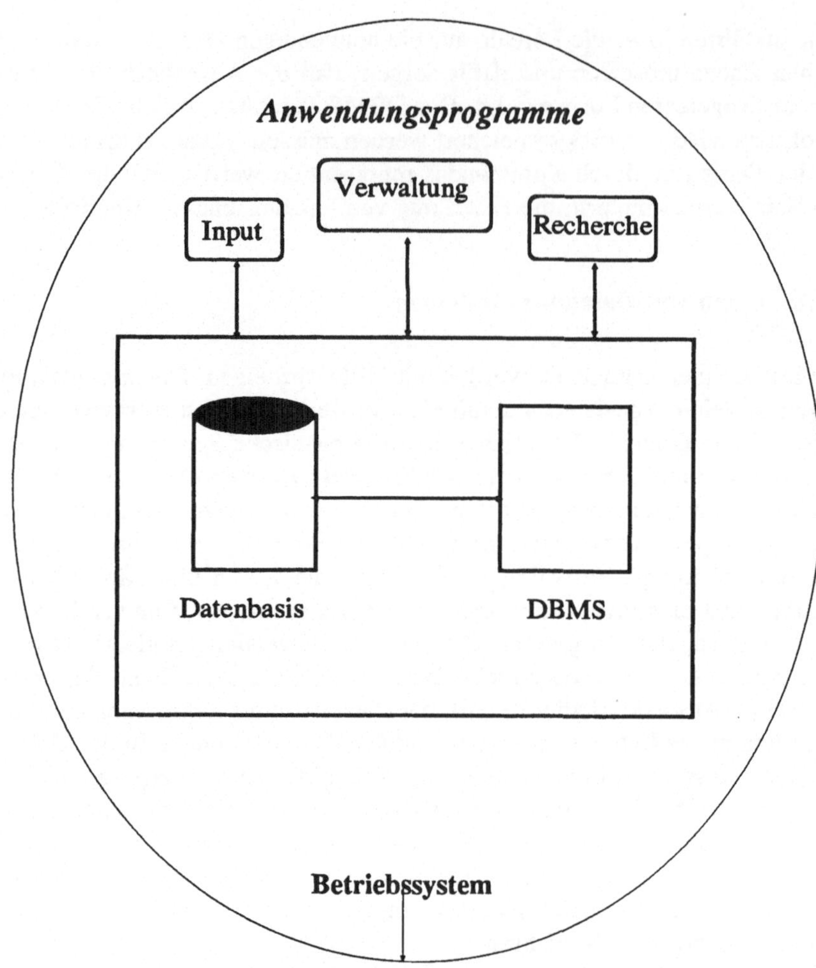

Abb. 4.3. Globales Konzept des Datenbankaufbaus

Anmerkung zu obiger Abbildung:.

Die Shell (=Zugriffsoberfläche, Menüoberfläche) des Betriebssystems stellt strukturelle Querverbindungen zwischen Datenbasis und dem sie verwaltendenden DBMS her, die zusammen das Herz einer Datenbank darstellen, das durch weitere Anwendungsprogramme für die Dateneingabe (Input), Datenverwaltung, sowie für die Recherche und Datenausgabe der Datensätze ergänzt wird.

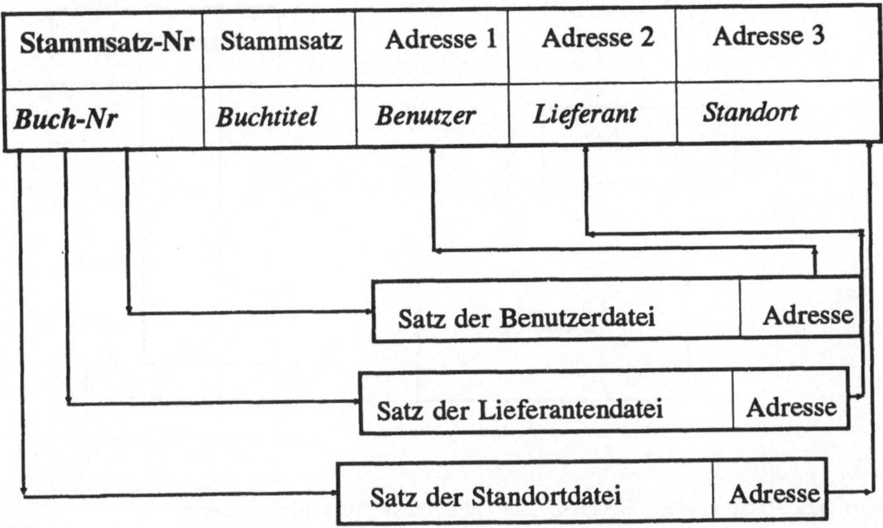

Abb. 4.4. Hierarchische Datenstruktur

Anmerkung zu obiger Abbildung:

Als ein gutes Beispiel für einen *hierarchisch* strukturierten Datensatz kann eine redundanzfreie Speicherung aller zu einem Buch und dem Beschaffungs- und Ausleihvorgang gehörigen Daten gewählt werden. In diesem Fall kann als Stammsatz-Nr. eine Buch-Nr. betrachtet werden; sie ist gleichzeitig *Schlüssel* (entspricht in etwa der Leitkarte in einer Kartei) für die Benutzerdatei (womit der Benutzer identifiziert werden kann), Lieferantendatei (diese führt zur Charakterisierung der Lieferanten- oder Buchhändlerdaten) und die Standortdatei (diese gibt einen Hinweis auf die Standortangaben). Die Buch-Nr. ist also die Spitze der Hierarchie einer Reihe von Verkettungen, die alle von ihr abhängig sind, weshalb diese Art der Speicherung *hierarchisch* genannt wird.

Hierarchische Datenbanksysteme. Daten zu einer DBE werden in Sätzen zu einer Dokumentationseinheit zusammengefaßt. Es gibt drei verschiedene Datenmodelle von Verknüpfungsmöglichkeiten für die Datensätze, die die Menge anwendbarer Operationen und deren Verknüpfung festlegen: die Datensätze können planar (linear oder flach) sein, also nebeneinander auf einer Ebene stehen, das sind z.B. aus gleichartigen Sätzen bestehende Dateien, sie können *hierarchisch* (vgl. Abb.4.4) in einer Baumstruktur verknüpft sein, indem gewisse Elemente zu ihren eindeutigen Familien zugeordnet werden. Ein Verzeichnis kann Unterverzeichnisse und mehrere Dateien enthalten. Dateien können auch netzartig miteinander verbunden sein, wobei ein untergeordneter Datensatz zu mehreren übergeordneten Datensätzen gehören kann (Polyhierarchie).

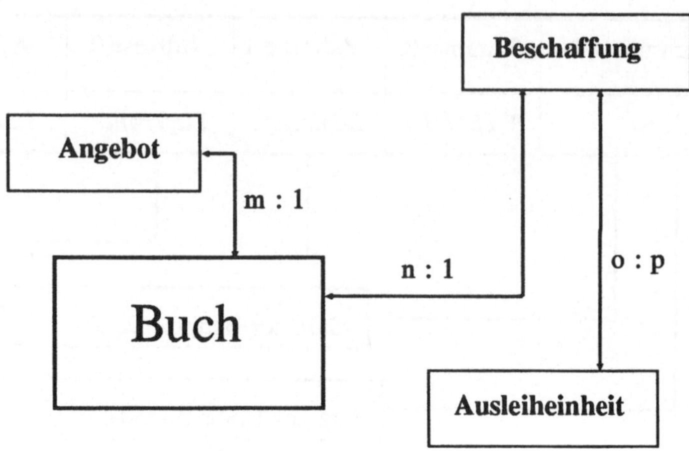

Abb. 4.5. Relationen am Beispiel eines Bibliotheksinformationssystems

Anmerkung zu obiger Abbildung:

Am Beispiel eines Buches kann das relationale Modell illustriert werden. In einer stark vereinfachten Version können drei Relationen definiert werden: Beginnend bei der Einholung von Angeboten kann man zu jedem Buch m Angebote bekommen (1 : m), von denen sich der Bibliothekar/Dokumentar eines aussucht. Die Preise differieren aufgrund der Preisbindung höchstens bezüglich der Beschaffungskosten für Werke aus dem Ausland. Im Rahmen einer Bestellung/Beschaffungsmaßnahme einer Dokumentationsstelle können n verschiedene Bücher gekauft werden. Im Falle eines aus mehreren Heften gebundenen Werkes kann nach o Heften (Beschaffungsmaßnahmen) eine Ausleiheinheit zusammengestellt werden. Es gibt aber auch die umgekehrte Relation, daß sich aus einem Akzessionsvorgang mehrere (p) Ausleiheinheiten ergeben. Folgende Relationen ergeben sich also:

1.) Angebot : Buch = m : 1

2.) Buch : Beschaffung = n : 1

3.) Ausleiheinheit : Beschaffung = p : o

Relationale Datenbanksysteme. Eine Standardvoraussetzung für die Existenz eines relationalen Datenbanksystems ist schon mit der Erfüllung folgender Anforderungen gegeben:

1. Flexibilität: logische (aus konzeptioneller Sicht) und physische Datenunabhängigkeit: leichte Anpassung an veränderte Gegebenheiten, d.h. Änderungen/Erweiterungen des Datenbankschemas sind leicht möglich.

2. Leichte Handhabbarkeit: leicht für unterschiedliche Benutzer unter Verwendung einfacher Hilfsfunktionen (Handbuch, Funktionstasten), einfache Erstellung von Applikationen und deren Durchführung durch Anwendungsprogrammierung bzw. Parametrisierung.

3. Alle Informationen werden als *Werte* von *Attributen* (Kategorien) in *Daten* (Tabellen) dargestellt, wobei für jedes Attribut ein Wertebereich gültig ist.Ein Attribut (= Spalte) ist über einen Attributnamen definiert, der jeweilige Attributwert wird durch ein Paar (Spalte + Zeile) identifiziert.

4.Redundanzfreie Speicherung. Ein relationales Datenbanksystem (s. Abb. 4.5, Tabellen 4.2-4.4) wird durch die Existenz zweidimensionaler Tabellen, die in der Datenbankterminologie *Relationen* genannt werden, charakterisiert — der Benutzer behandelt sie als einfache Dateien. Sie werden vor allem dadurch charakterisiert, daß sie keine feste Beziehung und keine vordefinierten Zugriffspunkte zueinander haben. Die Verknüpfung der Datensätze wird erst im Augenblick der Verarbeitung (z.B. bei einer Abfrage) mit speziellen Operatoren (z.B. JOIN zur Verknüpfung verschiedener Relationen) vom DBMS hergestellt. Die festen Zugriffsbeziehungen bei hierarchischen Datenbanksystemen sind bei der Verarbeitung großer Datenmengen geschwindigkeitsbeschleunigend, relationale Datenbanksysteme sind dagegen flexibler bei häufigen Änderungen in mehreren Beziehungen. Für Dokumentare, die nicht programmieren möchten, sind relationale Datenbanksysteme zum gegenwärtigen Stand der Entwicklung am praktikabelsten. Beispiele für relationale Datenbanken sind dBase (PC), ORACLE (sowohl auf PC als auch Mehrplatzsystemen), INGRES, INFORMIX. Der Hauptvorteil von relationalen Datenbanken liegt vor allem in ihrer hervorragenden Flexibilität, die es erlaubt, aus mehreren Tabellen (oder Datenbanken) immer wieder neue Kombinationstabellen zu erzeugen. Am Beispiel von dBase werden im folgenden ausgewählte Vorgänge gezeigt:

Vorgang: *Erstellung eines Datenerfassungsschemas*

Der Befehl CREATE *Dateiname* legt die drei Merkmale [Daten-]Feldnamen (= ausführliche Feldkennungen), Feldlänge und Feldtyp fest.

Vorgang: *Zeigen der Datenbankstruktur*

Mit USE BÜCHER und anschließendem LIST STRUCTURE wird die Datenbankstruktur der Tabelle 4.3 angezeigt:

```
Datenbankstruktur      : C:bücher.dbf
Anzahl der Datensätze  :      5
Letztes Änderungsdatum: 26.05.92
Feld   Feldname    Typ        Länge   Dez
    1  LFNR        Numerisch      4
    2  TITEL       Zeichen       60
    3  AUTOREN     Zeichen       20
    4  VERLAG      Zeichen       15
    5  DOKUM_TYP   Zeichen       15
**  Gesamt  **                 115
```

Vorgang: *Dateneingabe*

Mit APPEND erscheint eine leere Eingabemaske (= Eingabeformular), in die die Daten
eingetragen werden können. Die einzelnen Datenfelder werden intern durch besondere Codes
(= *Steuerzeichen*) getrennt.

Vorgang: *Korrektur*

Mit EDIT kann der aktuelle Datensatz editiert (aufgerufen und korrigiert) werden. Eine
andere Möglichkeit funktioniert mit BROWSE FIELDS ....(falls der Bildschirm für die
angeforderten Felder nicht ausreicht, wird nur ein Teil der Felder angezeigt; vorteilhaft ist
jedoch die Bearbeitung und Anzeige *mehrerer* Datensätze zu Anzeige- und Korrekturzwek-
ken).

Vorgang: *Suche von Feldinhalten*

Die *sequentielle* Suche erfolgt mit: LOCATE FOR PLZ=7000,, um zu dem nächsten Satz
mit dieser Eigenschaft zu kommen,, im Falle einer vorliegenden Indizierung für das Feld
PLZ kann *indexsequentiell* gesucht werden und es würde das Kommando FIND 7000 lauten.

Vorgang: *Anzeige von Feldinhalten*

LIST BNr,Ben_Name,PLZ,Ben_Stadt,Ben_Str FOR PLZ=7000
oder:
USE Dateiname
REPORT FORM Reportformatname (hier wird schon der Umbruch durchgeführt)

Vorgang: *Verknüpfen von Dateien (am Beispiel der Tabellen 4.2, 4.3, 4.4)*

Es werden mit dem SELECT-Kommando drei Dateien eröffnet und gleichzeitig verfügbar
gemacht, gefolgt von der Indexierung und Zuordnung von Relationen in korrespondierenden
Feldern.

```
.select c
.use bücher
.index on lfnr to bi
.select b
.use ausleihen
.index on bnr to ai
.set relation to buch_nr into c
.use benutzer
.index on ben_nr to ni
.set relation to ben_nr into b
```

Vorgang: *Zeigen des Verknüpfungsstatus*

```
.display status
```

```
Aktuell selektierte Datenbank
Arbeitsbereich: 1, Datenbank eröffnet: C:benutzer.dbf  Alias: BENUTZER
   Haupt Index-Datei: C:ni.ndx  Schlüssel: ben_nr  verknüpft mit: AUSLEIHE
   Verknüpfung   : ben_nr
Arbeitsbereich: 2, Datenbank eröffnet: C:ausleihe.dbf  Alias: AUSLEIHE
   Haupt Index-Datei: C:ai.ndx  Schlüssel: bnr  verknüpft mit: BÜCHER
   Verknüpfung   : buch_nr
Arbeitsbereich: 3, Datenbank eröffnet: C:bücher.dbf  Alias: BÜCHER
   Haupt Index-Datei: C:bi.ndx  Schlüssel: lfnr
```

Tabelle 4.2. Benutzer

Ben_Nr	Ben_Name	PLZ	Ben_Stadt	Ben_Str
3270	Mieder	7000	Stuttgart	Hafenstr.13
3271	Schultes	8000	München	Baierstr.65
3275	Krüger	6900	Heidelberg	Bismarckstr.77
4911	Maier	6800	Mannheim	U6,6
1200	Müller	7500	Karlsruhe	Bavariastr.13

Tabelle 4.3. Bücher

LfNr	Titel	Autoren	Verlag	Dokum_Typ
0700	Dokumentations- und Ordnungslehre	Gaus, W.	Springer	Lehrbuch
0870	Determinanten einer Fachdidaktik Bibliotheksinformatik	Branthin, E.	Greven	Dissertation
1111	Ventura Publisher Taschenreferenz	Thienen, P. von	Markt und Technik	Handbuch
2431	Online Searching. Principle und Practice	Hartley, R.J. et.al.	Bowker-Saur	Lehrbuch
3341	Schreiben und Publizieren	Ebel, H.F., Bliefert, C.	VCH	Lehrbuch

Tabelle 4.4. Ausleihen

AusleihNr	BNr	DTyp	Buch_Nr
1001	3270	Lehrbuch	0700
1002	3270	Handbuch	1111
1003	3275	Dissertation	0870
1004	4911	Lehrbuch	2431
1005	1200	Lehrbuch	3341

Vorgang: *Anzeige der relationalen Verknüpfung der Tabelle 4.5*

Aus den Tabellen 4.2, 4.3, 4.4 ergibt sich durch die o.g. Relationenverknüpfung unter Hinzunahme des einschränkenden Parameters "plz> =7000" nach der Eingabe des Kommandos LIST Ben_Name,C->Titel,C->Verlag OFF FOR PLZ> =7000:

Tabelle 4.5. Relationale Verknüpfung der Tabellen 4.2, 4.3, 4.4

Ben_Name	Titel	Verlag
Mieder	Dokumentations- und Ordnungslehre	Springer
Müller	Schreiben und Publizieren	VCH

Information-Retrieval-Systeme. In *Information-Retrieval-Systemen* erfolgt der Zugriff auf die Daten nur über getrennt gespeicherte invertierte Listen (*Inverted Files*), in denen zu den jeweiligen Suchbegriffen die Adressen der zugehörigen Datensätze gespeichert sind. Unter Invertieren versteht man also das Erstellen einer *Indexdatei*, in die jedes als suchbar definierte Wort aus der Dokumentationseinheit übernommen wird. Jeder Indexeintrag wird dabei mit den Adressen versehen, die den Benutzer zu den zugehörigen Dokumentationseinheiten führen. Die Invertierungen führen außerdem dazu, daß jeder Eintrag Informationen darüber erhält, in welcher Kategorie, in welchem Satz und an welcher Position des Wortes im Satz der Suchbegriff steht. Beim Update der Informationsbank werden zuerst die neuen Titel invertiert und danach das so erstellte Inverted File in das Gesamt-Inverted-File alphabetisch eingefügt (vgl. Abb.4.6). Diese Speicherstruktur ermöglicht prompte Antworten bei Recherchen.

Man braucht beim Information-Retrieval-System drei Arten von Dateien: ein *Document File* oder *Master File*, das alle Kategorien der Dokumente in der Form enthält, wie sie später ausgegeben werden können, ein oder mehrere *Descriptor Files*, mit Hinweisen auf die suchbaren Begriffe, sie enthalten die Schlüssel für die ihnen zugeordneten *Inverted Files*, die die Dokumentnummern beinhalten, in denen die Suchbegriffe vorkommen. In den *Data Sheets* (den kurzgefaßten Informationensblättern der Hosts, oft als *Blue Sheets* bezeichnet) werden für die Dokumentationseinheiten unterschiedliche Arten von Abschnitten (oft auch Kategorien genannt) definiert: die den Inverted Files entsprechenden *Suchkategorien* und den im Master File enthaltenen *Anzeigekategorien*. Beide Arten von Kategorien können wiederum aus Unterabschnitten getrennt durchsuchbarer/anzeigbarer Eigenschaften bestehen. So gibt es z.B. das Inverted File des aus mehreren inhaltsbezogenen Kategorien zusammengesetzten *Basic Index*, das eingeschränkt nach Titel, Serientitel, Abstract oder Schlag-

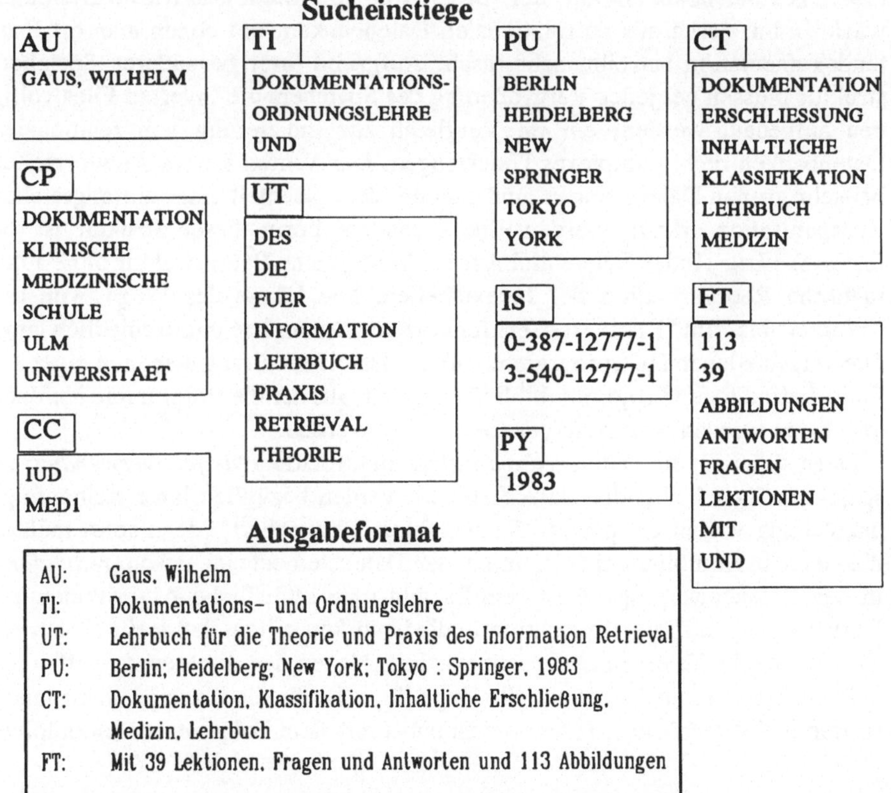

Abb. 4.6. Eingabeformat, Sucheinstiege und Ausgabeformat eines Retrieval-Systems

wörter durchsuchbar ist. Unter einem *Basic Index* versteht man einen kombinierten Inverted File, der sich aus mehreren einschlägigen Kategorien (üblicherweise wie oben angegeben) zusammensetzt.

4.3.3 Speicherorganisation, Indizierung, Index-Dateien, Zugriffsmechanismen

Die Adressierung der nur einmal gespeicherten Datenelemente von Datensätzen auf Diskette oder Magnetplatte erfolgt mittels Zeiger (=*Pointer*), um sie mit dem jeweils nächstfolgenden (entweder im Alphabet oder numerisch aufsteigend) Datenelement einer Datengruppierung zu verknüpfen. Mit den nächstfolgenden Elementen existiert wieder eine solche Verknüpfung usw. Man kann also über Pointer die verschiedenen zusammengehörigen Datenelemente *verketten*. Den Einstieg in eine solche Verkettung von Datenelementen findet man über eine *Indextabelle* oder Inverted File (s. Abb. 4.7). Informationsbanken bzw. Textdatenbanken auf der Basis von Information-Retrieval-Systemen wachsen im Verhältnis zu relationalen Datenbanken, mit denen man oft Faktendokumentation betreibt, sehr rasch. Aufgrund ihrer besonderen Speicherstruktur müssen bei jeder Vergrößerung des Speichers die Inverted Files völlig neu aufgebaut werden, ein im Vergleich zur Indizierung von relationalen Datenbanken recht komplexes Unterfangen. Der Vorteil kurzer Antwortzeiten bei sehr großen Datenmengen muß also mit dem Nachteil einer umfangreichen Reorganisation erkauft werden.Eine besondere Form dieser Struktur ist die *ISAM-Struktur* (Index Sequential Access Mode), eine Baumstruktur ohne automatische Reorganisation der Indextabellen. Die Länge des Weges von der "Wurzel" bis zum "Blatt" ist dabei für einzelne Datensätze unterschiedlich lang. Die verschiedenen Hilfsprogramme für die Dateiverwaltung stehen in einer auf Platte befindlichen Programmbibliothek bereit, aus der die Programme nur dann abgerufen werden, wenn sie gerade benötigt werden.

Es ist sinnvoll, die Daten *redundanzfrei* und trotzdem *vielfachverwendbar* zu speichern. Das heißt, die Datenelemente werden bezüglich ihrer Reihenfolge unabhängig von ihrer späteren Verwendung gespeichert, denn sonst müßten die vielen in Kombination vorkommenden Datenelemente mehrfach (*redundant*) in der Datenbank gespeichert sein.Es gibt unterschiedliche Algorithmen zur Verbesserung der Zugriffsstrukturen, die bewirken sollen, daß mehr als nur ein Einstiegspunkt für einen Datensatz existiert. Neben den direkten Zugriffsmöglichkeiten gibt es auch sequentielle Zugriffe, z.B. für die Anzeige elektronisch sortierter Wörterbücher. Jeder Satz ist dabei mit dem Folgesatz zu verknüpfen.

Index File für Kategorie DT		
Eintragung	Satz-Nr	Anzahl Treffer
......	.....	...
Dissertation	3	2
Handbuch	90	3
Lehrbuch	125	3

Index File für Kategorie AU		
Eintragung	Satz-Nr	Anzahl Treffer
Bliefert, C	13	5
Branthin, E	123	2
Ebel, HF	230	4
Gaus, W	368	5
Hartley, RJ	507	3
Krieger, A	670	1
Zander, K	780	12

Anmerkung:

Analog zu den Sucheinstiegslisten in Abb. 4.7 sind intern die Indexdateien in einem Retrievalsystem so angeordnet, daß zu den Einstiegswörtern (= Eintragungen/*Entry Terms*) jeweils die Satz-Nr. und die Anzahl der Treffer gespeichert sind. So führt die Suchfrage

S DT=Lehrbuch and AU=Gaus, W zu den Dokumentmengen

{0700, 2431, 3341} und
{0411, 0649, **0700**, 0734, 0778},

die schließlich im Dokument-File zum Treffer mit der Dokument-Nr. 0700 führen:

Zuordnungs-Files	
Satz-Nr.	Dok.-Nr.
DT	
...	...
003	0870
004	0964
...	...
090	0004
091	0097
092	1111
...	...
125	**0700**
126	2431
127	3341

AU	
368	0411
369	0649
370	**0700**
371	0734
372	0778

Dokument-File aller Dokumente der Informationsbank im Anzeigeformat
ID 0699....
ID 0700
AU Gaus, W.
TI Dokumentations- und Ordnungslehre
PU Berlin : Springer, 1983
IS 3-540-12777-1
ID 0701..........

Abb. 4.7. Speicherstruktur im Information-Retrieval-System

4.4 Anforderungen an Datenbanksysteme

4.4.1 Allgemeines

Die Verwendung eines Standard-Betriebssystems empfiehlt sich vor allem dann, wenn eine zentrale EDV-Abteilung verfügbar und verantwortlich ist. Dies hat organisatorische Vorteile für die Dokumentare, weil sie sich so ihren eigentlichen Aufgaben widmen können. Für den Fall, daß eine kleinere Dokumentationsstelle die Auswahl selbst treffen muß, zeigt Tabelle 4.6 eine Zusammenstellung von wichtigen Grundkriterien für ein Datenbanksystem.

Tabelle 4.6. Beurteilungskriterien für Datenbanksysteme

Aspekte	*Kriterien*
Hardware und System	Minimal und maximal ansprechbare Kapazität des Arbeitsspeichers und der peripheren Speicher, Netzwerkfähigkeit.; DFÜ- Kommunikationsfähigkeit; Standardbetriebssystem UNIX oder DOS. Einsatzfähig unter der sich inzwischen zur Standardbenutzeroberfläche entwickelnden Software *Windows*. Programmierumgebung. Bequeme und verläßliche Datensicherung. Bei vernetzten Datenbanken sinnvolles Konzept für Zugriffsoptimierung und Datenhaltung. Wiederanlauf eines Informationssystems soll nicht nur mit *Kaltstart* (vollkommenes Ausschalten des Rechners), sondern auch mittels *Warmstart* (nochmaliges Starten des momentan versagenden Programm-Moduls) erfolgen können. Es soll möglich sein, daß *Check-Points* (Prüfpunkte) mit Zwischenergebnissen angelegt werden, auf die der Rechner bei eventuellem Systemabsturz zugreifen kann, damit nicht die ganze Arbeit umsonst war. Verschiedene Zugriffsebenen getrennt nach Paßwortvergabe. Wünschenswert ist auch eine Unabhängigkeit vom jeweiligen Betriebssystem im Sinne einer möglichen *Portabilität* (Übertragbarkeit) der Datensätze und Programme auf ein anderes Betriebssystem.
Kapazität der Datenbanken	Anzahl zu verwaltender Datenbanken, Anzahl der Datensätze je Datenbank, Größe der Datenbanken in MByte, Zeilen je Datensatz, Zeichen je Zeile.
Dateiorganisation	Komprimierte Speicherung, Anzahl der Indexzugriffsmöglichkeiten, Anzahl der Ebenen für Paßwortschutz (Definition, Lesen, Schreiben), Überführungsmöglichkeiten in unterschiedliche Datenformate und Erstellung verschiedener *Views* (Ausschnitte von jeweils benötigten Feldkombinationen) für die Erfassung und Ausgabe.

Tabelle 4.6. Beurteilungskriterien für Datenbanksysteme (Forts.)

Aspekte	*Kriterien*
Allgemeine Benutzeraspekte	Freie Wählbarkeit eines Kategorienschemas für beliebig vorgegebene Dokumententypen mit freier Parametrisierbarkeit der Feldattribute; Bereitstellung von *Hilfe*-Bildschirmen und verständliche Fehlerdiagnose.
Dateneingabe	Hoher Vorrat und bequeme Eingabe von Sonderzeichen; Übernahmemöglichkeiten für Fremddateien; Plausibilitätskontrollen bei der Eingabe.
Recherche-Möglichkeiten	*Boolesche Operatoren and, or, not* zur Verknüpfung von Suchbedingungen, *Abstandsoperatoren* zur Eingrenzung des Suchergebnisses
Ausgabemöglichkeiten	Datenträger (Datei), Drucker, Bildschirm,,; Sortierung in mehreren Stufen unter sinnvoller Berücksichtigung von Sonderzeichen; Vorgabe von Standardausgabemöglichkeiten und zusätzlich beliebige Möglichkeiten zum Anlegen von Formatierungspaketen: freie Gestaltungsmöglichkeit in Ausgabe von Bibliographien, Datensammlungen, Registern. und Tabellen.
Sonstige Funktionen	Funktionstasten mit Recherchemöglichkeiten belegbar, Überprüfung des Anfragetextes durch *Parser* (syntaktische Analyse)
Administration	Geringer Aufwand zur Installation. Qualität und Ausführlichkeit der Informationen über das Software-System (konkretes Datenblatt), der Benutzeroberfläche und Handbücher in Deutsch und Hilfefunktionen. Newsletter. Deutsche Benutzertreffen. Hot-Line-Service.

4.4.2 Vergleich einschlägiger Datenbanksysteme

Gängige PC-Information-Retrieval-Systeme sind LARS (Fa. WEKA) und LIDOS (Fa. Land). Am Beispiel des relationalen Datenbanksystems dBase, eines PC-orientierten Retrieval-Systems (LARS) und eines Systems der mittleren Datentechnik (STAR, Fa. Glomas) sollen deren jeweilige Funktionen, sowie Vor- und Nachteile dieser konkreten Systeme in Tabelle 4.7 vorgestellt werden (vgl. Reinke 1992 und Müller 1992). Voraussetzung zum Verständnis dieses Vergleichs sind allerdings die in Kap. 8.2 und 8.4 präsentierten Kenntnisse.

Tabelle 4.7. Vergleich von dBase, LARS und STAR

Funktionen	dBase IV	LARS 5.0	STAR 3.0
Feld-definitionen	Keine Möglichkeit der Einrichtung von mehrfach belegbaren Feldern, die für Autoren- oder Deskriptorenregister nützlich wären; feste Feldlängen	Existenz von Mehrfachfeldern; variable Feldlängen; große Auswahl von Feldtypen; bei Änderung der Datenbankstruktur möglicherweise Export und Reimport der Daten erforderlich	Existenz von Mehrfachfeldern; variable Feldlängen; große Auswahl von Feldtypen; Möglichkeit der Verwendung unterschiedlicher Feldkennungen zur Eingabe, Ausgabe und Recherche
Eingabe-kontrollen	Gute Möglichkeiten durch Festlegung von Bedingungen in Erfassungsmasken	Geringe Anzahl festgelegter Möglichkeiten	Umfangreiche Möglichkeiten der Plausibilitätskontrollen mittels Parametereinstellungen
Freitext-Suche von Elementen im Feldinnern	Langsame Performanz bei großer Anzahl von Datensätzen, da keine wortweise Invertierung möglich ist	Auch bei komplexen Anfragen schnelle Suche, jedoch Fehlen von Abstands- und Bereichsoperatoren zur Abfrage; Besonderheit ist die hypertextähnliche Navigationssuche zur Feststellung des Zusammenhangs, in dem der Suchbegriff vorkommt	Komplexe und komfortable Suchmöglichkeiten analog zu den Retrievalsprachen der Hosts; Bereitstellung von Basic Index und Speicherungsmöglichkeiten·für Suchprofile; ebenfalls existiert die Möglichkeit der gewichteten Suche, die eine Differenzierung nach der Relevanz der gefundenen Dokumente ermöglicht
Ausgabe	Ausgabeformate können über Programmgenerator erstellt werden	Ausgabeformatierungen können parametrisiert werden und haben die Mächtigkeit von einfachen Textsystemen	
Organisation	DOS-netzwerkfähig; benutzerspezifische Anpassungen leicht programmierbar; Paßwörter nur nach umständlicher Programmierung	DOS-netzwerkfähig; Steuerung des Funktionsumfangs durch Paßwortzuteilung; Beschränktheit des Betriebssystems DOS ist hinderlich für eine gute Performanz bei großen Mengen	DOS-einplatzfähig; UNIX-mehrplatzfähig; Vernetzungsmöglichkeiten der Mehrplatzrechner; Parametrisierungen der Paßwortvergabe garantieren benutzerspezifische Zugriffskontrolle
Handbuch, Literatur	Viele Bücher verfügbar; Handbuch zufriedenstellend	Keine weiterführende Literatur erhältlich; Handbuch verbesserungsbedürftig	Keine weiterführende Literatur bekannt; gutes, ausführliches Handbuch, jedoch nur in englisch

Tabelle 4.7. Vergleich von dBase, LARS und STAR (Forts.)

Hilfestellungen	Statusanzeige in einer gesonderten Zeile; Ausführungsmeldungen; Fehlermeldungen	Keine Statuszeile, jedoch Anzeige von Funktionstastenbelegungen	Kontextsensitives Hilfe-Menü, das durch Parametrisierungen und durch eigene Hilfetexte an individuelle Bedürfnisse angepaßt werden kann
Datenimport aus Downloading-Dateien	Es liegt in der Natur der Sache, daß kein System ein Patentrezept dafür hat. Mit dBase gibt es wegen der Beschränktheit der Möglichkeiten weniger Probleme, doch alle Systeme bieten ausreichend Korrekturmöglichkeiten fehlerhaft importierter Daten an. Wünschenswert wäre vor allem ein interaktiver Editor, der während des Importierungsvorgangs bei Zweifelsfällen aufgerufen werden könnte. Auch die Dublettenkontrolle sollte interaktiv durch Benutzereingabe modifiziert werden können.		
Ausblick auf neuere Versionen	LARS II wird unter Windows angeboten und gewinnt dadurch erheblich an Benutzerfreundlichkeit. Sowohl LARS II als auch STAR 3.2 ermöglichen die Einbindung von Graphik und können von DOS und UNIX gestartet werden. STAR ist sogar von mehr als 200 Hardwareplattformen zu betreiben. STAR bietet noch weiter verbesserte Such- und Ausgabemöglichkeiten, u.a. verfeinerte Thesaurussuche und datenbankübergreifende Reports.		

4.5   Datenerhebung, -strukturierung und -erfassung

4.5.1   Daten

Die für die Datenbankverwaltung wichtigste Unterscheidung ist diejenige in *Daten variabler* und *fester Feldlänge*, sowie die Einteilung in alphanumerische und numerische Daten. Normalerweise wird man alphanumerische als variabel lang deklarieren und numerische Daten mit fester Länge. Bibliographische Informationsbanken werden überwiegend aus variablen Textfeldern bestehen, während Faktendatenbanken und insbesondere statistische Datenbanken auf numerischen Datenfeldern basieren. Die Daten können vor der Eingabe in den Rechner bereits maschinenlesbar erfaßt sein oder noch nicht maschinenlesbar für die Eingabe in einen Rechner bestimmt sein. Diese haben dann ein anderes Format als bei der rechnerinternen Verarbeitung oder bei der benutzergerechten Ausgabeaufbereitung. Für Daten festgelegter Feldlänge wird auch der Begriff *formatierte Daten* verwendet (die Zeichen können alphanumerisch oder numerisch sein). Als Beispiel für numerisch kann das Erscheinungsjahr (vierstellig oder zweistellig) und für alphanumerisch die Verschlüsselung eines Dokumententyps (z.B. einstellig: R = Report) genannt werden.

Aus organisatorischer Blickrichtung gesehen sind weitere Unterscheidungen erforderlich: Man unterscheidet in *Stammdaten, Bewegungsdaten, Fortschreibungsdaten* und *konstante Daten. Stammdaten* sind Daten, die über einen längeren Zeitraum hinweg gleich bleiben, es handelt sich dabei in der Regel um individuelle Kennzeichnungsdaten (z.B. Namen). *Bewegungsdaten* sind abwicklungsorientierte Daten, die sich täglich oder in kurzen Abständen ändern können (z.B. Buchungen, Ausleihen). *Fortschreibungsdaten* sind zustandsorientierte Daten, die den Bestand zu einem gewissen Zeitpunkt charakterisieren (z.B. Lagerbestand, Lesesaalbestand zum Ende des Monats, Kontostand bei der Bank). Eine zusätzliche Bedeutung besteht darin, daß sie oft im Sinne eines Aktualisierungsdienstes gebraucht werden. *Konstante Daten* sind feste Daten, die für eine ganze Gruppe von Artikeln oder Benutzer gültig sind (z.B. Privilegiertenstatus bei der Ausleihe, MWSt.-Satz im kaufmännischen Bereich).

4.5.2 Strukturierung der Datenbasis

Ganz allgemein kann ausgesagt werden, daß bibliographische Datenbasen meist in Dokumentationsstellen und Bibliotheken erstellt werden, während Daten- und Fakten-Informationssysteme meist von Wissenschaftlern der einzelnen Fachdisziplinen (nämlich Ingenieuren, Medizinern etc.) aufgebaut wurden.Den groben Ablauf der Schritte zur Strukturierung einer Datenbasis zeigt Abb. 4.8.

Auswahl aus dem Kategorienkatalog der DIN 31 631 (s.auch Kap. 3.3.1).
Diese Einteilung ist insbesondere dann eine wichtige Grundlage, wenn eine neue Datenbasis erstellt werden soll, weil man dann kompatibel zu bereits existierenden Informationsbanken bzw. Datenbasen entwickeln kann.

Spezielle Auswahl von Kategorien für das jeweilige Problem. Gemeint sind damit "*Schubladen*", die Beschreibungsmerkmalen oder Merkmalsarten entsprechen, unter deren Aspekt Informationseinheiten betrachtet werden können. In der Datenverarbeitung werden sie als *Felder* bezeichnet, Datenbankspezialisten sprechen von *Attributen*. Für ein Literaturinformationssystem wird man eine Einteilung in folgende Segmente für sinnvoll erachten:
Fundstelle:
– für Zeitschriftenartikel
– für Monographien
– sonstige

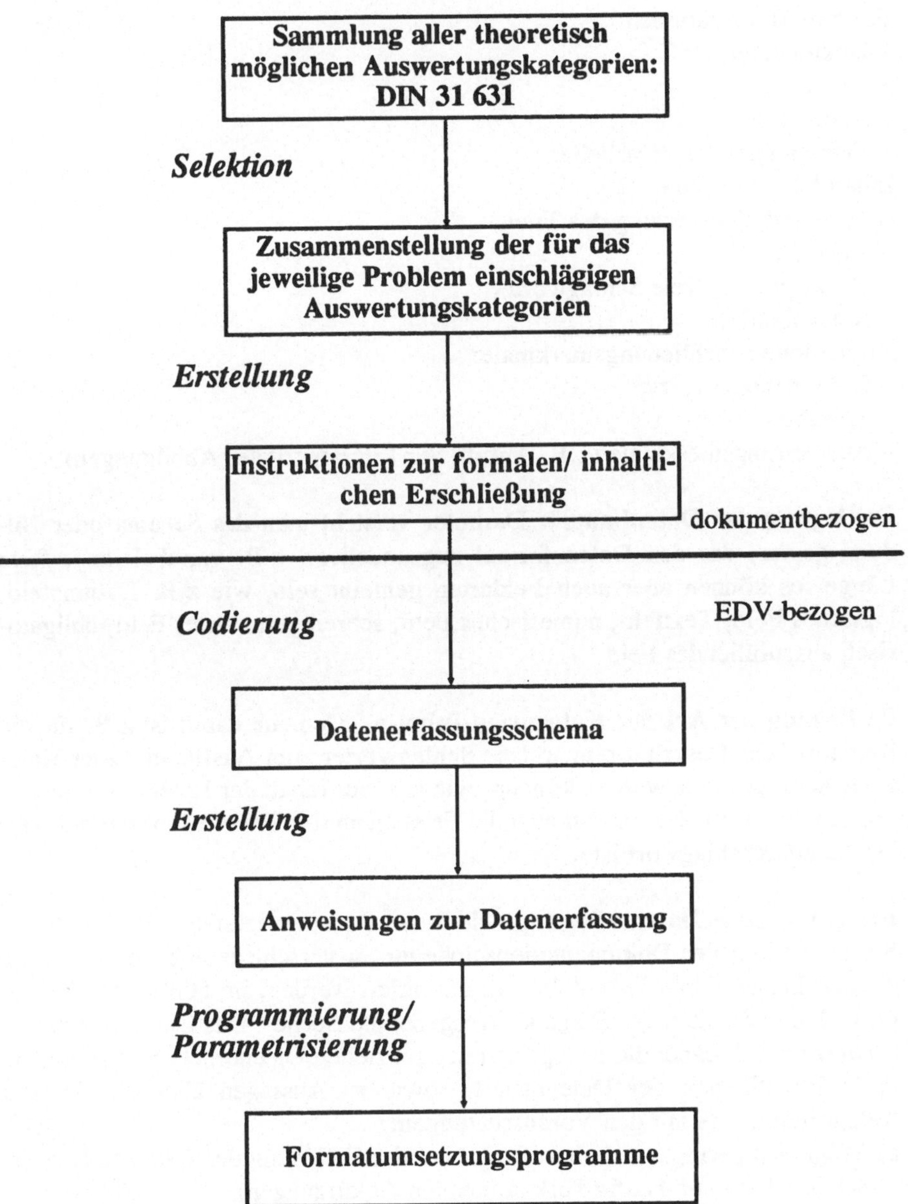

Abb.4.8. Schritte zur dokumentarischen Strukturierung einer Datenbank

Formale Informationen:
– Dokumenten-Nr.[4]
– Autor
– Affiliation
– Erfassungsstelle, Bearbeiter
Inhaltliche Angaben:
– Titel und Übersetzung des Titels
– Abstract
– Deskriptoren, freie Schlagwörter
– Klassifikation
Zusätzliche Erschließungsmerkmale:
– Dokumentenart, -typ
– Sprache
– Auswertungsmerkmale (z.B. Anzahl der Literaturzitate, Abbildungen).

Festlegung der Datenbauart. Darunter versteht man das Schema oder Bildungsgesetz, das den Daten formal zugrundeliegt, z.B. variabel lang, feste Länge, es können aber auch Feldarten gemeint sein, wie z.B. Datumsfeld, logisches Feld, Textfeld, numerisches Feld, schreibgeschütztes Feld, obligatorisch auszufüllendes Feld.

Festlegung der Art der Kategorien-Inhalte.[5] Gemeint damit ist z.B. für die Kategorie der Deskriptoren, *welche* Schlagwörter zum Ausfüllen dieser Kategorie herangezogen werden können, wie also der Inhalt der Kategorie beschaffen sein kann, in diesem Fall also die Festlegung des Thesarusvokabulars oder der Standardschlagwortliste.

Erstellung eines Datenerfassungsschemas.[6] Darunter versteht man Regeln zur Strukturierung der Dokumentationseinheiten in verschiedene Kategorien, die datentechnisch durch Datenfelder repräsentiert werden, im Hinblick auf komplexe Möglichkeiten der Eingabe, Ausgabe und Suche[7]. Das Datenerfassungsschema umfaßt dabei die Kategorien des speziellen Datenerhebungskatalogs in ihrer Spezifikation der Datenbauart, sowie zu Aussagen über die Art der Kategorieninhalte mit den Voraussetzungen:
a) Möglichst geringer Arbeitsaufwand bei der Erfassung der Daten (z.B. Verschlüsselung von häufig vorkommenden Abkürzungen).

---

4   Bei multinationalen Systemen gibt es das Problem unterschiedlicher Nummernkreise: Es muß in endgültige und Übergangs-Nummern differenziert werden
5   Andere Fachtermini sind: *Merkmalsausprägung, Feldinhalt, Attributwert*
6   Andere Fachtermini sind: *Kategorienschema, Datenbasisschema, Datenkatalog*
7   Dient dem Benutzer zur Konkretisierung seiner benutzerspezifischen Konzepte mittels der *Data Definition Language (DDL)*

b) Kennzeichnung der kleinsten adressierbaren Elemente durch Steuerzeichen.
c) Kennzeichnung der Datenfelder durch *Kennungen* und *Feldendezeichen.*
c) Charakterisierung jeder Dokumentationseinheit zu Beginn durch ein Identi-
   fikationszeichen (z.B. Blocknummer) und am Ende ein *Satzendezeichen*
   (z.B. Blockungszeichen).

Erstellung eines/r Datenerfassungsformulars/maske. Dies soll auf der
Grundlage des Datenerfassungsschemas und unter Zugrundelegung eines auf
den jeweiligen Medientyp zugeschnittenen speziellen Datenerhebungskatalogs
geschehen. Exemplarisch sei hier der Datenerhebungsbogen der Abb. 4.9 vorgestellt. Dieser Auswertungsbogen enthält formatierte (durch Kästchen dargestellt) und variable Datenfelder, die natürlich auf dem Formblatt zu klein sein
werden. Auf der Erfassungsmaske kann das jedoch so organisiert werden, daß
bei Bedarf immer wieder neue Zeilen hinzukommen.

**Auswahl eines passenden Regelwerks zur Formal- und Inhaltserschließung
für den genannten Medientyp.**
– Regeln zur Ansetzung (Titelaufnahme)
– Regeln zur Auswertung
– Indexierungsrichtlinien
– Thesaurus bzw. Klassifikation (bei statistischen Datenbanken Codepläne).

**Zusammenstellung von Instruktionen zur maschinenlesbaren formalen
Erfassung** (sie heißen gelegentlich *Anweisungen zur Datenerfassung* oder auch
Ausfüllanweisungen bzw. *Erfassungsanleitungen*). Es handelt sich um Anweisungen, die Datentypisten bei der Erfassung auf maschinenlesbare Datenträger
zu befolgen haben und die von der jeweiligen DV-Konfiguration abhängig sind.
Diese sollen unter Berücksichtigung des Zeichenvorrats für einfache Erfas-
sungskräfte plausibel gemacht werden. Oft sind diese Anweisungen zusammen
mit dem o.g. Regelwerk zur Ansetzung und den Anweisungen zur Datenerfassung zu einem Gesamtregelwerk verschmolzen. Folgendes Beispiel soll nochmals zur Klärung dieses Sachverhalts beitragen. Hierbei wurde die Datenerfassung mit *Protypen* (s. Tabelle 4.8) durchgeführt: *Grève* wird als *Gr§e23ve*
erfaßt.

**Bereitstellung von möglichen und sinnvollen Fehlerprüfprogrammen zur
Strukturprüfung und Datenvalidierung**
– zur maschinellen Strukturprüfung
– zur Umsetzung in das Internformat
– zur Umsetzung in das Austauschformat
– zum Aufbau der Datenbasis.

<table>
<tr><td colspan="4" align="center">Datenerhebungsbogen</td></tr>
<tr><td>0</td><td>010
Dokument-Nr .</td><td>011
Report-Nr.</td><td>012
Sign.:</td></tr>
<tr><td>1</td><td>020
Klassifikation:</td><td>021
Dokumenttyp:</td><td>022
Datum:</td></tr>
<tr><td>2</td><td>100
Autor(en):</td><td>101
Herausgeber:</td><td>102
Beteiligte Personen:</td></tr>
<tr><td>3</td><td>110
Körperschaft (Hrsg.)</td><td colspan="2">111
Körperschaft (Affiliation der Autoren):</td></tr>
<tr><td>4</td><td>200
Hauptsachtitel</td><td>201
Untertitel</td><td>202
Paralleltitel</td></tr>
<tr><td>5</td><td colspan="2">210
Gesamttitel:</td><td>220
Teil:</td></tr>
<tr><td>6</td><td colspan="2">230
Serien/Reihentitel:</td><td>240
Band/Heft:
250
ISSN</td></tr>
<tr><td>7</td><td>300
Erscheinungsort:
330
Erscheinungsjahr</td><td>310
Verlag:</td><td>320
Auflage:
340
ISBN:</td></tr>
<tr><td>8</td><td colspan="2">400
Deskriptoren:</td><td>500
Abstract (Anlage)</td></tr>
</table>

Abb. 4.9. Datenerhebungsbogen

Tabelle 4.8. Protypen (Auswahl)

Position des diakritischen Zeichens	Zeichen	Suffix	a	b	c	d	e	g	h	i	l	n	o	r	s	t	u	y
Oben	´	22	*		*		*			*		*	*				*	*
	`	23	*				*			*			*				*	
	^	24	*				*			*			*				*	
	¨	25	*										*				*	
	~	26	*				*			*		*	*				*	
	ˇ	27			*		*							*	*			
	°	29	*														*	
	—	33	*				*			*			*				*	
Mitte	/	42									*		*					
	—	43				*												
	e	45	*						*									
Unten	·	48	*			*									*	*		
	c	52					*						*		*	*		
	o	53					*											
	—	54				*										*		

Bestimmung der jeweiligen Rechercheoperationen. Hierbei ist die z.B. die Suche nach einzelnen Wörtern in Feldern, Abstandsoperatoren, Trunkierung, Basic Index, hierarchische Suche unter Berücksichtigung beabsichtigter Suchstrategien vorzusehen (s. Tabellen 4.6, 4.7 und Kap. 8.2, 8.5).

Bereitstellung von zusätzlichen Hilfsmitteln zur Erhebung und Erschließung. Diese sind fallspezifisch auszuwählen bzw. zu erstellen. Für den Fall, daß die dokumentarische Bezugseinheit ein Zeitschriftenartikel wäre, ist zusätzlich nötig: *Maschinenlesbare Zeitschriftenliste* mit Bandangabe und dazugehörigem Erscheinungsjahr zu Kontrollzwecken. Die Aufstellung kann intern eingeteilt werden in eine erste Gruppe von *Kernzeitschriften*, für die eine *Cover-to-Cover-Auswertung* erfolgen soll, weil sie den *Scope* der Datenbasis reflektieren, also die Aufnahme aller im Inhaltsverzeichnis ersichtlichen Artikel. Eine zweite Kategorie wären allgemeine (z.B. Maschinenbau) Fachzeitschriften hohen Niveaus, die das zu dokumentierende Fachgebiet (z.B. Kraftfahrzeugtechnik) allgemein abdecken. Hier erfolgt eine gezielte Auswahl. Es gibt auch eine dritte Gruppe von Randzeitschriften bezüglich des jeweiligen Fachgebietes, aus denen bei Erscheinen interessanter Artikel ausgewählt wird, ihre systematische Auswertung wäre jedoch zu kostenintensiv.

4.5.3 Auswertung (Erfassung und Erschließung)

Die Inhalte der Dokumentarischen Bezugseinheiten (DBE) werden im Falle der Dokumentationswürdigkeit ausgewertet und bilden die Grundlage für die Auswahl von Auswertungselementen, die in ein Datenbanksystem eingebracht werden (s. Abb. 4.10 zum DV-Aspekt und Abb. 4.11 zum dokumentarischen Aspekt des Auswertungsablaufs). Sie sind damit die Voraussetzung, daß sich der Benutzer über den betreffenden Sachverhalt informieren kann. Kernstück der Auswertung ist ein *Erschließungsbogen* (auch *Auswertungsbogen, Erfassungsbogen* oder *Input-Sheet* bzw. *Worksheet* genannt), der zur Fixierung noch zu erhebender und zu strukturierender oder bereits vorhandener (dann nur noch Datenerfassung) Information auf dem Informationsträger Papier dient. Dies dient als Vorbereitung zum Zwecke der Einspeicherung in Informationsbanken. Früher war es üblich, die Zugehörigkeit von Informationen auf einem Vordruck im Sinne eines Auswertungsbogens zu charakterisieren; diese Vordrucke wurden in manchen Stellen nach einzelnen Dokumententypen differenziert. Heute ist eine Strukturierung der Kategorien auf einer Bildschirmmaske üblich, die auch je nach Dokumententyp unterschiedlich ausfällt. Der Auswertungsbogen besteht aus einzelnen Erfassungselementen (auch: Aufnahmeelement oder Informationselement) und einem oder mehreren zugehörigen Eintragungen (Kategorieninhalte), die bei der Auswertung der DBE gewonnen wurden, sowie einem Feldendezeichen.

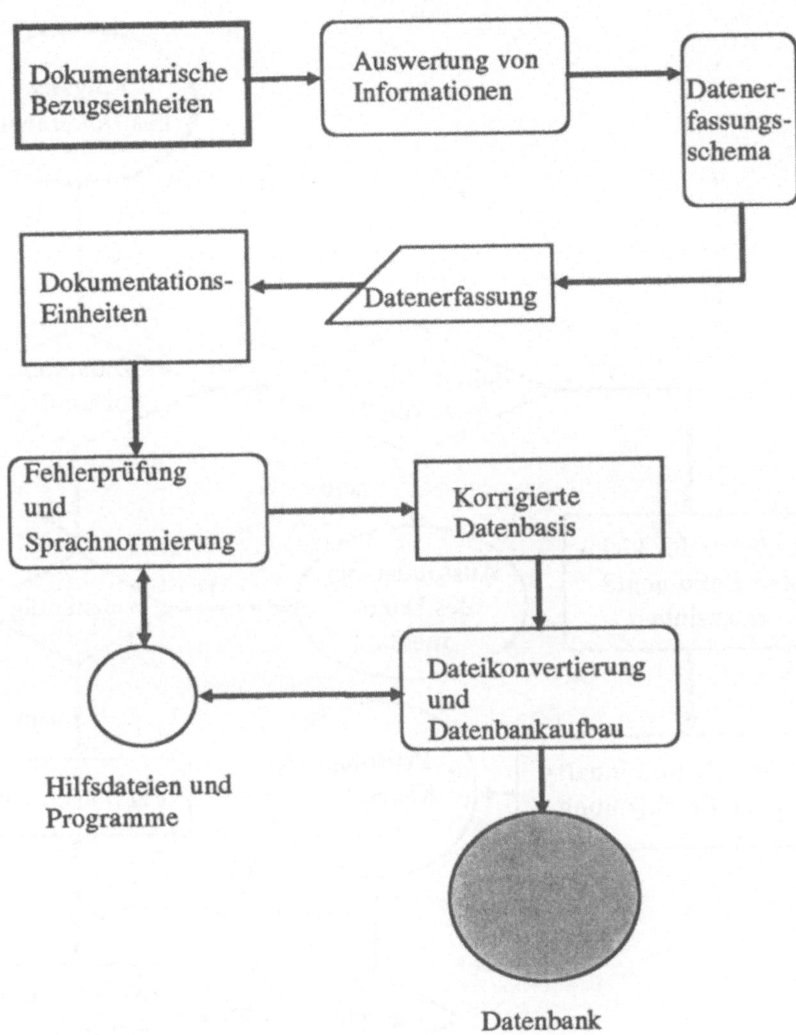

Abb. 4.10. Phasen des Datenbankaufbaus

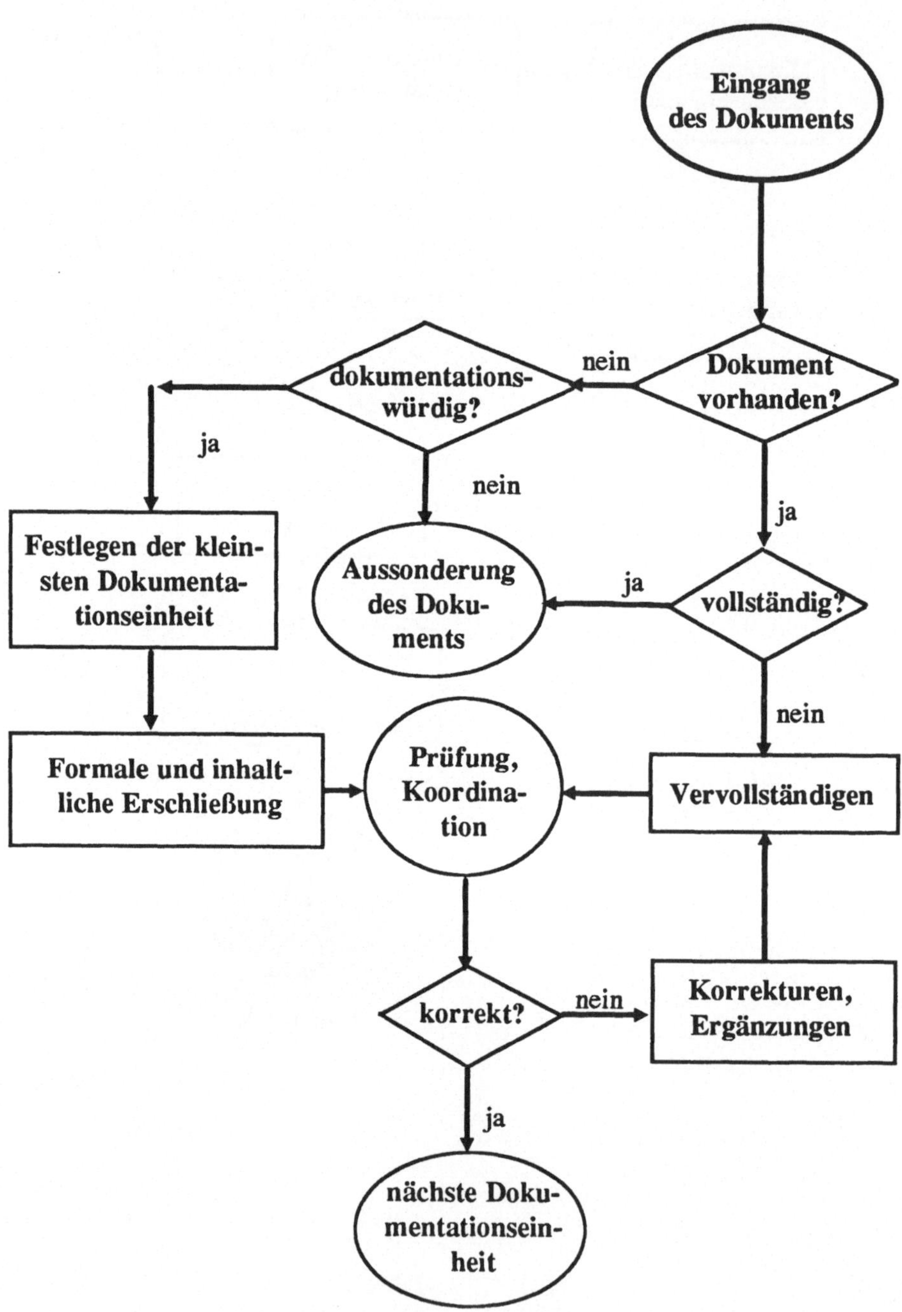

Abb. 4.11. Organisation der Auswertung: Einschleusen in den Dokumentationsprozeß

Die Erfassungselemente werden durch Kennungen des Datenerfassungsschemas charakterisiert, die jede Datenkategorie eindeutig kennzeichnet. Die Anordnung darauf ist an sich gleichgültig, am sinnvollsten ist eine Einteilung, die mit dem Arbeitsablauf harmonisiert wird. Dennoch liegt der Anordnung für biblio-graphische Daten in der Regel die *ISBD (International Standard Bibliographic Description)* zugrunde, die für verschiedene Dokumententypen festgelegt wurde (z.B. für Monographien, Serien, Noten, AV-Materialien, Zeitschriftenaufsätze). Je größer die Übereinstimmung der Kategorien in verschiedenen Stellen, desto leichter ist der Austausch von Daten zwischen ihnen realisierbar. Früher hat man zusätzlich einen Erfassungsbogen vor der Dateneingabe ausgefüllt, um eine Kontrolle zur formatgerechten und korrekten Erfassung zu bekommen, heute ist das aufgrund der vorliegenden Fehlerprüfprogramme entbehrlich. Gelegentlich werden die dazugehörigen Ausfüllanweisungen mit auf dem Erfassungsbogen angegeben.

Häufig spricht man in Dokumentationsstellen beim Auswerten und Aufbereiten eines Dokuments für den Dokumentationsprozeß von den zwei Vorgängen *formale Erfassung* und *inhaltliche Erschließung*. Eine modernere Betrachtungsweise differenziert in *formale Erfassung* (Codierung, Datentransformation), *formale Erschließung* und *inhaltliche Erschließung* (analytisch beschreibend), die als Ergebnis Erfassungselemente liefern (die ihrerseits zu Dokumentationseinheiten zusammengefaßt sind).

Organisation der formalen Erfassung. Eine optimale Organisation der Formal- und Datenerfassung basiert auf folgenden Voraussetzungen (vgl. Henzler 1981):
1. günstige Arbeitseinteilung (die Prozedur ist abhängig von den Erfassungsmengen),
2. optimale Kommunikationsmöglichkeiten zwischen den einzelnen Erfassungsstationen,
3. einfache Handhabung der Erfassungsrichtlinien,
4. minimaler Kontroll- und Korrekturaufwand,
5. optimale Korrekturmöglichkeiten.

Zur Feststellung, ob ein neu angekommenes Dokument bereits im Dokumentationssystem vorhanden ist, wird eine Duplizitätskontrolle durchgeführt. Dazu dient eine aus verschlüsselten Teilen der Informationselemente einer DE gebildete Duplizitätskontrollnummer. Ist die überprüfte DE schon im Speicher, so wird eine Vollständigkeitskontrolle durchgeführt, d.h. die bereits vorhandenen Angaben werden mit den hinzugekommenen Angaben verglichen und auf ihre Richtigkeit und Vollständigkeit überprüft und gegebenfalls werden die Angaben auf der DE im Speicher ergänzt. Ist die überprüfte DE noch nicht im System, muß sie auf Dokumentationswürdigkeit überprüft werden. Darunter versteht man die Entscheidung darüber, ob es sich lohnt, ein neu angekommenes Dokument nach Art und Qualität seines Inhalts sowie seiner Aktualität in ein Dokumentationssystem aufzunehmen. Es gibt eine Reihe formaler Kriterien für eine Dokumentationswürdigkeit wie z.B. Erscheinungsland (insbes. bei kooperativen multinationalen Systemen), Sprache, Aktualität, Alter, Erscheinungs- und Berichtszeitraum, Umfang, Medienart und Datenträger, formale Gestaltung der Zeitschrift, Zitierfähigkeit von Veröffentlichungen, Zugang und Beschaffbarkeit für den Benutzer, Vollständigkeit. Nicht aus jeder dokumentarischen Bezugseinheit (i.allg. ein Schriftstück) muß notwendigerweise eine Dokumentationseinheit (DE) resultieren. Man kann eine DBE auch in mehrere Auswertungseinheiten zerlegen, obwohl sie i.allg. identisch mit der dokumentarischen Bezugseinheit sind. Sind jedoch wegen der Uneinheitlichkeit des Inhalts Fehlkombinationen bei einer späteren Recherche zu erwarten, dann wird eine Aufteilung der DBE unter Verwendung des *Splittings* in Untereinheiten, *Auswertungseinheiten*, durchgeführt.

Die *Auswertungsbogen* sind Abbild des jeweiligen Datenerfassungsschemas, das sich aufgrund eines auf ein spezielles Informationssystem zugeschnittenen Datenerhebungskatalogs ergibt. Die Erfassungselemente werden nach den (teilweise auf dem Erschließungsbogen ersichtlichen) Vorschriften des Erfassungsformates in einem intellektuellen Arbeitsgang strukturiert. Für die Strukturierung der Daten eines Erfassungsformats gibt es die grundsätzlich verschiedenen Methoden durch Formatierung in Datenfelder fester Länge und durch Kennungen in Felder variabler Länge einzuteilen. Für letzteren Fall gilt, daß durch die Kennungen der zugehörige Datensatz, sowie Anfang und Ende jeder Kategorie sowie die Art der Daten, charakterisiert werden soll. Im Unterschied zum Datenerhebungskatalog ist das Datenerfassungsschema konkreter, da es die Frage klärt, wie die Daten erfaßt werden sollen.

Eine besonders wichtige Frage beim Auswerten ist das Verwenden von standardisierten Abkürzungen, um unter Berücksichtigung gängiger Bezeichnungen sowohl eine eindeutige als auch platzsparende Speicherung zu ermöglichen (allgemeine Regeln: DIN 2340, Länder-Codes: DIN 3166, jurist. Fachsprache: DIN 31 620, Zeitschriftenkürzel: DIN 1502, ISBN: DIN 1462, ISSN: DIN 1430). Im Rahmen der wachsenden Internationalisierung der Informationsangebote werden Normen wie diejenigen der ISO (International Standardization Organisation) oder ANSI (American Nomenclature Standardization Institute) wesentlich.

Ein Auswertungsvorgang unter Einsatz eines Erfassungsbogens basiert natürlich ebenso auf einem *Regelwerk,* wie die bibliothekarische Aufnahme auf der strikten Durchführung von Katalogisierungsregeln fußt (s. Kap. 3.3.1).

Formale Bearbeitung. Sie beinhaltet nicht inhaltsbezogene Vorgänge, nämlich den Vorgang der Datengliederung und -erfassung. Sie ist die Domäne der

Dokumentationsassistenten und Diplom-Dokumentare und ist zu differenzieren in einen erfassenden Teil (für den mittleren Dienst) — die formale Erfassung im engeren Sinn — und in einen erschließenden (für den gehobenen Dienst).

Formale Erfassung. Der erfassende Aspekt bedeutet, daß Daten nach der Erschließung für die Datenverarbeitungsanlage *maschinenlesbar* aufbereitet werden. Dazu gehören neben der Koordination von formaler und inhaltlicher Erschließung vor allem organisatorische Tätigkeiten: die Zuteilung der internen Dokumenten-Nummer und nach der *Duplizitätskontrolle* und *Vollständigkeitskontrolle* das Einschleusen in den Geschäftsgang. Dann kommt die Standardisierung von formalen Aspekten, z.B. Körperschaftsansetzungen (entweder durch Codierung aus einer Körperschaftsliste oder durch Nachschlagen in einer Standardliste von Abkürzungen oder durch wohldefinierte Abkürzungsregeln), ein Festhalten des Zugangsvermerks sowie Mahnungen, falls eine angeforderte DBE nicht eintrifft und eine Rückmeldung bei Ausfall von erwarteten DBEs. Der Vorgang des Einschleusens in den Dokumentationsprozeß kann beschleunigt werden, indem bei mehrgliedrigen Dokumenten (Zeitschriften oder Monographien aus mehreren Kapiteln bzw. Beiträgen) die Dokumente getrennt kopiert oder zerlegt werden. Eine weitere organisatorische Verbesserung besteht im Einlegen von Erschließungsbogen und Laufzetteln für eine Reihe von internen systemtechnischen Angaben (wie z.B. Datum der Erledigung, Laufweg etc.). Es empfiehlt sich eine Differenzierung der Formblätter nach Farben für unterschiedliche Prioritäten. Schließlich soll von der koordinierenden Stelle eine Auswertung der Meldungen gemäß den *Fehlerprüfprotokollen* vorgenommen werden (s. Abb. 4.11). Es folgen die formale und inhaltliche Erschließung (s. Kap. 3.3). Dazu gehören im wesentlichen zur praktischen Durchführung:
– Festlegen der *kleinsten Auswertungseinheit*
– Strukturieren *komplexer bibliographischer* Angaben
– formale *Auswertungen*: (Medientyp, Sprache,..)
– *Entscheidungen* über den weiteren Verlauf im Dokumentationsprozeß.

4.5.4 Inputmöglichkeiten

Unter Datenerfassung wird der Arbeitsvorgang verstanden, bei welchem die zu verarbeitenden Daten erstmalig auf einen (maschinenlesbaren) Datenträger aufgezeichnet werden oder direkt über eine Tastatur in den Arbeitsspeicher der EDV-Anlage eingegeben werden. Bei der Aufzeichnung auf Datenträger spricht man von Offline-Erfassung, bei direkter Eingabe in den Computer von *Online-Erfassung.* Mit dem Begriff *online* meint man die direkte Verbindungsleitung zum Datenverarbeitungssystem, sei es, daß nur durch ein Eingabe- oder nur durch ein Ausgabegerät eine Leitung hergestellt wird. Meist findet jedoch ein Dialog mit Ein- und Ausgabegerät statt. Die eingegebenen Daten werden unmittelbar verarbeitet, beim echten Dialog erhält man dann auch sofort eine Rückmeldung. Geringer Kontrollaufwand. Optimale Korrekturmöglichkeiten.

Unter *Offline-Erfassung* versteht man eine indirekte Erfassung: es besteht keine direkte Verbindung zum Rechner. Der Austausch erfolgt über Datenträger. Auf diese Weise ist ein rechnerunabhängiges Arbeiten möglich. Man hat keine sofortige Verarbeitung der Daten, sondern den *Batch*-Betrieb (= *Stapelverarbeitung*), kann sich also vom Rechner entfernen und braucht nicht auf Systemmeldungen warten. Das bedingt allerdings auch eine spätere Durchführung von Korrekturläufen und damit komplizierte organisatorische Abläufe. Dieser nachteilige Sachverhalt liegt auch schon vor, wenn per PC auf Diskette erfaßt wird, um dann die Daten später auf den Großrechner zu übertragen, es sei denn die gesamte Datenprüfung wurde auf das PC-Programm verlagert; diese Form wird indirekte Offline-Erfassung genannt; unter *indirekt* ist dann gemeint, daß die Daten zuerst auf dem PC erfaßt werden, um sie danach auf Diskette abzuspeichern und sie dann auf ein anderes Format zu konvertieren. Weitere Probleme bestehen außerdem in der Notwendigkeit der Umformatierung von Daten.

Organisatorische Durchführung der Datenerfassung. Prinzipiell gibt es die Möglichkeiten der Durchführung in einem oder mehreren Arbeitsgängen. Ein Extremfall wäre, von einer Person die Datenerhebung gekoppelt mit der Datenerfassung auf Datenträger (oder online) einschließlich aller Korrekturläufe durchführen zu lassen, der andere Extremfall wäre eine Einteilung in einzelne Arbeitsgänge für jede Teilaufgabe. Der Vorteil der letzten Methode ist eine Sicherstellung guter Kontrollmöglichkeiten, weil die Verantwortung nicht nur auf einer Person liegt, gleichzeitig gibt es jedoch arbeitsorganisatorische Nachteile, weil die beteiligten Personen in ihrem Arbeitsrhythmus von der Zuarbeit der anderen abhängig sind. Es sollten also maximal zwei Personen beteiligt sein, daß wenigstens eine gegenseitige Kontrolle hinsichtlich der Korrektheit der Daten möglich ist.

Aus ökonomischen Gründen wird gelegentlich empfohlen, eine Offline-Erfassung (auf PC oder mit OCR) zu bevorzugen, um so eine bessere Auslastung der Kapazitäten zu erreichen, dabei wird jedoch oft vergessen, daß sich der Geschäftsgang dadurch unnötig kompliziert und dadurch erhöhte Personalkosten entstehen. Schon allein zur Erstellung von entsprechend sinnvollen Erfassungsrichtlinien muß ein großer Aufwand betrieben werden. Doch trotz dieses Aufwandes ist die ordnungsgemäße Qualität der Datenerfassung nicht sicherzustellen, weil die Mustererkennungsverfahren oft auch stark abhängig von der Papierqualität ist. Für Zwecke der Literaturdokumentation ist eine Online-Erfassung immer zu bevorzugen, vor allem auch eine Eingabe mit einer benutzerfreundlichen Bildschirmmaske.

Codierungsfragen. Eine EDV-verarbeitbare Struktur erfordert besondere Darstellungsformen und spezielle Steuerungsmechanismen. Hierzu gehören die die Kategorien repräsentierenden *Kennungen* (*Kategoriencodes* oder *Tags*), die durch *Feldendezeichen, Satzendezeichen* (in der Regel durch das Eingabesystem automatisch eingefügt) und eventuell *Indikatoren* oder *Steuerzeichen* im Text ergänzt werden. Die Festlegung der Steuerzeichen ist für besondere Verarbeitungsmodi (z.B. Druckmodus, *Highlighting* etc.) notwendig. Kennungen sind in Abb. 4.7 (Eingabeformat) und in Abb. 4.9 (Datenerhebungsbogen) in Zahlenform ersichtlich, so findet man dort z.B. für die Autorenkategorie die Angabe *100*. Feldendezeichen und Satzendezeichen sind äußerlich nicht erkennbar, lediglich bei der rechnerinternen Darstellung sind diese codiert ersichtlich. Man kann sie dann im Hexadezimalcode lesen. Indikatoren dienen z.B. zur Differenzierung von Dokumentarten (hinter der Kennung für die Dokumenten-Identifikations-Nr.), Funktionen (z.B. für Autor *a* und Herausgeber *h* direkt hinter der Kennung für die Autorenkategorie) oder Sprachen (z.B. *d* hinter der Kennung für die Sachtitelkategorie). Sie sind einstellig, stehen direkt hinter der Kennung und bestehen in der Regel aus Kleinbuchstaben. Als Steuerzeichen kommen z.B. Negativkennzeichnungen (*Stoppwörter*=Nichtstichwörter) und Positivkennzeichnungen vor (z.B. %Die% Avus in *Berlin*). Durch das %-Zeichen wurde der Artikel *Die* negativ als ein nicht in ein Register aufzunehmendes Stoppwort und durch das *-Zeichen das Wort *Berlin* positiv für ein Ortsregister charakterisiert. Berücksichtigt werden muß auch der richtige Zeichenvorrat für die Datenfeldinhalte, sowie die unterschiedlichen in der EDV-Welt verwendeten Zeichensätze. Letzlich muß wegen sortierter Ausgaben die Sortierwertigkeit einzelner Zeichen definiert werden (vgl. Autorenteam der ZMD 1980), z.B. ob *ss* und *ß* bzw. ob *ü* und *ue* gleich oder verschieden sortiert werden.

Erfassungsgeräte. Die überwiegende Form der heute aktuellen Datenerfassung geschieht online, abgesehen von Verfahren des Beleglesens (s.u.). Berücksichtigt werden sollen im folgenden nur Eingabegeräte. Die heute wohl wichtigste Form ist die *Tastatur*. Sie besteht aus folgenden Bestandteilen:

a) *alphanumerischer Schreibmaschinenblock* (hierzu gibt es Eingabetasten, üblicherweise nach einer DIN-Norm) und *Zifferntasten*-Block

b) *Tastenblock zur Schreibmarkensteuerung* (z.B. *Cursor*pfeile, Vor- und Zurückblättern, d.h. Tasten, die nur den Bildschirm betreffen)

c) *Funktionstasten* mit Operationscharakter (z.B. *Clear Screen, Reset*)

d) *Funktionstasten* mit Umschaltcharakter auf verschiedene Zeichensätze und Kommandos (z.B. Alt-Taste und alphanumerische Taste gleichzeitig gedrückt kann einen Befehl aufrufen)

e) *Frei programmierbare Funktionstasten* (können eventuell vom Programm belegt werden oder sind in jedem Programm voreingestellt, z.B. F1, F2)

Folgende weitere Geräte sind einschlägig zur Eingabe von Texten und Daten:
1. *Belegleser*: Optisches Lesen (*OCR* - Optical Character Recognition). Das Lesen von Zeichen, die dann direkt in den Rechner übertragen werden. Das Lesen erfolgt durch einen gebündelten Lichtstrahl, der unterschiedlich stark vom Papier bzw. der Druckerschwärze der Buchstaben reflektiert wird. Das Lesen nach diesem Verfahren kann entweder bei Texten mit genormten Schriften erfolgen (gängig sind hier OCR-A bei Banken oder OCR-B für Texte) oder bei Formularen, die handschriftlich mit Bleistift (nach einer genormten Schrift oder durch Ankreuzen) erfaßt werden. Bei Beglegleseverfahren sind möglicherweise höhere Fehlerraten oder Rückweisungsquoten zu erwarten als bei anderen Eingabeprozeduren, sei es wegen negativer Materialgegebenheiten (zu hoher Reflexionsgrad, zu geringer Kontrast, falsches Papiergewicht) oder sei es wegen Verwechslungsmöglichkeiten wie z.B. von m und rn, sowie von O und 0 (Null). Ein lesendes System wie OCR-Erkennung ist nicht interaktiv und erschwert daher die Korrektur.
2. *Strichcode-* oder *Barcode-Leser*: Durch unterschiedlich breite Striche und mit unterschiedlich breiten Strichabständen verschlüsselte Informationen werden vom Lesestift gelesen.
3. *Scanner*: Zeichnungen und Bilder können optisch abgetastet werden. Eine Strukturierung der Datensätze hat intellektuell zu erfolgen. Der Scanner ist sinnvoll, um größere homogene Volltextmengen einzulesen.
4. *Magnetkartenleser*: Benutzerausweise, die Magnetstreifen mit Benutzerdaten enthalten, können für die Zuordnung der jeweilig ausgeliehenen Bücher zum entsprechenden Benutzer über Magnetkartenleser eingegeben werden.
5. Auch *Spracheingabegeräte* gewinnen mehr Interesse, insbesondere als Hilfestellung für Blinde und Behinderte. Dem Computer werden akustische Befehle erteilt, jedoch gibt es Einschränkungen bezüglich des bereitstehenden verfügbaren Wortschatzes. Die Eingabe soll möglichst von derselben Person in derselben Stimmlage erfolgen. Die Auswertung dauert allerdings wegen des dazwischengeschalteten Programms länger als bei anderen Eingabegeräten. Im allgemeinen erfolgen Spracheingaben nur zur Steuerung von Vorgängen, wie es auch bei den folgenden Eingabegeräten der Fall ist:
6. *Maus*: Sie wird charakterisiert durch das Bewegen eines Gerätes mit einer Kugel an der Unterseite. Der *Cursor* (= Schreibmarke) auf dem Bildschirm folgt den Bewegungen der Maus auf dem Tableau bzw. Tisch. Die Maus wird zum Ansteuern von Funktionen und damit der Eingabe von Befehlen (aber auch zum Zeichnen von Graphiken) verwendet. Es ist zu beachten, daß es unterschiedliche Ausführungen je nach der zur Verfügung stehenden Anschlußstelle des Gerätes gibt.
7. *Touch-Screen*: Das Berühren der Oberfläche des Bildschirms bewirkt einen Befehl. Dieses geschieht durch die Reflexion des vom Finger ausgehenden Infrarotlichts.

Formen der Neueingabe. Zum Aufbau aus einer konventionellen Kartei wählt man am besten die *Online-Datenerfassung*. An Vorarbeiten sind erforderlich:
– Detaillierte Beschreibung der Dateistruktur
– Dateiname
– Dateinummer
– Herkunft und Entstehungsart der Daten
– Datenträger
– Speicherungs- und Ablageform
– Ordnungsgesichtspunkte
– Anzahl der Datenfelder eines Datensatzes
– Name der Datenfelder
– Art der Datenfelder (numerisch, alphanumerisch, fix, variabel)
– Länge der Datenfelder
– Inhaltsbeschreibung der Datenfelder.

Benutzerfreundliche Eigenschaften bei der Online-Eingabe
– verständliche *Prompts* (Zeichen für das Bereitsein der Systemebene)
– gute Editierfunktionen (Leichtigkeit des Bewegens zwischen verschiedenen Feldern)
– Nach Beendigung der Eingabe sollte ein "Prompt" erscheinen
– Erfassungsfunktionen für ganze Titelaufnahmen (Katalog) und für Deskriptoren (Thesaurus)
– Multiple Felder (Wiederholungsfelder), z.B. bei Vorkommen von mehreren Autoren
– *Fenstertechnik* (Öffnen eines *Fensters* , d.h. eines separat abgetrennten Bild schirmausschnittes), z.B. um Einblick in den Thesaurus zu erhalten und zur Übernahme der Begriffe bzw. Klassifikationscodes aus einer online verknüpf ten Datei durch Markieren und Übertragen)
– *Defaults* (Standard-Voreinstellungen) für häufigste Werte
– Mehrere Arten frei wählbarer *Views* (= Benutzersichten: formatierte Bild schirmmasken bzw. Bildschirmausschnitte zu unterschiedlichen Anwendun gen) für Eingabe und Korrektur sollten verfügbar sein.
Bei Vorhandensein standardisierter Titelaufnahmen sind auch Scanning-Einga ben denkbar. Der Scanner ist sinnvoll, um größere Textmengen einzulesen.

Nutzung von Fremddaten. Der klassische Weg, Fremddaten zu nutzen, besteht darin, *Magnetbanddienste* in das eigene Datenbankformat zu konvertieren und zu integrieren. Zusätzlich gibt es eine moderne Form dieses Dienstes mit Disketten als Datenträger. Außerdem kann man entweder die *Verbundkatalogi-sierung* zur arbeitsteiligen Titelaufnahme nutzen oder Dokumentationseinheiten von externen Rechnern via Datenfernübertragung in ein eigenes System inte-grieren. Dieses gezielte "Herunterziehen"(*Downloading*) von Teilmengen einer externen Datenbank auf einen anderen Rechner, die dann unabhängig vom Host "offline" durchsucht werden können, ist eine attraktive Möglichkeit, die dezentrale Intelligenz und Speicherkapazität sowie weitere Verarbeitungsmöglichkeiten zu nutzen (s. Kap. 8.4).

Vorteile der Magnetbanddienste, Diskettendienste, CD-ROM-Dienste
– ökonomische Verarbeitung
– Ersparnis von Telekommunikationskosten
– sinnvoll bei gleichbleibenden Informationsprofilen
– bequemer Postversand möglich.

Vorteile der Verbundkatalogisierung
– arbeitsteilige Einspeicherung: Kostenersparnis
– schnellere Verfügbarkeit der Daten
– nur eine zentrale Rechnerinstallation muß verfügbar gehalten werden
  (kann allerdings auch überlastet sein).

Vorteile des Aufbaus aus Downloading-Dateien
– schnelle Beschaffung und schnellere Verfügbarkeit der Daten
– Personalkostenersparnis
– bessere Selektionsmöglichkeiten.

Die Problematik aller Fremddatendienste besteht hauptsächlich in Kompatibilitätsfragen bezüglich der Datenbanksoftware, Datenträger, Datenerfassungsschemata, weil eine Umsetzung eines fremden *Katalogisats* (= Katalogisierungseinheit) auf eine Dokumentationseinheit des hauseigenen Regelwerks erfolgen muß, die unter Umständen kompliziert sein kann, wenn man z.B. beim Downloading eine schlecht strukturierte Dokumentationseinheit erhält. Besser sind die Verhältnisse bei Magnetbanddiensten, wenn standardisierte Magnetbandformate (= *Austauschformate*) verwendet werden. Bei einem Verbund von Dokumentationsstellen kommt noch die Notwendigkeit gemeinsamer Regelwerke zur Formalerschließung und Sacherschließung dazu. Doch auch die üblichen Regelwerke der Verbundsysteme geben viel Anlaß zur Verwirrung, werden doch bei kleinsten Unterschieden "scheinbare" Dubletten erstellt, die mit wachsender Zahl von Verbundpartnern zunehmen. Dies liegt im allgemeinen daran, daß die hierfür bereitgestellten Regelwerke alle zu sehr auf eine Anwendung in konventionellen Zettelkatalogen ausgerichtet sind. Solche Datenbanken gelten als vergleichsweise "*aufgeschwemmt*". Näheres zu Verbundfragen ist aus Neubauer (1984) zu entnehmen.

Sofern man lediglich eine Datenbank "anzapfen" möchte, sind nur die Vorgaben eines Datenerfassungsschemas zu berücksichtigen. Soll aber aus mehreren Datenbasen stammende Dokumentationseinheiten in die eigene Da-

tenbank übernommen werden, dann gelten ähnliche Probleme wie bei Verbundfragen. Das unterschiedliche Formalerschließungsregelwerk bedingt, daß die
Informationselemente heterogen strukturiert sein können. Das hat zur Folge,
daß es gelegentlich günstiger sein kann, die Datensätze umstrukturiert abzuschreiben (eigentlich neu zu erfassen), insbesondere in den Kategorien mit
der Ansetzung des Autors oder bei der Quellenangabe. Am ehesten lohnt sich
noch Downloading der Abstracts. Für jede fremde Datenbank sind also geson-
derte Downloading-Prozeduren zu entwickeln. Über Probleme und die praxisorientierte Bewältigung bei der Übernahme von Großrechnerdaten auf PC
berichtet Schön (1992).

4.5.5 Fehlerprüfung

Bevor die Daten weiterverarbeitet werden können, müssen sie einer mehrschich-
tigen Fehlerprüfung unterzogen werden. Zum einen muß eine visuelle Kontrolle
erfolgen, ob die Daten von der Vorlage richtig abgeschrieben wurden, das ist
insbesondere bei der Schreibweise der Autoren und der Sachtitel erforderlich
(Körperschaften und Deskriptoren können teilweise maschinell abgeprüft werden), zum andern muß aber auch eine sachliche Fehlerkontrolle auf die
Richtigkeit der Übersetzung, der Abstracts und die richtige Vergabe der
Deskriptoren erfolgen. Eine maschinelle Kontrolle kann nur Plausibilitätsprü-
fungen durchführen und nie komplett alle Fehler erkennen, so daß die menschliche Tätigkeit nur ergänzt, aber nicht ersetzt werden kann.

Kalkulierbare Fehlerkategorien sind: phonetische Fehler (z.B. Translidera-
tion anstelle Transliteration), zusätzliches Einfügen von Zeichen (oft zufällige
Verdoppelungen), vergessene Zeichen, Verdreher insbesondere bei Zahlen
(Einer- und Zehnerstellen wegen der Sprechweise im Deutschen).

Meistens sind mehrere Korrekturläufe erforderlich. Im allgemeinen rechnet
man damit, daß die für Korrekturen erforderliche Zeit das Doppelte der für die
eigentliche Datenerfassung benötigten Zeit beträgt, wenn die Daten einigermaß-
en verläßlich sein sollen. An Möglichkeiten der Korrektur mittels eines Editors
sind erforderlich: Löschen, Einfügen, Verändern eines Zeichens, Verketten von
Korrekturbefehlen. Folgende Arten der Organisation der Prüfläufe sind möglich: Offline-Erfassung — Offline-Prüflauf; Online-Erfassung — Online-Prüflauf; Online-Erfassung — Offline-Prüflauf. Die Fehlerprüfroutinen sind erheblich aufwendiger bei der Erfassung auf Datenträger. Der Online-Prüflauf kann
viele Eingabefehler vermeiden, jedoch gibt es gelegentlich Fälle, die individuelle, sachliche Prüfung erforderlich machen; aus diesem Grund sollte zusätzlich
zur Online-Prüfungroutine auch eine Offline-Prüfung existieren.

Arten der maschinellen Strukturprüfungen

1. *Formale Zulässigkeitsprüfung*, die das DBMS zur Konsistenzprüfung durchführt, um seine Daten in sich homogen zu halten. Es erfolgt eine Kontrolle der Eingabedaten auf logische Richtigkeit und Verarbeitungsfähigkeit, wobei abgeprüft werden:
Korrektheit der erfaßten Zeichen
– Formalfehler
– orthographische Fehler
Feldart: numerisches Feld/Datumsfeld/alphanumerisches/logisches Feld
– Daten für Feldart zulässig
– Länge des Feldes nicht überschritten bzw. unterschritten
Prüfung der Reihenfolge sowie logische Prüfung auf Richtigkeit der Daten im Rahmen des Datenerfassungsschemas.
2. Prüfung, ob obligatorische Felder ausgefüllt sind (*Pflichtfeldprüfung*): Diese Prüfung ist für den Anwender erforderlich, um zu garantieren, daß die für ihn wesentlichen Daten in die Datenbank aufgenommen werden.
3. Prüfung, ob Felder vollständig ausgefüllt sind (*Vollständigkeitsprüfung*): Die Kontrolle, ob die Vollständigkeit der Daten im jeweiligen Feld garantiert ist (z.B. im Feld Erscheinungsvermerk auch Verlagsort, Verlag und Erscheinungsjahr angegeben wurden, und zwar durch die erforderlichen Steuerzeichen getrennt), Prüfung auf aufsteigende ID-Nr.
4. Überprüfung auf Einmaligkeiten in der Datenbank (*Eindeutigkeitsprüfung*) Diese Überprüfung ist erforderlich, um zu garantieren, daß z.B. eine Identifikationsnummer oder Signatur nur einmal vorkommt.
5. *Duplizitätskontrolle*: Feststellung, ob neu angekommenes Dokument bereits im Dokumentationssystem vorhanden ist. Wird mittels einer (aus verschlüsselten Teilen der Informationselemente einer DE zusammengesetzten) Duplizitätskontrollcode durchgeführt.
6. *Plausibilitätskontrolle*: Prüfung auf sachlogische Fehler. Diese Prüfung erfaßt fehlerhafte Eingaben, soweit formale Kriterien angegeben werden, z.B. Ober- bzw. Untergrenze oder auf nichtnumerisch oder numerisch oder Seitenzahlangaben plausibel?
   a) *Vergleichsprüfung* erfaßter Daten mit gespeicherten Daten: In der Regel Überprüfung der Orthographie anhand von Vergleichslisten (Zeitschriftentitel, Deskriptoren, Klassifikation),
– Vergleiche von Zeitschriftentitel, ob zur jeweiligen Bandzahl des vorgegebenen Kalenderjahres passend.
– Deskriptorenvergleich (eingegebene Deskriptoren werden mit dem computergespeicherten Thesaurus auf Vorhandensein und richtige Schreibweise verglichen — intelligente Systeme übersetzen in Vorzugsbenennungen).
   b) Quersummenberechnung, z.B. bei ISBN.

Fehlermeldungen. Die Fehlermeldungen sollten beinhalten: ID-Nr., Kategorienangabe und Art des Fehlers (z.B. Zeitschriftentitel nicht in Kontrolldatei oder Reihenfolge nicht dem Schema entsprechend, ISBN-Nr. nicht korrekt).

Korrekturen. Die Durchführung von Korrekturen erfolgt heute meist online, und zwar sinnvollerweise in der Bildschirmausschnittmaske.

4.5.6 Datenbankaufbereitung

Formate. *Erfassungsformate* werden bezüglich des Arbeitsaufwands bei der Erfassung optimiert, sie ergeben sich zwangsläufig aus der Erfassung der Daten (s. Abb. 4.7). Im *Internformat* (s. Tabelle 4.9) werden Daten so umgeordnet, daß sie zu einer für die Weiterverarbeitung durch die jeweilige EDV-Anlage zweckmäßigen und ökonomischen Form gestaltet werden; es entsteht durch maschinelle Umstrukturierung des Erfassungsformates mit Hilfe entsprechender Programme.Zum Austausch von Daten ist ein *Austauschformat* (s. Abb. 4.12) zu wählen, dessen Voraussetzungen der einheitliche Aufbau der Austauschbänder ist: Für den physischen Aufbau des Magnetbands ist DIN 66 029 heranzuziehen, in der Vereinbarungen über den Dateianfang, Aufzeichnungsdichte (in bpi) und Blockungsfaktor getroffen werden. Ferner ist der einheitliche physische Aufbau der Austauscheinheiten (z.B. der DE) und der einheitliche logische Aufbau der Austauscheinheit (z.B. Auswahl und Anordnung der Auswertungselemente) zu regeln. Selbstverständlich ist die standardisierte Darstellung der Daten (Ansetzungsregeln) und der gleiche Zeichensatz. Das Austauschformat dient zur Vereinheitlichung der Datenstruktur auf Magnetbändern (bekannt sind die Standards MAB1, MADOK, MATER, UNIMARC), insbesondere wegen des standardisierten, maschinellen Zugriffs auf variable Datenfelder, der im Inhaltsverzeichnis festgelegt ist.

Das Austauschformat enthält auch die Feldkennungen der in der jeweiligen (aus beliebig vielen DE bestehenden) *Austauscheinheit* benutzten variablen Felder, deren Länge und die Anfangsadresse. Austauscheinheiten werden in physischen Sätzen auf das Magnetband aufgezeichnet.

Die Sätze sind eingeteilt in die Abschnitte 1 (Satzkennung), Abschnitt 2 (Inhaltsverzeichnis) und Abschnitt 3 (Variable Datenfelder), Satzendezeichen. Ein weiteres Format ist das *Rechercheformat*: Die in den Suchwortlisten (Inverted Files — s. Kap. 4.3) durchsuchbaren Felder werden von den Hosts in den Data Sheets aufgeführt. Im *Ausgabeformat* sind für Standardanwendungen gewisse, für die Benutzer sinnvolle Formate vorzubereiten. Auch diese Formate sind aus den Data Sheets ersichtlich. Die computerinterne Repräsentation der obigen Darstellung, die die in Abb. 4.9 angegebenen Kategorien 100, 200, 300, 310, 330 enthält, ist in Tabelle 4.9 ersichtlich. Die konkret belegten Speicherplätze sind folgendermaßen darzustellen:

0161004711198300550410001305330003306640004609950000 4145Gaus,Wil
helmDokumentations- und OrdnungslehreBerlin; Heidelberg; New York; Tokyo: Springer 1983

Tabelle 4.9. Datenstruktur eines Internformats

Kommentar	Daten
Länge des Datensatzes	0161
Dokumenten-Nummer	004711
Erscheinungsjahr	1983
Adresse des ersten Zeichens	0055
Anzahl der Datenfelder	04
Kennung des 1. Feldes	100
Länge des 1. Feldes (ohne Feldkennung)	013
Beginn des 1. Feldes	053
Kennung des 2. Feldes	300
Länge des 2. Feldes	033
Beginn des 2. Feldes	066
Kennung des 3. Feldes	400
Länge des 3. Feldes	046
Beginn des 3. Feldes	099
Kennung des 4. Feldes	500
Länge des 4. Feldes	004
Beginn des 4. Feldes	145
Inhalt des 1. Feldes	Gaus, Wilhelm
Inhalt des 2. Feldes	Dokumentations- und Ordnungslehre
Inhalt des 3. Feldes	Berlin; Heidelberg; New York; Tokyo: Springer
Inhalt des 4. Feldes	1983

Bei der Datenkonvertierung sind gelegentlich auch Aspekte der *Transkription* und *Transliteration* zu beachten. Unter *Transkription* versteht man die Umschrift anderssprachiger Buchstaben in eine Buchstabenfolge lateinischer Buchstaben (Umschrift Laut für Laut). Unter *Transliteration* die Umschrift eines anderssprachigen Buchstabens in eine durch Sonderzeichen modifizierte Buchstabenfolge lateinischer Buchstaben (Umschrift Buchstabe für Buchstabe): DIN 1460 (allg.), DIN 31 634 (für griechisches in lateinisches Alphabet).

Transformation der Datenbasis zur retrievalfähigen Datenbank. Bei der Erstellung von Umsetzungsprogrammen von Erfassungs- zum Intern-, Austausch- und Ausgabeformat müssen Kompatibilitätsfragen geklärt werden, was den Zeichensatz und die Datenformate betrifft. Diese Tätigkeit wird meist, sofern vorhanden, von der EDV-Abteilung übernommen; gelegentlich muß hierzu ein *Umformatierungsprogramm* geschrieben werden, sofern nicht modernere Information-Retrieval-Systeme mit vorgegebenen Parametrisierungsmöglichkeiten verfügbar sind. Wichtig ist auch die Abschätzung des Maschinenzeit- und Speicherplatzbedarfs bei der Erstellung der Formate und invertierten Listen, die unliebsame Überraschungen in der Kapazitätsplanung verhindern hilft. Es ist generell sinnvoll — sowohl für die technischen als auch für die dokumentarischen Aspekte — sich *Testdatenbanken* kleineren Umfangs

<table>
<tr>
<td rowspan="3">D
a
t
e
n
s
a
t
z</td>
<td>Abschnitt 1:
Satzkennung</td>
<td colspan="4">Pos. Bedeutung
0…4 Satzlänge
5   Satzstatus
6…9 Anwendungscodes
10   Indikatorlänge
11   Teilfeldkennungslänge
12-16 Datenanfangsadresse
17-19 Anwendersysteme</td>
<td>Pos. Bedeutung
20 Feldlängenfeldlänge
21 Anfangsadressenlänge
22 fakultatives Feld
23 Anzahl fakultativer
   Unterabschnitte der
   Satzkennungen</td>
</tr>
<tr>
<td>Abschnitt 2:
Inhaltsver-
zeichnis
(Beginn: Pos.
24+m*24)</td>
<td>0……… 2
Feldkennung1
n+1…n+3
Feldkennung2
…………</td>
<td>3………6
Feldlänge1
n+4…n+7
Feldlänge2
…………</td>
<td colspan="2">7………………11
Feldanfangsadresse1
n+8………..n+12
Feldanfangsadresse2
…………</td>
<td>12 ………n
fakult. Feld1
n+13 …..2n
fakult.Feld2
…………</td>
</tr>
<tr>
<td>Abschnitt 3:Da-
tenfelder (Beginn:
Pos.,die ablesbar
aus Abs.1,Pos.21)</td>
<td colspan="5">Felder mit Steuerinformationen: Daten, Feldtrennzeichen

bibliografische Datenfelder: Indikator, Daten, Feldtrennzeichen, Indikator, Daten, Feldtrennzeichen,…, Feldtrennzeichen, Satztrennzeichen</td>
</tr>
</table>

Abb. 4.12. Magnetbandaustauschformat

zu erstellen, um die Auswirkungen der durchgeführten Maßnahmen an mehreren Versionen in Ruhe überprüfen zu können. Danach führt der *Anwender* , also der *Retrievalfachmann*, am Datenbestand Umformatierungen für den Datenbankaufbau durch, bevor sie an die Datenbankgenerierungsprogramme weitergegeben werden, um zu erreichen, daß die Daten in der geeigneten Form recherchierbar gemacht werden können (vgl. Bernhardt 1979):

1. *Festlegung der Felder* (Dokumentenabschnitte: *Kategorien*), innerhalb der DE, die über einen der Inverted Files (insbesondere Basic Index) durchsuchbar gemacht werden sollen.

2. *Festlegung der Wortdefinition*. Festlegung, ob besondere Wortarten, wie z.B. Zahlen und einbuchstabige Wörter in den Basic Index aufgenommen werden sollen. Festlegungen von konkreten Wörtern, die nicht mit in den Basic Index mit aufgenommen werden sollen (*Stoppwörter*), z.B. müssen für die Aufbereitung zu invertierten Listen Überlegungen getroffen werden, welche Definitionen einer Worteinheit, Registereinheit oder Benennung sinnvoll wären.

3. *Manipulation von Wörtern*, ehe sie in den Basic Index aufgenommen werden sollen (z.B. Wortzerlegung, Elimination von an- und auslautenden Sonderzeichen, Bindestrichen nach sinnvollen Vorgaben:

Nachr.Dokum. -> NACHRDOKUM

S(ank)t -> SANKT   aber: PL/1 -> PL/1

<Bundesrepublik>-> BUNDESREPUBLIK

Wieso? -> WIESO

"Masse" -> MASSE

Da man nicht alle Arten der Wortzerlegungen vorhersehen kann, muß bei der Suche mit verfeinerten Retrievaltechniken (s. Kap. 8) operiert werden.

4. *Charakterisierung von Teilbeständen* innerhalb eines Basic Index oder allgemeinen Inverted Files (z.B. Trennung der Wörter des Serientitels, und Hauptsachtitels), besondere Kennzeichnung von Dokumentenabschnitten, (z.B. Voranstellen von Kennbuchstaben vor Notationen).

5. *Geeignete Unterteilung der DE*, damit die Suche sowohl im Text der gesamten DE als auch mit Beschränkung auf bestimmte Abschnitte (Felder, Kategorien) wie z.B. **nur** Verfasser, **nur** innerhalb des Sachtitels durchgeführt werden kann.

6. *Gestaltung der Ausgabedaten und -formate*. Gemeint ist damit die Anordnung von Kategorien zu Kurzausgabe, Standardausgabe und Vollausgabe, sowie die typographische Gestaltung der Bildschirmausgabe bzw. Druckausgabe, aber auch die Charakterisierung der Kategorien durch entsprechende Feldbezeichnungen bzw. Kürzel wie AU, TI, SO (für Author, Title, Source).

7. *Analyse der Datenbasis:* Die Analyse der Datenbasis bezüglich deren Zweck und Zustandekommen, Qualität der inhaltlichen Erschließung, Umfang und Vollständigkeit, aber auch Grenzen und Überschneidungen mit ähnlichen Datenbasen sind eine wichtige Vorbedingung vor der eigentlichen Aufbereitung.

8. *Dokumentation der Datenbank, Retrievalhilfen* etc. (s. Kap. 6.3).

5 Information Management

Vorbemerkung. Der Begriff *Information Management* ist noch nicht klar definiert, obwohl er schon seit einigen Jahren in der Diskussion ist. Eine umfassende Darstellung des Themas findet man in einem Handbuch von Bullinger (1991). Hier ist nicht daran gedacht, eine ganzheitliche Betrachtung der Informationsverarbeitung darunter zu verstehen, sondern schlicht das organisatorische Umfeld aller IuD-Disziplinen.

5.1 Aufbau eines Informationsbetriebs

5.1.1 Betriebliche Produktionsfaktoren

Eingebettet wird die Diskussion des Begriffs Information Management in volks- und betriebswirtschaftliche Zusammenhänge: Basierend auf den volkswirtschaftlichen Produktionsfaktoren Arbeit, Boden, Kapital können vielfältige betriebliche Produktionsfaktoren definiert werden. Diese Faktoren steuern die Produktion eines Betriebs, also einen Transformationsprozeß von aufzunehmendem Input, der je nach Aufgabenstellung des Betriebs in entsprechenden Output resultiert. Sie lassen sich in *Elementarfaktoren* (Arbeitsleistung = ausführende Arbeit, Betriebsmittel und Werkstoffe) und *dispositiven Faktoren* (Betriebsführung, Planung, Organisation, Überwachung und Kontrolle) gliedern (vgl. Wöhe 1990). Das Management (Betriebsführung) legt Unternehmensentscheidungen und -ziele auf lange Sicht fest, koordiniert die großen betrieblichen Teilbereiche, beseitigt Störungen im Betriebsprozeß und besetzt Führungsstellen im Unternehmen. Im Gegensatz zur klassischen Betriebswirtschaft, die durch den Industriebetrieb geprägt ist, entfällt bei einem Dienstleistungsbetrieb der Faktor Werkstoff. Mit dem Vordringen des Computers in alle betriebliche Funktionsbereiche und der wachsenden Vielfalt betriebsrelevanter Informationen, deren Verfügbarkeit (bzw. Nicht-Verfügbarkeit) wettbewerbsentscheidend sein kann, wird oft in Erweiterung der klassischen Definition die Information als vierter Produktionsfaktor bezeichnet.

5.1.2 Allgemeine Organisationsprinzipien im Informationswesen

Die Informationsbranche hat noch ein hohes Wachstumspotential sowohl bezüglich Speicherungsmöglichkeiten (z.B. optische Speicher) als auch bezüglich der Fülle einzuspeichernder Daten und der dafür erforderlichen Ordnungssysteme, so daß sich langfristig Investitionstätigkeiten lohnen dürften. Jede Dokumentationsstelle ist an zwei Märkten beteiligt: am Markt der Informationsquellen als Einkäufer, der die angebotene Menge untersucht und am Markt der Informationsbedürfnisse als Verkäufer, der wissen möchte, wie häufig seine Kunden Informationen nutzen. Das Bewußtsein und der Stellenwert von Information als Ware hat sich seit dem 2. Weltkrieg wie folgt gewandelt: Kurz nach dem Krieg war der Informationsbedarf vor allem Sache der unteren Unternehmenshierarchien, ca. zwanzig Jahre später wurden Informationsbeschaffungsmaßnahmen vor allem vom mittleren Management eingeleitet, während sich heute damit die Chefetage befaßt. Zwar sind nun allgemein Fähigkeiten des Recherchierens vorhanden, jedoch nicht das Wissen um die wirklichen Inhalte der Datenbanken. Die Dokumentationsstelle (oder Bibliothek) ist ein Betrieb, dessen Erzeugnisse Dienstleistungen sind, bei denen Beschaffungs- und Lagerhaltungskosten sich zwar exakt abschätzen lassen, nicht jedoch der Absatz in Form der Benutzung. Folgende Grundbegriffe und Kriterien sind zur weiteren Betrachtung erforderlich:

Unter den *Kosten* von Informationsdienstleistungen versteht man den in Geld berechneten Einsatz von Sachgütern und Dienstleistungen für eine konkrete Zeiteinheit. Der *Umsatz* ist der Erlös aus der in einer Zeiteinheit abgesetzten Informationsdienstleistung, der *Erfolg (Gewinn* oder *Verlust)* ist die Differenz zwischen Umsatz und Kosten. Der Begriff *Rentabilität* bezeichnet die Relation (Quotient) zwischen Gewinn und Kosten, häufig wird sie jedoch nur als Maß der Verzinsung des Kapitals betrachtet. Der *Kostendeckungsgrad* beschreibt das Verhältnis von Umsatz und Kosten. Die *Leistungsfähigkeit (Performanz)* einer Informationsdienstleistung ist die Gesamtheit der für die Erfüllung eines Informationsbedarfs wesentlichen Eigenschaften. Die *Wirkung (Impact)* ist der qualitativ und quantitativ beschreibbare Erfolg bei der Nutzung eines Informationsdienstes. Der *monetäre Nutzen* einer Informationsdienstleistung ist der geldmäßig ausgedrückte Wert ihrer Wirkung. Die *Wirtschaftlichkeit* umfaßt verschiedene Kriterien (z.B. Gewinn, Relation zwischen Kosten und Leistungsfähigkeit). Die *Effizienz* ist die Relation zwischen dem quantitativen Einsatz von Produktionsfaktoren und dem quantitativen und qualitativen Ergebnis. Bezogen auf einen einzelnen Produktionsfaktor verwendet man den Begriff *Produktivität*. Gelegentlich wird der Begriff *Effektivität* verwendet, der leider mehrdeutig ist, da er gelegentlich anstelle von Leistungsfähigkeit, von Wirkung oder Nutzen verwendet wird (vgl. Schwuchow 1990).

Volkswirtschaftlich gesehen ist die seltene Nutzung von Datenbanken immer noch ein Manko, weil den hohen Inputkosten vergleichsweise geringe Einnahmen gegenüberstehen. Schwuchow postulierte eine Reihe methodischer Probleme bei der Wirtschaftlichkeitsbetrachtung von Informationsdienstleistungen:

- das *Maßgrößenproblem*. Vor allem ergeben sich Probleme in der Messung und Bewertung von Leistungseffekten, die nicht in Geldeinheiten ausgedrückt werden können;
- das *Situationsproblem*. Die Beurteilung von Wirtschaftlichkeitsbetrachtungen ist nicht absolut möglich, sondern nur unter Berücksichtigung der jeweils vorhandenen konkreten Bedingungen;
- das *Verbundproblem*. Die Arbeit auf dem Informationssektor ist auf veschiedene Organisationen verteilt, die sich arbeitsteilig ergänzen. Aus diesem Grund ist eine isoliert betrachtete Informationsdienstleistung bezüglich Kosten und Nutzen oft nicht bestimmbar;
- das *Zurechnungsproblem*. Kosten- und insbesondere Nutzungseffekte treten oft zeitlich verzögert oder räumlich auf verschiedene Abteilungen oder Organisationen verteilt auf;
- das *Innovationsproblem*. Innovationen führen nicht nur zur ökonomischen Verbesserung, sondern auch zur Entwicklung neuer Möglichkeiten, deren Auswirkungen schwer voraussehbar sind (vgl. Schwuchow 1990).

5.1.3 Aufbau- und Ablauforganisation

Träger der Führungsentscheidungen sind Eigentümer und Geschäftsführer, die je nach Rechtsform identisch sein können, wobei eine Tendenz zur Trennung dieser Funktionen besteht (z.B. Aktiengesellschaften: Hauptversammlung, Aufsichtsrat, Vorstand). Die Mitbestimmung bzw. Mitwirkung bei Unternehmensentscheidungen durch Arbeitnehmergremien (Personalrat, Betriebsrat) ist ein zusehends bedeutender Faktor in unternehmensbezogenen Zielen, in der arbeitsrechtlichen Mitbestimmung und in der Mitbestimmung über den Arbeitsplatz und die Lohngestaltung. Die Führungsspitze des Unternehmens kann nach dem *Direktorialprinzip* oder nach dem *Kollegialprinzip* organisiert sein, wobei das letzte Funktionen und Macht auf mehrere Mitglieder verteilt und somit mehr Fachkompetenz zur Verfügung steht als beim Direktorialprinzip, das den Vorteil rascher Handlungsfähigkeit hat. Doch nicht allein optimale Organisationsstrukturen garantieren eine gute Führungsqualität. Wichtig sind vor allem unterstützende Maßnahmen der zielgerichteten Delegation von Aufgaben und Entscheidungen, um bei Mitarbeitern mehr Motivation für verantwortliche Tätigkeiten zu wecken. Damit können Führungskräfte sich auf echte Führungsaufgaben konzentrieren.

Man sollte sich auch vor einem "Überorganisiertsein" (= hoher Formalisierungsgrad, z.B. bei Behörden) hüten, weil gerade informelle, nicht bewußt geplante Gesprächskreise eine fördernde Auswirkung auf Entscheidungsprozesse haben.

Unter *Aufbauorganisation* versteht man die Strukturierung und Querverbindungen organisatorischer Grundeinheiten (z.B. Abteilungen) einer Institution, während eine *Ablauforganisation* die Arbeitsabläufe und deren nähere Bestimmung zum Ziel hat. In der Praxis sind sie jedoch meist so eng miteinander verwoben, daß man sie als einen Begriff — *Aufbau- und Ablauforganisation* — betrachtet (vgl. Gernet 1987).

Prinzipiell betrachtet gibt es selbständige und unselbständige IuD-Stellen. Die selbständigen charakterisiert die Tatsache, daß ihr Unternehmen von ihren Informationsdienstleistungen bzw. den staatlichen Subventionen getragen wird. Unselbständige IuD-Stellen sind betriebsinterne Dokumentationsstellen, die der wissenschaftlich-technischen Zielsetzung ihres Unternehmens zuarbeiten.

Es gibt für den letztgenannten Typ — von der organisatorischen Seite her betrachtet — die unterschiedlichsten Strukturen: So kann die IuD-Stelle jeder Abteilung als zusätzliche Arbeitseinrichtung zugeordnet werden. Eine weitere Möglichkeit besteht in der Einrichtung einer getrennten Fachabteilung, die mit eigenen Kompetenzen das ganze Unternehmen zu versorgen hat. Möglich wäre schließlich auch die Einrichtung einer Stabstelle des Vorstandes oder in einer Presse-Öffentlichkeitsarbeit-Abteilung, vorstellbar ist auch eine Zuordnung zur Marketing-Abteilung oder zur Abteilung Forschung und Entwicklung. Auch die eigenständige Einrichtung einer Abteilung für Projektdokumentation ist denkbar. Am häufigsten findet man die Verbindung mit der Bibliothek, entweder in der Zwillingsform Bibliothek und Dokumentation gleichwertig oder Bibliothek als untergeordnete Abteilung (quasi zur Volltextbeschaffung), jedoch auch Bibliothek als übergeordnete Einheit.

Zusammenfassend können Organigramme nach drei Hauptprinzipien dargestellt werden: das Prinzip der horizontalen Gliederung mit oder ohne Stabstelle und das Prinzip einer vertikalen Gliederung (s. Abb. 5.1). Die Stellung der Dokumentationseinrichtung unabhängig vom Gesamtbetrieb kann für den Bereich Literaturdokumentation dargestellt werden, wie Abb. 5.2 zeigt.

Argumente für horizontale Gliederung. *Horizontal* bedeutet die jeweilige fachliche Zusammenführung in eine Organisationseinheit, z.B. Abteilungen Medizin, Chemie, Patente, Wirtschaftswissenschaften. Der Vorteil dieser Gliederung liegt darin, daß der fachlichen Kompetenz Priorität eingeräumt wird, die Fachkenntnisse sind entscheidend bei der Erschließung und Informationsvermittlung. Für den Fall, daß die Arbeitsorganisation innerhalb der Abteilung ohnehin schon fachlich gegliedert und nach fachlichen Schwerpunkten eingeteilt ist, empfiehlt sich im Rahmen der Informationsvermittlung auch eine Schwer-

Organisationstyp 1: Stabstellencharakter

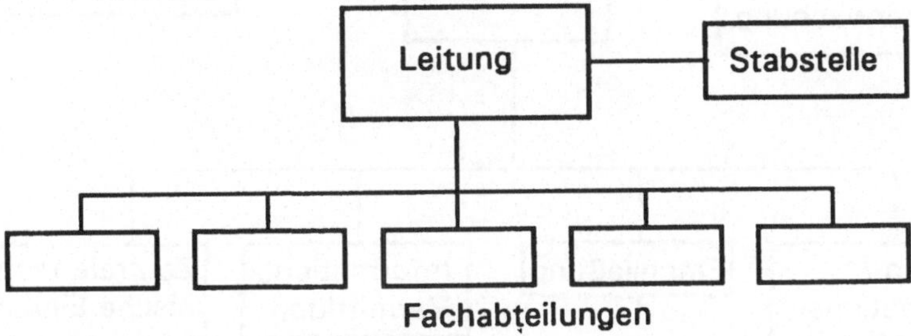

Organisationstyp 2: Horizontale Organisation

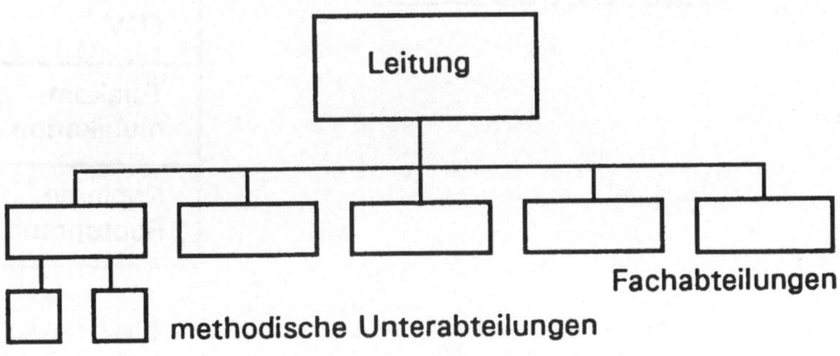

Organisationstyp 3: Vertikale Organisation

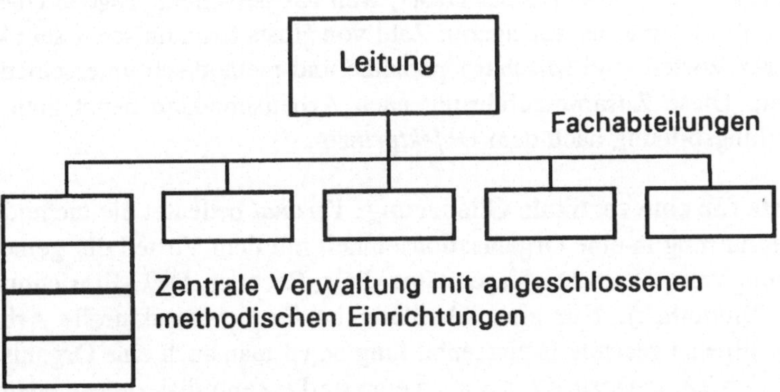

Abb. 5.1. Typen von Organigrammen

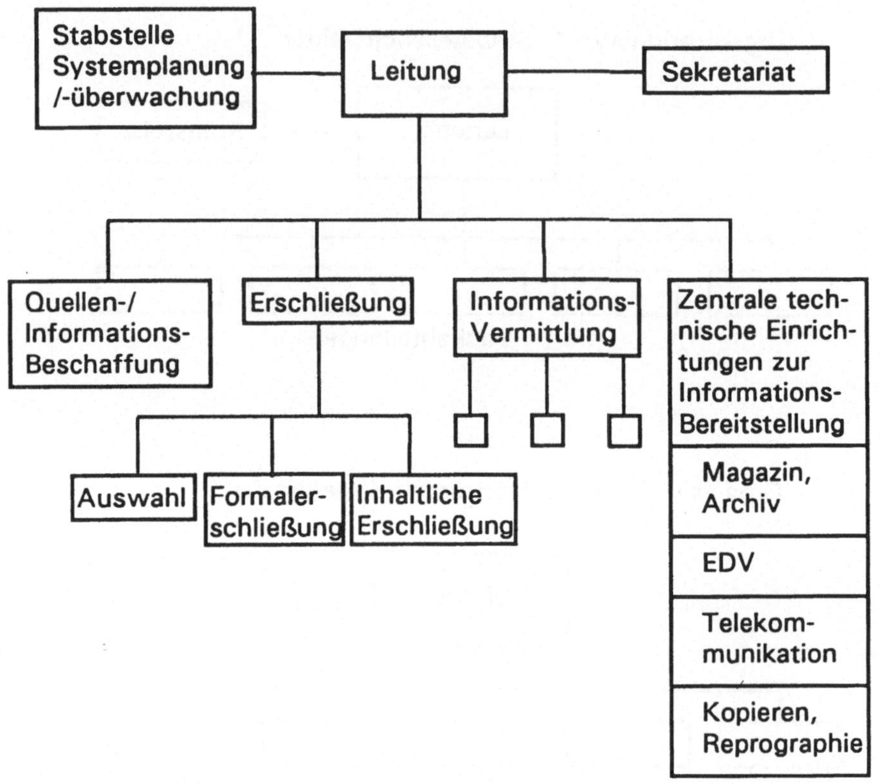

Abb. 5.2. Organigramm einer Literaturdokumentationsstelle

punktbildung in der Betreuung der Hosts, weil das personenbezogene Überwachen und Follow-Up einer geringeren Zahl von Hosts ökonomischer sein kann. Ein weiterer Vorteil sind Mischarbeitsplätze und methodisch unterschiedliche Tätigkeiten. Diese Zusammenführung nach Arbeitsobjekten nennt man auch eine Abteilungsbildung nach dem *Objektprinzip*.

Argumente für eine vertikale Gliederung. *Vertikal* bedeutet die methodische Zusammenführung in eine Organisationseinheit mit dem Vorteil der gemeinsamen Nutzung von technischen Kapazitäten (PCs, Rechner, DFÜ-Einrichtungen, Kopierer, Bibliothek). Nur eine Abteilung ist für infrastrukturelle Arbeiten zuständig. Eine so geartete Instanzenbildung nennt man auch eine Organisation nach dem *Verrichtungsprinzip*, das auch eine starke Zentralisierungstendenz mit sich bringt. Als *Leitungssysteme* zur Regelung von Weisungsbefugnissen sind *Liniensysteme, Funktionssysteme, Stabliniensysteme* einschlägig.

Im (Ein-)Liniensystem gehen Anweisungen von übergeordneten zu nachgeordneten Instanzen den Dienstweg oder umgekehrt, dabei kann weder eine Instanz übersprungen werden, noch dürfen gleichgeordnete Abteilungen direkt miteinander Kontakt aufnehmen. Hierbei handelt es sich um Regelungen in Behörden. Eine enge Zusammenarbeit der die Nachrichten erhaltenden Funktionsträger ist erforderlich beim Funktions- oder Mehrliniensystem, da hier Anweisungen an mehrere Stellen mit Leitungsaufgaben gleichzeitig abgehen. Im Stabliniensystem werden die Eigenschaften von Liniensystem und Funktionssystem kombiniert, wobei die Entscheidungen durch die beratend tätigen Stäbe vorbereitet und durch die Linienverantwortlichen getroffen werden. Der Vollständigkeit halber sollen Liniensysteme mit Querfunktion (eigene Weisungsbefugnis der Querfunktionspositionen, z.B Personalabteilung), Divisionsorganisation (eigenständiges Wirtschaften) und Matrixorganisation (selbständige Beschaffung von Materialien innerhalb gewisser Richtwerte) erwähnt werden.

Aufgaben und Funktionsbereiche. Eine optimale Arbeitsablauforganisation besteht darin, eine zweckmäßige Unterteilung in Teilaufgaben vorzunehmen und sie nach konkreten Kriterien zu gliedern, die darin bestehen, die Kontinuität der Arbeitsabläufe zu bewahren und eine Flexibilität der Ablauforganisation gemäß der anfallenden Menge zuzulassen und die Koordination der Arbeitsabläufe untereinander zu garantieren. Zu diesem Zweck dient eine Organisation mittels Formblättern, weil sie den Ablauf standardisieren helfen. Davon gibt es eine große Variationsbreite, nämlich einzelne Formblätter, ganze Vordrucksätze oder geschuppte Formblattsätze, falls nicht für jeden Sachverhalt ein Durchschlag erforderlich ist. Man kann die Formblattkombination auch als verschiedene Views einer Datenbank verstehen. Ein einzelnes Formblatt stellt sich heute mehr und mehr als Erfassungsmaske einer Datenbank dar und auf ihm muß klar ersichtlich sein, wofür es dient, d.h. wie es den Ablauf steuern soll und wer wo welche Eintragungen zu machen hat. Die Bedeutung der Formblätter besteht heute hauptsächlich in der Funktion als begleitender Laufzettel für die Bearbeitung der Literatur, bevor sie in den Speicher wandert, oder für die Ausdrucke, nachdem sie aus dem Speicher abgerufen wurden und an den Benutzer weitergeleitet werden sollen (natürlich muß der Laufzettel schon bei der Aufnahme der Recherche als Auftragsblatt angelegt sein). Laufzettel sind unerläßlich, wenn andere konventionelle Materialien ins Spiel kommen, es sei, man archiviert jede dokumentarische Bezugseinheit im Volltext auf WORM, wie dies mit *IMS (Image Management System)* von der Fa. AIMS vorgeschlagen wird. Dieses System ist wie das bereits erwähnte STAR in der Lage, jede Art von dokumentarischen Bezugseinheiten (Graphiken, Bilder, Daten, Sprache, Bilder und Bewegtbilder) zu archivieren und würde damit Laufzettel erübrigen. Auch andere Hersteller bieten zusehends integrierende Datenbanksysteme an.

Alle Bereiche des Betriebs bedürfen der Kontrollen und Prüfungen, die durch eine Standardisierung der Betriebsabläufe über Organisationspläne, Arbeitsanweisungen und Formulare erreicht werden kann.

5.1.4 Personalplanung

Zu empfehlen ist eine weitgehende Arbeitsteilung und eine Prüfung, in welcher Weise Zeitpersonal oder externe Mitarbeiter kostengünstiger und effektiver wären. Wichtig sind die Erstellung von Arbeitsplatz- und Stellenbeschreibungen, die folgendermaßen zu unterscheiden sind. *Stellenbeschreibungen* dienen als organisatorisches Instrument dazu, die Aufgaben für eine Organisationseinheit nach Stellen gegliedert aufzubereiten und die Wertigkeit dieser jeweiligen Stellen so darzustellen, daß sie für die Beantragung bei der übergeordneten Dienststelle bzw. Geschäftsleitung tatsächlich anerkannt und objektiv der Personalbedarf für diese Tätigkeit akzeptiert wird. Eine *Arbeitsplatzbeschreibung* hingegen geht von der bestehenden Stellensituation aus und beschreibt den Arbeitsplatz einer Person konkret und ist damit eine Synthese von Personalplanung und Organisationsplan, der spezielle Erkenntnisse und Bedürfnisse des Personals berücksichtigt. Bei der Bewertung spielen eine Rolle:

– Wissen und Können
– Verantwortung
– Belastung
– Arbeitsbedingungen.

In der Nomenklatur der Eingangsstufe für Fachhochschulabsolventen im Öffentlichen Dienst, dem BAT Vb (Bundesangestelltentarif, Vergütungsgruppe Vb) lauten die Tätigkeitsmerkmale: *Tätigkeiten, die umfassende, gründliche Fachkenntnisse und selbständige Leistungen erfordern*, die noch nach Fallgruppen unterschieden werden, von denen eine lauten könnte: *Mitarbeit bei besonders schwierigen fachbezogenen Erwerbungsarbeiten nach vorgegebenen inhaltlichen Kriterien.* Die Tätigkeitsmerkmale bei der nächsthöheren BAT-Stufe IVb bleiben gleich, die vorher genannt Fallgruppe lautet jedoch: *Mitwirkung bei der Kriterienfestlegung für die fachbezogenen Erwerbungsarbeiten.*

Die Tätigkeitsmerkmale bei den nächsthöheren BAT-Stufen IVa/III ändern sich jedoch und lauten: *Tätigkeiten, die besondere Anforderungen an das fachliche Können stellen und/oder mit erhöhter Verantwortung verbunden sind.* Die genannte Fallgruppe lautet jetzt in BAT IVa: *Mitarbeit bei der Kriterien-*

festlegung für die fachbezogenen Erwerbungsarbeiten, bei BAT III: *Durchführung der Kriterienfestlegung für die fachbezogenen Erwerbungsarbeiten.*

Selten ist ein Angestellter nur in einer Fallgruppe beschäftigt, in der Regel wird eine prozentuale Aufteilung der Tätigkeiten erstellt, z.B. zu 20% Entwurf und Aufbau von Ordnungssystemen, 40% Erwerbungstätigkeiten und 40% Erstellung von Betriebsstatistiken. Diese Tätigkeitsbereiche werden dann unter Verwendung der näher charakterisierenden Worte wie Mithilfe, Mitwirkung, Mitarbeit, Durchführung oder Leitung der einschlägigen Tarifgruppe über die jeweiligen Tätigkeitsmerkmale zugeordnet. Die Vergütung richtet sich dann nach den **überwiegenden** Merkmalen. Es ist auch damit zu rechnen, daß **vorübergehend** höherwertige Aufgaben ohne Höherstufung, jedoch je nach Dauer mit einem befristeten Zuschlag durchzuführen sind. Auskünfte über die Rechtmäßigkeit erteilt der Betriebsrat bzw. der Personalrat (im Öffentlichen Dienst) oder der Verein Deutscher Dokumentare (VDD) (vgl. Arbeitsblätter zum Berufsbild der Dokumentare in IuD-Stellen und Banken 1990).

5.2 Planung von Informationsdiensten

5.2.1 Allgemeines

Zu Beginn muß man sich von der Notwendigkeit eines neuen Dokumentationsdienstes und den Zweck und die Ziele, warum er erstellt werden soll, überzeugen. Man muß sich fragen, ob es einen Markt, also interessierte Benutzer dafür geben könnte und sich zu diesem Zwecke Informationen beschaffen, gegebenenfalls über eine Umfrage, und dabei prüfen, wer den Dienst konkret haben möchte (*Markt-Potential*) oder ob sich nicht andere bereits existierende Informationsdienste dafür ebenfalls qualifizieren würden. Häufig gibt es in Unternehmen eine Grundsatzdiskussion, die dazu führt, aus Kostengründen den Aufbau und Betrieb eigener *Inhouse-Systeme* abzulehnen und darauf hinzuweisen, daß der größte Teil der Informationen bereits schon in einer Fülle weltweit verbreiteter Datenbanken gespeichert sei. An Argumenten kann man in diesen Fällen folgendes vorbringen:

Die eigene Institution kann den Sammelschwerpunkt (Scope) am besten festlegen und ist aufgrund des eigenen Erschließens besser in der Lage, auf den in der jeweiligen Institution anfallenden Informationsbedarf zu reagieren, sowohl was die inhaltliche Seite betrifft als auch bezüglich der besseren Aktualisierbarkeit und des schnelleren Zugriffs. Hinzukommen die Möglichkeiten zum unternehmensweiten Vernetzen, um so die Informationen für jeden Arbeitsplatz zur Verfügung zu stellen. Je mehr der eigene Inhouse-Speicher potentiell genutzt werden kann, desto eher lohnt er sich im Vergleich der sonst viel teureren Abfrage externer Datenbanken. Nicht zu vergessen ist auch in gewissen Fällen die Möglichkeit, die Inhouse-Datenbasis weiterzuverkaufen.

Auf alle Fälle sollte man versuchen, sich Erfahrungen bereits existierender Dienste zunutze zu machen, seien sie struktureller Art oder fachlicher Natur. Zu klären ist, woher die auszuwertenden Quellen zu beschaffen sind. Wichtig ist dabei die Vermeidung von Doppelarbeit und das Prüfen von Kooperationsmöglichkeiten, denn oft sind in mehreren Arbeitsgruppen unterschiedliche Quellen verfügbar, die möglicherweise in ein gemeinsames System eingespeichert und genutzt werden könnten. Zwar sind viele kleine Speicher unkomplizierter im Aufbau, der Nutzen eines gemeinsamen Systems bei der Abfrage, oder wenigstens eines Generalindex, wäre sehr viel nützlicher.

5.2.2 Dokumentationswürdigkeit

Sobald diese Grundsatzüberlegungen geklärt sind, beginnt die Beschreibung des für die Bestimmung der Dokumentationswürdigkeit einschlägigen Scopes, wobei folgende Aspekte zu berücksichtigen sind:
– fachliche Komponente
– Niveau der Informationen
  (abgeleitet vom Benutzerbedarf: allgemein — hochspezialisiert)
– Typ der Informationen
  (praktisch, produktorientiert, entwicklungsbezogen, lehrbuchartig)
– Informationsträger (s. Kap. 2.2)
– Dokumentarten (s. Kap. 2.2)
– Veröffentlichungsform (s. Kap. 2.2)
– Sprachen
– große Benutzernachfrage, Zitierhäufigkeit
– Beschaffbarkeit, Lieferbarkeit
– Mittelbedarf und Kontingentierung in Abhängigkeit von Personalkapazität
  und Bestandsgröße und -zusammensetzung.

Schließlich sind die Auswahlkriterien der Dokumentationswürdigkeit nach ihrer Priorität zu gewichten: (Benutzer-)Relevanz, Einschlägigkeit, Aktualität, Qualität, Informationsumfang und Ausführlichkeit (z.B. gute Abbildungen, Statistiken) in Abhängigkeit von den verfügbaren Mitteln, Kapazität und Zeit.

5.2.3 Strukturierung der Datenbasis

Für die vorliegenden Dokumententypen ist eine spezielle Auswahl von Kategorien zu wählen und ein Datenerfassungsschema im Hinblick auf komplexe

Möglichkeiten der Eingabe, Ausgabe und Suche zu wählen, das durch ein Regelwerk zur Formalerschließung und Vorschläge zur Qualitätskontrolle der eingegebenen Daten (Plausibilitätskontrollen) ergänzt wird. Das Regelwerk zur inhaltlichen Erschließung soll Indexierungsregeln und eine festgelegte Vokabularsammlung (möglichst ein Thesaurus) beinhalten. Bereits bei der Planung der Datenbasisstruktur müssen später beabsichtigte Suchstrategien (z.B. nach einzelnen Wörtern in den Feldern, Abstandsoperatoren, Trunkierung (s. Kap. 8.2) oder hierarchische Suche berücksichtigt werden.

5.2.4 Organisation

Unabhängig von der noch zu klärenden Grundsatzfrage, daß man normalerweise einen neuen Informationsdienst in Form einer Datenbank will, muß man den *Finanzplan* konkretisieren, in dem festgelegt werden soll, wieviel die Erstellung in der Planungsphase, Startphase und Routinephase kosten darf, wo (intern dezentral, intern auf dem Zentralrechner oder extern bei welchen Hosts) die Datenbasis verfügbar sein soll, wann (erster Zeitpunkt und in welchen Intervallen) der Informationsdienst bereitgestellt, wie er erstellt werden soll und durch wen die Planung und durch wen die Routinetätigkeit durchzuführen ist (*Geschäftsverteilungsplan*). Man muß dabei ein Zeitplanraster erstellen und prüfen, auf welche Abhängigkeiten besonders zu achten ist.

Sollte nun mit dem Aufbau einer Datenbank begonnen werden, dann müßten sämtliche in Kap.4 besprochenen Prinzipien zum Tragen kommen: Festlegung der Größe einer/s Dokumentationseinheit/Datensatzes, dessen Kategorien, die einschlägige formale und inhaltliche Erschließung, die Datenerfassung, die Kontroll- und Korrekturstandards und die Paßwort-Hierarchien abhängig von der Zugriffsberechtigung (vgl. hierzu die Ausführungen von Eddison 1988 und Kazlanskas 1987). Zu berücksichtigen ist dabei, daß Paßwörter nicht zu vereinfacht ausgewählt werden sollten, um ein Erraten oder zufälliges Erkennen beim Tippen zu vermeiden; es ist also zwingend notwendig, die Paßwörter spätestens nach drei Monaten zu wechseln.

Nach der Fertigstellung ist zuerst der neue Informationsdienst zu erproben, indem man während einer Pilotphase durch "Learning by Doing" das Personal bzw. die Benutzer schult und eine Relevanzanalyse zur eventuellen Systemverbesserung durchführt. Wichtig ist vor allem ein sofortiger Hardwareeinsatz nach dem Einkauf, bevor die Garantie abgelaufen sein könnte. Schließlich ist ein *Marketingplan* zur Einführung des Dienstes erforderlich und Überlegungen wie der Qualitätsstandard aufrechtzuerhalten ist.

5.3   Technische Hilfsmittel

5.3.1   Bestandteile der Ausstattung

Sinnvoll ist eine zentrale Lageplanung der technischen Arbeitsbereiche

- Kopiereinrichtungen
- Reprographie
- Druckerei
- Mikrographie,

damit sie für alle daran Partizipierenden einigermaßen gleich gut zu erreichen sind, während die Bereiche EDV (und Telekommunikation) wegen der Möglichkeiten, die Entfernungen mit Leitungen zu überbrücken, nicht ganz so zentral gelegen sein müssen. Notwendig ist eine zentrale Referenzstelle als Lagerungsort für alles EDV-Zubehör und die erforderlichen Manuale bzw. Handbücher sowie als Schaltstelle für die Telekommunikation. Allgemein zu bedenken sind die Einrichtung von Magazinen und Archiven mit Regalen, wobei die statische Belastbarkeitsgrenze eingehalten werden muß und an eine sinnvolle Lagertechnik zu denken ist (vgl. Schweigler 1977), eventuell von Benutzerbereichen mit Leseecken, Microfiche-Lesegeräten, EDV-Terminals und CD-ROM-Speichern und Mediensicherung und an Bürokommunikations-Systeme unter Berücksichtigung organisatorischer und physischer Aspekte wie der Rechnerkopplung mit fremden Systemen (vgl. Kind 1990).

5.3.2   Herstellung

Bei der Herstellung kann eine Produktion in Papierform, Film oder in maschinenlesbarer Form (s. Kap. 5.3.3) in Frage kommen. Dabei ist auf folgende Qualitätsparameter zu achten: Bedienungskomfort, Zuverlässigkeit, Kopienqualität, Fertigungsgeschwindigkeit, Servicefreundlichkeit. Je nach den Gegebenheiten sind die entsprechenden Produktionsmittel zu wählen. Eine ausführliche Darstellung findet sich bei Blana (1991).

Druck. Die klassische Form der Herstellung ist der *Druck*. Die Herstellung eines Druckerzeugnisses besteht aus vier Phasen, dem *Setzen und Reproduzieren*, dem *Herstellen der Druckform*, dem *Drucken* und dem *Binden* (Kap. 10.3.3 behandelt detaillierte Fragen der Präsentation). Eine detaillierte Darstellung moderner Drucktechniken würde der hohen Innovationsrate wegen den Rahmen dieses Abschnitts sprengen. Aus diesem Grund sollen hier nur die klassischen Prinzipien erläutert werden.

Die Phase des *Setzens* wird heute fast nur noch über *Computersatz* bewerkstelligt. Auch gibt es Möglichkeiten, über einen *Scanner* setzen zu lassen. Der Einsatz von Scannern zur Darstellung von Bildern garantiert z.Zt. noch keine qualitativ guten Produkte. Insofern sind zur Erstellung von Vorlagen Verfahren der *Reprographie* unabdingbar, das sind Verfahren, die sich zur Übertragung einer Information von der Vorlage auf einen neuen Informationsträger ausschließlich der physikalisch-optischen Strahlung in irgendeiner Form bedienen. Da sich in den meisten Fällen diese Abbildung mit einem Objektiv erzeugen läßt, ergibt sich hieraus die Möglichkeit, diese Wiedergabe sehr stark zu verkleinern, wie es für die Mikrofilmtechnik erforderlich ist. Näheres wird bei der Produktion von Filmen diskutiert (vgl. Thiele 1990).

Die wichtigsten Variationen einer technischen Ausführung des Druckens sind *Hochdruck*, *Tiefdruck* und *Flachdruck*, die jeweils noch nach direkten und indirekten Verfahren differenziert werden können. Direktes Drucken erfolgt von der eingefärbten Druckform sofort auf das zu bedruckende Papier, während indirektes Drucken erst auf dem Umweg über einen Zwischenträger geschieht. Näheres ist aus Tabelle 5.1 ersichtlich. In neuester Zeit werden immer mehr Verfahren des berührungslosen Druckes — z.B. der *Ink-Jet-Druck* (Farbstrahldruck) — aktuell.

Die Wahl des richtigen Papiers ist wesentlich für eine gute Wiedergabe der Schrift und vor allem der Abbildungen. Ursprüngliche Rohstoffe waren Leinen, Hanffasern und andere Gewebe, aus denen man holzfreies Papier erhielt. Heute ist Holz der wichtigste Rohstoff, aus dem Holzzellstoff (*Zellulose*) hergestellt wird. Gelegentlich, insbesondere bei Abbildungen, gibt man *Füllstoffe* (mineralische Erden, z.B. Kaolin) hinzu, die ein Durchscheinen des Papieres verhindern. *Bindeleime* geben dem Papier die notwendige Festigkeit und verhindern das *Verschmieren* des Satzes. Das Papiergewicht wird in g/m^2 angegeben. Leichte Sorten wiegen 10 - 59 g/m^2, schwere Sorten dagegen 120 - 149 g/m^2. Größere Gewichte sind dann schon Karton oder Pappe.

Beim *Binden* wird dem Druckerzeugnis die endgültige Form gegeben. Doch vor dem Binden müssen die bedruckten Bogen (*Planbogen*) durch die Schneidemaschine in *Falzbogen* getrennt werden, die im allgemeinen 16 Seiten umfassen. Es ist daher ökonomisch, Publikationen in ganzzahligen Vielfachen von 16 zu planen. Die endgültige Form erhält ein gedrucktes Werk durch die Broschierung oder Bindung. Die Broschierung ist nur geheftet, meist mit Umschlag. Das gebundene Buch unterscheidet sich vom broschierten Druckwerk insbesondere durch die Existenz einer *Buchdecke* und meist einer qualitativ hochwertigen *Fadenheftung* im Unterschied zur *Klebeheftung* (*Lumbecken*) oder *Drahtheftung*. Der Nachteil der Klebeheftung ist insbesondere, daß sie bei häufigem Gebrauch nicht so strapazierfähig ist und die Blätter leicht auseinanderfallen können, wohingegen die drahtgehefteten Broschüren sich nicht ganz aufschlagen lassen. Für Manuale wird oft die *Spiralheftung* bevorzugt.

Tabelle 5.1. Drucktechniken

Namen	*Merkmale*
Hochdruck	Druckende Elemente stehen erhöht auf der Druckform. Teile, die nicht drucken sollen, werden in verschiedenen Techniken (z.B. ätzen, gravieren) so weit eingetieft, daß sie von den einfärbenden Farbwalzen nicht berührt werden. Der klassische *Buchdruck* nach Gutenberg ist wegen der meist manuell durchzuführenden Arbeiten selten geworden. Dagegen ist das heute übliche Verfahren für große Auflagen der *Flexodruck*, der aus der Anwendung der Fotopolymertechnik besteht: Die Druckform besteht aus Gummi oder elastischem Kunststoff und das Druckbild wird unter Verwendung von Druckfarben übertragen, die durch Verdunsten von Lösungsmittel trocknen.
Tiefdruck	Die zu druckenden Teile werden in die Fläche der Druckform mit manuellen, mechanischen oder fotochemischen Methoden eingetieft. Die Vertiefungen werden mit Druckfarbe gefüllt, die Oberfläche vor dem Drucken (z.B. durch Abwischen) farbfrei gemacht. Tiefdruckverfahren werden z.B. für Kupferstiche, Banknoten, für bunte Versandhauskataloge in hohen Auflagen und Nicht-Papier-Materialien eingesetzt.
Flachdruck	Druckform existiert im Prinzip ohne Vertiefungen bzw. Erhöhungen. Alle nicht für den Druck vorgesehenen Elemente werden vor dem Einfärben der druckenden Elemente gefeuchtet und nehmen dadurch keine Druckfarbe an (es gibt jedoch heute schon Spezialplatten, die ohne Feuchtung drucken).
Direkter Flachdruck	Mit das bedeutendste Verfahren ist die *Xerographie* (= das Trockenkopieren) unter der Verwendung von lichtempfindlichen Selentrommeln und Toner, der nur dort haften bleibt, wo elektrisch positive Ladung vorhanden ist. Das Verfahren dient vor allem zur Herstellung geringer Mengen von Kopien, weil im anderen Fall indirekter Flachdruck wirtschaftlicher wäre. Auch der *Laserdruck* funktioniert mit Halbleitertrommeln; zusätzlich wird noch ein Zeichengenerator benötigt.
Indirekter Flachdruck	Hier ist es vor allem der Offsetdruck , bei dem die Druckform zunächst durch einen bedruckten Zwischenträger das Druckbild an das zu bedruckende Material weitergibt. Das Druckbild wird von gerasterten Positiv- oder Negativfilmen auf gekörnte bzw. eloxierte Aluminium- oder Zinkplatten übertragen. Dieses universelle und am weitesten verbreitete Druckverfahren kann auch im Rotationsdruck bei einer Rollenoffsetmaschine (für Zeitungen), aber auch in einer 4-Farben-Bogenoffsetmaschine (für farbige Prospekte) eingesetzt werden.

Reprographie. Historisch entwickelte sich die Reprographie aus der Kombination von Büro-Vervielfältigungsverfahren und der Photographie. Unter *Reprographie* versteht man heute alle Vervielfältigungs-/Vergrößerungs-/Verkleinerungsverfahren, die im Gegensatz zur Photographie nicht auf chemischen, sondern auf physikalischen Prinzipien beruhen. Sie führen dazu, daß Kopien schneller und unkomplizierter bereitgestellt werden können. Phototechnische Verfahren nehmen hierbei eine Vorrangstellung ein, insbesondere die Elektrophotographie. Meist handelt es sich bei diesen Verfahren um Halbleitersubstanzen, deren Widerstand abhängig von der Größe des Lichteinfalls ist. Auf diese Weise charakterisiert die elektrische Ladung verschiedene Hell-Dunkel-Streifen. Das damit entstehende elektrostatische Bild kann dann durch Toner sichtbar gemacht werden; das entstandene Bild wird jedoch erst durch die Fixierung stabilisiert. Unter den hier eingesetzten Verfahren gibt es wie beim Drucken indirekte Umkopierverfahren, bei denen die endgültige Kopie erst vom Zwischennegativ hergestellt wird und direkte Verfahren, die bewirken, daß die endgültige Kopie eine Halbleiterschicht trägt und direkt hergestellt wird (z.B. beim Zinkoxidverfahren). Die Reprographie wird also sowohl im Vergleich zur Verfilmung als auch gegenüber Druckverfahren durch eine nicht-chemische Entwicklung abgegrenzt. Neben den elektrischen Verfahren gibt es noch Wärmeverfahren, z.B. das Thermokopieren, das jedoch keine Vergrößerungsmöglichkeiten bietet, da es im Kontaktverfahren arbeitet (vgl. Thiele 1990).

Die Bedeutung der Reprographie besteht für das IuD-Wesen hauptsächlich darin, daß Reproduktionen optimaler Qualität hergestellt werden, die nicht von Zerfallserscheinungen der Chemikalien bedroht sind.

Weitere Kopierverfahren zur Bürovervielfältigung niedriger Qualität sind gelegentlich noch im Einsatz, diese sind aber eigentlich chemische Verfahren, nämlich das "Hektographieren", bei dem die Farbe mit einem Lösungsmittel abgelöst wird. Das "Umdruckverfahren" mit extra zu erstellenden Wachsmatrizen ist für größere Auflagen geeignet, es gehört eigentlich zur Kategorie des indirekten Flexodrucks.

Film. Die Bedeutung der Herstellung von Filmen bei Informationseinrichtungen ist sehr vielfältig. Man muß hierbei zwischen Bewegtbildern und statischen Bildern differenzieren. Bewegtbilder werden insbesondere in Form von Videofilmen für die Erstellung von Benutzerschulungen oder bei der Öffentlichkeitsarbeit einzusetzen sein. Mikrofilme dienen zur Sicherheitsverfilmung (vor allem in Archiven von Medien), um Informationen auf säurehaltigem Papier auch noch der Nachwelt zu bewahren, und in Form von Microfiche werden wegen der geringen Produktionskosten oftmals Kataloge publiziert. Auch die Erstellung einer Masterkopie für den Druck kann mittels Fotosatz auf Filmen erfolgen.

5.3.3   EDV-Einsatz in Dokumentationsstellen

Grundsätzliche Voraussetzungen, die einen Einsatz der EDV erwägenswert machen, sind das Anfallen großer Datenmengen, die Notwendigkeit einer vielfachen Verarbeitung und der Wunsch nach schneller und komplexer Verarbeitung. Diese Aufgabe von der EDV übernehmen zu lassen ist solange sinnlos, wie die Aufgabe nicht formulierbar ist und sich nicht in feste Regeln und Formen, in *Algorithmen*, darstellen läßt.

Gründe für einen EDV-Einsatz können vor allem in der Entlastung des Personals von mechanischen Routinearbeiten liegen, das sich in der freigewordenen Zeit der individuellen Benutzerberatung widmen könnte. Man sollte vor allem eine höherwertige Dienstleistung erwarten können, die sich aufgrund einer verbesserten Infrastruktur mit optimierten Such- und Bereitstellungsmöglichkeiten ergibt. Neben weitergehenden Informationsmöglichkeiten durch Online-Datenbanken und der Erstellung qualitativ hochwertig ausgedruckter Texte und benutzerfreundlich aufbereiteter Statistiken sind vor allem auch ökonomisch effizientere Maßnahmen z.B. mit der Übernahme maschinenlesbarer Fremdleistungen und schnell verfügbarer Statistiken erwünscht. Mit der Entwicklung der PC-Systeme öffnete sich den Dokumentaren ein neue Arbeitsmöglichkeiten. Durch die Vernetzungsmöglichkeit mit zentralen Rechnern hat man einerseits die Möglichkeit des zentralen Zugriffs auf große Speicher, andererseits ist man nicht mehr auf die zentrale Verfügbarkeit von Hard- und Software angewiesen. Es gibt mittlerweile eine Vielfalt von Standardprogrammen, mit denen folgende Aktivitäten möglich sind:

- dezentrale Fehlerprüfung bei der Datenerfassung
- statistische Auswertungen von Datenspeichern und Anfragen
- Routinetätigkeiten wie Abrechnungen, Bestellungen, Mahnungen, Briefe
- Erstellung von Publikationen
- Übernahme von Fremddaten (Downloading)
- Lernprogramme für Benutzerschulung.

Software-Kauf von Dokumentationsstellen. Dokumentare müssen die Anschaffung der Software fachlich leiten. Sie machen die Ist-Analyse, erstellen das Soll-Konzept und entwerfen das *Pflichtenheft*, das aus einer detaillierten Aufstellung der zu erledigenden Aufgaben einer zu automatisierenden Arbeitseinheit besteht. Es dient als Vorlage bei der Neuerstellung einer Software oder als Vergleichskriterium in Form einer Prüfliste bei der Auswahl und Beschaffung der bestmöglichen Software. Bei der Beschaffung der Software kommen als Alternativen entweder fremderstellte Software oder Standard-Software in Form eines schlüsselfertigen Systems in Frage oder die selbständige Anpassung von Standardsoftware auf die eigenen Bedürfnisse durch Parametrisierung bzw.

Umprogrammierung und schließlich die Entwicklung eigener Software. Eine eigene Erstellung erscheint in der Regel für eine IuD-Stelle aus Wirtschaftlichkeitsüberlegungen nicht attraktiv, man wird höchstens auf der Grundlage eines Datenbanksystems Parametrisierungen oder Programmierungen durchführen. Beim Kauf fremder Software muß man insbesondere auf die *Kompatibilität* und *Portabilität* achten.

Kompatibilität bedeutet Verträglichkeit. Man bezeichnet damit die Eigenschaft von EDV-Systemen und Systembestandteilen (Hardware und Software), sie ohne Anpassungsarbeiten oder Änderungen mit anderen Systemen zusammen einsetzen zu können.Bei der Software-Kompatibilität gibt es die Unterform der Sprachen-Kompatibilität, d.h. ein und dasselbe Programm kann mit mehreren Programmiersprachen realisiert werden. Von *Aufwärts-Kompatibilität* spricht man, wenn Programme und Geräte des kleineren bzw. älteren Systems ohne Anpassung auf dem größeren bzw. neueren System eingesetzt werden können.

Portabilität bedeutet Übertragbarkeit. Sie ermöglicht es, Programme auf verschiedenen Rechnern laufen zu lassen. Standardsoftware sollte immer portabel sein. In höheren Programmiersprachen geschriebene Programme sind begrenzt portabel, d.h. nur bezüglich der Codierung der Programmlogik, nicht jedoch hinsichtlich Dateistrukturen,Treibern für Peripheriegeräte usw. Portabilität von Assemblerprogrammen gibt es nur bei Anlagen der gleichen Maschinentype.

Die Auswahl der Software ist primär, es sollte nie Hardware vor der Software-Auswahl beschafft werden. Bei der Softwareauswahl sollte man sich gründlich überlegen, ob man die angebotenen Funktionen auch benötigt, denn mit wachsendem Funktionsumfang wird die Handhabung komplexer. Wenn möglich, unterziehe man die Zuverlässigkeit der Software einem zweiwöchigen Härte-Test, man kann dabei auch die Effizienz und Effektivität testen. Sinnvoll ist die Erweiterbarkeit über Schnittstellen zu eigenen Unterprogrammen und die Möglichkeit der Konvertierung in und von Standard-Datenformaten. Neben einer ergonomischen Datenerfassung ist eine sofortige Plausibilitätsprüfung und anschließende direkte Übernahme in die Datenbank erforderlich. Insbesondere darf es nicht zu Inkonsistenzen bei Veränderungen der Datenbankstruktur während der gleichzeitigen Eingabe eines anderen Benutzers kommen. Bei der Beschaffung einer Datenbanksoftware sollte man die Frage nach der Kapazität stellen (maximale Dateigröße und maximale Anzahl der Dateien und Felder) sowie prüfen, ob die Feldlänge variabel oder fest ist und welche Feldarten (obligatorisch/fakultativ — freitextinvertiert/alphanumerisch/numerisch/logisch/Datum) vorliegen. Besondere Beachtung sollte die *Benutzerfreundlichkeit* eines Programms erhalten, von dem man erwartet, nicht kompliziert im Gebrauch eines vollständigen Funktionsvorrats zu sein, korrekte und detaillierte Dokumentation bereitzustellen, verständliche Fehlermeldungen zu bringen,

Verläßlichkeit im Einsatz und guten Service zu bieten. Als Nachschlagewerk kann hierzu das Softwarelexikon von Jamin (1988) dienen. Besonders wichtig ist es, insbesondere bei PC-Systemen, rechtzeitig Gegenmaßnahmen gegen eventuell ins System eindringende Viren zu treffen. Dazu ist regelmäßig eine aktualisierte Version eines guten Virenerkennungsprogrammes (und möglicherweise -bekämpfungsprogrammes) zu beschaffen.

EDV-Einsatz in Anwendungsbereichen. Die *Erwerbung* wäre der logische Beginn der Automatisierung, weil hier zum ersten Mal die Titel maschinell erfaßt werden müssen. Diese Form der *Zeitschriftenbearbeitung* setzt in der Regel einen Stammsatz der einzelnen Zeitschriften voraus (Titel, Signatur, Bestelldatum, Preis etc.). Die Zugänge werden maschinell geprüft, und für die säumigen Lieferungen werden Mahnungen geschrieben. Zur Automation der Titelaufnahme muß ein Erfassungsschema (Kategorienschema) erstellt werden. Es entfällt die handschriftliche Vorgabe und das Tippen der Titelaufnahme. Die Änderungsfreundlichkeit vereinfacht Korrekturen und Nachträge. Zur *Datenerfassung* (s. Kap. 4.5.3) ist die Vorgabe einer EDV-verarbeitbaren Struktur, die Festlegung der Steuerzeichen für besondere Verarbeitungsmodi und des Zeichenvorrats erforderlich. Von der Erfassungsart hängen auch die Auswahl der Erfassungsgeräte und die Anweisungen zum Erfassen bzw. Ausfüllen der Datenträger bzw. Bildschirmmaske ab.

Die leichte Duplizierbarkeit der Daten erlaubt eine starke Ausnutzung von *Fremdleistungen*, die jedoch die Klärung von Kompatibilitätsfragen bei der Konvertierung von Datenbasen nach unterschiedlichen Formaten erfordert, wozu Umsetzungsprogramme vom Erfassungs- zum Intern-, Austausch- und Ausgabeformat bereitgestellt werden müssen. Zur *Ausgabeformatierung* müssen ebenfalls Richtlinien festgelegt werden. Die Wahl des *Ausleihsystems* hängt von der Größe der Sammlung und der Ausleihfrequenz ab. Dabei gibt es drei Problemkreise, die *Buchidentifizierung* (die Verbuchungsnummer muß maschinell lesbar sein oder die Eingabe muß Online erfolgen), die *Benutzeridentifizierung* (ein maschinenlesbarer Benutzerausweis ist erforderlich) und die *Identifizierung der bibliographischen Angaben* (z.B. bei Mahnungen). Durch die EDV können mehrere Vormerkungen pro Buch bequem verwaltet und Benutzersperren für viele Arten von Fällen sicher verwirklicht werden. Interessant ist auch die programmgesteuerte Verwaltung von Anschaffungsvorschlägen, die es ermöglichen, dem betreffenden Benutzer bei Eingang des gewünschten Mediums ohne großen Aufwand eine Benachrichtigung zuzustellen. Der EDV-Einsatz von Retrievalsprachen wird in Kap. 8.2 gesondert behandelt.

Hardware. Nachdem man sich von der Funktionsfähigkeit der auszuwählenden Software überzeugt hat und auch die passende Multitasking-orientierte Betriebssystem-Umgebung gefunden hat, die gegebenenfalls mehrplatzfähig bzw. netzwerkfähig ist, hat man den materiellen Umfang des Systems zu konzipieren und das momentane und später zu erwartende Leistungsvermögen auf die maximal mögliche Speicherkapazität und die konkreten Speichergeräte zu dimensionieren. Auch die Anzahl der Erfassungs- und Ausgabegeräte ist festzulegen. Wenn man dann konkret Fabrikate auswählt, muß man auf Kompatibilität mit Standard-Hardware, einfache Bedienung und Ergonomie von Tastatur (größenmäßig passende, nicht zu schnell ansprechende Tasten) und Bildschirm (abgeschirmte Strahlung, allseitige Schwenkbarkeit, Verstellbarkeit der Lichtintensität und Kontraste) achten. Auch zu hohe Geräuschentwicklung kann sich als lästig herausstellen, wenn Mitarbeiter-Arbeitsplätze benachbart untergebracht sein sollten. Sehr wichtig ist ein guter Service durch den Händler und auch dessen Unterstützung in Fragen, die nicht nur die bei ihm gekaufte Installation betreffen (*Support*). Rechtzeitig sollte man sich auch um die Datensicherungs- und Datenschutzaspekte kümmern und die entsprechenden Vorkehrungen bezüglich der Abschließbarkeit von Raum und Terminals treffen. Die organisatorische Durchführung der regelmäßigen Datensicherung muß bereits beim Hardwarekauf überlegt werden, um fehlerhafte Daten korrigieren zu können, die bei Maschinenausfall oder Programmfehlern auftreten. In der Anfangsphase des EDV-Einsatzes empfiehlt sich eine parallele Durchführung konventioneller und maschineller Verarbeitung.

Zum Einsatz kommen können *PC-Systeme* großer Rechnerleistung, hoher Kapazität des Arbeitsspeichers und externer Speicher (wegen der großen Menge anfallender Dokumentationseinheiten), die auf dem Betriebssystem MS-DOS basieren. Hilfreich ist zusätzlich die graphische Benutzeroberfläche *Windows*. Letztere ermöglicht Anwendern ein bequemes Anklicken von Verarbeitungssymbolen mit der Maus und erspart ein umständliches Lernen von DOS-Befehlen. Die Hoffnung, mit einer Vernetzung mehrerer Speicher eine einheitliche Organisationsform für ein Unternehmen zu erreichen, ist trügerisch, weil die Daten dort physisch verfügbar sein müssen, wo die Anwendungsprogramme ablaufen. Vor allem in Fällen, in denen die Datensätze gleichzeitig an zwei verschiedenen Stellen gebraucht und korrigiert werden können, muß klar sein, wo diese Speicherung zu erfolgen hat. Die Übertragung von einem anderen Rechner kann zwar über ein Dialogprogramm bewerkstelligt werden, dennoch muß das Programm wissen, auf welchem Rechner welche Daten sind und wie im Einzelfall die inhaltliche Pflege der Daten im Falle der redundanten Mehrfachspeicherung auf mehreren Speichern zu erfolgen hat. Insofern ist der Einsatz eines mehrplatzfähigen *Inhouse-Systems* eher empfehlenswert.

5.4 Beschaffung, Vertrieb und Kosten

5.4.1 Kalkulation

Für die *Kalkulation* müssen die entstehenden Kosten erfaßt werden, um den günstigsten Marktpreis zu ermitteln, der für eine eigenständige Informationsfirma nicht nur den besten Absatz, sondern auch einen Gewinn erhoffen lassen kann. Dieser Gewinn kann jedoch nicht immer nur in meßbaren DM-Zahlen berechnet werden; gerade bei Informationseinrichtungen der öffentlichen Hand oder in innerbetrieblichen Informationssystemen ist der Wert der Information oft in anderen Dimensionen wie Qualitätsverbesserung etc. meßbar. Dennoch sollte man in allen Punkten wirtschaftlich denken lernen. Es gibt dabei drei Phasen der Kalkulation, die *Vorkalkulation, Hauptkalkulation* (= mitlaufende Kalkulation) und die *Nachkalkulation*. Die Vorkalkulation, die besser auch *Voranschlag* genannt werden kann, stützt sich auf den bisherigen Erfahrungen bei der Erstellung des Informationsproduktes ab und ist eine überschlagsmäßige Abschätzung des Verkaufspreises.

Die Hauptkalkulation entwickelt sich aufgrund der endgültigen Kosten aufgrund der gelieferten Rechnungen für Waren und fremde Dienstleistungen. Die Nachkalkulation, an die sich oft die *Erfolgsrechnung* anschließt, ist die Endberechnung nach dem Absatz der gesamten Ware.

5.4.2 Administrative Beschaffungs- und Erwerbungsfragen

Beschaffungsmöglichkeiten für Literatur sind die *Erwerbung*, die *Ausleihe* und das *Kopieren* von Teilen ausgeliehener Werke, wobei der letzte Vorgang seine Einschränkungen durch das *Copyright* erfährt (s. Kap. 5.6) und auch nicht immer erforderlich ist, um aus dokumentarischen Bezugseinheiten (DBE) Dokumentationseinheiten (DE) gewinnen zu können. Man wird für den Fall, daß ganze Bücher als DBE herangezogen werden, die Erwerbung bevorzugen, die im allgemeinen durch *Kauf* neuer oder antiquarischer Objekte einzeln oder im Abonnement erfolgt. Man nennt den Bestellvorgang für das Abonnement *laufend zur Fortsetzung* und differenziert mit den Optionen *begrenzt, unbefristet, Widerspruch*. Für Einzelbestellungen wird unterschieden in *Festbestellung* und *Ansichtsbestellung*. Weitere Formen der Bestellung sind die *Subskription* als Verpflichtung zum Kauf vor Erscheinen des Werkes und die *Standing Order*, die das ganze Verlagsprogramm umfaßt, sowie der *Approval Plan*, eine Art Interessensprofil der Auswahl interessierender Fachgebiete, gegebenenfalls mit Rückgaberecht einzelner Titel. Die Dokumentationsstelle hat generell das Recht auf Benachrichtigung durch den Lieferanten, falls ein Titel nicht lieferbar ist, länger als normal dauert, im Preis erheblich abweicht oder wenn die Titelbeschreibung zu stark divergiert.

Eine weitere Möglichkeit der Erwerbung ist der Tausch, wenn die Dokumentationsstelle selbst oder die eigene Firma interessante Objekte, meist laufende Zeitschriften, anzubieten hat. Man kann aber vor allem im Bereich der Grauen Literatur manch nicht bestellte oder auch erbetene Geschenke erhalten. Interessant ist vor allem der Bezug durch Mitgliedschaft, ist er doch in vielen Fällen die einzige Möglichkeit, spezielle Literatur zu bekommen.

Der Erwerbungsvorgang ist im Einzelfall von der zu beschaffenden Informationsquelle abhängig, insbesondere bezüglich ihrer Erscheinungsweise, jedoch auch je nach Publikationstyp. Insbesondere interessiert dabei die Frage, ob es sich um Buchhandelsliteratur oder Graue Literatur handelt, also nicht-konventionelles Schrifttum, z.B. Veröffentlichungen von Verbänden, Vereinen, Parteien, Forschungsinstituten und Firmen. Als ein weiterer Einflußfaktor berücksichtigt werden muß der geographische Bezug (Inland, europäisches und außereuropäisches Ausland, Entwicklungsland, Industrienation), die Dringlichkeit und die zusätzlichen bei der Beschaffung entstehenden Kosten. Als Beschaffungswege kommt traditionell der *Buchhandel* in Frage, für Zeitschriften empfehlen sich wegen verschiedener noch zu diskutierender Probleme *Agenturen*, für Reports und graue Literatur kommt *Direktbestellung* bei den herausgebenden Institutionen zum Tragen. Für im Buchhandel beschaffbare Bücher, Karten, Musikalien, Zeitungen und Zeitschriften sind einschlägige Nachschlagewerke verfügbar, wie z.B. das Verzeichnis lieferbarer Bücher (VLB), München, und Books in Print, New York.

Literaturangaben für die Aufnahme in einen Dokumentationsspeicher können jedoch auch aus Sekundärquellen wie Werbematerialien, Literaturverzeichnisse oder Fremddaten (z.B. Diskettendienste, Magnetbanddienste, Verbundkataloge und Datenbanken) gewonnen werden. Diese Materialien werden in jedem Fall erforderlich als *Bestellunterlagen* für eine Erwerbung.

Nicht zu vergessen sind Beschaffungsmethoden für Daten und Fakten. An erster Stelle sind hier zu nennen das *Exzerpieren* aus Literaturquellen, ferner *Umfragen* und das Verwenden von Laborprotokollen oder experimenteller *Messungen* (vgl. Marek 1980).

Problematisch ist, daß Umfragen viel zu häufig gemacht werden, so daß es schon schwerfällt, die befragten Personen weiter zu Antworten zu motivieren. Die beiden Methoden "schriftliche Umfrage" und Interviewtechnik ergänzen sich jedoch ganz gut. Der Vorteil der schriftlichen Methode ist darin zu sehen, daß die Gefahr der Beeinflussung wesentlich geringer anzusetzen ist als bei der Interviewtechnik, bei zweifelhaft oder nicht zutreffenden Fragen kann jedoch der Interviewer den Befragten noch zum Weitermachen motivieren und eine sinnvolle Antwort finden.

Unterschiede in den *Bezugsbedingungen* und den damit verknüpften Randbedingungen bei der Beschaffung aus den Kontinenten Europa und Nordamerika

sind in Tabelle 5.2 dargestellt (vgl. Swets und Zeitlinger 1990). Folgende Aufgaben liegen an:
- Bestellvorgänge
- Teiländerungen
- Änderung der Lieferanten
- Erfassung der Lieferzeiten
- Mahnroutinen
- Dublettenkontrolle
- Übernahme maschinenlesbarer Daten für Bestellzwecke.

Es ist sehr günstig, jedem Erwerbungsvorgang eine laufende Nummer zuzuteilen. Ein großer Vorteil der Online-Erfassung ist die leichte und sofort nachgewiesene Änderungsmöglichkeit. Den Mitarbeitern sollte die Datei der im Geschäftsgang befindlichen Titel zugänglich sein. Zudem ist eine gezielte Information über Neuerscheinungen möglich. Die Daten der Erwerbungsdatei sollten direkt in die Katalogisierungsdatei übernommen werden können, um sie dort einer Weiterverarbeitung zuzuführen.

Tabelle 5.2. Bezugs- und Randbedingungen in Nordamerika und Europa

Europa	USA/ Kanada
Bezahlung nach Rechnungserhalt	Vorauszahlung bar mit Auftrag anhand von Preislisten
Abonnements laufen zur Fortsetzung: müssen gekündigt werden	Abonnements werden nicht zur Fortsetzung vermerkt: müssen jährlich verlängert werden
Höhere Auflagen	Kleine Restauflagen
Lagerdisposition	Kaum Lagerbestände
Gute Administration in Verlagen	Administrativ schlecht organisierte Verlage
Größere Rabatte für Buchhandel, Bibliotheken	Geringe Rabatte für Buchhandel, Bibliotheken

Allgemeines zu Verlagen. Bücher werden von klassischen Verlagen, Institutionen der öffentlichen Hand (Staatsverlage, Ministerien, Bibliotheken, Gemeinden, Universitäten, Institute, etc.), Firmen, Banken, Börsen, Gesellschaften, Privatpersonen, Vereinen verlegt.

Aus diesem Grund gibt es große Differenzierungen im Vertrieb. Oft werden die Rechte an andere Organisationen übertragen, z.B. örtliche Niederlassungen, lokale Repräsentanten.

Die Überwachung der Vollständigkeit der Werbekataloge ist schwierig, weil nicht alle Verlage Jahreskataloge bzw. Gesamtkataloge und Neuerscheinungslisten getrennt anbieten. Oft ist keine klare Katalogpolitik erkennbar. Verlage erfahren auch oft zu wenig über die Endverbraucher, da die Auslieferung über Zwischenbuchhandel-Barsortimenter und Bucheinzelhandel erfolgt.

Allgemeine Probleme sind, daß Verlagspolitik und redaktionelle Richtlinien nicht bekannt sind und bei der Verlagsangabe unterschiedliche Bestelladressen je nach bestellendem Land vorliegen. Wenn man Adressendienste konsultiert, erhält man oft mangelhafte Angaben, vor allem hinsichtlich der Beschränktheit des Adreßfeldes, das nicht erlaubt, Untereinheiten der Organisation mitanzugeben.

Besondere Informationen zu Zeitschriften. Zeitschriften sind für Dokumentare eines der wichtigsten Medien. Es gibt weltweit ca. 300 000-400 000 Zeitschriften mit jährlich ca. 1 500 Zeitschriftenneugründungen und 750 Einstellungen. Wichtigste Verlagsländer der 90 000-100 000 laufenden wissenschaftlichen Zeitschriftentitel sind die USA, Großbritannien, Deutschland, Niederlande, Schweiz und Frankreich.

Problematisch ist das mangelnde Einhalten von DIN- und ISO-Normen bei der Verfassung von Zeitschriftenartikeln, so daß man Schwierigkeiten bei der Formalerschließung hat.

Bei der Bestellung sollte eine Vielzahl von Faktoren berücksichtigt werden: Titel, Abonnementsbeginn (nächstes oder letztes Heft nach Eingang der Bestellung, nach Zahlungseingang), Mehrjahresabonnements, Abonnements mit Supplementen bzw. Indizes.

Zur Überwachung der zentralen Zeitschriftendatei müssen viele Daten verfolgt werden: bibliographische Angaben, Lieferant, Lieferbedingungen, Lieferkontrolle, Reklamationen, finanzielle Verwaltung, Etatüberwachung, Standort, Bindeadministration.

Zeitschriften der Sozial- und Geisteswissenschaften unterscheiden sich von denen der Naturwissenschaften, Medizin, Technik in der verzögerten Erscheinungsweise, da kein so großer Innovationsdruck existiert. Außerdem werden sie oft weniger kommerziell vom Verlag und Herausgeber betreut, weil die Nachfrage geringer ist, weniger industrielles Interesse an Publikationen existiert und kaum Subventionen zu erhalten sind. Das führt auch häufiger zu Abbestellungen, was wiederum sinkende Qualität verursacht, bis die Zeitschriften eingestellt werden. Anders dagegen die naturwissenschaftlichen Zeitschriften, die von Informationsstellen der öffentlichen Hand wegen der steigenden Produktionskosten (u.a. durch Formeln, Tabellen, Farbillustrationen) häufiger abbestellt werden müssen.

Bezüglich der *Preise* ist noch zu bemerken, daß in Deutschland Preisbindung existiert und es keine Weltmarktpreise gibt, so daß in jedem Land mit einer unterschiedlichen Preispolitik zu rechnen ist. Die Preise bleiben für denselben Titel auch keineswegs stabil: Jährlich werden sie durch die Verlage neu festgelegt. Wechselkursänderungen und rückläufige Bibliotheks-Rabatte belasten das Beschaffungsbudget. Die unterschiedlichen Konditionen hängen auch vom Land der Vertriebsniederlassung ab; ferner gestaltet sich der Preisvergleich von Lieferanten für Werke aus dem Ausland schwerig, da die Berechnungsgrundlagen oft unterschiedlich sind, zumal oft Berechnungsperiode, Bandanzahl oder Kurse nicht übereinstimmen. Prinzipiell gibt es die beiden Arten der Berechnung per Titel oder die Zugrundelegung von Verlagspreisen zuzüglich Behandlungsspesen. Erwähnt werden sollten auch versteckte Erhöhungen (weniger Seiten je Heft, weniger Hefte pro Band, Publikation eines zusätzlichen Bandes gegen separate Rechnung).

Bei der Zeitschriftenbearbeitung können folgende Probleme auftauchen: Es gibt Veränderungen bei laufendem Abonnement oder Gründe (berechtigte und unberechtigte) für Reklamationen. Die Probleme sind in Tabelle 5.3 zusammengestellt (vgl. Swets und Zeitlinger 1990). Zu beachten ist auch, daß nicht rechtzeitig angemahnte Hefte oft vergriffen sind oder Sonderhefte erscheinen, die getrennt bestellt werden müssen.

Tabelle 5.3. Probleme bei der Zeitschriftenbearbeitung

Veränderungen	Reklamationsgründe
Zusammenlegung von Titeln	Versäumnis der Zustellung
Titelaufteilung in zwei Serien	Verlust des Heftes – auf dem Postweg – in der Dokumentationsstelle
Namensänderung im Titel	Beilagen gingen verloren
Formatänderung	Erscheinen des Heftes ist verzögert
Änderung der Erscheinungsfrequenz	Abonnement ist bereits abgelaufen
Änderung der Zählungsweise	Streiks, Unruhen verhindern Versand
Hinzunahme von Supplementen	
Übernahme durch anderen Verlag	

Agenturen. Zur Unterstützung der Erwerbung, der administrativen und finanziellen Bearbeitung, insbesondere bei Zeitschriften und sonstigen Periodika, können Agenturen naturwissenschaftliche Zeitschriften den Dokumentationsstellen und Bibliotheken insgesamt noch billiger als bei Direktbezug liefern. Dies ist möglich, da viele auf den ersten Blick nicht berücksichtigte Nebenkosten (Scheckgebühren, Portokosten, Kopierkosten, Vorausfinanzierung) gespart werden und vor allem der Arbeitsaufwand mit diversen Sprachen, vielen Adressen, Berechnungsarten und Währungen entfällt. Agenturen verfügen über das geeignete Instrumentarium, um zuverlässig und rasch weltweit Periodika zu beschaffen und dabei die verschiedenen Kündigungs- und Verlängerungstermine zu beachten. Vor allem können Reklamationen effektiver durch eine Agentur erledigt werden, was den zusätzlichen Vorteil hat, daß man es nur noch mit einem Lieferanten zu tun hat. Man erhält anstelle einer Vielzahl unübersichtlicher Einzelrechnungen eine Sammelrechnung in einer Währung.

Amtsdruckschriften. Die von Behörden herausgegebenen Werke bereiten in einem Drittel der Fälle keine Probleme, weil sie im Verlagsbuchhandel erhältlich sind. Die überwiegende Anzahl von Publikationen erscheinen jedoch in den Institutionen und sind nur durch individuelle Direktbestellungen bei den betreffenden Institutionen erhältlich. Jede Behörde verfährt je nach der herausgebenden Abteilung mit der Abgabe ihrer Schriften nach eigenem Ermessen. In der Bearbeitung gibt es Schwierigkeiten mit Parlamentspapieren, die durch gewisse Beschluß-Nr., Strich-Nr. etc. ergänzt werden müssen. Bei der Bearbeitung von Gesetzesblättern stört im allgemeinen das Zeitungsformat, bei sonstigen Materialien steht man bei der Beschaffungsbearbeitung vor gewissen Archivierungsproblemen. Eine zentrale Referenzstelle für Amtsdruckschriften ist die Staatsbibliothek Stiftung Preussischer Kulturbesitz.

Reports und Tagungsschriften. Wichtig sind hier vor allem direkte Kontakte zu einschlägigen Institutionen und die Mitgliedschaft in diversen Vereinigungen, um rechtzeitig Informationen über Neuerscheinungen oder Tagungen und die vortragenden und publizierenden Autoren zu erhalten. Die entsprechenden Preprints einzelner Papers sind oft nur bei den Autoren zu erhalten. Informationen über publizierte Tagungen sind aus dem *Directory of Published Proceedings (Interdoc)* ersichtlich. Reports im eigentlichen Sinne sind in Deutschland von der *Technischen Informationsbibliothek (TIB)* Hannover, dem *Fachinformationszentrum Karlsruhe* und dem *Pädagogischen Zentrum Berlin* erhältlich. US-amerikanische Reports erhält man u.a. vom *National Technical Information Service (NTIS)* in Springfield, Virginia.

Rechnungsbearbeitung und Inventarisierung. Man verzeichnet die Werke im Zugangsbuch (bzw. in den Zugangsdateien) als dem einzigen Verzeichnis mit allen Merkmalen und Angaben. Bei der Eingangskontrolle vergleicht man dann, ob die Angaben auf dem Werk mit denjenigen des vom Buchhändler zurückerhaltenen Bestellzettel-Duplikats übereinstimmt. Man korrigiert gegebenenfalls und verwendet ihn weiter als Laufzettel durch die in der Erschließung tätigen Arbeitsgruppen. Bei der Rechnungsprüfung erfolgt die Kontrolle, ob der Eingang der bestellten Literatur regulär erfolgt ist oder die Kosten übermäßig gestiegen sind. Gegebenenfalls hat man bei Abonnements rechtzeitig Abbestellungen vorzunehmen. Eine Schwierigkeit bereiten Sammelrechnungen; in diesem Fall muß Sorge dafür getragen werden, daß die Zugangsnummern auf den Rechnungen eingetragen werden, damit man die zu den Zugangsnummern gehörigen Rechnungen wiederfinden kann.

5.4.3 Vertrieb

Für den Vertrieb des Informationsprodukts müssen diskutiert werden: das Marketing, die Auslieferung und die Abrechnung. Marketingfragen sollen in Kap. 5.5 gesondert diskutiert werden.

Unter *Auslieferung* werden alle technischen und kaufmännischen Tätigkeiten verstanden, die notwendig sind, um die eingehenden Bestellungen auszuführen. Dafür müssen diese gesichtet werden, das passende *Informationsprodukt* ist auszuwählen, die Rechnungen sind zu schreiben, die Sendung ist zu verpacken und zu befördern, schließlich ist die Erledigung der Sendung bzw. eine eventuelle Verzögerung oder Nichtausführbarkeit zu verbuchen. Zu berücksichtigen ist beim Rechnungsschreiben die Berechnung der Mehrwertsteuer (MWSt), die z.Zt. für wissenschaftliche Informationen wie Broschüren, Zeitschriften, Profildienste bei 7% liegt, jedoch bei Ausfuhr ins Ausland entfällt. Zur Vereinfachung der Prozedur empfehlen sich Formblätter, sowohl für Online-Recherchen als auch für gedruckte Dienste oder Diskettendienste. Normalerweise kommt mit der Bestellung durch den Kunden ein *Kaufvertrag* zustande. Vorstellbar sind jedoch auch Probesendungen. *Zahlungsmodus* ist entweder *Ware gegen Geld* oder *Ware gegen Kredit*. Bei Tauschgeschäften könnte auch *Ware gegen Ware* in Frage kommen.

Die Aushändigung der Ware gegen Geld läßt sich wegen vieler individueller (z.B. auf konkrete Recherchen bezogene) Preise bei IuD-Diensten nicht durchführen, daher kommt eher Ware gegen Rechnung (Kredit) in Frage. Dabei gibt es die beiden Möglichkeiten *zahlbar nach Empfang* (in der Regel bedeutet das Bezahlung innerhalb von zehn Tagen) oder *zahlbar mit Zahlungsziel* (also späteste Bezahlung innerhalb eines Monats, mit der Gewährung von Skonto-Möglichkeiten (2% oder 3%) bei Bezahlung innerhalb von acht Tagen.

Folgende *Kostentypen* fallen an: Produktionskosten, Betriebskosten (Sachkosten, Verbrauchsmaterialien, allgemeine Kosten, Personalkosten), Werbungskosten. Eine kostengünstige Organisation ist abhängig von einer optimierten Aufbau- und Ablauforganisation mit sinnvoller Arbeitsteilung, der Steuerung durch ein sinnvolles Formularsystem, der Ausschöpfung kooperativer Vereinbarungen mit externen, sachgebietsverwandten IuD-Einrichtungen, der Nutzung von Fremdleistungen sowie von der stetigen Überprüfung der Arbeitsschritte auf Vergleichsmaße (*Indikatoren*) zur Kosten- und Leistungsrechnung. Den Hauptanteil bilden die Personalkosten mit ca. 75% des Gesamtetats, weshalb alle Maßnahmen, die Veränderungen des Dienstleistungsangebots mit sich bringen, gründlich auf versteckte Personalkosten geprüft werden müssen (vgl. Schwuchow 1990 und Weiske 1980).

5.5 Marketing

5.5.1 Öffentlichkeitsarbeit und PR-Mittel

Allgemeine Ziele der Öffentlichkeitsarbeit sind ein höherer Bekanntheitsgrad und eine Imagepflege; spezielle Ziele sind die Bekanntgabe des Leistungsspektrums und der Leistungsfähigkeit der jeweiligen Institution, um auf diese Weise sich der Öffentlichkeit, d.h. potentiellen Kunden, vorzustellen. Die Öffentlichkeitsarbeit wird am zweckmäßigsten von einer eigenen *PR-Abteilung* (Public Relations Department) durchgeführt, die von Journalisten geleitet eng mit der IuD-Stelle zusammenarbeiten sollte. In manchen Unternehmen wird diese Aufgabe von einer Pressestelle wahrgenommen. PR ist insofern umfassender als Werbung, da nicht lediglich über Produkte und Leistungen informiert wird — und dafür konkrete Kunden geworben werden —, sondern regelmäßig Informationen allgemeiner Art über die Institution verbreitet werden, die geeignet sind, die betreffende Institution der Öffentlichkeit zu empfehlen oder die geplanten Aktionen der Öffentlichkeit nahezubringen. Als Mittel zur PR kommen, abhängig von der durchzuführenden Aktivität und Zielgruppen, die Maßnahmen der Tabelle 5.4 in Frage.

Einschlägige Maßnahmen einer IuD-Stelle sind es unter anderem, grundlegend über die IuD-Szene zu berichten, sowie über den Nutzen und die Nutzungsmodalitäten von Informationsdienstleistungen (vgl. Kemmler 1990).

Schulungen. Schulungen sind sowohl Marketing-Maßnahmen als auch konkrete Dienstleistungen. Im IuD-Bereich wurden sie ursprünglich im Rahmen der Öffentlichkeitsarbeit betrieben, um die Benutzer für den Umgang mit Informationen sensitiv zu machen. Sie konnten daher oft kostenfrei in Anspruch genommen werden, da sie die Vorbedingung dafür sind, daß Online-Recherchen durchgeführt werden können. Auch der Umgang mit der individuellen Retrievalsprache und die Kenntnis der aufliegenden Datenbanken sind eine Voraussetzung dafür, gehören aber mittlerweile mehr zum Spektrum der Dienstleistungen, für die der Markt Gebühren akzeptiert.

Ein wichtiger Punkt, auf den hinsichtlich der Schulung oder der Verbreitung von Dienstleistungen sehr geachtet werden muß, ist die Erstellung von Manualen und Benutzerhandbüchern, wozu man sich professioneller Hilfe bedienen sollte (hierzu gibt es inzwischen einen eigenständigen Studiengang am Fachbereich BID der FH Hannover: Technische(r) Redakteur(in)), da die Benutzer selten mit den mitgelieferten Dokumentationen bzw. Handbüchern zufrieden sind, weil sie entweder die einschlägigen Sachverhalte nicht finden oder sie zu ungenau, unverständlich und teilweise sogar falsch (weil ältere Versionen beschrieben werden) dargestellt werden. Auf qualitativ ordentliche Herstellung und richtige Aktualisierung ist sorgfältig achten, um die Benutzer nicht zu verärgern.

Tabelle 5.4. PR-Mittel

Verbale und direkte Kommunikation	Indirekte Kommunikation
Vortragsreihen	Firmenzeitungen
Präsentationen bei Tagungen	Spezielle Informationsschriften
Podiumsdiskussionen	Geschäftsberichte
Führungen	Direkter Briefversand an potentielle Kunden
Tage der offenen Tür	Flugblätter
Benutzertreffen	Ausstellungen, Plakate
Schulungen	Mitteilungen in Zeitungen und Zeitschriften
Messestände	(Video-)Filme
	Hörfunk
	Fernsehen

Benutzertreffen. Im Zusammenhang mit Schulungen werden von Hosts, Datenbasisproduzenten und Softwareherstellern auch turnusmäßig Benutzertreffen veranstaltet, bei denen sich die Benutzer frei über den jeweiligen Service äußern und Verbesserungsvorschläge einbringen können. Auch dienen diese Benutzertreffen zum Austausch von Ideen unter den Benutzern sowie zu direkten Kontakten, die ihm bei ähnlich gelagerten Problemlagen förderlich sein könnten.

5.5.2 Werbung

Mit dem Marketing ist untrennbar auch die Werbung verbunden. Schon bei der Erstellung des Informationsdienstes ist auf potentielle Käufer und Absatzmöglichkeiten zu achten. Im Rahmen der *Werbepsychologie* ist auf folgende Kette von Vorgängen zu achten:
– Wecken der Aufmerksamkeit potentieller Kunden
– Pflegen der *Benutzerkontakte*
– *Imagepflege ("Corporate Identity")*
– Anreiz zum Wunsch am Informationsdienst.

Bei der Durchführung der Werbung soll unter Vermeidung von Widersprüchen stets ein klares Werbeziel vorhanden sein; außerdem sollte in der wissenschaftlichen Dokumentation seriös geworben werden, d.h. die Versprechungen aus der Werbung sollten nicht Zukunftswünsche beinhalten, sondern bereits vorhandene Realitäten. Außerdem ist eine genaue Strategie erforderlich, nach der der Werbefeldzug durchgeführt wird, wobei vor allem das "Gießkannenprinzip" zu vermeiden ist. Die Werbung sollte kontinuierlich den Anfangserfolg ausbauen, indem die gewählten Werbemittel und ihre Gestaltung einfallsreich und ansprechend sind. Dabei spielen beim Entwurf der Werbemittel die einzelnen *Werbefaktoren* (Schlagzeile, Illustration, Farbenkombination, Formgestaltung, Slogan) eine wichtige Rolle. Die Werbeabsichten sollten sich jedoch nur an echte, potentielle Benutzer richten. Es wäre z.B. sinnlos, einem Literaturwissenschaftler einen Chemie-Informationsdienst anzubieten. Es sind also genaue Untersuchungen durchzuführen, um herauszufinden, welche Bevölkerungsgruppe bzw. Berufsgruppe für ein Informationsprodukt in Frage kommt *(Zielgruppenanalysen)*.

Im *Werbeetat* muß gesondert die auf die Einführungswerbung hinsichtlich eines neuen Produkts und die allgemeine Werbung für die Informationsstelle bzw. deren bereits auf dem Markt befindlichen Produkte geachtet werden, um das richtige Verhältnis zwischen Aufwand und Ertrag abschätzen zu können.

Beim *Werbeplan* muß man sich über die Wahl der *Werbeträger* und *Werbemittel* einig werden. Werbeträger sind die Organisationen oder Medien, denen man die Werbemittel (Prospekte, Kataloge, Anzeigen, etc.) anvertraut. Das sind in der Regel die Bundespost (Postwurfsendungen, Kataloge), Verlage (Anzeigen) sowie andere Einrichtungen wie die Deutsche Bibliothek (Aufnahme in das Wöchentliche Verzeichnis der Neuerscheinungen) oder der Börsenverein des Deutschen Buchhandels.

Zur besseren *Werbewirksamkeit* gehört auch ein Emblem der Informationsstelle, das sich zur Qualitätsmarke entwickeln kann. Die Präsenz auf Messen ist also sowohl eine Werbemaßnahme als auch eine Aktion der Öffentlichkeitsarbeit.

5.6 Informationsrecht

Das Informationsrecht regelt den Umgang mit Informationen. Es wendet sich an die Hersteller von Information (Aspekte des Urheberrechts), an die durch die Information Betroffenen (Aspekte des Datenschutzrechts) sowie an die am Informationshandel Beteiligten (Vertragsrecht). Zusätzlich sind eine Reihe weiterer Rechtsvorschriften zu beachten (z.B. das Gesetz gegen den unlauteren Wettbewerb).

5.6.1 Urheberrecht

Das Urheberrecht regelt die Rechte des Urhebers an seinem Werk. Es ist verankert im *Gesetz über Urheberrecht und verwandte Schutzrechte (UrhG)* und gilt in seiner Neufassung seit 1985. Der Urheber ist der Schöpfer eines Werkes (= persönliche geistige Schöpfung) der Literatur, Wissenschaft und Kunst. Aufgrund des UrhG stehen ihm Rechte der wirtschaftlichen Nutzung (*Verwertungsrechte* §§ 15 ff. UrhG) seiner geistigen Arbeit zu, ohne daß eine formelle Anmeldung (wie z.B. nach dem Patentgesetz) erforderlich ist. Gleichzeitig schützt das UrhG den Urheber vor Entstellungen seines Werkes oder gegen eine vorzeitige Veröffentlichung durch Dritte. Außerdem gibt es dem Urheber das Recht, das Werk mit seinem Namen zu versehen (Urheberpersönlichkeitsrecht, vgl. §§ 12).

Was eine persönliche geistige Schöpfung darstellt, muß fallspezifisch geprüft werden und ist nicht immer einfach festzustellen. So ist zweifellos ein Roman urheberrechtlich geschützt, bei Kurzreferaten ist ein solcher Schutz u.U. problematisch und bei Wirtschaftsdaten oder chemischen Formeln durchweg abzulehnen. Mit analogen Einschränkungen genießen auch Übersetzungen und Bearbeitungen von Werken Urheberschutz.

Für das IuD-Wesen sind hauptsächlich Sprachwerke wie Schriftwerke sowie Software oder Darstellungen wissenschaftlich-technischer Art (Pläne, Skizzen, Tabellen etc.) urheberrechtlich von Bedeutung. Der Schutz beginnt unabhängig von der ersten Veröffentlichung, sobald das Werk einen wahrnehmbaren (sichtbaren oder hörbaren) Ausdruck einer persönlichen geistigen Schöpfung gefunden hat und endet 70 Jahre nach dem Tode des Urhebers (§ 64, Abs.1). Für den IuD-Bereich wesentlich ist das vom UrhG garantierte Vervielfältigungsrecht, Verbreitungsrecht und das Recht der öffentlichen Wiedergabe; diese Verwertungsrechte sind jedoch dem Urheber nicht uneingeschränkt vorbehalten. §§ 45 ff des UrhG enthalten im einzelnen festgelegte Urheberrechtsschranken für die einzelnen Verwertungsrechte. Besonders geregelt ist das *Verlagsrecht*, das die Überlassung des Vervielfältigungs- und Verbreitungsrechtes an den Verlag regelt und andererseits der Verleger sich verpflichtet, das Werk auf eigene Rechnung zu vervielfältigen und zu verbreiten. Für das internationale Urheberrecht ist die *Revidierte Berner Übereinkunft (RBÜ)* von Bedeutung. Deren Regelung beinhaltet u.a., daß der Urheber eines Mitgliedslandes auf fremdem Gebiet denselben Schutz wie ein Einheimischer genießt und gewährt ihm sog. *Mindestrechte*, auf die er sich in jedem Fall berufen kann (z.B. das Vervielfältigungs- und Verbreitungsrecht, nicht jedoch das Recht der öffentlichen Wiedergabe in der allgemeinen Form, wie es im UrhG enthalten ist). Die Dauer des Schutzes ist jedoch von Land zu Land verschieden, jedoch mindestens 50 Jahre (vgl. Hackemann 1987). Das Vervielfältigungsrecht wird auch als *Copyright* bezeichnet, meint als solches aber nur die wirtschaftlichen Aspekte dieses Rechts (vgl. Copyright Act der USA). In den USA war bis zu deren Beitritt zur Berner Konvention für ausländische Werke der sog. Copyright-Vermerk von besonderer Wichtigkeit, weil ein ausländisches Werk in den USA nach den Vorschriften des *Welturheberrechtsabkommens (WUA)* diesen Vermerk (das ©, Name des Berechtigten und erstes Jahr des Erscheinens) enthalten sollte. Aber auch heute sollte dort auf den Copyright-Vermerk nicht verzichtet werden (vgl. Müller von der Heide 1989).

In der Dokumentationspraxis wird oft kopiert, sei es zur Herstellung von internen Arbeitskopien, um auf ihnen weitere Eintragungen vornehmen zu können, sei es, daß für den Benutzer eine Kopie zum eigenen Gebrauch außerhalb der IuD-Stelle hergestellt wird. In beiden Fällen darf die Vervielfältigung hergestellt werden; zu beachten ist jedoch, daß im ersten Fall die Vervielfältigung nur zum internen Gebrauch verwendet wird und es sich nur um kleine Teile eines Werkes, z.B. einen Zeitschriftenaufsatz, maximal bis zu 20 % eines Werkes, handeln darf. Im zweiten Fall müssen die Kopien mit einer Urheberrechtsklausel versehen werden, die ausdrücklich auf die Beachtung der urheberrechtlichen Vorschriften des § 53 UrhG hinweist, ferner dürfen diese Kopien nicht auf Vorrat für einen größeren vermuteten Benutzerkreis angefertigt werden. Für die Erstellung der Kopien wird in Deutschland von der *Verwertungsgesellschaft Wort (VG WORT)* sowohl von den Herstellern von Kopiergeräten eine *Geräteabgabe* als auch von den Stellen, die Kopiergeräte bereitstellen (z.B. Copy-Shops, Bibliotheken) eine *Betreiberabgabe* erhoben. Die erhobenen Vergütungen (2 bzw. 5 Pfennige je DIN-A4-Seite) werden an die Autoren ausgeschüttet. Eine Vervielfältigung stellt auch das Einspeichern (urheberrechtlich geschützter Werke) in EDV-Anlagen dar. Das gilt selbst für den Zweck der vorübergehenden Speicherung (z.B. zu Indexierungszwecken). Auch ein Computerausdruck oder das Downloading aus einer Datenbank kann eine Vervielfältigung urheberrechtlich geschützter Werke darstellen. Ob tatsächlich in Rechte des Urhebers eingegriffen wird oder ob sich die Nutzung noch im Rahmen der gesetzlichen oder vertraglich vereinbarten Urheberrechtsschranken hält, hängt vom jeweiligen Einzelfall ab.

Bei der Online-Erfassung ist aus urheberrechtlicher Sicht die Übernahme von Referaten, seien es Autoren- oder Fremdreferate, besonders zu prüfen. Hervorgehoben sei, daß in keinem Fall ganze Bücher oder Zeitschriften vollständig vervielfältigt werden dürfen, es sei denn, sie werden abgeschrieben. Ein generelles Vervielfältigungsverbot gilt insbesondere für EDV-Programme oder auch nur wesentliche Teile davon (vgl. UrhG § 53, Abs.4, Satz 2). Das bedeutet, daß in diesen Fällen unbedingt vor der Vervielfältigung (insbes. durch Kopieren) die Einwilligung des Berechtigten (meist des Autors oder Verlags) einzuholen ist. Weiterführende Hinweise zum Urheberrecht enthalten die Publikationen von Katzenberger (1990), Koch und Schnupp (1991), Lehmann (1988), Löhr (1988) sowie Mehrings (1990)

5.6.2 Datenschutz

Datenschutz bezweckt den Schutz natürlicher Personen (im Gegensatz von juristischen Personen wie GmbH, AG, Behörden oder öffentlich-rechtlichen Körperschaften) vor einem Mißbrauch ihrer Daten. Der Datenschutz impliziert den Schutz der Daten an sich, den Schutz vor Manipulation und den Schutz vor Mißbrauch, wozu es rechtliche, organisatorische und technische Mittel gibt. Datenschutzrechtliche Vorschriften sind in den verschiedensten Gesetzen enthalten (Meldegesetze, Steuergesetze, usw.). Für den IuD-Bereich bedeutsam ist das *Bundesdatenschutzgesetz (BDSG)* (vgl. Ordemann und Schomerus 1988), soweit die Dokumentationsstelle eine Einrichtung des Bundes oder eine privatrechtliche Organisation ist. Im Falle einer Landesbehörde ist das jeweilige Landesdatenschutz (LDSG) zu beachten. Entscheidend ist für das BDSG, daß *personenbezogene* Daten als *Datei* vorliegen. Die juristische Definition einer Datei umfaßt sowohl elektronisch gespeicherte Dateien als auch konventionell aufgebaute, die normalerweise als Karteien bezeichnet werden, einschlägig ist das Vorliegen einer gleichartig aufgebaute Sammlung personenbezogener Daten, die entweder durch automatisierte Verfahren nach bestimmten Merkmalen ausgewertet oder als sonstige Sammlung gleichartig aufgebaut und nach bestimmten Merkmalen geordnet, umgeordnet und ausgewertet werden kann (BDSG § 3, Abs. 2, Satz 1). *Personenbezogene* Daten sind im Prinzip alle über eine Person gesammelte Daten, die als schutzwürdig deklariert werden und nicht als *freie Daten* (Name, Adresse, Telefonnummer, Beruf, Titel, Branche, Alter/ Geburtstag) gelten, wobei jeder Bezug aller dieser "freien" Daten auf eine Situation (z.B. Organisation) diese als personenbezogen qualifiziert. Besondere Gefahren gehen für den Betroffenen von automatisierten Dateien aus, da die darin enthaltenen Daten ohne nennenswerten Aufwand beliebig verarbeitet werden können. Den betroffenen Personen hat deshalb das BDSG bestimmte Rechte gegeben, z.B. auf Auskunft über die gespeicherten Daten und auf

Berichtigung, Löschung und Sperrung unrichtiger personenbezogener Daten. Diese Rechte können den Betroffenen nicht genommen werden (vgl. BDSG § 6, Abs.1). Auch regeln die Datenschutzgesetze, unter welchen (weitgehend eingeschränkten) Voraussetzungen personenbezogene Daten weitergegeben werden dürfen, wobei generell zwischen öffentlich-rechtlichen und privatrechtlichen Einrichtungen zu unterscheiden ist. Für die Medien wie Presse, Funk und Fernsehen gelten eigene Regelungen, in denen nur die Vorschriften über das Datengeheimnis sowie Maßnahmen der Datensicherung Anwendung finden (vgl. BDSG, § 9, Anlage). Insgesamt gilt, daß der Schutzbedürftigkeit der betroffenen Personen vor allem durch die Sicherung ihrer personenbezogenen Daten (z.B. gegen den unbefugten Datenzugriff oder die unbefugte Datenmanipulation) Rechnung getragen werden soll.

Hingewiesen sei aber auch auf die Datenschutzkontrolle durch Bundesdatenschutz- bzw. Landesdatenschutzbeauftragte für den öffentlichen Bereich und die betrieblichen Datenschutzbeauftragten sowie die Aufsichtsbehörden (meistens Innenministerien) für den privaten Bereich. Verstöße gegen Vorschriften des BDSG können mit empfindlichen Geldbußen oder gar mit Strafen belegt werden (BDSG, §§ 43). Im IuD-Bereich sind datenschutzrechtliche Vorschriften vor allem für die Verarbeitung von personenbezogenen Daten der Autoren, Experten (z.B. in einer Forschungsprojekt-Datenbank) der in einem Dokument beschriebenen Personen und der Datenbankbenutzer relevant.

Anzumerken ist, daß in Baden-Württemberg Datenbanken dem Medienbereich zugeordnet werden. Dies bedeutet, daß für die in den Datenbanken nachgewiesenen personenbezogenen Daten von Autoren, Experten, beschriebenen Personen etc. nur die Vorschriften über das Datengeheimnis (BDSG § 5) und die Datensicherungsmaßnahmen anwendbar sind. Im übrigen bleibt es aber bei der uneingeschränkten Anwendbarkeit des BDSG (insbesondere für die Verarbeitung der Benutzerdaten).

An datenschutzrelevanten Methoden der Datensicherung ist einschlägig das Vermeiden eines unberechtigten (Lese- und Schreib-) Zugriffs (Diebstahl und Sabotage) und eines versehentlichen oder willkürlichen Löschens oder Veränderns von Daten (Manipulation). Keine Maßnahme des Datenschutzes ist jedoch eine Duplizierung von Dateien, weil sie das Risiko erhöht, daß die Daten in falsche Hände geraten.

Der Datenschutz ist eine gesetzliche Vorgabe, erfordert aber gleichzeitig zur wirksamen Durchsetzung den Einsatz von Methoden der Datensicherung.

5.6.3 Pflichtexemplargesetz

Aufgrund einer Rechtsverordnung vom 21.12.1970 definiert ein Gesetz über die Deutsche Bibliothek (§ 118) die Abgabepflicht der Deutschen Verleger näher: Es sind dabei im allgemeinen von der gesamten Verlagsproduktion jeweils zwei Exemplare abzugeben, eines an die Deutsche Bibliothek in Frankfurt/M bzw. die Deutsche Bücherei in Leipzig sowie an die jeweilige Landesbibliothek des Bundeslandes, in dem der Verlag seinen Sitz hat.

5.6.4 Vertragsrecht auf dem Informationsmarkt

Der jeweilige Gegenstand des Informationshandels bestimmt den vertraglichen Charakter des Geschäfts. Als Kaufvertrag nach § 433 des *Bürgerlichen Gesetzbuches (BGB)* ist ein Vertrag zu werten, wenn die Informationen nach der Intention der Parteien dauerhaft und gegen Zahlung eines einmaligen Entgelts an den Erwerber gegeben werden (Zeitschriften oder Software-"Kauf"[1]). In der Regel wird hier *Sache gegen Geld* gegeben, d.h. der Rechtswechsel ist mit dem Verbleib des Informationsträgers verknüpft. Die *Erfüllung* eines Kaufvertrages ist bei Zusendung auf Bestellung zeitverschoben; normalerweise trägt der Käufer hier das Transportrisiko. Erst mit dem Zusatz *Lieferung frei Haus* beginnt die Übergabe an der Haustür und ist dadurch für den Käufer eine Risikoverminderung.

Anders dagegen verhält es sich beim Lizenzvertrag: Bei diesem bleiben die Eigentumsrechte des Lizenzgebers erhalten und dem Erwerber werden nur Nutzungsrechte am Lizenzgegenstand eingeräumt. Dies ist z.B. der Fall, wenn der Benutzer vom Softwarehersteller eine bestimmte Software erwirbt und dafür fortlaufende oder einmalige (bei Standardsoftware) Lizenzgebühren zu zahlen hat, oder, wenn der Host sich von einem Produzenten die Rechte für das öffentliche Angebot der von diesem hergestellten Datenbasis gegen regelmäßig zu erbringende Entgeltzahlungen übertragen läßt. Die Eigentumsrechte des jeweiligen Herstellers bleiben in diesen Fällen unberührt. Zusätzlich zu beachten ist in Verträgen gegenüber Endkunden das *Gesetz zur Regelung der allgemeinen Geschäftsbedingungen (AGBG)*; dieses führt zur Unwirksamkeit solcher Vertragsklauseln, die den Endkunden unangemessen benachteiligen (vgl. AGBG, §§ 9 ff). In diesem Zusammenhang muß auch die Haftungsfrage für fehlerhafte Informationsprodukte erörtert werden. Hier ist sorgfältig abzuwägen, inwieweit eine Haftung für die Richtigkeit, Tauglichkeit, Aktualität und Vollständigkeit der gelieferten Informationen übernommen bzw. zulässigerweise ausgeschlossen werden kann. Erwähnt sei schließlich auch das *Gesetz gegen den unlauteren Wettbewerb (UWG)*, das sich gegen Handlungen eines Wettbewerbers wendet, die gegen die guten Sitten verstoßen, so etwa, wenn durch

---

1 "Kauf" ist hier in Anführungszeichen geschrieben, weil hier kein Kaufvertrag, sondern ein Lizenzvertrag abgeschlossen wird (s.u.).

unrichtige Angaben der Anschein eines besonders günstigen Angebotes hervorgerufen wird. Unzulässig ist auch die Übernahme eines fremden Leistungsergebnisses, wenn dadurch der Dritte um die Früchte seiner Arbeit gebracht wird, indem etwa ein aufwendig erstellter Informationsdienst weitgehend unverändert übernommen wird (vgl. Ulmer, Brandner und Hensen 1987).

6 Organisation des Online-Retrieval

6.1 Allgemeines zum Online-Recherchieren

6.1.1 Einleitung

Ein Terminal ist keine Endstation. Gemeint ist damit die Tatsache, daß eine allzu große Computerorientiertheit nicht die alleinseligmachende Lösung für das Informationsproblem ist. Mancher Laie glaubt, es wäre damit getan, sich ein Computer-Terminal an seinen Arbeitsplatz zu stellen und er hätte damit ein für allemal seine Sorgen los. Die Bezeichnung Computer-Recherche, die man gelegentlich von Laien anstelle des Begriffs Online-Recherche hört, suggeriert eine vollkommene und möglichst umfassende Recherche. Hier soll nun darauf eingegangen werden, daß dies mitnichten der Fall ist und viele Begrenzungen, denen man auch beim konventionellen Recherchieren ausgesetzt ist, immer noch vorhanden sind. Außerdem gibt es noch viele Tätigkeiten, die vor und nach der Online-Sitzung durchgeführt werden müssen. Somit ist das Terminal (das Wort heißt ja eigentlich Endstation) nur eine Durchgangsstation für Informationen, die der Mensch noch strukturieren muß. Unzweifelhaft hat die Online-Ära hervorragende Entwicklungen mit sich gebracht (vgl. Sandmaier 1990).

Zur Erläuterung der genannten Argumente werden die Vor- und Nachteile der Online-Recherchen nochmals aufgeführt (s. Tabelle 6.1). Beim Beschreiben von Vor- und Nachteilen möchte man natürlich gerne wissen, welche andere Tätigkeit mit dem Online-Recherchieren verglichen wird. Es gibt hierzu zwei Vergleichsmöglichkeiten: Das zum Online-Dienst parallel verfügbare Informationsmedium des gedruckten Dienstes und die Orientierung direkt am Regal. Doch unabhängig von diesem Vergleich soll zusammengestellt werden, welches die konkreten Möglichkeiten (die i.allg. nur beim Online-Retrieval gegeben sind, jedoch bei vorzüglichen konventionellen Diensten teilweise auch vorhanden sein können) und welches die Beschränkungen des Online-Retrievals sind, um daraus aufbauend zu den ergänzenden Tätigkeiten zu kommen.

Eine Voraussetzung zur Tätigkeit des Recherchierenden sind Fachkenntnisse auf dem jeweiligen Gebiet, Kenntnisse der Dokumentationssprache sowie mehrerer Abfragesprachen.

6.1.2 Was heißt Information Retrieval?

Hierbei handelt es sich um eine Technik, mit automatisierten Systemen Informationen wiederzufinden. Eine gängige Bezeichnung ist *Online-Retrieval*, das sich weiter differenzieren läßt in *bibliographisches Retrieval* (oft auch *Document Retrieval* oder *Reference Retrieval* genannt) und *Fakten-Retrieval* (dieses bedient sich oft einer eigenen Retrievalsprache, weil die Wiedergewinnung numerischer Fakten oder statistischer Daten ein wesentliches Ziel ist). Außerdem gibt es *Frage-Antwort-Systeme (Question Answering)*, deren Diskussion den Vertretern der künstlichen Intelligenz vorbehalten sein soll.

Tabelle 6.1. Vorteile und Grenzen des Online-Retrieval

Vorteile und Möglichkeiten	Nachteile und Grenzen*
Zeitersparnis bei der Suche; Druckform der Ergebnisse	Technische Probleme (Hardware, Software, Netze); Schwächen der Retrievalsoftware
Direkter Zugriff auf große Datenmengen – räumliche Unabhängigkeit – flexible Anpassungsmöglichkeiten – mehrdimensionaler, präziserer Zugriff (größere Vollständigkeit und Treffsicherheit)	Trotz Computereinsatz methodische Begrenzungen bezüglich Vollständigkeit und Treffsicherheit
Übertragbarkeit der Suchfragenformulierung von einer Datenbasis auf eine andere (beim gleichen Host)	Notwendigkeit des Einsatzes sowohl der Online-Technik als auch der konventionellen Hilfsmittel
Einfache Möglichkeit der Gewinnung maschinenlesbarer Daten	Notwendigkeit ergänzender Tätigkeiten vor und nach dem Retrieval

**Kommentar zu Nachteilen und Grenzen:*

Kommentar zu technischen Problemen. Auf verschiedenen Ebenen des Netzes sind unterschiedliche Hardware und Software-Formen im Einsatz, für die es Möglichkeiten von Mängeln gibt: HOST, DATEX-P, MODEM, Datenendgerät-PC. Jede Software hat ihre Schwächen, da sie nach einem genau geregelten Algorithmus vorgeht und es sein kann, daß der Mensch für einen besonderen Zweck nach einem neuen Kriterium vorgehen möchte, das mit der bisherigen Software nicht abgedeckt ist. Bsp.: Erstes und einziges Wort im Titel war lange Zeit nicht recherchierbar (heute nur bei GRIPS).

Methodische Begrenzungen

Vollständigkeitsquote (Recall) (s. Kap. 10.2.3)
Die Gründe für die Unvollständigkeit sind oft analog den konventionellen Medien:
1. Selbstverständliche Informationen werden nicht aufgenommen, Monographien gelten als "alte Hüte".
2. "Klassiker" vergleichsweise alten Datums sind in keinem der Computerspeicher vorhanden. Je nach Fachgebiet können diese nicht vernachlässigt werden.
3. Bei langer Halbwertszeit eines Fachgebiets (wie z.B. Biologie — 10 Jahre, Germanistik, Geschichte) sind die Computerspeicher oft nicht vollständig, weil die Erfassung frühestens in den 60er, in der Regel aber erst in den 70er Jahren begann.
4. Datenbanken sind zielgruppenorientiert und nie universell für alle Benutzergruppen einsetzbar.
5. Die neueste und aktuelle Literatur ist oft noch nicht ganz eingespeichert, weil der Aufwand zu hoch ist, um Aktualität und gleichzeitig hohe Qualität zu garantieren.
6. Die vollständige Erschließung des gesamten für eine Datenbank relevanten Schrifttums ist utopisch.
7. Ein weiteres Problem bei monographischen Datenbanken ist die mangelnde Erschließungstiefe, z.B. ein dickes Buch wird oft nur mit drei Schlagwörtern indexiert.
8. Homonym-Synonym-Probleme: Die mangelnde Eindeutigkeit der natürlichen Sprache verhindert vollständige Recherchen.
9. Volltextdatenbanken enthalten zwar den vollständigen Text, sind jedoch schwieriger recherchierbar und im Vergleich zu Bücher schlechter lesbar.

Genauigkeitsquote (Precision) (s. Kap. 10.2.3)
1. Die praktische Durchführung erfordert einen hohen Formulierungs- und Konzentrationsaufwand: Korrekte Eingabe und die Überprüfung des weiteren Registerumfelds sind notwendig, da normalerweise nur wenige Eintragungen sichtbar sind. Der Computerantwort 0 Hits sieht man nicht an, ob man sich verschrieben hat oder ob tatsächlich 0 Treffer nachgewiesen werden. Das Online-*Browsing* (= Stöbern, Überfliegen) wirkt sich insbesondere deshalb nachteilig aus, weil die konventionelle Alternative infolge des größeren Blickfelds beim Lesen schneller funktioniert. Das Online-Browsing ist umso schwieriger, je größer die Menge der nachgewiesenen Dokumente. Auch das Online-Blättern in Volltextdokumenten erscheint unbequem.
2. Die Rückkopplung, ob das gefundene Buch bzw. Originaldokument wertvoll bzw. ausreichend relevant ist, ist beim bibliographischen Recherchieren nicht möglich und funktioniert konventionell am Regal schneller.

3. Homonym-Synonym-Probleme: Die mangelnde Eindeutigkeit der natürlichen Sprache verhindert präzise Recherchen.

Notwendigkeit für ergänzende Tätigkeiten. Die Kenntnisse des Recherchierens müssen bezüglich aller Komponenten (Retrievalsprachen und Umfeld) regelmäßig angewendet werden, da nur ständige Abfrage von Datenbanken die notwendige Erfahrung bewahrt. Es bedarf außerdem eines hohen Aufwands zur Aktualisierung des Wissensstandes.

Nutzungshilfen (*User Aids*) sollen den Benutzer unterstützen bei der
– Auswahl der Datenbank
– Bedienung des Retrievalsystems
– Formulierung der Suchfragen
– Entwicklung optimaler Suchstrategien.

Wichtig ist noch das direkte *Recherche-Interview* mit dem Benutzer, das auf dem Hauptprinzip beruht, daß keine zu lange Informationskette vom Benutzer zum Rechercheur gespannt ist. Der Rechercheur braucht nämlich eine ganze Reihe von Hintergrund-Informationen, um möglichst fall- und benutzerorientiert arbeiten zu können. Nach der Recherche kommt die Nachbereitung und Nachprüfung der Ergebnisse, die Relevanzbeurteilung und die Rückkoppelung mit dem Benutzer (vgl. Oberhauser 1988).

Optimales Verfahren bei online und konventionell gleichzeitig
Konventionelle Medien sind zu bevorzugen
– bei einführender Literatur
– bei Einzelbegriff-Suchen
– wenn konventionelle Dienste vollständiger sind
– abzudeckender Zeitraum von Datenbanken gehört nicht zum Scope
– beim Recherchieren kurzer Zeitabschnitte (ohne Kumulationen).
Online-Medien sind zu bevorzugen:
– bei gleichzeitigem Einsatz mehrerer Zugriffskriterien
– bei zu erwartenden umfangreichen Literaturlisten
– bei erwünschtem Zugang über Stichwörter im Titel oder Abstract
– falls größere Aktualität erforderlich
– bei der Suche nach statistisch aufbereiteten Tabellen.

Falls die Informationsvermittlungsstelle einen weitgestreuten Personenkreis ohne eindeutige Fachgebietszuordnung zu bedienen hat, muß sie ebenso mehrgleisig vorgehen. Allgemein gilt die Priorität, daß konventionelle Medien eher für *Globalinformationen, ältere Literatur* und bei *unklar formulierten Fragen* und Online-Medien für *Detailinformationen, neuere Literatur* und bei *präzise formulierten Fragen* herangezogen werden müssen.

Mögliche Versäumnisse bei Online-Retrieval als alleiniger Basis. Bei der Konzeption einer Datenbank wurde eine Reihe denkbarer Fragestellungen nicht berücksichtigt, so daß deren Recherchierbarkeit nicht gewährleistet ist. Auch ist beim Online-Retrieval eine Erweiterung der Fragestellung aufgrund noch nicht bekannter Tatsachen, die beim "zufälligen" Blättern bzw. "Herumstochern" entdeckt werden, kaum möglich. Ein weiterer Nachteil beim Online-Retrieval ist der nicht sofort einsetzende *Feedback*, der natürlich zu unterschiedlichen Zeitpunkten stattfinden kann (ideal wäre es natürlich nach dem Lesen der Original-Literatur):

– nach dem Lesen des Titels und der Schlagwörter
– nach dem Lesen der Abstracts
– nach dem Lesen der nachgewiesenen Literatur
– nach dem Auswerten der gelesenen Literatur

6.2 Organisation der Online-Szene

Die Entwicklung von Informationsdiensten aus externen Datenbanken begann mit der Bereitstellung von im *Offline*-Modus abfragbaren Diensten, zuerst 1960 mit einer Demonstration des für medizinische Literatur geplanten MEDLARS-Systems, danach 1965 mit der routinemäßigen Recherchierbarkeit der Chemical Abstracts. In einer zweiten Stufe waren Online-Abfragemöglichkeiten bei den Dokumentationsstellen verfügbar, mit denen der Benutzer konventionell per Brief oder Telefon Kontakt aufnahm (in Deutschland bot die Literaturdokumentation des Deutschen Krebsforschungszentrums diesen Dienst ab 1973 an). In einer weiteren Ausbaustufe ermöglichte man dem *Endbenutzer* mit Fachkenntnissen über Telekommunikationssysteme den Anschluß zum eigenständigen Recherchieren. In den USA begann 1972 Lockheed-Dialog mit dem ersten über Datenfernverarbeitung kommerziell verfügbaren Online-Dienst, 1975-1977 wurde in Deutschland *DIMDINET* zu diesem Zweck eingerichtet, weitere Netze folgten mit *EURONET* (1979) und *DATEX-P* (1981). 1977 fand das erste internationale Online-Meeting statt, 1980 wurde von Mead die erste Volltext-Datenbank Nexis angeboten und bereits 1986 waren international 3 000 Datenbanken öffentlich verfügbar. Ein weiterer Einschnitt in der Qualität des Online-Recherchierens war 1984 der Einsatz von speicherfähigen *Mikrocomputern*, die das Uploaden und Downloaden ermöglichten (s. Tabelle 6.3 und Kap. 8.5). Kurz darauf waren weltweit die ersten externen Datenbanken auch zusätzlich ohne Telekommunikationsnetz auf *CD-ROM* online an PCs recherchierbar. Im Gebiet der alten Bundesrepublik waren 1991 rund 4 500 Online-Datenbanken von 600 meist weltweit arbeitenden Hosts erreichbar. Der jährliche weltweite Umsatz der Anbieter dürfte nach vorsichtigen Schätzungen fast 10 Milliarden Dollar betragen. Das Verhältnis von Zeitschriftenmarkt zu Online-Markt beträgt in den USA derzeit 10:1 (vgl. Hügel 1990, 1991).

In der Rangfolge der Nutzung 1991 kommen zuerst Chemie (Industrie), dann Biowissenschaften (Pharmabereich), Patentdatenbanken (gewerbliche Wirtschaft) und schließlich Wirtschaftsinformationen (höchste Steigerungsrate).

In Ergänzung zur Bereitstellung von Informationen aus externen Quellen werden mehrplatzfähige (oder notfalls PC-gestützte) *Inhouse-Systeme* für Aufbau und Verwaltung eigener Fachinformationen betrieben, die nicht nur die leitungsunabhängige Recherchierbarkeit sofort verfügbarer Daten, sondern auch die Konvertierung fremder Daten in ein eigenes, hausinternes Netz ermöglichen. Zur Informationsversorgung sind erforderlich: Ein zentraler Rechner, ein Leitungsnetz zwischen Rechner und Informationsvermittlungsstellen, ein benutzerfreundliches Online-Retrievalsystem, Informationsvermittlungsstellen mit großem Einzugsbereich und ein zentrales Management für die Beschaffung von Informationsquellen und die Koordination der fachlichen und technischen Komponenten, der Aus- und Weiterbildung und der Beratung. Folgende Institutionen und Personengruppen sind am Online-Geschäft beteiligt:

Datenbasisproduzenten. Hiermit sind die Hersteller von solchen maschinenlesbaren Informationsbeständen zu verstehen, die Datenbasen genannt werden. Wie schon in Kap. 2.4 erwähnt, versteht man unter einer *Datenbasis* eine Sammlung von Dokumentationseinheiten in maschinenlesbarer Form, es handelt sich also um eine Datei, deren Datensätze Dokumentationseinheiten sind. Dateien werden elektronisch gespeichert, liegen daher entweder auf externen Speichern oder auf Datenträgern vor. Datenbasisproduzenten versenden ihre Datenbasen auf Datenträgern in standardisierten Formaten an Hosts bzw. Anbieter von Datenbanken.

Datenbankanbieter. Eine Datenbank ist eine nach dokumentarischen Methoden recherchierfähige und auf einem Rechner installierte Datei. Oft wird der Begriff *Informationsbank* verwendet, wenn die zugrundeliegende Datei eine Datenbasis ist. Anbieter von Datenbanken sind diejenige Institutionen, die für das Marketing und den Vertrieb von Datenbasen (oft aber eigentlich schon Datenbanken) verantwortlich sind. Meist handelt es sich dabei um Hosts, die diese Aufgabe übernommen haben.

Hosts. Ein Host im engsten Sinne des Wortes bietet lediglich Rechnerleistung für Fremde an. Im IuD-Wesen bedeutet dies das Angebot eines *Dialogteilnehmerdienstes*. Ein solcher erfordert die Bereitstellung von Leitungen, Paßwörtern, Verträgen und Informationsbanken, die hostspezifisch öfter in verschieden große Segmente (Datenpools) aufgeteilt werden und eines *Help-Desks* (einer telefonischen Hilfestellung). An vorbereitenden Maßnahmen sind dazu Absprachen über Copyrightfragen, Auswertung und Aufbereitung der Datenbasen zu Datenbanken und Marketingmaßnahmen erforderlich. Zur Durchführung von

Recherchen in diesen Informationsbanken ist der Einsatz von Retrievalsprachen erforderlich. Zu diesem Zweck werden bei Hosts oft Schulungskurse veranstaltet, bei denen auch die Anbieter der Datenbanken auftreten, um Kenntnisse der datenbasisspezifischen Strukturen zu vermitteln. Hosts übernehmen jedoch vielfach Funktionen von Anbietern; aus historischen Gründen sind Hosts oft auch noch gleichzeitig Hersteller von Datenbasen. Zur Aktualisierung des Kenntnisstands der Benutzer veranstalten Hosts häufig auch Benutzertreffen (*User-Meetings*), oft vor oder im Anschluß an Messen, wie z.B. die im April/Mai stattfindende *Infobase* in Frankfurt. Dort werben die Hosts, die Datenbasisproduzenten und die Anbieter von einschlägiger Software und Hilfsdiensten auf Messeständen und mit Systemvorführungen für ihre Produkte. Im Betrieb eines Dialogteilnehmerdienstes ist es auch erforderlich, daß hostseitig Benutzerstatistiken, Probleme und Fehlermeldungen ausgewertet werden.

Onliner. Unter diesem Begriff werden in Deutschland seit Ende der siebziger Jahre all diejenigen zusammengefaßt, die Online-Recherchen in externen (über Datenfernübertragung zugänglichen) Datenbanken durchführen. Die Gruppe der Onliner hat sich ursprünglich organisiert, um in Online-Benutzergruppen (OLBG) gegen die Monopolstellung der Hosts anzugehen und eigene Wünsche bezüglich der Möglichkeiten von Online-Recherchen zu formulieren.

Informationsvermittler. Der Begriff des Informationsvermittlers umfaßt zwar primär den Online-Prozeß, man versteht darunter auch die Vermittlung von Informationen aus konventionellen verfügbaren Quellen an externe und betriebsinterne Benutzer. In Bibliotheken wird dieser Begriff oft etwas einseitig im Sinne einer *Online-Informationsvermittlungsstelle* interpretiert.

Information Broker. Ein Information Broker ist eine Art Unternehmensberater für das Informationswesen, der seine Kenntnisse aus Datenbanken, aber auch konventionellen Quellen bezieht und weiter aufbereitet. Er geht insofern tiefer als ein normaler Informationsvermittler, als er die aus Datenbanken stammenden Dokumentationseinheiten nachbereitet, indem er sie benutzerorientiert auf Relevanz prüft und dazu die entsprechende Originalliteratur beschafft und kommentiert, um somit Gutachten zu erstellen.

Endbenutzer. Ein (End-)Benutzer ist der Verbraucher einer Information, der sie möglicherweise über eine weitere Mittelsperson bestellt hat, also nicht derjenige, der die Anfrage beim Informationsvermittler stellt.

Weitere Ausführungen zur Online-Szene finden sich bei Claassen, Ehrmann, Müller und Venker (1986); Kind (1990); Löcher und Schuhmacher (1986); Rompel (1988); Schubert (1986); Wahls (1989).

6.3 Arbeitsplatz des Onliners

6.3.1 Technische und organisatorische Voraussetzungen

An Voraussetzungen für die Einrichtung einer Online-Informationsvermittlungsstelle sind erforderlich: Technische Ausstattungen, organisatorische Vor-
überlegungen (s. Tabellen 6.2 und 6.3) und eine systemgerechte Ausbildung.

Tabelle 6.2. Voraussetzungen für eine Online-Informationsvermittlungsstelle

Technische Ausstattungen	Organisatorische Voraussetzungen
Zum Host passendes Terminal (z.B. Siemens, IBM, DEC) oder TTY-Terminal oder Personal Computer inkl. Software (s.Tabelle 6.3)	Abzuschließende Verträge Post (für Leitungsnutzung) Host (für Rechnernutzung) Anbieter (für Nutzung der Datenbasis) Firmen (für Gerätewartung)
Schnittstelle nach der CCITT-Norm: RS232C (seriell) oder X.25 (DATEX-P-fähig)	Voraussetzungen zur ersten Recherche: Erhalt des Paßworts – zum Zugriff auf den Rechner (durch Host) – zum Zugriff auf die Datenbank (durch Anbieter) Rufnummer des Hosts (DATEX- P)
Akustik-Koppler oder MODEM oder sonstige Datenfernübertragungseinrichtung	Nachschlagewerke für die erforderlichen Datenbanken (Handapparat) (s. Tabelle 6.4)
Getesteter Netzzugang	Raumausstattung – Terminaltische und -stühle – Regale Kenntnisse in der zu verwendenden Retrievalsprache

Tabelle 6.3. Zusätzliche Software-Anforderungen an die Ausstattung eines PC zum Online-Einsatz in externen Datenbanken (Standardausrüstung mit Drucker)

Telekommunikationsfähigkeit Permanente Speicherung verschiedener Logon-Prozeduren	Vorbereitung der Recherchestrategien im Offline-Modus
Zwischenspeicherung von Recherche-Ergebnissen auf Diskette oder Festplatte	Möglichkeit, nach erfolgtem Logon eine vorbereitete Recherche schrittweise oder vollautomatisch (*Autologon*) zum Host zu senden
Verfügbarkeit eines guten internen Datenbanksystems	Möglichkeit der Umformatierung von Rechercheergebnissen für eine gewünschte Weiterverarbeitung bzw. erneute Eingabe für eine neue Recherche

6.3.2 Organisation des Rechercheablaufs

Hierbei handelt es sich um ein Verzahnung mehrerer Schnittstellen: die Kommunikation des Informationsvermittlers zum Endbenutzer, die Kommunikation mit dem Datenendgerät bzw. dem angeschlossenen Netz und Hosts, die der Informationsvermittler für seine Recherchen benötigt, die Kommunikation zu den Anbietern und Hosts, über die der Informationsvermittler sein Wissen bezieht, sei es auf Schulungen, sei es in Form eines *Help Desk* oder *Hot Line*, und immer wieder auch die Konsultation von Nachschlagewerken (siehe Tabelle 6.4), die für die Arbeit des Informationsvermittlers unverzichtbar sind.

Den Vorgang des Recherchierens kann man in folgende Grundschritte zerlegen (s. Abb. 6.1): 1. Administratives, 2. Benutzerinterview zur Gewinnung von Begleitinformationen (s. Auftragsblatt in Abb. 6.2), 3. Formulieren der Suchfrage, 4. Auswahl der Datenbasen, 5. Logische und syntaktische Formulierung des Themas in bezug auf die auszuwählende Retrievalsprache und Datenbasis, 6. Prozessieren in einer Online-Sitzung, 7. Iteratives Herausfiltern der entscheidenden Begriffe, 8. Ausgabe der korrespondierenden Zitate, 9. Rückmeldung an den Benutzer (evtl. verbesserte Wiederholung), 10. Versand.

6.4 Kostenfragen

Die anfallenden Kosten lassen sich folgendermaßen gliedern: Periodisch auftretende Kosten (z.B. monatliche Pauschalen), Kosten für die Nutzung der Information aus der Datenbasis (basierend auf genereller Nutzung, Anschaltzeit und Ausgabe von Dokumentationseinheiten), Rechnerkosten des Hosts, Abfertigungskosten (Versandkosten). Eine strukturierte Aufstellung der Kostenarten läßt sich Tabelle 6.5 entnehmen.

Um kostensparend recherchieren zu können, gibt es die Möglichkeiten der "Morning-Search"-Komponente bei den amerikanischen Hosts, insbesondere bei BRS, die bis zu 60% gegenüber den normalen Tarifen heruntergesetzt ist. Zur Überwachung der Kosten gibt es insbesondere bei den laufenden Kosten Schwierigkeiten, weil sie im voraus nicht kalkulierbar sind. Die Abrechnung vom Host kommt normalerweise monatlich. Für Großabnehmer werden auch Pauschalgebühren vereinbart. Die Recherchekosten setzen sich zusammen aus Datenfernübertragungskosten, Gebühren für die Anschaltzeit beim Rechner und Lizenzgebühren für die Nutzung einer Datenbasis (zeit- und mengenabhängig). Zwar werden von den einzelnen Hosts Saldensummen mit Spezifikationen zu den einzelnen Verbindungszeiten geführt, jedoch muß der Onliner die Angaben der diversen Hosts zusammenzählen.

Tabelle 6.4. Bestandteile des Handapparats der Informationsvermittlungsstelle

Einführungen in die zu recherchierenden Fachgebiete
Fachwissenschaftliche Handbücher
Daten-Fakten-Handbücher (Tabellenwerke, Atlanten, Taschenbücher)
Adressenwerke, Expertenverzeichnisse, Vorlesungsverzeichnisse
Referral-Hilfen (Hilfestellungen zur weiteren Suche)
Manuals für Retrievalsprachen
Verzeichnisse von Datenbasen und Datenbanken
Datenbankbeschreibungen (*"Blue Sheets"*)
Newsletters der Hosts
Nachschlagewerke der inhaltlichen Erschließung (Klassifikationen, Thesauri)
Nomenklatur-Nachschlagewerke
Wörterbücher für Fachvokabular
Fachspezifische Übersetzungslexika (insbes. englischsprachig)
Listen von allgemeinen Benutzerhilfen (Terminal- und Softwarehandbücher)
Verzeichnisse von Informationsvermittlungsstellen

Folgende konkrete Nachschlagewerke zur o.g. Typologie sind für alle Onliner von Interesse (Verzeichnisse zu externen Datenbanken s. Tabelle 6.7):

Cuadra Associates (1991) Directory of Portable Databases. Cuadra/Elsevier, New York
Gesellschaft für Mathematik und Datenverarbeitung [GMD] (1989) Verzeichnis deutscher
    Information- und Dokumentationsstellen. Bundesrepublik Deutschland und Berlin (West).
    Ausgabe 5-1989. Saur, München
Mitchell J (Hrsg) (1990) The CD-ROM-Directory 1991. TFPL Publishing, London
Who (1991) is who. Das Jahrbuch der Online-Szene 1991/92. Breidenstein, Frankfurt/M

Zur Typologie der Strukturdaten an Informationsvermittlungsstellen vgl. Herget und Hensler (1992).

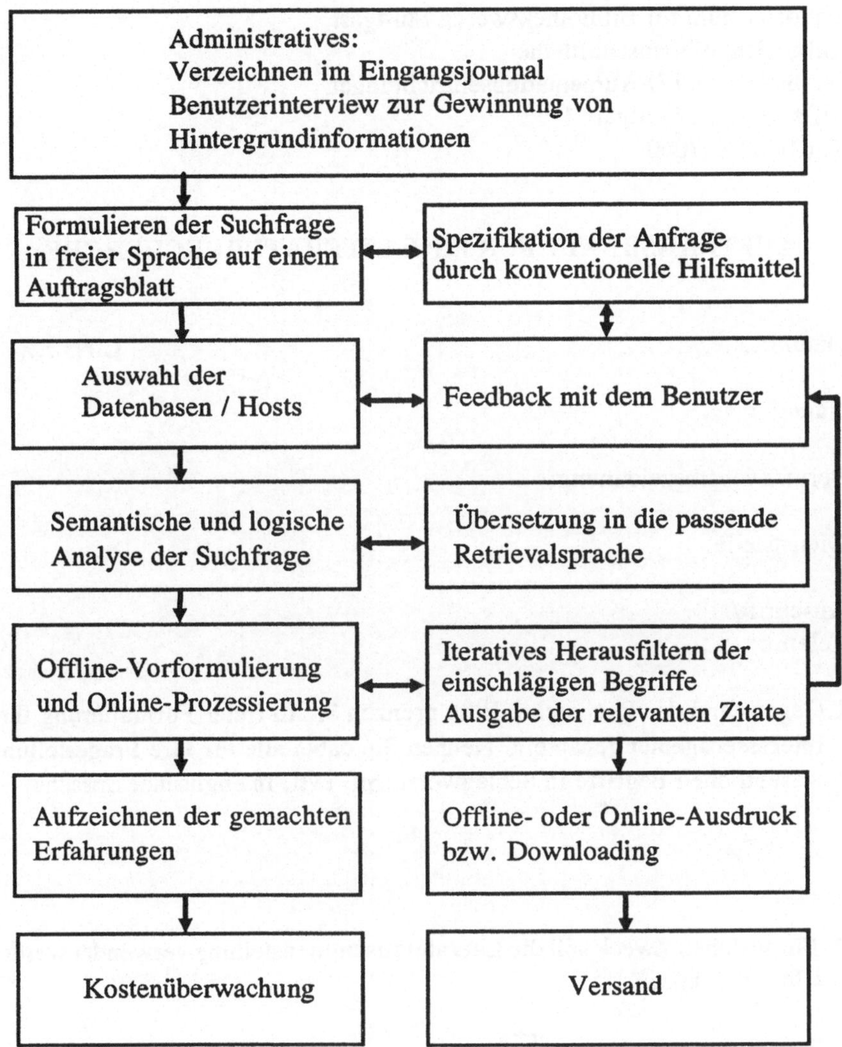

Abb. 6.1. Organisatorischer Ablauf bei der Bearbeitung einer Recherche

Fachhochschule für Bibliothekswesen Stuttgart
Fachbereich Wissenschaftliche
Bibliotheken und Dokumentationseinrichtungen
Wolframstr.32, Stuttgart-1
Tel. (0711) 257060

AUFTRAGSBLATT FÜR EINE LITERATURRECHERCHE

Datum:................   LfNr.:........

Name:

Beruf/Dienstbezeichnung:

Dienststelle:

Anschrift/
Telefon:

1.Gegenstand der Recherche. Bitte grenzen Sie in freier Formulierung Ihr
   Interessensgebiet genau ein. Nennen Sie dabei alle für Ihre Fragestellung
   wesentlichen Begriffe in Schlagwortform, evtl. in englischer Sprache.

2. Für welchen Zweck soll die Literaturzusammenstellung verwendet werden?
   (Bitte ankreuzen)

   Forschungsvorhaben   ☐
   Dissertation   ☐
   Habilitation   ☐
   Veröffentlichung   ☐
   Vortrag   ☐
   Verwaltungsmaßnahme   ☐
   Gutachten, Rechtsstreit ☐
   Allgemeine Information ☐
   Sonstiges:...............☐

Abb. 6.2: Auftragsblatt für eine Recherche

3. Geben Sie, sofern bekannt, Autoren und Titel von ein oder zwei für Sie
   relevanten Veröffentlichungen an, die für Ihr Interessensprofil wichtig sind.
   Sie erleichtern es uns damit, den Kern Ihrer Fragestellung zu erkennen.

4. Zusätzliche Angaben zur Abgrenzung Ihrer Recherche:

a) Fachliche Einschränkung (Schwerpunktgebiet ist):

Naturwissenschaften □   Technik, Patente □
Chemie   Biowissenschaften
Rechtswesen   Sozialwissenschaften
Geisteswissenschaften □   Wirtschaftsinformationen. □

Sonstiges...

b) Sprachliche Einschränkung:

deutsch, englisch   □

deutsch, englisch, französisch   □

c) Höchstalter der angeforderten Literatur: ....

5. Wünschen Sie

   □   eine einmalige retrospektive Literaturzusammenstellung?

   □   einen monatlichen Dauerauftrag mit zukünftig erfaßten
           Literaturangaben?

6. Anzahl der Zitate, die Sie auf ihre Anfrage erwarten:...............
   (sofern Sie eine Vorstellung davon haben)

Abb. 6.2: Auftragsblatt für eine Recherche (Forts.)

Für seltene Nutzung empfiehlt sich aus Gründen der Arbeitsökonomie ein Mailbox-Anschluß. Der dortige Saldenstand umfaßt die gesamte Online-Nutzung zu allen Hosts. Damit man nicht Gefahr läuft, den Etat zu überziehen, kann man bei der exklusiven Nutzung nur eines Hosts ein Limit von Anschaltzeiten setzen.

Eine sehr elegante Art der Überwachung ist der PC-seitige Einsatz eines Tabellenkalkulationsprogrammes, das die Anschaltzeit nebst Spezifikationen von Tageszeit, Host und Datenbasis automatisch in eine Tabelle überträgt. Zur Verbesserung der Abrechnungstransparenz wird von manchen Hosts ein benutzerspezifisches Kostenkonto bereitgestellt, dessen Kontostand jederzeit online abrufbar ist.

Tabelle 6.5. Kostenarten

Personal	Ausstattung

Host
 	
* monatliche Pauschalkosten
  (hostabhängig)
  - Anzahl der Paßwörter
* variable Kosten
  Abhängigkeitsfaktoren:
  - Anschaltzeit (*Connect Time*)
    - Rechnerkosten
    - Lizenzgebühren der Datenbasen
      (*Royalties*)
  - Umfang/ Felder des Ausgabeformats
  - Anzahl der Zitate
  - Anzahl der Versandeinheiten
  - Anzahl/ Umfang des Online-Ordering
	- Technische Geräte
	  Kauf/ Miete
	  Wartung
	- Möbel
	- Handapparat
	- Verbrauchsmaterialien

	Post * monatliche Fixkosten * variable Kosten Abhängigkeitsfaktoren: - Anschaltzeit - Umfang der Daten ("Volumen") - Entfernung - Häufigkeit des Verbindungsaufbaus - Nutzung von Zusatzeinrichtungen

Zur Bewältigung haushaltstechnischer Probleme (im öffentlichen Dienst) bei Überziehung des Online-Etats gibt es entweder die Möglichkeit der Absprache mit dem Host, daß die über den Etat hinausgehenden Kosten auf die Rechnung des nächsten Quartals gesetzt werden oder den Versuch, einen deckungsfähigen Titel im Haushalt zu finden (z.B. können Investitionstitel zur Finanzierung der lfd. Kosten bei Verbrauchsmaterialien herangezogen werden). In staatlichen Dienststellen müssen oft Nachtragshaushalte beantragt werden. Die schlechteste Lösung wäre es wohl, den Dienst ganz einzustellen oder nur die billigsten Datenbanken anzuwählen, weil damit das ohnehin oft schlechte Image der

Informationsstelle stark leidet. Im Zusammenhang mit den Kosten müssen auch Kursschwankungen berücksichtigt werden. Im Vertrag ist geregelt, ob der Kurs des Recherchetags oder des Tags der Rechnungsstellung zugrunde liegt.

Um die Recherchekosten möglichst gering zu halten, sind die Kenntnisse der Retrievalsprache und der Datenbanken eines Hosts unersetzlich. Oft gibt es auch Schulungs-Disketten vom Host, mit denen man die Retrievalsprache extern und beliebig oft üben kann, um die Kosten möglichst gering zu halten.

6.5 Einstieg in Datenbanken

6.5.1 Grundsatzentscheidung

Ist eine Datenbankrecherche unbedingt erforderlich oder reichen konventionelle Dienste aus? Wie gut ist das Fachgebiet durch Datenbanken erschlossen? Als Kriterium der Auswahl einer Datenbank dient, ob die Anfrage speziellen oder allgemeinen Charakter hat. Neben Wirtschaftlichkeitsüberlegungen sind auch Erfahrungen bezüglich Qualität und Vollständigkeit notwendig (s. Kap. 6.1 und vgl. Henzler 1983).

6.5.2 Kriterien für die Auswahl der Datenbanken

Man hat angesichts der Fülle der in den verfügbaren Datenbankführern angebotenen Datenbasen Mühe, die für das jeweils anzugehende Problem optimale Datenbasis in der passenden Datenbankstruktur beim richtigen Host mit der bevorzugten Retrievalsprache herauszufinden. Als Hilfestellung hierfür soll eine Checkliste dienen, in der alle für die Entscheidungshilfe notwendigen Angaben zusammengestellt sind (s. Tabelle 6.6).

6.5.3 Konkrete Auswahl möglicher Dialogteilnehmerdienste

Die Auswahl erfolgt anhand von Datenbankführern oder mit Datenbanken von Datenbanken. Für den Neuling zu bevorzugen ist dabei die Papierversion, weil man sie so häufig benötigt, daß sich das regelmäßige Recherchieren in Datenbanken kostenmäßig nicht lohnt, abgesehen davon, daß man den "Browsing-Effekt" des Blätterns nur in der Papierversion hat. Hinzu kommt die Tatsache, daß die eigenen Erfahrungen mit diesen Datenbanken das eigentlich Wertvolle sind und diese am besten in die Papierversion des Handapparats eingetragen werden können. Die einschlägigen Verzeichnisse sind in Tabelle 6.7 zusammengestellt und wichtige Hosts sind aus Tabelle 6.8 ersichtlich.

Tabelle 6.6. Kriterien zur Auswahl von Datenbasen

Funktion	Auswahlaspekte
Allgemeines	Name, Hersteller, anbietende Hosts, Zugang, Umfang, Kosten, zugehörige konventionelle Dienste
Organisation der Datenbasis und Datenbank	Kategorien-Aufbau, Retrievalfähigkeit, Segmente, Cross-File, One-Search
Zeitlich-geographische Abdeckung	Alter, Erfassungsorte
Dokumentarten	Medien, Sekundärdienste
Inhaltserschließung	Klassifikation, freie Schlagwörter, Thesaurus, Freitext invertiert
Aktualität	Updatingintervalle, Zeitverzug gegenüber der Originalpublikation, Änderungen
Recherche	Anzahl der Hilfsmittel: Verfügbarkeit eines Online-Thesaurus Sinnvolle File-Größe (die Files werden je nach Host und Retrieval-sprache in unterschiedliche Zeitabschnitte eingeteilt) Retrievalsystem: Qualität, Vielseitigkeit, Menü, Antwortzeiten, mögliche Suchstrategien, Anzahl der Zugriffsleitungen [*Ports*]
Abrechnungsarten	Vorauszahlungsmöglichkeiten, monatliche/jährliche Fixpreise, Minimale Nutzungsgebühren, Sonder-Rabatte
Schulungsmaßnahmen	Art (Anfänger, Fortgeschrittene), Kosten
Literaturversorgung	Online-Bestellungen, Direktzugriff auf Originaldokumente
Sonstige Dienstleistungen	Help-Desk im Inland, Beschaffungshilfe für die Unterlagen der Datenbasen
Individuelle Gründe	Persönlich als komfortabelste und reichhaltigste Retrievalsprache empfunden, die man am besten beherrscht, die für die anstehenden Themen das passende Spektrum an Datenbanken anbietet und die für die bevorzugte Suchstrategie kostengünstig ist

Tabelle 6.7. Datenbankführer und Datenbanken der Datenbanken

national	Schubert S (1986) Online-Datenbanken. Sybex, Düsseldorf Staud JL (1991) Das Angebot an Online-Datenbanken: Themen, Anbieter und Produzenten. Lang, Frankfurt/M Staud JL (1991) Statistische Datenbanken, ihre Anbieter und Produzenten. Lang, Frankfurt/M
europäisch	ALPHALINE. Keine gedruckte Version. Nur online bei Genios oder als Diskettenversion verfügbar. Holger Mayer, Bad Vilbel EURONET DIANEGUIDE. Verzeichnis der Datenbasen und Datenbanken. Luxemburg
international	Cuadra C. Directory of Online-Databases. (Online abfragbar bei DATA STAR - halbjährlich neue Ausgabe mit vierteljährlichem Update, Weiterführung ungewiß) Data Base Directory. Knowledge Industry Publications. White Plains, NY, USA. Als Datenbank bei BRS verfügbar Schulte-Hillen (1992) Handbuch der Datenbanken für Naturwissenschaft, Technik, Patente. Hoppenstedt, Darmstadt Williams ME. Computer-Readable Databases. 1.Bd.: Business, Law, Humanities, Social Sciences, 2.Bd.: Science, Technology, Medicine (Online abfragbar als Datenbank bei Dialog — Datenbasis produziert von Gale Research)
Wirtschaft	Schulte-Hillen (1992) Handbuch der Wirtschaftsdatenbanken. Hoppenstedt, Darmstadt Staud JL (1987) Online-Wirtschaftsdatenbanken. Bern, Frankfurt

Tabelle 6.8. Wichtige Hosts

nationale Hosts	Name	Inhalte	organisatorische Aspekte	Retrievalsprache
	DBI (Deutsches Bibliotheksinstitut), Berlin	nur *allgemein-bibliographische* Inhalte	zentrale Nachweisfunktion	GRIPS
	DIMDI (Deutsches Institut für medizinische Dokumentation und Information), Köln	*Biowissenschaften*, Medizin, Landwirtschaft, Psychologie	Host des FIZ1 und FIZ2	GRIPS
	FIZ TECHNIK, Frankfurt/M	*Technik* - insb. viele deutschsprachige Datenbanken zu Elektrotechnik und Maschinenbau	Rechnerkopplung mit Data-Star	DSO
	JURIS (Juristisches Informationssystem), Saarbrücken	*Volltexte* (Gesetze, Urteile)		GOLEM
	STN (Scientific Technical Network), Columbus-Karlsruhe-Tokio	*Naturwissenschaften-Technik* mit Schwerpunkt Chemie, Physik, Mathematik. Entwicklung zum multidisziplinären Host: allgemeine Nachweisinformationen	internationale Kooperation amerikanischer (CAS), japanischer und deutscher (FIZ Karlsruhe) Datenbankanbieter	Messenger
europäische Hosts	BLAISE-Line (British Library Information System), London	Schwerpunkt britische Datenbanken und insb. die Nationalbibliographie		BLAISE
	DATA STAR, Bern	multidisziplinär — Schwerpunkte Wirtschaft u. Medizin	Rechnerkopplung mit FIZ-Technik	DSO, ähnlich wie STAIRS
	ECHO (European Commission Host Organisation), Luxemburg	*Nachweise*, insb. Projekt- u. Terminologiedaten: Fachausdrücke in den Sprachen der EG, Datenbankführer	Host der EG	GRIPS

Tabelle 6.8. Wichtige Hosts (Forts.)

europäische Hosts	Name	Inhalte	organisator. Aspekte	Retrieval-sprache
(Forts.)	ESA-IRS (European Space Agency), Frascati/Rom (Italien)	*multidisziplinär* mit Schwerpunkt Naturwissenschaften und Raumfahrt		ESA-QUEST
	TELESYSTEMES, Paris	*multidisziplinär* mit Schwerpunkt Naturwissenschaften	zentraler französischer Host	QUESTEL
US-Hosts	BRS (Bibliographic Retrieval Service Information Technologies)/ ORBIT, Lathan, NY.	multidisziplinär mit Schwerpunkt Wirtschaft	besonderer Tarif für vormittags	BRS/Search
	DIALOG Information Services, Palo Alto (Kalifornien)	*multidisziplinär.* weltweit größtes Angebot in den Geisteswissenschaften und allgemeinen Nachweisen	weltweit größter Host mit 400 Datenbanken für alle Sachgebiete; ermöglicht Suche in Kombination mit CD-ROM	DIALOG II
Hosts mit Wirtschafts-daten	DRI (Data Resources Inc.), Washington	*Volkswirtschaftliche* und *Branchendaten*	deutsche Niederlassung in Frankfurt/M	ESP
	GBI, München	*Angewandte Wirtschaftsfakten*		SUDOK (STAIRS-analog)
	GENIOS, Düsseldorf	*Allgemeine Wirtschaftsdaten,* Fakten und Volltextdaten		TRIP (analog zu GRIPS)
	REUTERS (England) /I.P.SHARP (Kanada)	*Börseninformationen und volkswirtschaftliche Daten, (Zeitreihen)*	deutsche Niederlassung in Frankfurt/M	MAGIC
	WEFA -Gruppe (Frankreich)	*Volkswirtschaftliche und Prognosedaten, (Zeitreihen)*	deutsche Niederlassung in Frankfurt/M	AREMOS

7 Informationsnetze und Telekommunikation

7.1 Allgemeines über Informationsnetze und -verbünde

In diesem Kapitel stehen vor allem technisch-organisatorische Aspekte im Vordergrund der Diskussion, die eine Grundlage dafür bilden können, daß mehrere entfernt voneinander aufgestellte Computer miteinander kommunizieren können. Es sind dabei sowohl räumlich in einem Gebäude konzentrierte als auch über den ganzen Erdball verstreute Computer zu betrachten.

Grundsätzlich kann der Begriff *Informationsnetz* jedoch von verschiedenen Gesichtspunkten beleuchtet werden:
1. Informationsnetz als ein *Verteilernetz*. Bestimmte Benutzer einer Region werden mit konkreten Informationsdienstleistungen versorgt. Als Beispiel dafür dient die Organisation des Fernleihverkehrs unter Bibliotheken.
2. Informationsnetz als ein *kooperatives Netz*. Informationseinrichtungen nutzen vorhandene Hilfsquellen gemeinsam zur Vermeidung von Doppelarbeit und zur Einsparung von Kosten. Ein solches Netz kann für einen nationalen Raum aufgebaut sein, möglich ist aber auch eine Konzeption für ein Fachgebiet, z.B. bei der Landwirtschaft oder der Atomenergie. Für letzteres ist eine solche Kooperation beim International Nuclear Information System (*INIS*) realisiert. In diesem Fall liefern dann die teilnehmenden Institutionen die nach gemeinsamen Richtlinien erfaßte Literatur an eine zentrale Koordinierungsstelle.
3. Informationsnetz als ein *Computernetz*: eine Verknüpfung mehrerer abhängiger oder unabhängiger Computer-Systeme, die miteinander kommunizieren, um an gemeinsamen Ressourcen zu partizipieren (seien es Daten oder seien es Programme). Ein solches Netz wird meist ein *lokales Netz (LAN = Local Area Network)* genannt (vgl. Kauffels 1986). Zusätzlich kann jedoch ein Anschluß oder eine Brücke zu einem unter Ziffer 4 beschriebenen Netz existieren.
4. Informationsnetz als ein *technologisches Netz*, das als infrastrukturelle Voraussetzung zur Datenfernverarbeitung dient. Regional verstreute Informationseinrichtungen sind untereinander über nachrichtenvermittelnde und nachrichtenspeichernde Medien verbunden, um gleichzeitigen, unmittelbaren Zugriff auf spezielle Informationen aus umfangreichen Datenbasen zu

gewährleisten. Diese Netze unterscheidet man einerseits in öffentlich und privat, andererseits nach den verschiedenen Vermittlungsarten (s.u.). In diesen Netzen werden auch konkrete Dienste (z.B. der Bundespost) angeboten, die internationalen, von der CEPT oder CCITT (s.u.) festgelegten Standards genügen. In den USA wurden diese Netze schon in den 60er Jahren betrieben, so daß deren Standards etwas die europäische Szene beeinflussen. In Europa haben öffentliche Einrichtungen von Anfang an eine gewisse Verpflichtung für eine landesweite Versorgung übernommen, während in den USA nur wirtschaftlich rentable Insellösungen ohne einheitliches Konzept zu finden sind. In Zukunft wird das Angebot an höheren Übertragungsgeschwindigkeiten zunehmen und die weltweite Entfernungsabhängigkeit der Gebühren geringer werden.

Wie der 1874 gegründete Weltpostverein Richtlinien für die Einheitlichkeit des weltweiten Briefverkehrs festgelegt hat, so ist der Zusammenschluß von nationalen Postverwaltungen in Form der folgenden Organisationen für das technologische Konzept verantwortlich: Das *CCITT (Comité Consultatif International Télégraphique et Téléphonique)* als der Internationale Konsultativrat

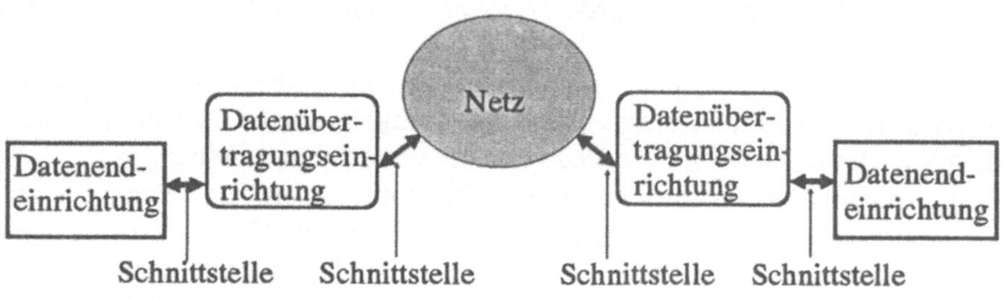

Abb. 7.1. Allgemeines technisches Kommunikationsmodell

der Postverwaltungen ist für internationale Schnittstellennormen der Telekommunikation zuständig ist und das *CEPT (Comité Européen de Postes et Télégraphie)* als die Europäische Konferenz der Verwaltungen für Post- und Fernmeldewesen verantwortet die europaweite Normung und Zusammenarbeit.

Zu jedem technischen Netz (z.B. Telefonnetz oder Datennetz) gehört an jedem Endpunkt der Kommunikation jeweils eine Datenendeinrichtung, die ihrerseits durch passende Schnittstellen (s.u.) mit der dazu erforderlichen Datenübertragungseinrichtung verbunden ist (s. Abb. 7.1). Ein Übersichtsartikel zu IuD-relevanten Aspekten der Telekommunikation stammt von Löns (1990).

7.2 Grundbegriffe

Ein Datenaustausch kann nur funktionieren, wenn ein Datenendgerät und ein Host über eine Leitung verbunden werden. Als Datenendgerät kann ein Terminal, also ein aus Monitor und Tastatur bestehendes Datensichtgerät ohne eigenes Betriebssystem dienen, oder ein PC, eventuell auch nur ein Drucker. Für die Datenfernübertragung müssen beide Seiten an einer Schnittstelle durch jeweils ein richtig geschaltetes Kabel mit einer Datenübertragungseinrichtung (z.B. einem MODEM, das ist ein zusammengesetztes Kunstwort aus Modulation und Demodulation) verbunden werden, die ihrerseits wieder an das Postnetz angeschlossen wird. Falls ein PC als Datenendgerät gewählt wird, ist er mit der passenden Kommunikations-Software zu versehen.

Eine Anpassung der zu übertragenden Datenströme erfordert hardware- und softwaremäßige Vereinbarungen über folgende Sachverhalte:
– die physikalischen Eigenschaften der beteiligten Leitungen
– die Form der an der Übergangsstelle ausgetauschten Signale
– die Bedeutung der ausgetauschten Signale.

7.2.1 Leitungen

Für die Datenübertragung werden primär kabelgebundene Möglichkeiten genutzt, die durch Satellitenkommunikation in der Atmosphäre ergänzt werden (Conrads 1989). Traditionell wird das vergleichsweise billige und leicht zu verlegende *Kupferkabel* verwendet, das jedoch in der Leistungsfähigkeit begrenzt ist und dadurch neuerdings von *Koaxialkabeln* und der *Glasfasertechnik* (*Lichtwellenleiter*) abgelöst wird. Koaxialkabel können sehr viel höhere Frequenzen übertragen und finden neben der Fernsehtechnik auch bei lokalen Netzen und Mehrplatzsystemen Verwendung. Die Glasfasertechnik setzt sich trotz der höheren Kosten und der etwas aufwendigeren Anschlußtechnik immer mehr durch, weil sie sonst nur Vorteile hat (insbesondere Störungsunempfindlichkeit, große Reichweite und hohe Übertragungskapazität).

7.2.2 Schnittstellen und Anpassung

Als *Schnittstelle* (*Interface*) wird hierbei die Übergangsstelle in einem System bezeichnet, die den Grenzverkehr zwischen dem betreffenden System und einem fremden System vermittelt, indem Signale bzw. Informationen so umgewandelt werden, daß sie vom fremden System verstanden werden können. Als Beispiel sei hier das Fernsprechnetz genannt, das mit einem lokalen Computer verknüpft werden soll. An den Schnittstellen werden die beiden Systeme durch ein geeignetes Kabel miteinander verbunden. Das Kabel kann gelegentlich unterschiedliche Schnittstellen miteinander verbinden und wird dann *Konverter* oder *Adapterkabel* genannt. Erforderlich sind auch *Splitter*, die die Datensignale "splitten", d.h. von einem Kabel auf zwei Kabel (jeweils mit halber Signalstärke) aufteilen. Finden an der Umsetzungsstelle zwischen den Schnittstellen durch Mikroprozessoren gesteuerte aktive Umsetzungsvorgänge statt, die logische Verknüpfungen bewerkstelligen (Protokollumsetzungen s.u.), dann nennt man diese Stelle ein *Gateway*.

Der Begriff *Schnittstelle* wird heute oft im übertragenen Sinn gebraucht, so wird z.B. ein Bahnhof als Schnittstelle zwischen Nah- und Fernverkehr bezeichnet, wäre aber im Sinne unserer Definition ein Gateway.

Es gibt *serielle* und *parallele* Schnittstellen. Bei seriellen werden die Bits in einem Kanal (dem Sendekanal) hintereinander zum Kommunikationspartner übertragen und auf dem Empfangskanal ebenfalls hintereinander zurückübertragen. Bei parallelen Schnittstellen werden die einzelnen Bits über eigene Kanäle gleichzeitig übertragen, und zwar im Sende- und Empfangsmodus. Bei der Telekommunikation kommen nur serielle Schnittstellen zum Einsatz.

Bei einem *Handshake* an der Verbindungsstelle "geben sich zwei verschiedenartige Systeme einfach die Hand", d.h. sie bestätigen jeweils den Erhalt der Daten in Form eines Quittungssignals. Der Austausch dieser Kontrollnachrichten ist die Voraussetzung der Einrichtung einer Verbindung. Es gibt Hardware-Handshakes, die durch die Festlegung der Kontakte an einer Schnittstelle (*Pinbelegung*) definiert werden und Software-Handshakes durch Festlegung eines Parameters (insbesondere *XON/XOFF*).

7.2.3 Protokolle

Die detaillierte, konkretisierte Aufstellung der Regeln zur Interpretation der Signale beim Datenaustausch wird *Protokoll* genannt. Das Protokoll kann sich auf mehrere Ebenen des ISO-OSI-Schichtenmodells (vgl. Stacy 1989; s. Kap. 7.4 und Tabelle 7.2) erstrecken, z.B. kann es ein Schnittstellenprotokoll und ein Transportprotokoll geben. Ein Übertragungsprotokoll ist also ein Satz von Regeln, nach denen zwei Gesprächspartner mittels eines Dienstes einen Dialog führen können. Die verwendeten Protokolle werden vom CCITT empfohlen und gehören der Serie X (öffentliche Datennetze) an.

Das für IuD-Anwendungen wichtigste Protokoll ist X.25, das den Dialog zwischen einer Datenendeinrichtung (z.B. Host) und einer daran angeschlossenen Paketvermittlungsstelle beschreibt. Bei der asynchronen Übertragung gilt das Fernmeldeprotokoll X.28. Für den elektronischen Nachrichtenaustausch (*Electronic Mail*) wird hauptsächlich X.400 verwendet, für Directory-Dienste X.500. Den standardisierten Dateitransfer und -zugriff definiert *FTAM* (File Transfer Access and Management). Eine besonders wichtige Protokollfunktion ist die Flußkontrolle XON/XOFF.

7.2.4 Betriebsarten

Im Richtungsbetrieb *(Simplex*-Betrieb) geschieht eine Übertragung nur in eine Richtung, der Wechselbetrieb (*Halb-Duplex*-Betrieb) ermöglicht alternierende Übertragung in jede Richtung und der Gegenbetrieb *(Vollduplex*- oder *Duplex*-Betrieb) gestattet paralleles Senden beider Kommunikationspartner. Der Gegenbetrieb ist die übliche Verarbeitungsweise bei modernen DV-Anlagen. Im Zusammenhang mit den Betriebsarten ist das sogenannte *Echo* der Übertragung als eine Antwort des Hosts im Vollduplex-Betrieb zu erwähnen. Wenn die Datenübertragung in der Leitung im Halbduplex-Betrieb erfolgt, kann zusätzlich ein Echo eingestellt werden, damit die sonst nicht sichtbare Eingabe (wegen mangelnder Hostantwort) dennoch sichtbar wird. Es gilt also:

Echo aus bei halbduplex - die Tastatur-Eingabe bleibt unsichtbar

Echo ein bei vollduplex - verdoppelte Bildschirmanzeige aller Zeichen

Zum Betrieb eines Datensichtgeräts gibt es die Bildschirm-Verarbeitungsmodi *Line-Mode*, eine Betriebsart, bei der Daten vom Dialoggerät zur EDV-Anlage zeilenweise oder umgekehrt übertragen werden und *Page-Mode* als Betriebsart, bei der die Daten seitenweise vom Bildschirm zur EDV-Anlage oder umgekehrt übertragen werden. Der Page-Mode erlaubt eine elegantere Suchstrategie mit Ankreuzen der im Anzeigemodus aufgelisteten Suchbegriffe, ist jedoch schwieriger zu verwirklichen.

7.2.5 Übertragungsverfahren

Ein grundlegender Begriff ist die *Übertragungsgeschwindigkeit*, die durch die Angabe der Anzahl von Bits in einer Sekunde charakterisiert wird. Die Maßeinheit ist 1 Baud = [Bit/sec]. Der *Übertragungsaufbau* erfolgt, indem der Sender dem Empfänger Daten überträgt und gleichzeitig auf eine Empfangsbestätigung des Empfängers wartet. Beim Vollduplexbetrieb wird dies durch das Echo erreicht.

Unterschied zwischen synchron – asynchron. Damit eine von einem Sender übermittelte Impulsfolge von einem Empfänger wieder korrekt als Bitfolge interpretiert werden kann, ist eine Synchronisation erforderlich: Es gibt unterschiedliche Verfahren, abhängig davon

– wie diese Synchronisierung von Sender und Empfänger hergestellt wird

– wie lange dieser Gleichlauf anschließend gesichert bleibt

– in welchen Abständen wieder neu synchronisiert werden muß.

Asynchron: wird das älteste digitale Übertragungsverfahren genannt, das auf Telexsystem (5-Bit-Code) basiert und es wird oft für langsam arbeitende Peripheriegeräte wie z.B. druckende Terminals, Drucker eingesetzt. Der

Gleichlauf zwischen Sender und Empfänger durch die jeweiligen Endeinrichtungen wird hergestellt, indem sie im *Start-Stop-Betrieb* senden: ein Startschritt — eine Folge von Übertragungsbits (die im allg. ein Zeichen darstellen) — ein Stoppschritt. Das bedeutet, daß jeder Buchstabe zusätzlich zu den ihn verschlüsselnden Bitfolgen ein Start- und ein Stop-Bit trägt. Zwischen der Übermittlung der einzelnen Zeichen sind also Pausen möglich. Die Gleichlaufanforderung zwischen den Signalniveaus ist verhältnismäßig gering und kann mit mäßigem technischen Aufwand erfüllt werden. Der Nachteil ist zum einen die Notwendigkeit, mehr Bits als eigentlich erforderlich zu übertragen, zum andern, daß nur eine geringere Übertragungsgeschwindigkeit möglich ist. Für die asynchrone Übertragung ist eine serielle *RS232C*-Schnittstelle erforderlich.

Bei der *synchronen* Prozedur werden ganze Datenblöcke ausgetauscht. Gleichlauf zwischen Sender und Empfänger ist über eine längere Zeitdauer während der Übertragung einer Folge von Zeichen, sog. Übertragungsblöcken gewährleistet, die durch Control-Zeichen als Steuerzeichen begrenzt werden. Die Synchronisation erfolgt durch eine Folge von 2-4 SYN-Zeichen. Der Beginn des Blocks selbst wird durch ein STX (Start of Text)-Zeichen, sein Ende durch ein ETX (End of Text)-Zeichen charakterisiert. Zur Fehlersicherung werden abschließend zwei BCC-Zeichen (Block Check Characters) gesendet. Die theoretisch beliebig langen Blöcke sind durch technische Randbedingungen der Speicherkapazität der verwendeten Datenübertragungseinrichtung (wegen der erforderlichen Zwischenspeicherung, die auch wegen der Realisierung des Gleichlaufs sinnvoll ist) auf eine maximale Länge festgelegt. Der Übertragungsaufwand ist geringer (ca. 5% der Übertragungskapazität) als beim asynchronen Verfahren.

Es gibt an Formen der synchronen Prozedur den zeichenorientierten (zeichensynchronen) Basic Mode (Voraussetzung: gemeinsames Alphabet, Steuerzeichen zur Synchronisation und Blockbildung): *BSC* (Binary Synchronous Communication) [IBM], MSV1 und MSV2 [firmenspezifische Variationen des BSC von Siemens] und als andere Alternative die bitsynchrone Übertragung *HDLC* (High Level Data Link Control) [ISO-NORM], oft page-mode-orientiert — diese Art von Verfahren wurde erstmals bei IBM mit *SDLC* (Synchronous Data Link Control) entwickelt.

Übertragungsprüfung. Es gibt Übertragungsverfahren, die auf *even* (geradzahlige Anzahl von Bits im übertragenen Zeichen) überprüfen oder solche die auf *odd* (ungeradzahlige Anzahl von Bits) abprüfen, aber auch *transparente* Übertragungsverfahren, die dadurch charakterisiert werden, daß es keine Einschränkung bezüglich der zu übertragenden Bitfolgen gibt: beliebige Bitfolgen mit even, odd oder ohne Paritätsprüfung sind erlaubt.

Übertragene Zeichen. Der Modus *binär*, der gelegentlich in der Kommunikationssoftware als Modus *Daten* bezeichnet wird, ist vor allem zur Übertragung von Programmen erforderlich, da nur so garantiert werden kann, daß alle Steuerzeichen korrekt übertragen werden, die für den korrekten Ablauf des Programmes erforderlich sind. Der Modus *ASCII [American Standard Code for Information Interchange]*, *EBCDI [Extended Binary Coded Decimal Interchange]* oder *Text* bewirkt eine für normale Texte sinnvolle Übertragung, es muß jedoch berücksichtigt werden, daß sämtliche Steuerzeichen für die Druckersteuerung oder für die Formatierung im Textsystem herausgefiltert werden.

Adressierung. In Analogie zur Anwahl im Telefonnetz, in dem die Adressen nach dem Format Länderkennziffer + Ortskennziffer + Teilnehmernummer strukturiert sind, ist die Adressierung auch in Datennetzen hierarchisch: Netz + Region + Knoten + Teilnehmer, jedoch gibt es keine Bestandteile variabler Ziffernzahl, wie bei Ortskennziffern im Telefonnetz üblich. Vorteil: Bei Kenntnis der einzelnen Adreßkomponenten ist jeder Adresse die Knotenzugehörigkeit zu entnehmen. Nach CCITT X.121 besteht die *NUA* (Network User Address) aus 14 Dezimalen: 3 Ziffern für das Land (1 Ziffer: Erdteil + 2 Ziffern: Land) [Ausnahme USA: 3 verschiedene Länderkennzahlen] + 1 Ziffer für das Paketnetz + 10 Ziffern für die eigentliche Teilnehmeradresse, die von Fall zu Fall näher untergliedert werden kann. Die in Deutschland übliche Unterteilung besteht aus 4 Ziffern, die den Vorwahlbereich charakterisieren und aus einer Ziffer zur Verschlüsselung der Art des Dienstes.

Flußkontrolle. Aufgabe der Flußkontrolle ist es, die Geschwindigkeit, mit der der Sender die Daten erzeugt, auf die Geschwindigkeiten des Netzes und des Empfängers (gemäß der möglichen Aufnahmegeschwindigkeit) abzustimmen. Sie wird durch den Parameter XON/XOFF gesteuert, mit dem die Übertragung gestartet (CTRL-Q) und gestoppt (CTRL-S) wird. Das hat zur Folge, daß nie mehr Daten übertragen werden als gerade verarbeitet werden können. Alternativ zu diesem Protokoll kann ein Zeitverzögerungswert gewählt werden, dann passiert es nicht, daß sich der empfangende Rechner "verschluckt", weil der Sender eventuell die Daten schneller schickt, als sie der Empfänger verarbeiten könnte.

7.2.6 Praktische Konsequenzen

Als Fehler bei der Datenfernübertragung können folgende Phänomene auftreten:
1. es kommt kein Anschluß zustande
2. es treten merkwürdige graphische Zeichen auf dem Bildschirm auf
3. der Rechner nimmt das Paßwort nicht an
4. man sieht alle eingegebenen Zeichen doppelt
5. der Rechner antwortet auf nicht sichtbar eingegebene Zeichen richtig.

Mögliche Interpretationen für den 1. Fall sind, daß die falsche Schnittstelle am Rechner verwendet wurde, das Verbindungskabel zum PC nicht die richtige Pinbelegung aufweist oder die falsche Baud-Rate eingestellt ist; Fall 2 ist ziemlich sicher wegen der mangelnden oder falsch eingestellten Paritätskontrolle eingetreten; der 3. Fall könnte am falsch eingestellten Übertragungsprotokoll liegen, wenn man richtig eingegeben hat und vor allem die Kennung nicht wegen eventuell unbezahlter Rechnungen gesperrt ist. Die Fälle 4 und 5 treten bei falscher Echo-Einstellung auf, beim 4.Fall wurde das lokale Echo der Kommunikationssoftware hinzugeschaltet, obwohl das Übertragungsprotokoll zwischen den Rechnern diese Einstellung nicht erforderte, der 5. Fall läßt sich auf ein nicht eingestelltes Echo zurückführen: Dieser Modus ist vor allem in der Logon-Phase bei der Eingabe der Kennungen und Paßwörter aktiv. Die Fälle 4 und 5 können bei demselben Protokoll nicht gleichzeitig eintreten.

7.3 Datenendeinrichtungen

Hierbei handelt es sich um einen Sammelbegriff für Einrichtungen (Hardwareausstattung) zum Senden und/oder Empfangen von Daten, die Datenendgeräte, Datenkonzentratoren (konzentriert mehrere Nachrichtenkanäle auf einen Kanal) und Datenverarbeitungsanlagen umfassen.

7.3.1 Datenendgeräte

Der einfachste Typus ist ein *TTY-Terminal*, darunter versteht man ein *teletype-kompatibles*, schreibendes Terminal mit *asynchroner Schnittstelle*. Der Vorteil dieses Terminal-Typus ist seine internationale Verbreitung. Eine Bildschirmstation wurde früher im Vergleich zu den TTY-Terminals oft als *intelligentes* Terminal bezeichnet, weil sie multifunktional verwendbar waren. Der Trend zu noch intelligenteren Terminals hat zugenommen. Ursprünglich bestand die Intelligenz nur aus frei belegbaren Funktionstasten, heute sind es Microcomputer mit eigenen Programmen und Dateien, die in einer Rechner-Rechner-Kopplung operieren. Die Bildschirmterminals sind üblicherweise nach verschiedenen Kommunikationsparametern (z.B. Baudrate, Protokoll), oder auch Darstellungsparametern (z.B. hell-dunkel, Zeichensatz) einstellbar. Wichtig ist auch eine Funktionstaste, mit der dem Host ein Break (= Unterbrechung) geschickt werden kann, um ihm so zu signalisieren, daß man die Leitung verlassen hat oder verlassen möchte. Das hat zur Folge, daß die Leitung wieder freigeschaltet ist (nicht "hängt"), man kann also wieder den nächsten Host anwählen. Außerdem können damit gegebenenfalls die anfallenden Online-Kosten begrenzt werden, wenn man versehentlich ein Kommando eingegeben hat, dessen

Abarbeitung zu lange dauert. Beim DATEX-P20-Dienst kann das durch das Kommando *(CTRL)P Clear* verursacht werden. Beim DATEX-P10-Dienst ist der für den jeweiligen Knoten-Rechner relevante Befehl auszuwählen.

Für jeden Host ist ein je nach geforderter Übertragungsart passendes, spezifisches Terminal erforderlich, gelegentlich werden sogar Sonderanfertigungen mit eigenen zusätzlichen Tasten durchgeführt (z.B. für das Tandberg-Gerät im Südwest-Bibliotheksverbund).

Ein noch höheres Maß an "Intelligenz" haben Mikrocomputer mit Kommunikationssoftware. Als ersten Typus gibt es Softwarepakete, die **nur** Kommunikation für verschiedene *Terminalemulationen* (s.u.) herstellen und das Mitdrucken ermöglichen: *Crosstalk, Kermit, Sidekick, Procomm* u.a. Eine Terminalemulation ist im wesentlichen eine Vereinbarung über die verwendeten Bildschirm-Steuerzeichen zur Formatierung und Gestaltung der Bildschirmausgabe; *Emulation* heißt zu deutsch "Nachahmung" und gemeint ist in der Datenverarbeitung das Nachbilden einer großen Palette von Funktionen durch Programm-Module, die normalerweise durch Hardwarebausteine ermöglicht werden. Eine ausführliche Erläuterung Diskussion der Datenübertragung von PC zu PC leistet das Werk von Jonas (1987).

Ein anderer Typus von Kommunikationssoftware geht über Emulationen hinaus und bietet zusätzliche, komfortable IuD-Anwendungen mit Downloading und Übernahme in eigene Datenbanken an: *Genesys* IuD-Software, *Infolog*.

Der neueste Trend ist in der Bemühung der Hosts zu sehen, das Recherchieren (technisch) kinderleicht zu machen und aus diesem Grund sind eine Reihe hosteigener Softwarepakete mit Menüfilter auf dem Markt zu finden. Dieser Filter soll es ermöglichen, daß man mit derselben Benutzeroberfläche bei mehreren Hosts mit unterschiedlichen Retrievalsprachen recherchieren kann: *STN Express, SHERLOCK* (FIZ-Technik). Für Recherchen in Chemiedatenbanen eignet sich besonders *MOLKICK* (Springer). Auch versuchen Hosts, die Recherchen in verschiedenen Medien parallel zu schalten; so liefert Dialog die identische Benutzeroberfläche für CD-ROM und Datenfernübertragung und STN bietet eine Datenbank- und Retrievalsystem-Software zum persönlichen Datenbankaufbau auf dem PC an, deren Inhalt mittels Messenger-Kommandos (der Abfragesprache von STN) recherchiert werden kann.

Neben Terminals und Mikrocomputer zählen auch Drucker zu den Datenendgeräten. Es gibt folgende Möglichkeiten zu drucken: In erster Linie gibt es den *Log-Mode*. Darunter versteht man ein Mitprotokollieren der am Bildschirm ausgegebenen Zeichen am Drucker (inkl. aller Irrwege), ein Drucken als *Hardcopy*, also eine Ausgabe des momentanen Bildschirmauszugs, das Drucken nach dem Downloading des Protokolls oder nur der ausgegebenen Zitate und das Drucken beim Host, den Ausdruck der gefundenen Zitate beim Host und anschließender Postversand.

7.3.2 Datenübertragungseinrichtungen

Hierbei handelt es sich um Einrichtungen zum Anpassen der Datensignale zwischen Datenendeinrichtung und Datenübertragungsweg (und -leitung). Der zentrale Begriff ist hier *MODEM*[1], ein Kunstwort aus Modulator und Demodulator. Es ist dies eine Datenübertragungseinrichtung, die durch Modulation (Umwandlung digitaler in analoge Daten) und Demodulation (Umwandlung analoger in digitale Daten) sowie eventuelle Synchronisation die Übertragung von Daten und Programmen über analoge Fernmeldewege ermöglicht. Digitale Datenübertragung erfolgt mittels *elektronischer* Impulse (Bitfolgen), deren Übernahme aus Computerdaten unproblematisch ist, während analoge Datenübertragung mittels elektrischen Schwingungen durchgeführt wird, deren Intensität die Stärke von Schallwellen (z.B. beim Telefonieren) erkennbar wiedergibt.

Beim Anwählen wird dem Modem eine Empfangs- und Sendebereitschaft durch einen Datenton (*Carrier*) signalisiert. Jedes an ein Modem anzuschließende Datenendgerät muß eine FTZ-Zulassungsnummer (Registrier-Nr. des Fernmeldetechnischen Zentralamts der Deutschen Bundespost in Darmstadt) haben. Gängige Modulationsverfahren sind die Amplituden-Modulation, die Frequenz-Modulation und die Phasen-Modulation. An Arten von Modems sind üblich: vollduplex, halbduplex ("Ping-Pong"), streng halb-duplex und asymmetrisch (halbduplex mit Hilfskanal). Ein *Akustikkoppler* ist ein Modem, bei dem die Übertragung von Daten elektroakustisch über den Telefonhörer erfolgt. Im Gegensatz zum normalen Modem wird keine elektrische Verbindung zum Telefonnetz aufgebaut (s. Tabelle 7.1).

Tabelle 7.1. Vor- und Nachteile des Akustikkopplers

Vorteile	Nachteile
Mobiler Einsatz an allen Telefonanschlüssen	Ist insbesondere wegen Außengeräuschen störanfälliger
Geringer Kaufpreis	Höchstgeschwindigkeit der Datenübertragung ist begrenzt
Universell einsetzbar, weil auch Terminals oder PCs ohne FTZ-Nummer angeschlossen werden dürfen	Manche Koppler sind nur unzureichend auf die praktische Verwendung aller Arten von Telefonhörern eingerichtet

---

1   Praktiker nennen jede Art von Datenfernübertragungsgerät MODEM

Die postalische Bezeichnungen für eine von der Post gestellte Datenübertragungseinrichtung im Direktrufnetz und im DATEX-P sind *Datenanschlußgerät* bzw. *Datenfernschaltgerät*.

Zur Vernetzung unterschiedlicher LANs im Rahmen eines WAN (s. Kap. 7.5) werden je nach der verfügbaren, gemeinsamen Protokollschicht *Repeater*, *Bridges*, *Router*, *Transport-Relays* und *Gateways* als Vermittlungs- und Übertragungseinrichtungen eingesetzt.

7.3.3 Mehrfachnutzung von Schnittstellen

Eine Reihe (z.B. vier) Terminals, die dicht beieinander aufgestellt sind, werden von einem entfernten Prozessor betrieben. Die Kosten, die durch diese parallelen Leitungen anfallen, sind erheblich, weshalb es sinnvoll wäre, die Übertragung auf eine einzige Leitung zu konzentrieren und am Ende dieser Leitung wieder zu entflechten. Man müßte also innerhalb dieser Leitung vier logische Kanäle ansprechen können, die unabhängig voneinander — möglichst zu verschiedenen Rechnern — betrieben werden können. Die organisatorisch einfachste Lösung ist das manuelle Umschalten der Kanäle, mit der Absicht, nur den jeweils gewünschten anzusprechen. Nachteilig ist das lästige Umstecken der Kabel bzw. manuelle Betätigen der Schalter. Abhilfe geschaffen werden kann durch eine automatische Umschaltung der Kanäle, die bewirkt, daß immer der jeweils zuerst angesprochene Kanal aktiv ist, bis er eine Wartezeit erkennbar werden läßt.Das heute übliche Verfahren ist also ein "statistisches", bei dem je nach aktuellem Bedarf die einzelnen Kanäle so lange freigeschaltet werden, bis die nächste Anforderung kommt. Der Nachteil ist dabei, daß nur immer jeweils ein Teilnehmer aktiv sein kann. Abb. 7.2 zeigt die technisch einfachste Variante, einen *Multiplexer* (= Schnittstellenvervielfacher), bei dem die Sammelleitung das Vierfache der Übertragungskapazität haben und an den Enden jeweils eine Multiplex- und Demultiplexeinrichtung besitzen muß. Ein aufwendigeres Ver-

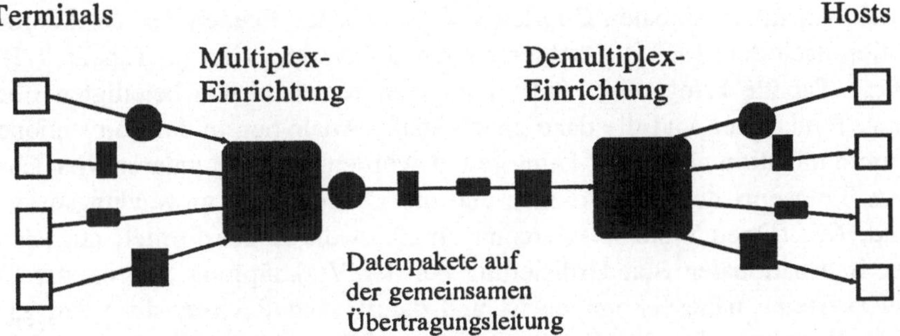

Abb.7.2. Schematische Darstellung einer Multiplexeinrichtung

fahren ist das Frequenzmultiplexing, bei dem das für die Übertragung genutzte Frequenzsspektrum in mehrere, schmalere Frequenzbänder aufgeteilt wird.

Während Multiplexverfahren für lokale Informationsnetze häufig zur Anwendung kommen, sind für die Telekommunikation der *Konzentrator* und das *PAD* besonders wichtig. Zur Anbindung von dezentralen Anwählknoten an einen zentralen Host wird ein Konzentrator verwendet. Man verzichtet hier auf die vierfache Kapazität der Sammelleitung zwischen den Endstellen. Man versucht also flexibel auf die Anforderungen der einzelnen Terminalteilnehmer zu reagieren. Es besteht also das Problem der richtigen Reaktion auf Belastungsspitzen, wenn an allen Terminals gleichzeitig Übertragungen stattfinden sollen. Die zuviel anfallenden Daten sollten möglichst zwischengespeichert werden. In der Praxis am weitesten verbreitet ist die Bedienung der einzelnen Kanäle nach dem Prinzip FIFO (first in first out). Ein *PAD* (= Paket-Assembler/Disassembler) ist erforderlich zur Anbindung an Paketvermittlungsnetze (z.B. an das DATEX-P-Netz). Dieses als Netzknoten zu betrachtende PAD kann vom Netzteilnehmer entweder bei der Post genutzt werden, indem der Teilnehmer das posteigene PAD anwählt oder es kann als lokales PAD beim Anwender nach dessen Wünschen frei programmierbar eingerichtet und parametrisiert werden.

In der Praxis wünscht man diese Anbindung gleich für mehrere Datenendgeräte, sodaß hierbei vor allem Kombinationen von PAD und Multiplexern (z.B. Multi-PAD, MCM-PAD für asynchrone Schnittstellen) in Frage kommen.

Technisch betrachtet kann in einem PAD entweder die Verschnürung oder Entschnürung der aus Segmenten à 64 Byte existierenden Datenpakete erfolgen, die außerdem noch die Kennzeichnungsdaten für Sender und Empfänger enthalten müssen. Ein PAD überwacht die Übertragung und Protokollierung von Daten im DATEX-P-Netz.

7.4 Kommunikationsebenen

Nach den internationalen Gepflogenheiten werden Ebenen der Telekommunikation nach dem ISO-OSI-Schichtenmodell charakterisiert (s. Tabelle 7.2). Diese Tabelle bringt eine Aufstellung der verschiedenen beteiligten Ebenen bzw. Funktionen und die dazu ersichtlichen Analogien in der konventionellen Kommunikation. Pauschal kann gesagt werden, daß die unteren vier Ebenen dem Transport der Daten dienen und die Ebenen 5 - 7 anwendungsorientiert sind. *OSI* (Open Systems Interconnection) ist die Zauberformel, mit der man der internationalen Standardisierung bei der Verknüpfung heterogener Computersysteme nähergekommen ist und damit auch Rechner über den ganzen Erdball miteinander ohne Kompatibilitätsprobleme miteinander kommunizieren lassen kann. Damit wird der Zugang zu Datenbanken erheblich erleichtert. Die

in Kap. 7.2.3 erwähnten Protokolle regeln unterschiedliche Schichten, so z.B.
X.25 und HDLC lediglich die unteren Schichten, jedoch DECNet (s.u.), SNA
(s.u.) und INTERNET überwiegend die höheren Schichten.

Tabelle 7.2. Die Ebenen des ISO-OSI-Schichtenmodells

Ebene, Funktion (engl. Bez.)	Vereinbarung/ Beispiel	Analogie zur konventionellen Kommunikation
7. Ebene: Anwendung (application)	Individuelle Gestaltungsmöglichkeiten durch Anwendungsprogramm (nicht normierbar)	Inhalt der Kommunikation
6. Ebene: Datendarstellung (presentation)	Festlegung der gemeinsamen Kommandosprache	Wahl der gemeinsamen Korrespondenz-Sprache
5. Ebene: Steuerung, Sitzung (session)	Aufbau und Administration von Verbindungen (z.T. durch Betriebssystem)	Festlegung des Beginns/ Endpunktes einer Korrespondenz und Entscheidung zur Ablage
4. Ebene: Transport (transport)	Kontrolle der Vollständigkeit der Daten	Aushändigen eines Geldbetrags gegen Quittung
3. Ebene: Vermittlungsnetz (network)	Konkrete Auswahl des Netzes/ DATEX-P; Daraus folgt ein Versand der Daten mittels Datenpaketen	Bündelung von Informationen in einem Brief
2. Ebene: Sicherung der Verbindung (data link)	Basisregeln zum Datenaustausch (Protokoll); Zeittakt zum Senden der Sende-/Bestätigungsdaten	Bestätigung des Empfangs einer Nachricht durch Winken
1. Ebene: Bitübertragung (physical)	a) Elektrische Eigenschaften/ Spannungspegel b) Mechanische Eigenschaften/Steckerbelegung zur Bitübertragung	Wahl des Trägermediums des Informationsaustausches (z.B. Papier, Magnetband, Telefon, Funk)

Die praktische Anwahl einer externen Datenbank über Kommunikationsnetze erfolgt in mehreren Stufen (s. Abb. 7.3), die an folgender Prozedur für den Fall einer innerbetrieblichen Dokumentationsstelle beispielhaft erläutert wird: Ausgehend vom Betriebssystem des lokalen Rechners, das möglicherweise mit einer benutzerfreundlichen Menüoberfläche zur Auswahl des benötigten Programmpakets versehen sein kann, wählt man die Kommunikationssoftware durch Eingabe des einschlägigen Befehles (z.B. IUK) aus. Sollte der Befehl nicht ausgeführt werden können, landet man wieder auf der Betriebssystemebene bzw. Menüoberfläche. Diese Kommunikationssoftware erlaubt jetzt dem Benutzer den Zugriff auf den lokalen X.25-Knoten des Inhouse-Netzes, über das eine Weitervermittlung zum WIN (Wissenschaftsinformationsnetz) oder direkt zum DATEX-P-Netz möglich ist. Nun kann die Verbindung zum Host (notfalls über weitere Vermittlungsinstanzen) hergestellt werden. Der Vermittlungsrechner für einen Übergang zu einem fremden Rechnersystem wird *Gateway* genannt. Es ist auch ein Direktzugriff von dem jeweiligen PC auf DATEX-P oder (über Telefonleitung) zum Host möglich. Schließlich wird auf Host-Ebene das Retrievalsystem gestartet, indem die Benutzerkennung und Paßwörter eingegeben werden.

Für den Aufruf der gewünschten Datenbank ist ein weiteres Kommando wirksam, das eine Differenzierung der richtigen Kommandos individuell für jede Datenbank ermöglicht. Es besteht die Option, daß mit manchen Paßwörtern

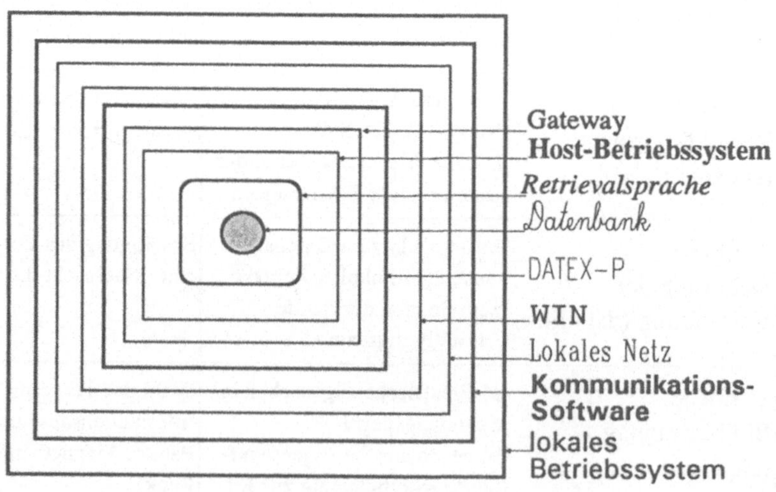

Abb.7.3. Kommando-Ebenen beim Recherchieren in externen Datenbanken

nur bestimmte Datenbanken freigeschaltet werden. Man kann die ausgewählte Datenbank verlassen, indem man eine andere Datenbank aufruft oder indem man das Retrievalsystem verläßt. Damit verläßt man in der Regel automatisch die Verbindung zum Host, der wiederum an das DATEX-P-Netz (bzw. die beteiligten Netze) eine Mitteilung zur Beendigung der Verbindung schickt, so daß der Benutzer dann auf dem lokalen Netz oder der Kommunikationssoftware landet. Sollte die Auflösung der Verbindung unfreiwillig geschehen sein, so muß er in der Regel alle beteiligten Stationen erneut durchlaufen. Zu diesem Zweck ist es günstig, die *Autologon*-Komponente der Kommunikationssoftware einzusetzen, die ein automatisches Logon über mehrere Hierarchien hinweg erlaubt. Der Nachteil dieses Moduls ist jedoch, daß bei Hardwarestörungen der Benutzer nicht genau erkennen kann, wo sie aufgetreten sind. Außerdem erfordern schon kleine Änderungen im Antwortverhalten der Hosts eine Umparametrisierung des Moduls. Eine Übersicht über die Anzahl eventuell beteiligter Rechnersysteme bzw. -ebenen, deren Kommandosprache zu verwenden ist, zeigt Abb. 7.3.

7.5 Typen von Rechnernetzen

Man kann Rechnernetze nach den unterschiedlichsten Aspekten klassifizieren, je nachdem, unter welchem Anwendergesichtspunkt man sie sieht. Dokumentarisch relevant sind Vernetzungen in unterschiedlichen Globalbereichen, ausgehend vom komplexen *GAN* (Global Area Network) zum *MAN* (Metropolitan Area Network), *WAN* (Wide Area Network) und dem örtlich in der Regel auf einen Raum begrenzten *LAN* (Local Area Network). Die Topologie der Vernetzung kann entweder ein Busnetz, Sternnetz, Ringnetz, hierarchisches Netz oder ein komplexes Geflecht sein (s. Abb. 7.4). Von wachsender Bedeutung sind LAN-Netze. Sie erfüllen insbesondere interne Kommunikationsanforderungen, denen die üblichen (für Fernnetze) konzipierten nicht entsprechen. In neuester Zeit gibt es einige bessere technische Möglichkeiten zur Realisierung einer sehr viel leistungsfähigeren Kommunikation, speziell für kurze Entfernungen. Bei dieser innerbetrieblichen Vernetzung von Computern können Speichergeräte, Drucker, Textverarbeitungssysteme etc. zusammengeschaltet und gemeinsam genutzt werden. Meist gibt es dazu einen Server, der sozusagen als zentraler Speicher mit den meisten Programmen bereitsteht. Damit besteht die Möglichkeit, verteilte Datenmengen und Programme gemeinsam zu nutzen. Bedeutendste Vertreter dieser Art von Netzen sind *DECNet* (Digital Equipment Corporation — Hersteller der VAX-Computer) für die Vernetzung von DEC-Rechnern, *SNA* (System Network Architecture), die Vernetzung der Großrechner in der IBM-Welt sowie für die Vernetzung von Personal Computern

ETHERNET/NOVELL[2] und *TOKENRING*. Diese Netz-Software macht Anwendungssoftware auf allen an das Netz angeschlossenen Geräten bedienbar; die in ihnen enthaltene Steuersoftware-Komponente ergänzt Funktionen des Betriebssystems. Man unterscheidet in einem solchen PC-Netzwerk zwischen dem Netzwerkserver, der die Verwaltung der Peripherie wie Festplatte und Drucker übernimmt, und den Workstations (also den PCs für den einzelnen Benutzer). Im Gegensatz zu Telefonnetzen existiert hier keine Vermittlung, man hat jedoch einen Zugang zu öffentlichen Netzen in Form eines Gateway. Eine lokale Verbindung zweier Datenendgeräte kann auch durch ein *Null-Modem* hergestellt werden, das ohne ein Datenübertragungsgerät lediglich aus einem (über Kreuz

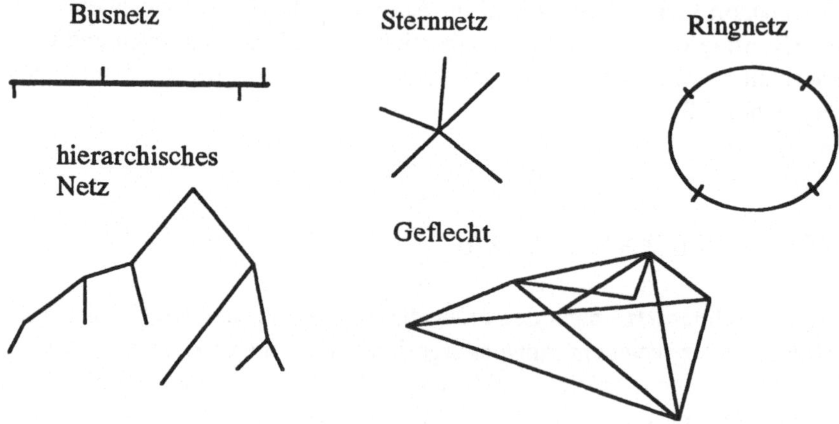

Abb. 7.4. Topologie von Netzstrukturen

geführten) seriellen Verbindungskabel besteht. Mit der Protokollkombination *TCP/IP* (Transmission Control Protocol/Internet Protocol) steht eine Netzwerk-Protokoll-Kombination zur Herstellung von Übergängen zwischen LANs und WANs zur Verfügung. Damit steht ein hoher Grad von Konnektivität zur Verfügung, jedoch ist noch kein voller ISO-Standard erreicht. Einer totalen Verknüpfung der positiven Vermaschungseigenschaften eines lokalen Netzes und der Normiertheit eines offenen Netzes stehen eine Reihe von technischen und wirtschaftlichen Hindernissen entgegen (Ausfallsicherheit des Gesamtsy-

---

2 Ethernet betrifft fast nur die untersten Protokollschichten, auf die z.B. Novell zur Regelung der höheren Protokollschichten als benutzernähere Software aufgesetzt wird.

stems, Kontrolle der Zugriffsberechtigung, aufwendige, teilweise nicht kompatible Hard- und Software und hohe Leitungskosten).

Schließlich gibt es den rein technischen Aspekt, nach welcher Vermittlungstechnik gearbeitet wird: Die *Leitungsvermittlung* ist die Verbindung in traditionellen analogen Netzen. Die Adreßangaben werden einmal zum Aufbau der Verbindung benötigt (*Circuit Switching*). Zwischen den verbundenen Teilnehmern wird eine durchgehende physische Verbindung geschaltet, die anschließend den Kommunikationspartnern für eine bestimmte Zeit exklusiv zur Nutzung überlassen wird. Das Telefonnetz, Telefaxnetz und Telexnetz (s.u.) der Deutschen Bundespost ist nach dem Prinzip der Leitungsvermittlung aufgebaut.

Im Gegensatz dazu steht die *Speichervermittlung* (oft *Paketvermittlung* genannt). Die Adreßangaben werden einmal zum Aufbau der Verbindung benötigt. Technisch geschieht das so, daß die zu übertragenden Daten auf dem Wege einmal oder mehrmals zwischengespeichert werden, bevor sie beim Empfänger ankommen. Die Schnittstelle muß also eine Adressierungsmöglichkeit umfassen.

Im übrigen wird zwischen einem verbindungslosen Dienst (*Datagrammnetz*: jedes Paket muß mit Absender und Adresse versehen werden) und dem verbindungsorientierten Dienst (*Paketnetz*) unterschieden.

Im ersten Fall kann die Entscheidung zur Weiterleitung immer wieder neu getroffen werden und wegen der großen Flexibilität können Stausituationen vermieden werden. Datagramme können im Netz **ohne** Voranmeldung eines Verbindungsaufbaus ausgetauscht werden. Die Einhaltung der Reihenfolge der Datagramme kann jedoch nicht garantiert werden, so daß dieser Dienst für das Online-Retrieval nicht in Frage kommt.

Das Paketnetz wird durch die drei Abschnitte Verbindungsaufbau, Nutzung (erst nach Anmeldung) und den durch einen Teilnehmer initiierten Verbindungsabbau charakterisiert. Dieser Dienst hat sich wegen der CCITT-Empfehlung X.25 durchgesetzt und kombiniert Vorteile der Datagrammsysteme und der Leitungs-Vermittlungssysteme. Alle Pakete zwischen zwei Kommunikationspartnern werden auf derselben virtuellen Verbindung transportiert. Es steht jedoch keine direkte Verbindung zwischen den beiden Hauptanschlüssen zur Verfügung; es wird eine virtuelle (logische) Verbindung hergestellt, über die Daten in Form von genormten und mit Adressen versehenen Paketen übertragen werden. Daher können auf einer Leitung mehrere, verschiedene virtuelle Verbindungen bestehen. Diese Art der Übertragung garantiert eine hohe Netzauslastung.

Zusammenfassend zu den Dienstleistungen der Rechnernetze können folgende Aspekte festgehalten werden: Die Notwendigkeit der Planung des Datenaustausches unter den Kommunikationspartnern, die *Adressierung* der Nachrichten, deren Bündelung und Entflechtung (*Konzentrieren, Multiplexen*) und deren

Kanalisation (*Flußkontrolle*). Letztlich sollen auch eventuelle fehlerhafte Übertragungen identifiziert werden können, auf die man dann in der passenden Weise reagieren muß.

7.6 Anwendungsformen internationaler Informationsnetze

7.6.1 Nachrichtenvermittlungssysteme

Im wesentlichen versteht man darunter *Mailbox*-Systeme, ein System von elektronischen Briefkästen, deren Nutzer nicht direkt mit dem Empfänger kommunizieren, sondern mittels Hinterlegung von Nachrichten. Es gibt diese als Hobby-Mailboxen (beschränkt auf regionale Bereiche und von Computerfreaks betrieben), Inhouse-Mailboxen (geschlossene Systeme zum Nachrichtenversand innerhalb eines Unternehmens bzw. innerhalb einer geschlossenen Benutzergruppe) und in Form von öffentlichen Mailboxen. Zum Anmelden in einer Mailbox benötigt man ein Konto (Benutzerkennung und Paßwort). Eine Zusammenstellung der Funktionen und deren Nutzen wird in Tabelle 7.3 gegeben.

7.6.2 Öffentliche Netze für das Online-Retrieval

Bereits Ende der 60er Jahre gab es in den USA die Telekommunikationsnetze *Telenet* und *Tymnet*, deren Knoten über das Fernsprechnetz auch in der Bundesrepublik Deutschland angewählt werden konnten. Mit *Diane* (Direct Access Network for Europe) etablierte sich Ende der 70er Jahre eine Organisation der europäischen Anbieter von Dialog-Teilnehmerdiensten und Informationsbanken im Rahmen von Euronet, einem europäischen, von den nationalen Postbehörden 1980 installierten Nachrichten-Übertragungsnetz. Beide haben sich infolge der Entstehung nationaler Datenübertragungsnetze wie *DATEX-P* (Deutschland), *TRANSPAC* (Frankreich) etc. erübrigt.

In den 70er Jahren der Euphorie des IuD-Programms sollte mit *ODIN* (Online-Dokumentations- und Informations-Netz) im Rahmen eines BMFT-Projektes ein komplexer nationaler Informationsverbund geplant werden, dessen Ziel es war, dem Informationsvermittler oder Endbenutzer den technischen Zugang zu Datenbanken zu ermöglichen, Informationen nachzuweisen, Lieferanten dafür zu benennen und Bestellvorgänge schnell zu realisieren. Auch hier wurde die technische Dimension mit dem Aufbau von DATEX-P obsolet.

Tabelle 7.3. Funktionen und Vorteile von Mailboxen

I. Nachrichtenaustausch	*Vorteile gegenüber Brief:*
1. Weltweites Senden	1. Kurze Laufzeit
2. Archivierung	2. Standortunabhängiger Abruf
3. Rundummitteilungen an einen festgelegten	und Ausdruck
Personenkreis	3. Nachrichten-Austausch auch
4. Rücknahme noch ungelesener Nachrichten	bei Abwesenheit
5. Einfacher Versand von Wiederholungs-	4. Keine *Besetzt*-Situation
mitteilungen	5. Komfortables Versenden vom
6. Übergang zum Telex/Teletex möglich	Arbeitsplatz ohne Transportwege
(Gateway-Funktion)	
II. Informationsbeschaffung, Dienstleistungen	*Vorteile gegenüber Telex:*
1. "Schwarzes" Brett für alle Teilnehmer	1. geringere Anschaffungsgebühren
2. Fachrecherchen in Datenbanken	2. höherer Bedienerkomfort
3. Nachrichtendienste, Börsendienste	3. schnellerer Datenversand
4. Bestellungen, Reisebuchungen	4. nicht an stationäres Gerät
5. Übersetzungen von Mailboxnachrichten	gebunden
6. Fotosatz von Mailboxinhalten (Telesatz)	

7.6.3 Postdienste

Die Post hat drei Unternehmenszweige, die Postdienste im engeren Sinne (als
Brief- und Paketpost), die Postbank und die Telekom. Monopolstellung hat in
Zukunft nur noch der erste Unternehmensbereich bezüglich des Transports von
Briefen sowie der Bereich Telekom bezüglich der Ferngespräche. Die Telekommunikation soll ansonsten den Gesetzen des Marktes folgen. Allerdings bleibt
die physikalische Leitungsebene nach wie vor monopolisiert, weggefallen ist
jedoch die Monopolstellung im Bereich der Datenübertragungsgeräte.

Standarddienste der Post

Das *Telexnetz* ist ein digitales Netz für die Übertragung mit 50 Baud, das eine
Fernschreibübertragung im internationalen Telegraphenalphabet in 5-Bit-Codes
zuläßt.

Teletex (= Bürofernschreiber) arbeitet mit dem ASCII-Code, hat somit einen
größeren Zeichenvorrat und ist ca. 50 mal schneller als Telex. Im Gegensatz
zu Telex und Telefax ist es nur in wenigen andern Ländern verfügbar, so daß
es in der internationalen Nutzung zurückliegt. Jedoch sind von einem Teletex-
Anschluß weltweit auch alle Telex-Anschlüsse (jedoch unter Verlust des Ge-
schwindigkeitsvorteils erreichbar).

Telefax oder *Fernkopieren* gewährt die Möglichkeit der graphischen Datenübertragung mittels Scanner, der mit bis zu 400 Bildpunkten Auflösung die Vorlage zeilenweise abtastet. Die komfortable Nutzung fördert eine weitere Verbreitung. Eine Variation ist der Telebrief, die elektronische Übermittlung eines Briefes an den Telefax-Anschluß einer Postdienststelle, von wo aus das empfangene Ergebnis durch Eilbrief am Einlieferungstag an den Kunden ausgetragen wird. Durch die Entwicklung von Breitbandnetzen (s.u.) können moderne Hochleistungskopierer mit hoher Übertragungsgeschwindigkeit zum Einsatz kommen, die eine DIN A4-Seite in wenigen Sekunden übertragen. Inwieweit Telefaxsysteme sich mit der PC-Welt verbinden lassen, kann dem Artikel von Koch (1989) entnommen werden.

Das *Fernsprechnetz* bietet die Nutzung des Telefons und ist primär ein öffentliches Netz zur Sprachübertragung. Es basiert sowohl auf einem Leitungsnetz, wird aber auch durch Funktelefone des B- und C-Netzes ergänzt. Auch innerbetrieblich werden heute häufiger Funkdienste mit geringerer Reichweite eingesetzt. Mit dem *Teledialog* wird der Wunsch der Rundfunkanstalten nach Rückmeldungen der Zuschauer bzw. Zuhörer noch während einer laufenden Sendung (unter Benutzung des Telefonnetzes) garantiert. Die Anrufe werden nur noch automatisch registriert und durch eine kurze Ansage von wenigen Sekunden bestätigt.Der Telefondienst wird ergänzt durch *Anrufbeantworter* mit und ohne die Möglichkeit, Nachrichten auf Band zu speichern. Das kennzeichnende Merkmal des *Sprachspeicherdienstes* besteht im zeitversetzten Telefonieren, ohne daß der Gesprächspartner zum selben Zeitpunkt zur Verfügung steht: Jeder Benutzer erhält eine Sprachbox mit einer Box-Nummer (vergleichbar mit einem Postfach), in die man Nachrichten hinterlegen kann.

Nutzung des Telefons zur Datenübertragung. Durch Zusatzeinrichtungen (MODEM) können auch digitale Daten übertragen werden. Die vor der Privatisierung des Telekom-Bereichs übliche Monopolstellung und **Nur**-Vermietung von Datenübertragungsgeräten ist inzwischen dem freien Markt gewichen und erlaubt heute einen legalen Kauf von Modems. Die für den asynchronen Anschluß übliche Übertragungsgeschwindigkeit für Wählleitungen ist 2400 Baud (vereinzelt gibt es heute High-Speed-Modems bis zu 9600 Baud, deren Betrieb praktisch möglich wäre, von der Post jedoch nicht unterstützt wird). Die höchste Geschwindigkeit, die Post-Modems z.Zt. bieten, liegt bei 4800 Baud (synchron und halbduplex), was die Anwendung über die asynchrone, vollduplex betriebene COM-Schnittstelle (seriell) eines PCs ausschließt. Um den PC synchron zu betreiben, ist z.B. eine synchrone SDLC-Karte und eine IBM-3270-Emulationssoftware erforderlich.

Alle an das Fernsprechnetz anzuschließenden DV-Geräte müssen mit Modem ausgestattet werden und stehen potentiell als Wählverbindungen zum Datenverkehr wegen international geltender Modem-Normen auch mit dem Ausland bereit. Ersatzweise ist auch ein Akustikkoppler als Übertragungseinrichtung flexibel einsetzbar. Die Übertragungssicherheit ist allerdings nicht zu gewährleisten, mit Datenverlust wegen Rauschens muß also gerechnet werden.

DATEX-Netze. Es gibt die beiden öffentlichen digitalen Wählnetze für die Datenübertragung mit Leitungsvermittlung (*DATEX-L*) oder Paketvermittlung (*DATEX-P*) für verschiedene Übertragungsgeschwindigkeiten.

DATEX-L: Sender und Empfänger benutzen eine eigene Leitung, die zum Zeitpunkt der Übertragung ausschließlich von ihnen genutzt wird. *DATEX-P*: Es gibt hierbei die drei Anschlußformen P10, P20 und P20F. Der Anschluß P10 ist hostfähig und erfordert ein eigenes PAD (ohne Gebühren für die PAD-Nutzung der Bundespost). Der P20-Dienst erfordert die PAD-Nutzung der Bundespost, gewährt aber zwei Zugangsformen, den direkten Zugang zum PAD der Bundespost über einen Hauptanschluß oder den Zugang zum Post-PAD über das Telefonnetz mittels Wählanschluß P20F.

Alle Daten zwischen Sender und Empfänger werden in Datenpaketen, sog. Segmenten (à 64 oder 128 Bytes), nach den Prinzipien des Paketvermittlungssystems übertragen. Hierzu ist eine *NUA* (Network User Address: Anschlußnummer eines DATEX-P-Anschlusses) einzugeben und im Falle des Wählanschlusses (P20F) eine *NUI* (Network User Identification: Benutzerkennung), die die Zugangsberechtigung zum DATEX-P-Netz garantiert. Auf der Host-Seite wird die NUA als *Port* (als "Tor" oder "Landehafen" für die Daten) bezeichnet. Die NUI besteht aus einer Kennung (A-Teil) und einem Paßwort (B-Teil) und wird mit dem Kommando NUI im Datex-P aufgerufen, sobald sich DATEX-P meldet. Das Paßwort kann neuerdings selbständig geändert werden.

Bei Nutzung des Dienstes P10 bestimmt die Kommandosprache des lokalen PAD-Netzknotens die Kommunikation mit DATEX-P, bei Nutzung des posteigenen PADs in den Diensten P20 und P20F gilt die Kommandosprache des DATEX-P-Knotens (s. Tabelle 7.4).

Sonstige Datenkommunikationsnetze. Am bekanntesten ist das *Direktrufnetz* (auch *Standleitung* oder Festverbindung genannt), ein öffentliches Netz mit festen Verbindungen für die Übertragung digitaler Nachrichten, deren Hauptanschlüsse ständig miteinander verbunden sind. Wesentlicher Kostenfaktor ist die Entfernung, dadurch gibt es vergleichsweise günstige Gebühren im gleichen Ortsnetz. Man kann eine solche auch zeitlich befristet beantragen, was insbesondere bei *internationalen Mietleitungen* genutzt wird, z.B. täglich 30-300 Minuten.

Die Telekom betreibt auch ein Nachrichtenvermittlungssystem, die *Telebox*, ein Mailbox-Dienst mit einem zentralen Teleboxcomputer. Weniger mit Fachinformation hat der Dienst *Temex* (= Fernwirkung) als jüngster Zweig der Telekommunikation zu tun: das Steuern, Überwachen und Regeln technischer

Anlagen aus der Ferne mit den drei HauptanwendungsgebietenVerbrauchsmessung regionaler Energieversorgungsunternehmen, Überwachung von Gebäuden für Brand- und Alarmmeldung und soziale Notrufnetze.

Tabelle 7.4. Meldungen der PAD-Knoten

Meldung	Bedeutung	sinnvolle Reaktion des Benutzers
CONNECTED bzw. *VERBINDUNG HERGESTELLT*	Verbindung zum Host hergestellt	Eingabe der Benutzerkennung und Paßwort
PARITAETSFEHLER	Fall tritt meist bei Anwahl über das Telefonnetz auf und zeigt ein möglicherweise falsch übertragenes Zeichen an	Wiederholung im Falle einer Unsicherheit
NETWORK CONGESTION bzw. *AUSLOESUNG - VORUEBERGEHENDE STOERUNG IM NETZ*	Netzwerkinternes Problem	Versuch zu späterem Zeitpunkt/ Telefonische Rücksprache bei DATEX-P
OUT OF ORDER bzw. *AUSLOESUNG - GEGENSTELLE ANTWORTET NICHT*	Host ist nicht betriebsbereit	Versuch zu späterem Zeitpunkt/ Telefonische Rücksprache beim Host
AUSLOESUNG - VERANLASSUNG DURCH GEGENSTELLE	Hostreaktion wegen falscher Benutzereingabe (z.B. Paßwort)	Neuanwahl und richtige Eingabe
DISCONNNECTED bzw. *AUSLOESUNG - ANFORDERUNG DURCH GEGENSTELLE*	Hostreaktion auf Logoff-Eingabe	Beendigung des Kommunikationsprogramms

Bildschirmtext (Btx). Btx ist ein Medium, das dem internationalen *Videotex* entspricht und einen zentralen Host-Rechner in Ulm, eine Leitzentrale, betreibt. Organisatorisch untergeordnet gibt es eine Einteilung in mehrere Regionalbereiche mit Zentralen, in denen ebenfalls Informationen gespeichert werden können. Letztere nehmen den eigentlichen Dialog mit dem Benutzer wahr. Es sind außerdem über DATEX-P externe Datenbankrechner angeschlossen, für die der Btx-Rechner ein Gateway bildet. Der Zugriff auf diese kann auf *geschlossene Benutzergruppen* eingeschränkt werden. Die auf das Netz zugreifenden Teilnehmer benötigen passende Datenendgeräte. Die ursprüngliche Idee war, daß jeder möglichst kostengünstig einen Zugriff auf das Netz haben sollte. Zu diesem Zweck wurde das System auf ohnehin im Haushalt verfügbare technische Einrichtungen wie Fernsehmonitor und Telefon abgestellt. Die Benutzer sollten lediglich ein geeignetes Modem zu niedrigem Preis mieten. Für professionelle Anwendungen waren Eingabemöglichkeiten zu schaffen. Das Editieren der Seiten erfolgte früher auf speziellen Btx-Terminals, kann heute aber auch von PCs aus durchgeführt werden: Es erfolgt dann die Übertragung von Schriftzeichen und nicht zu detaillierten Bilddarstellungen in mischbaren Farben in den Btx-Rechner. Die Darstellung basiert auf einem *CEPT*-Standard und ermöglicht 960 Zeichen pro Seite und eine Farbpalette von 4096 *Farben.*

Im Gegensatz zum Fernsehen können keine Fotos oder Bilder gesendet werden. Die Suche ist im allgemeinen menügesteuert, kann aber durch alphanumerische Eingaben erweitert werden. Es gibt vier Arten von Suchmöglichkeiten, nämlich den direkten Weg, falls die Leitseitennummer bekannt ist, den Zugriff über das Anbieterverzeichnis oder den inhaltlichen Weg über ein Schlagwörterverzeichnis bzw. ein grobes Sachgebietsverzeichnis. Eine ausführliche Darstellung von Bildschirmtext ist in Strauch (1990) enthalten.

Breitbandnetze (ISDN). Zwei Begriffe der Deutschen Bundespost irritieren den Anwender wegen ihrer großen Ähnlichkeit: *IDN* (Integrated Data Network), das Integrierte Text- und Datennetz, das reine Datenkommunikationsdienste Telex, Teletex, Datex und Direktrufnetz umfaßt und für das das elektronische Datenvermittlungssystem (*EDS*) genutzt wird, und *ISDN,* das Dienste-integrierende digitale Fernmeldenetz [Integrated Services Digital Network] (vgl. Bocker 1987). Hierbei wird auch das Fernsprechnetz in die digitale Übertragung eingebunden, indem die Schallschwingungen in sehr kurzen Abständen (8000 pro Sekunde) gemessen werden und in digitale Zahlenwerte übertragen werden. Es erfolgt eine Zusammenfassung der Übermittlung von Bild, Sprache, Daten und Text in einem einzigen Übertragungsnetz, einem *Breitbandnetz,* das sich durch ein breiteres Frequenzspektrum als das "schmalbandige" Telefonnetz auszeichnet und insofern eine reichhaltigere Datenfülle transportieren kann. An ein Breitbandnetz ist auch eine Anbindung lokaler Bürokommunikationssysteme möglich. (An bis zu 12 ISDN-Kommunikationssteckdosen eines Basisanschlusses S_0 können maximal 8 unterschiedliche Endgeräte angeschlossen werden). Durch die Umstellung der Vermittlungsstellen von analoger auf digitale Technik soll eine Beschleunigung der Vermittlung von Telefongesprächen erfolgen. Der Protokollstandard für diese hohen, in Zukunft auf der Glasfasertechnik basierenden Übertragungsgeschwindigkeiten von 100 Megabit/sec ist *FDDI* (Fiber Distributed Data Interface). Das ISDN-Ortsnetz soll nicht abhörfähig sein und bei schnellem Verbindungsaufbau folgende Dinge ermöglichen: die Anzeige der Rufnummer, eine Anruf-Umleitung zum Vertreter, "Anklopfen" mit Anzeige der Rufnummer, Automatischer Rückruf bei Besetzt-Situation, Anruferliste nach Abwesenheit, gesprächsbegleitende Gebührenanzeige, Dreierverbindungen und Partnerschaltung zur Gesprächsübergabe. Bereitstehen soll ferner eine individuelle Kurzwahltabelle und eine Briefkastenfunktion. Praktische Empfehlungen zur innerbetrieblichen Nutzung von ISDN finden sich bei Bahr (1991), zum PC-Einsatz im Rahmen des ISDN bei Reinhold (1991).

Private Netze. Private Netze sind protokollmäßig selten für Dienstleistungen mit Dialogschnittstellen ausgelegt, die für den IuD-Bereich so wichtig sind. Meist handelt es sich um Netze für den Betrieb einer Mailbox, die die klassischen Funktionen der Übertragung von Dateien (*File-Transfer*) ermöglichen oder zur Software-Übernahme bzw. zum Starten eines Rechenvorgangs von außerhalb (*Remote Job Entry*) geeignet sind. Die ersten dialogfähigen Netze existieren in den USA seit den 60er Jahren. Die bekanntesten unter ihnen sind Telenet, Tymnet, Uninet, Dialnet. Außer dem öffentlichen DATEX-P sind heute auch *BELWÜ* (Baden-Württemberg Extended LAN, *WIN* (Wissenschaftsinformationsnetz deutscher Forschungseinrichtungen) und *INTERNET* neu eingeführt.

7.7 Kriterien für den richtigen Datenübertragungsdienst

Zur Einschätzung, welcher Datenkommunikationsdienst ideal geeignet wäre, ist eine Bestandsaufnahme bezüglich der Regelmäßigkeit und Häufigkeit des Datenübertragungsaufkommens (in MByte insgesamt bzw. auch pro Terminal-Sitzung) und der Art der zu übertragenden Daten (Texte, Zahlentabellen, Graphik) durchzuführen, wobei berücksichtigt werden soll, wieviele Hosts an der Datenübertragung beteiligt sind, wieweit sie entfernt sind und wie sie am günstigsten erreichbar sind. Da die Nutzungskosten der Telekommunikationsnetze Deutschlands im Vergleich zu allen westlichen Ländern überhöht sind, muß vor allem auf folgende Kosteneinflußfaktoren geachtet werden:
– Zeitdauer der Recherchen, Tageszeiten
– Mengenmäßiger Umfang der übertragenen Zeichen
– Entfernung
– Anzahl der Terminals
– Anzahl der Hosts
– Geschwindigkeit, mit der die Ergebnisse benötigt werden.

Das *Fernsprechnetz* ist wirtschaftlich bei geringen Datenübertragungsmengen (geringe Fixkosten) und geringen Entfernungen zum überwiegend angewählten Host, hat jedoch eingeschränkte Leitungsqualität (Rauschen), Einschränkungen bei der Übertragungsgeschwindigkeit und erfordert hohen Zeitaufwand zum Verbindungsaufbau (insbesondere beim Anschluß über Akustikkoppler).

Standleitungen (HfD) sind immer zugriffsbereit und sind wegen der fixen monatlichen Kosten nur wirtschaftlich bei hohem Bedarf. Die kurzen Verbindungsaufbauzeiten, die unkomplizierte Handhabung und die mögliche hohe Datenübertragungsrate und -qualität lassen sie sehr attraktiv erscheinen für IuD-Stellen, die überwiegend nur bei einem nicht zu weit entfernten Host recherchieren.

Das *DATEX-L-Netz* verbindet die Vorteile eines öffentlichen Wählnetzes mit hoher Übertragungsqualität festgeschalteter Leitungen, ist aber für den Dialogverkehr mit Datenbanken im Verhältnis zu den andern Diensten zu teuer, jedoch für den File-Transfer durchaus wirtschaftlich. Wirklich nachteilig ist, daß nur Verbindungen zwischen Anschlüssen gleicher Übertragungsgeschwindigkeiten möglich sind. Beim flexibelsten Netz, dem *DATEX-P-Netz* sehr guter Übertragungsqualität, können unterschiedliche Übertragungsgeschwindigkeiten und Datenübermittlungsverfahren verwendet werden; es ist kostengünstig für den im Vergleich zum File-Transfer mengenarmen Dialogverkehr. Die Kostenstruktur ist wegen der vielen Einflußparameter relativ schlecht durchschaubar. Die entfernungsunabhängigen Kosten sind für den Fall weit entfernt liegender Hosts ein Vorzug gegenüber HfD. Vorteilhaft erweist sich die Übergangsmöglichkeit vom Fernsprechnetz.

Die verschiedenen Zugangsverfahren zum Datex-P haben erheblich differierende Fixkosten und Kostensteigerungen und werden in Abb. 7.5 verglichen, so daß hier sehr genau auf die Auslastung geachtet werden muß. Die Abbildung zeigt hohe Fixkosten und eine schwache Verbrauchs- und Zeitabhängigkeit für die beiden Hauptanschlüsse P10 und P20, dagegen rasch wachsende Kosten bei den Diensten P20F, wobei allerdings die Anschaffungskosten von z.Zt. DM 1000.- für ein PAD beim Dienst P10 hinzukommen. Die für den Dienst P20F erforderlichen Modem oder Akustikkoppler sind im Vergleich dazu erheblich günstiger. In allen Fällen sind noch die einmaligen Anschlußkosten der Telekom zu entrichten.

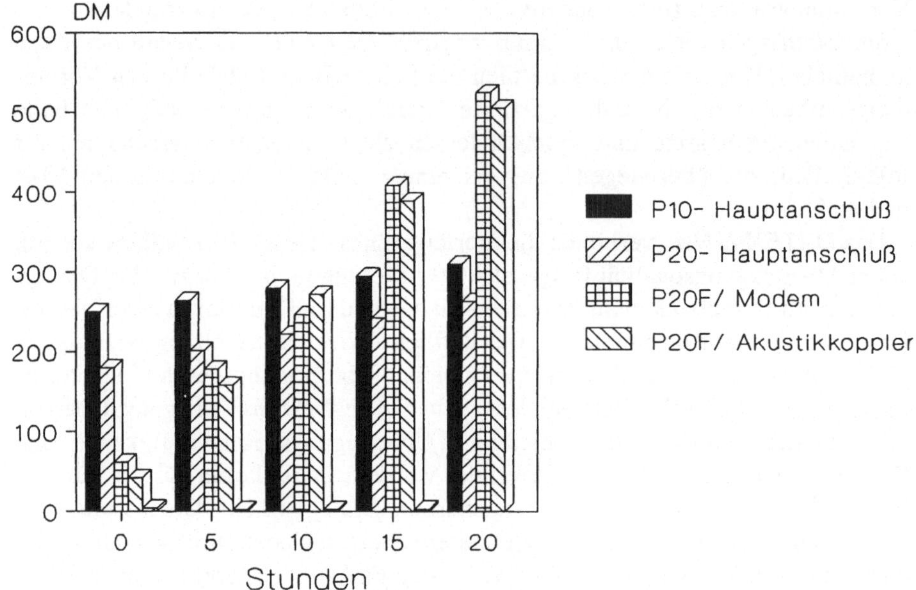

Abb. 7.5. Vergleich der Zeit-Kosten-Abhängigkeit pro Monat bei unterschiedlichen Datex-P-Diensten.

8 Retrievalsoftware, -sprachen und -strategien

8.1 Theoretische Grundlagen der Retrievalfähigkeit mit Computerunterstützung

Ziel einer Recherche ist es, Informationen zu gewinnen, die auf ein gegebenes Problem hinsichtlich der Informationsbeschaffung zutreffen. Man differenziert hierbei in die Begriffe *Recherche*, womit der komplexe Vorgang des Suchens in irgendwie gearteten Speichern gemeint ist, und in *Retrieval*, das die Prozedur unter Einsatz einer Retrievalsoftware ist, einer Kommandosprache und einer Suchstrategie. Unter einer *Suchstrategie* (bzw. *Recherchestrategie*) eines Benutzers versteht man eine Folge geeignet modifizierter Suchfragen, die schließlich zur Suchfragenformulierung führen sollen, wodurch die am meisten relevanten Dokumente gefunden werden. Je besser die Anfangsformulierung, desto kürzer ist die Suchstrategie und desto schneller findet man die optimale Suchfragenformulierung. Eine *Recherche* ist also ein Vorgang, bei dem unter Ausnutzung verschiedener Informationsbanken und/oder konventioneller Auskunftsmittel versucht wird, in mehreren Teilschritten Informationen zu gewinnen, um ein Informationsproblem zu lösen. Bei Informationsbanken ist die Anwendung des Retrievals Voraussetzung für eine erfolgreiche Recherche. Unter einem *[Information] Retrieval* (heute nur noch *Online-Retrieval* genannt) versteht man das Wiedergewinnen von Informationen unter Verwendung von Abfrage-Kommandos in einem Datenbestand. Die anzuwendenden Kommandos werden durch das jeweilige Retrievalsystem (Kombination von Hardware, Software und systemspezifischer Methodik) bestimmt. Man faßt darunter sowohl die Methode als auch das Verfahren zusammen, um aus einer Menge von Dokumentationseinheiten die zu einer bestimmten Fragestellung relevanten herauszusuchen, und zwar mithilfe von Erfassungselementen, die beim Erschließungsprozeß ermittelt wurden. Diesen Fragen soll das vorliegende Kapitel gewidmet sein. Es wäre jedoch verfehlt zu glauben, daß mit dem Einsatz des Computers alle Informationsprobleme gelöst wären. Vielmehr ergibt sich mit dem Einsatz einer nicht mit dem Informationsverbraucher identischen Instanz eine grundsätzliche Erörterung, inwieweit Recherchen auf andere und insbesondere Computer delegierbar sind (vgl. Fugmann 1985) und ist damit in engem

Zusammenhang mit der Informationsvermittlung (s. Kap. 9.1) zu sehen. Grundvoraussetzung für die Übergabe eines Suchthemas an andere ist die *Definierbarkeit* des Problems; nur wenn der Informationswunsch (hier die Fragestellung des Benutzers) definierbar ist, d.h. wenn genau ausgedrückt wird, was der Benutzer eigentlich sucht, kann die Frage vom Informationssuchenden auf den Rechercheur und von diesem auf den Computer übertragen werden. Weil der Benutzer das System und den Speicher nicht kennt und der Rechercheur das wahre Bedürfnis des Benutzers nur soweit, wie dieser es ihm sagen kann weiß, gibt es praktisch nie eine optimale Formulierung des Themas für die Recherche. Ein weiterer Hemmschuh sind die unterschiedlichen *Auffassungen von Ordnung*, denn jedes Zusammenstellen von einschlägiger Literatur ist ein ordnungsschaffender Prozeß und bei jeder Recherche wird eine neue Art von Ordnung in Blickrichtung auf den Benutzer geschaffen; da der Rechercheur im Gegensatz zum Indexierer nicht genau weiß, wie eine Information abgespeichert ist, muß er, um sich einigermaßen der Vollständigkeit sicher zu sein, mehr als gewünscht Ballast riskieren. Der Erfolg des gezielten Suchens hängt auch davon ab, wie gut die *Ausdrucksweise für Begriffe in der jeweiligen Datenbasis vorhersehbar* ist, bzw. wie es einem gelingt, Themengruppen im Speicher anzusprechen, die nicht aus eindeutigen Individualnamen bestehen. Dazu muß man erstens wissen, *daß* ein Thema im System abgedeckt ist, dann muß man erahnen, *wie* es ausgedrückt sein könnte. Dies ist letzlich von der Qualität des Thesaurus abhängig, die darüber entscheidet, *wie gut* die Umsetzung eines Begriffs aus der natürlichen Sprache des Dokumentes in die Dokumentationssprache möglich ist. Diese hängt von der Deskriptorenauswahl, den *Scope Notes* zum richtigen Verstehen der Deskriptoren und der Vollständigkeit des Relationensystems ab. Die Vorhersehbarkeit der richtigen Wortwahl bei der Recherche steht und fällt aber auch mit möglichen Fehlern bei der Indexierung (Problem Zeitdruck). Der Rechercheur ist also gut beraten — wenn möglich —, in erster Linie in gut strukturierten Datenbasen zu recherchieren und auch die Struktur der recherchierbaren Kategorien gut zu kennen.

Es zeigt sich also, daß der Erfolg der Recherche nicht nur von der Retrievalsprache abhängt, sondern auch von der Dokumentationssprache und der passenden Retrievalstrategie und -planung (s. Kap. 8.6). Der Benutzer wird zur erfolgreichen Recherche verschiedene Anforderungen an Retrievalsprachen stellen, die sowohl die Machbarkeit verschiedener Fragestellungen berücksichtigen als auch rein auf das Handling mit der Software bezogen sind. Als Hilfsmittel für die Recherche benötigt man ein strukturiertes Vokabular (und/oder Thesaurus, Klassifikation), ein nach unterschiedlichen Sachaspekten in Kategorien gegliedertes Dokument (s.auch Kap. 4) und unterschiedliche Arten von Suchoperationen. Weitere theoretische Ausführungen zum Information Retrieval sind bei Salton und McGill (1987) und zu Anfragesprachen bei Reiner (1991) zu entnehmen.

8.2 Funktionen von Retrievalsprachen

8.2.1 Grundfunktionen einer Retrievalsprache

Einer Suchprozedur liegt das Umsetzen der Suchwörter in die Zieladressen zugrunde; dies geschieht nach dem Finden des einschlägigen Speichers. Auf die Zieladressen müssen ein Zugriff und eine daran anschließende Ausgabe erfolgen. Dabei sollten vor allem zentrale Schlüsselwörter gefunden werden; nicht alle in der Anfrage vorkommenden Wörter müssen dabei vorkommen. Daraus folgen die Hauptfunktionen einer Retrievalsprache[1]:

Auswahl einer Datenbank
Anzeige der möglichen Suchbegriffe
Suche nach Einzelbegriffen und Verknüpfung derselben
*Ausgabe*funktionen für die gefundenen Dokumente
*Speicher*funktionen zum Sichern der *Suchprofile*[2]

Es soll daran erinnert werden (s. Kap. 6.6.2), daß die *Auswahl einer Datenbank* von verschiedenen Faktoren abhängig ist. Es gibt nun entweder die Möglichkeit, sich auf die jeweils bestpassende zu konzentrieren, in dem Bewußtsein, daß man mit den Literaturzitaten nur einen Einstieg in die jeweilige Thematik gefunden hat. Rein praktisch kann dieses durch empirische Kenntnisse oder durch gründliches Überprüfen der Handbücher der Datenbasisproduzenten geschehen oder durch das Aufrufen eines *Generalindex* (bei Data-Star der Crossfile *CROS*, bei ESA die Funktion *QUESTINDEX*, bei Dialog ist das *DIALINDEX*). In diesem können die Suchwörter aller oder einer gezielten Auswahl auf dem Host verfügbaren Datenbanken eingesehen werden; damit erhält man Auskunft über die zur jeweiligen Suchfragenformulierung einschlägige Anzahl der Treffer pro Datenbank. Über die Qualität der gefundenen DE ist damit nichts ausgesagt. DIALOG bietet noch eine Verbesserung: mit dem *One-Search* kann in einem Arbeitsgang in mehreren Datenbanken parallel recherchiert werden, wobei relevante Dokumente mehrfach gefunden und eliminiert werden können. (ESA bietet mit *Questcluster* dieselbe Funktion, DATA-STAR führte *Star-Search* ein, wobei gleichzeitig die Dubletten eliminiert werden, und es ist anzunehmen, daß andere Hosts folgen). Aus Tabelle 8.1 können oben die Kommandos der Hosts

---

1 Betrachtet werden hier nur die sogenannten datensatzorientierten Datenbanken, also klassische Retrievalsprachen im Unterschied zu statistikorientierten Abfragesprachen wie z.B. AREMOS (s. Kap. 8.2.3).
2 Die Zusammenstellung aller für ein Thema durchgeführten Suchschritte wird ein Suchprofil genannt.

für die Auswahl der Datenbank abgelesen werden, und auch die folgenden Vorgänge finden dort ihre Konkordanz.

Hat man die passende Datenbank mit allen Einschränkungen gefunden, dann empfiehlt es sich, das *Online-Auflisten* aufzurufen, weil man sich dann über die hostspezifischen Schreibweisen orientieren und so eventuell falsche Suchanweisungen vermeiden kann. Zum andern kann man einen Einblick in das der jeweiligen Datenbank zugrundeliegende Begriffsrelationensystem zu gewinnen, um sich eventuell zusätzlich existierende Begriffe in das Suchprofil hinzuzunehmen. Bei vielen Retrievalsprachen erscheinen diese Suchwörter zusammen mit numerischen oder alphanumerischen Kennungen (z.B. 1.01 - 1.14 oder E1 - E14), die eine schnelle Übernahme in den Suchspeicher (*Tabelle*) mittels Aufruf durch den Suchbefehl ermöglichen. Natürlich wird auch ein Befehl benötigt, um sich während des Rechercheprozesses die Tabelle anzusehen.

Auf die in dieser Suchtabelle gespeicherten Suchschritte ist eine *Abfragelogik* bei der Verknüpfung anwendbar, die sowohl aus den Verknüpfungsregeln der *booleschen Algebra* als auch aus *Abstandsoperatoren* der Freitextrecherche oder der Anwendung von *Zitatrelationen* besteht (Näheres s. Kap. 8.2.2). Ziel dieser Verknüpfungen ist es, die Darstellung eines Themengebietes nach unterschiedlichen Aspekten aufzugliedern, um damit besser entscheiden zu können, welche der gefundenen Treffermengen für das jeweilige Suchziel am besten geeignet wäre. Ideal, jedoch in den meisten Systemen nicht verwirklicht, wäre das gewichtete Retrieval, das eine nach fallender Benutzerrelevanz geordnete Darstellung der Ergebnisse ermöglicht.

Zur *Ausgabe* sollten des Zeitaufwands und der (teilweise damit verbundenen) Kosten wegen immer nur die jeweils erforderliche Dokumentenauszüge (Kategorien) kommen, in der Literaturdokumentation nämlich zuerst die Titel und Schlagwörter, dann die Abstracts und erst zum Schluß das volle Zitat. In der Regel erhält man beim Abschalten einen Überblick der Kosten mehr oder weniger detailliert aufgeführt.

Schließlich ist es wichtig, Möglichkeiten des *Abspeicherns von Suchprofilen* vorzusehen, einerseits kurzfristig automatisch durch das Retrievalsystem, um eventuell bei Systemzusammenbrüchen wieder auf die vorangegangenen Suchschritte zugreifen zu können, andererseits langfristig aktiv durch den Informationsvermittler, um Daueraufträge für Informationsdienste regelmäßig wieder starten zu können. Die oben genannten Grundfunktionen sind in einer Synopse der für Deutschland wichtigsten Retrievalsysteme in Tabelle 8.1 aufgeführt.

8.2.2 Komplexe Anforderungen an den Umgang mit Retrievalsprachen

Neben den klassischen Retrievalsprachen der Hosts gibt es auch Abfragesprachen für Inhouse-Systeme, seien sie mehrplatzfähig oder nur PC-Versionen.

Tabelle 8.1. Kommandos ausgewählter Retrievalsprachen im Vergleich

Funktion	Grips	Messenger	Dialog	DSO
Systemmeldung	?	= >	?	(Nr)_:
Datenbasisauwahl - Generalindex	BAS me83 ----------------	FIL Biblio ----------------	B 5 B 411	..C/insp ..C/cros
Auflisten - im Basic Index - im Autorenindex	 D Mill D AU=Mill	 E Mill E Mill/AU	 E Mill E AU=Mill	Search Mode ROOT Mill (allg.Index)
Suche - im Basic Index - im Autorenindex - Trunkierung - Kontextsuche - Verknüpfung	 F Mill F AU=Mill F ALL Mill$ F dry skin F 1 AND 2	 S Mill S Mill/AU S Mill? S dry(W)skin S L1 AND L2	 S Mill S AU=Mill S Mill? S dry(W)skin C S1 AND S2	Search Mode Mill Mill.AU. Mill$ dry ADJ skin 1 AND 2
Anzeige - Suchprofil - gespeicherte Suchprofile	 TAB SAVE?	 D HIS D SAVED/Q	 DS RECALL SAVE RECALL T...	 ..D ALL ..D PS(test)

Ausgabe
 Online
 - default
 - nur 1 Zitat mit
   Titelkategorie des
   vorigen 3.Schritts
 - 10 Titel, ohne
   Unterbrechung
   (Vollanzeige)
 Ausdruck
	
	 S
	 S F=TI
	
	 S
	 F=ALL;HC;
	 S=3; R=1-10
	 P
	 (4 mal [CR])
		
		 D
		 D L3 TI 1
		
		 D L3 ALL 1-10
		
		 PRINT L3
		 1-10 ALL NOA
			
			 D
			 D TI
			
			 T 3/8/1-10
			
			 PR 3/8/1-10
			 portrait simplex
				(erst nach
				 Rückfrage)
				 ..P
				 ..P 3/TI/1
				
				 ..P 3/ALL/1-10
				
				 ..PO 3/ALL/1-
				 10/id=N,N/np=s

Suchstrategie: test speichern wiederaufrufen	 SAVE test F SAVE=test	 SAV L3 test/Q ACT test/Q	 SAVE EX t...	 SAVE PS(test) EXEC PS(test)
Ende (endgültig) - Fortsetzg.geplant (Frist)	STOP STOP CHPT (48 Stunden)	LOGOFF Y LOGOFF H	LOGOFF LOGOFF HOLD (10 Minuten)	..O ..O CONT (restl. Tag)

Dabei gibt es insbesondere eine große Zahl an Abfragemöglichkeiten von CD-ROM-Datenbanken (*Benutzeroberflächen*), von denen auch viele Impulse auf die Gestaltung von Host-Retrievalsprachen ausgingen. Im folgenden soll nun ein möglichst umfassendes Spektrum über die Funktionen solcher Abfragesprachen gegeben werden. Generell unterscheidet man also in *Kommandosprachen* und *Menüoberflächen*. Letztere sind verknüpft mit einer Suchbaumstrategie (wie z.B. beim Bildschirmtext), bei der man immer nur die Hierarchie auf- oder abwärts klettern kann, aber nicht auf Seitenzweige (es sei denn, man kennt die Bildschirmseitennummer). Die Kommandostrategie fußt auf der Eingabe eines Codes für die durchzuführende Funktion mit zusätzlicher Angabe, auf welches Merkmal und welchen Merkmalsinhalt diese Funktion anzuwenden ist (z.B. bedeutet bei *FIND AU=Maier L* das *FIND* oder die Kurzform *F* die *Such- und Finde-Funktion*, *AU* die Angabe nach dem *Merkmal Autor* und *Maier L* soll die Ausprägung oder der *Inhalt des Autorenfeldes* sein).

Da es für unterschiedliche Anwendertypen Vorsorge zu treffen gilt, ist es eine Grundfrage, ob und wie sehr der jeweilige Benutzer schon mit der Software vertraut ist. Davon abhängig gibt es Anfänger-, Fortgeschrittenen- und Expertenversionen der Retrievalsprache, die oft sehr unterschiedlich strukturiert sein können. Während die Anfängerversion oft Menücharakter hat, das dem Neuling einen Einblick in die generellen Möglichkeiten einer Abfragesprache gibt, jedoch nicht alle Feinheiten der Retrievalsprache berücksichtigen kann, gibt es auch Kommandosprachen mit mehr oder weniger ausführlichem Kommandovorrat für den Fortgeschrittenen. Diese erlauben schon den Einsatz eines größeren Kommandovorrats mit wesentlich selektiverem Charakter, geben ihm aber zusätzlich noch eine gewisse Benutzerführung mit den passenden Vorschlägen zur Richtigstellung oder Ergänzung des jeweiligen Retrievalkommandos. Die Expertenversionen schließlich sind dazu gedacht, dem Benutzer eine möglichst schnelle und effiziente Durchführung der Recherche auch mit Kurzcodes (z.B. *S* anstelle *SHOW*) zu ermöglichen.

Die Einteilung ist nicht bei allen Hosts so durchgängig, manche differenzieren weiter in Menü-, Anfänger-, Fortgeschrittenen- und Expertenversion, manche differenzieren überhaupt nicht, bieten jedoch Lang- und Kurzformen einer Kommandoversion an.

Der Nachteil vieler Menüversionen liegt hauptsächlich in der beschränkten Wählbarkeit beliebiger Kommandos zu jedem Zeitpunkt, man ist also beim Menü sehr eingeschränkt in der Auswahl und braucht erheblich länger. Wünschenswert ist eine Kommandosprache mit mnemotechnisch angelegten (= "sprechenden") Standard-Kommandos, zu denen man gedankliche Assoziationen herstellen kann und die auch verbreitet sind (z.B. das obengenannte *SHOW* für die Anzeige von Dokumenten. Schließlich ist es nützlich, eine Möglichkeit der Kommandoverkettung zu haben, bei GRIPS ist das z.B. das Ausrufezeichen: *F Vitamine! S.*

Diese Kommandoverknüpfung führt dann ohne Umwege zur sofortigen Anzeige der gesuchten und gefundenen Treffer. Dies ist besonders nützlich, wenn die Antwortzeiten des Hosts aufgrund der großen Zahl der verbundenen Benutzer sehr lang sind.

Suchfunktionen. Sowohl Anfänger als auch Fortgeschrittene oder Experten wünschen sich Online-Informationen über die Kategorien und Suchmöglichkeiten in der gerade angewählten Datenbank. Interessant für Endbenutzer ist vor allem der *Menümodus für Standard-Suchfragen* nach Autor, Schlagwort, Stichwort bzw. *Basic Index* (unter dem Basic Index versteht man eine Art Sammelindex, in den üblicherweise alle Kategorien mit inhaltlichem Bezug, z.B. Titelwörter, Schlagwörter, Wörter aus den Referaten vereinigt werden). Experten bevorzugen den *Kommandomodus* für alle Felder. Unterschiedliche Felder, z.B. Autor und Titelwort, sollten nach boolescher Logik[3] verknüpft werden können; man kann also das gleichzeitige Vorkommen der beiden Suchmengen für einen Autor (AU) "Maier" und das Freitextwort (FT) "Vitamine" durch den booleschen Operator AND in der Verknüpfung *F AU=Maier? AND FT=Vitamine* erreichen. Die Verknüpfung mit dem Operator OR bringt weitere Alternativen und der Operator NOT endlich schließt die dahinter genannte Suchmenge aus.

Eine zentrale Einzelfunktion ist das *Online-"Auflisten"* im Thesaurus bzw. Suchregister und die gezielte Auswahl der angezeigten Wörter und deren Übernahme ins Suchprofil (soll sowohl alphabetisch als auch hierarchisch möglich sein). Wichtig ist eine schnelle *Verknüpfung von Suchschritten*, die mit Elementen des Inverted File[4] erfolgen kann. Eine Besonderheit ist hierbei die Suche mit *Match-Codes*: Ein Match-Code ist ein kurzer Suchschlüssel, der zum möglichst schnellen und sicheren Auffinden eines Titels in einer Datenbank dient, z.B. könnte ein Match-Code jeweils aus den ersten drei Buchstaben des Verfasser-Nachnamens und -Vornamens und jeweils den ersten zwei Buchstaben des ersten und zweiten Sachwortes im Sachtitels bestehen.

Abstandsoperatoren zur Kontextrecherche. Eine gegenüber der booleschen Suche wesentlich gezieltere Verknüpfungsmöglichkeit ist die Kontextrecherche mit Abstandsbedingungen wie z.B. die Verknüpfung "direkt benachbart", "ein Wort dazwischen", "im Abstand von n Wörtern", "im gleichen Satz", "im gleichen (Unter-)Abschnitt", "in der gleichen Kategorie". Sie hilft vor allem

---

3   Unter boolescher Logik versteht man die Verknüpfung von Mengen mit den booleschen Operatoren AND, OR, NOT.
4   Die Geschwindigkeit von Inverted-File-Suchen hängt weniger von der Anzahl der Sätze ab, als von der Komplexität der booleschen Logik oder der Menge der Treffer.

Ballast vermeiden, der durch zufällig in derselben Dokumentationseinheit vorkommende Wortelemente anfallen kann. Diese Verknüpfungsoperation dauert wesentlich länger, da hier nicht nur auf die Dokumentennummern im Inverted File zugegriffen wird, sondern außerdem auf die Positionsnummer im Satz, die zusätzlich mit der des zu verknüpfenden Elements verglichen werden muß.

Trunkierung. Unter der Trunkierung — auch *Maskierung* genannt — versteht man die Erweiterung der Suchfrage durch Verwendung von Universalzeichen (verwendet werden $, ?), z.B. Do?umentation wäre die Innentrunkierung und würde die Begriffe Documentation und Dokumentation umfassen, Dokument? würde alle mit Dokument beginnenden Wörter wiederfinden (Rechts- oder Endetrunkierung: hinten) und ?schule würde als Linkstrunkierung (vorne) sämtliche mit -schule endenden Wörter Hochschule, Oberschule, Kinderschule, Fachhochschule liefern. Die Trunkierung dient in der Suchstrategie dazu, ein Vokabular auf Wörter mit verwandten Schreibweisen oder verschiedenen Wortanfängen bzw. -endungen zu überprüfen; wichtig ist auch das damit mögliche Finden von Komposita in Zusammensetzung mit dem gesuchten Wort oder das Identifizieren von Titeln mit fehlerhafter Schreibweise.

Hierarchische Suche. Sofern der jeweiligen Datenbank ein hierarchischer Thesaurus zugrundeliegt, wünscht man sich von der Retrievalsprache die Möglichkeit des Verknüpfens mit hierarchisch arbeitenden *Up- und Down-Operatoren*, das sind Verknüpfungselemente, die bei der Suche automatisch die Ober- bzw. Unterbegriffe mit in eine OR-Verknüpfung einbinden, z.B. bedeutet *F CT D ARM* soviel wie *F CT=(ARM OR OBERARM OR UNTERARM OR ELLENBOGEN OR HAND OR FINGER OR DAUMEN)* [bei DIALOG gibt es ein analoges Kommando mit *EXPAND (ARM)*].Dieses Kommando funktioniert jedoch nur in der Deskriptorenkategorie CT (*Controlled Term*).

String-Search oder *Phrase Searching* ist einerseits eine Hilfskonstruktion der sequentiellen Suche, falls in einer Kategorie keine Invertierung durchgeführt wurde, aber andererseits auch eine Chance eine Wortkette zu finden, von der man nicht weiß, wie sie bei der Invertierung zerlegt wurde, z.B. kann man bei PL/1 nicht sicher sein, daß im Suchregister PL/1 steht, es könnte gegebenenfalls PL und 1 getrennt stehen und aufgrund einer nicht existierenden Kontextsuche in dieser Kategorie müßte man dann mit *F PL AND 1* suchen, was zu erheblichem Ballast führen könnte. Gelegentlich lohnt es sich auch, diese Suchprozedur für das Finden ganzer Titel einzusetzen. Zu berücksichtigen ist jedoch, daß diese Suchprozedur in der Regel nur eingeschränkt auf ein bereits existierendes Suchergebnis möglich ist.

Es gibt noch eine ganze Reihe von Spezialfunktionen für die Suche, die einerseits für die Faktendokumentation bzw Fakten-Retrieval-Software reserviert sind, andererseits über das Feld der Literaturdokumentationen weit hinausgehen, z.B. der Einsatz von Zitierungsindizes, die es ermöglichen, nach allen DE zu suchen, deren Zitierungsmuster zu einem vorgegebenen Fachgebiet paßt.

Ausgabe- und Ausdruck-Funktionen. An Spezifikationen für *Ausgabeformate* wird vor allem eine Auswahlmöglichkeit unter den recherchierten Zitaten gewünscht. Sie kann entweder durch die Angabe eines Parameters erfolgen (z.B. bei GRIPS: *SHOW R = 1-10; F = TI* bedeutet die Ausgabe der Titelkategorie der ersten 10 Referenzen für den aktuellen Suchschritt) oder durch die Position in der Kommandosyntax (z.B. bei DIALOG: *TYPE 1/TI/1-10* bedeutet ebenfalls die Ausgabe der Titelkategorien des ersten Suchschritts [1.Position] bezogen auf die ersten zehn Dokumentationseinheiten [3.Position]). Die Auswahl unter mehreren Formaten oder die Selektion individuell bestimmbarer Druckformate wird bei GRIPS durch den Parameter **F** (für Format) und bei DIALOG durch die 2.Position charakterisiert. Geboten werden von den Host-Retrievalsprachen auch unterschiedliche Kategorienkombinationen, die verschlüsselt eingegeben werden können.

Ein echter Mangel sind oft fehlende Möglichkeiten der *Registererstellung* ("Reportfunktion"), wenn man von den kurzen, auf eine Form festgelegten Online-Displays einmal absieht. Unterschiedliche *Layoutformate* erfordern z.B. auch das Kärtchenformat für Bestellungen, traditionelle Kataloge oder Kataloglisten: für Auswahlbibliographien, Bestellisten, Neuzugänge. Mit solchen kann man bei Host-Retrievalsprachen normalerweise nicht rechnen, diese sind den Inhouse-Datenbanken (aber auch den statistischen Datenbanken) ebenso vorbehalten wie die Ausgabe auf unterschiedlichen Medien neben der Online- und Druckausgabe (Bar-Code-Etiketten, maschinenlesbarer Output, Magnetband, Diskette). Die Ausgabe von Ausweiskarten oder die COM-Ausgabe bleibt integrierten Bibliothekssystemen vorbehalten, die außerdem noch eine Fülle anderer Funktionen aufweisen.

Sehr unvollständig sind formale Ordnungsfragen gelöst: Es ist nicht bei jeder Software selbstverständlich, daß alle Felder sortierbar sind, insbesondere sind Sortiermöglichkeiten nach Art und Anzahl der Zeichen und der Verfügbarkeit von Untersortierfeldern oft nicht ausreichend differenzierbar. Probleme bieten meistens Fragen, wie die Sortierwertigkeit von Klein- und Großbuchstaben (a und A gleich sortiert?), Sortierprinzipien (letter by letter, word by word, zeichenweise), das Überspringen von nichtsignifikanten Wörtern wie *der* und *ein* am Anfang eines Titels. Die Berücksichtigung solcher Ordnungsfragen ist bei Host-Retrievalsprachen kaum realisiert, dagegen eher bei Inhouse-Retrievalsystemen. Hier zeichnet sich vor allem das Inhouse-Retrievalsystem *STAR* der Firma Cuadra Associates (Santa Monica, Cal.) aus, das in Deutschland durch die Fa. GLOMAS (Speyer) vertrieben wird.

Zusätzliche Funktionen. Die verschiedenen Retrievalsprachen haben ebenfalls Funktionen für die Durchführung eines in die Zukunft gerichteten Informations-Abonnements, indem z.B. bei GRIPS für den Ausdruck der Erfassungszeitraum auf ein zukünftiges Datum festgelegt wird. Dann kommen monatlich die zu dem eingegebenen Informationsprofil relevanten Dokumentationseinheiten. Bei der Profilerstellung wünschenswert sind ausreichender Speicherplatz zur Abspeicherung (von ca. 50) Suchschritten während einer Recherche und für den Fall der automatischen Abrufbarkeit regelmäßiger Informationsdienste. Ebenfalls wünscht man sich eine ausgefeilte Hilfefunktion für die schnelle Unterstützung bei der Recherche in Zweifelsfragen zu Retrievalfunktionen oder dem Kategorienschema der invertierten Suchregister. Diese sollten auch in Fehlerfällen wie ein *Parser* operieren, der in der Lage ist, dem Benutzer genau mitzuteilen, bis zu welchem Zeichen er die Eingabe richtig gemacht hat. Auch sollte der Rechner bei der Benutzereingabe eines nicht existenten Feldes keine korrekte Durchführung der Recherche mit dem Ergebnis "0 Treffer" vorgaukeln.

Wünschenswert sind auch statistische Prozeduren, die z.B. bei GRIPS mit dem Kommando *EXTRACT* oder bei Messenger mit *SELECT* eingesetzt werden können: Man erhält in einer Übersicht außer den Suchdeskriptoren noch zusätzlich die in Dokumenten zusammen mit ihnen vorkommenden Deskriptoren, je nach Wunsch alphabetisch oder nach Häufigkeiten sortiert. Auch für Spezialfunktionen bei der Formelsuche ist Rechnung getragen, so wird z.B. in der Suche nach Al_2O_3 in DIALOG *S Al(w)SUB(w)2(w)O(w)SUB(w)3* eingegeben. Zu berücksichtigen sind auch Suchen nach Patentgraphiken. Da bei STN Patentinformationen auf zwei verschiedene Datenbanken verteilt sind und nicht für alle Patente Graphiken abgespeichert sind, erfolgt dort zuerst eine inhaltliche Suche (z.B. nach dem Abschneiden von Glasplatten) in PATDPA mit:

```
=> FILE PATDPA
=> S ABSCHNEID? AND GLASPLATT? AND GI/FA
```

wobei der Teil GI/FA die Frage nach der Verfügbarkeit (Field Availability) einer Graphik (Graphic Image) bedeutet; danach zeigt man sich den Text an:

```
=> D AN SN TI GI AB
```

um dann die Datenbank aufzurufen, damit man sich die Graphik des vorangegangenen ersten Suchschritts in der passenden Größe (bei STN Graphic Information Size und wegen Abspeicherung als Vektorgraphik möglich) ausgeben kann:

```
=> FILE PATGRAPH
=> S L1 AND 5-8/GIS
```

Die Verfeinerung der Retrievalsprachen geht inzwischen noch viel weiter und es würde den Rahmen dieses Buches sprengen, wenn man sie alle aufführen würde. Die Benutzerkriterien der Auswahl von Retrievalsprachen sind in zwei Richtungen interpretierbar, einerseits, wenn man die Wahl hat, ein eigenes Inhouse-System einzurichten, zum anderen im Hinblick auf die Überlegung, welche Retrievalsprache man zuerst erlernen möchte. Schlagwortmäßig sind die Gründe in Tabelle 8.2 zusammengestellt (vgl. Gebhardt 1981).

8.2.3 Funktionen einer Retrievalsprache für statistische Datenbanken

Am Beispiel der Retrievalsprache COMEXT von der Firma WEFA soll ein kurzer Einblick in die Funktionen einer auf statistische Informationen bezogenen Retrievalsprache gegeben werden (vgl. WEFA 1991). Nähere Informationen zur Theorie solcher Datenbanken finden sich bei Staud (1991). Zur Klärung der Vorgänge bei Recherchen in numerischen Datenbanken trägt ein allgemeiner Übersichtsartikel von Kmuche (1988) bei. Der springende Punkt bei der Suche in statistischen Datenbanken besteht im Gegensatz zu bibliographischen Datenbanken weniger in der Suche, als vielmehr in der geeigneten Aufbereitung der Auswahl im Hinblick auf die wichtigsten Aspekte für die Präsentation bei der Anzeige. Die Befehlssyntax ist im allgemeinen schwerfälliger und weniger benutzerfreundlich als bei traditionellen Information-Retrieval-Systemen. Auch gibt es gelegentlich "Zwangssituationen" der Eingabe, man kann das Retrievalsystem nicht an allen Stellen verlassen. Ähnlich wie bei DSO läßt sich das System durch die Grundbefehle *AUSWAHL, AUFBAU, EXTRAKTION, LESEN, LIST, AENDERUNG* in diverse Zustände transformieren, in denen es in Menüform spezifische Parameter der Retrievalsprache oder der Feldangaben erwartet, die aus den *Codeplänen* (Klassifikation der Abkürzungsschlüssel) entnommen werden können. Die Recherche beginnt mit der Zusammmenstellung der für die Erstellung der Tabellen erforderlichen Parameter. Bei diesem Vorgang wird jedoch nur die Zulässigkeit und Verfügbarkeit der Daten überprüft. Zur Feststellung des Tabellentyps erfolgt die Systemangabe

**** -Art der Tabelle (Prod, Land):** Hierauf kann entweder mit *Prod* oder mit *Land* geantwortet werden. Im ersten Fall wird pro Produkt(-gruppe) eine Tabelle nach Partnerländern aufgeschlüsselt, im zweiten Fall wird pro Land eine Tabelle nach Produkten gegliedert angefertigt. Als weitere Spezifikation wird abgefragt:

**** -Datum (CR):** Man kann mit der Returntaste die neueste Aktualisierung abfragen oder ein anderes Datum (evtl. mit Monatsangabe für nur einen Zeitpunkt) eingeben. Als nächstes wird die Eingabe der zwei-, sechs- oder achtstelligen Produktcodes erwartet:

**** -Produkt (CN,CN2,CN6,GRU) :** Als Eingabe kommt also entweder für zweistellige Codes *CN2 34* oder für sechsstellige Codes *CN6 340700* oder *CN*

34070000 für den kompletten Code in Frage. Man kann ebenso mit dem Befehl AUFBAU definierte Codegruppen (analog der hierarchischen Suche) mit dem Befehl *GRU Motos, PKW, LKW* eingeben. Dann folgen innerhalb des Menüs AUSWAHL weitere Spezifikationen für die Angabe der Einheiten, der Schwellenwerte, ob Einfuhr oder Ausfuhr etc. Danach wird ein Titel für die Tabelle und ein Name abgefragt.

Mit Hilfe des Befehls *AUFBAU* können Codegruppen in Form von Aufsummierungen von Einzelcodes für Produkte oder Länder definiert werden. Der Befehl *EXTRAKTION* führt die vorher definierte Auswahl von Parametern aus dem gesamten Zeitreihenspektrum durch, was in der Regel einige Minuten dauern wird. Mit dem Befehl *LESEN* kann man beginnen, die Daten in Form einer Tabelle am Bildschirm auszugeben, sobald man aus der Systemnachricht erkennen kann, daß der interessierende Auszug aus der Datenbank für einen Batch-Job vorgemerkt ist (FILE ... SPOOLED TO ...). Es ist damit noch keinesfalls sichergestellt, daß die extrahierten Ergebnisse gelesen werden können, weil zuerst die Beendigung des Batch-Jobs abgewartet werden muß, erst ab diesem Zeitpunkt bleiben die Daten für drei Tage beim Host gespeichert. Mit dem Kommando *AENDERUNG* können noch Modifikationen der mit *LESEN* ausgegebenen Tabelle erzeugt werden, was ein vergleichsweise umständliches Verfahren ist, weil dies natürlich auch in Menüform abgearbeitet werden muß. Das Kommando *LISTE* gibt eine Aufstellung aller vom Benutzer erzeugten und verfügbaren Tabellen und entspricht damit in etwa dem GRIPS-Kommando *TAB*.

8.2.4 Lernen einer Retrievalsprache

Das Lernen des Online-Retrievals besteht zwar nicht allein aus dem Beherrschen der Retrievalsprache, sondern ebenso aus anderen Fähigkeiten der Informationsvermittlung, die darin bestehen, die zu recherchierenden Datenbasen kennenzulernen und den Benutzerkontakt zu pflegen, sowie die richtige Suchstrategie zu wählen. An dieser Stelle soll jedoch nur erläutert werden, welche Möglichkeiten es gibt, den richtigen Umgang mit einem Retrievalsystem zu pflegen. Ein erster Einstieg ist es, andere Rechercheure beim Retrieval zu beobachten oder bei Host-Demonstrationen zuzuschauen. Ein nächster Schritt besteht in der Aneignung der wichtigsten Kommandos (s. Tabelle 8.1), zuerst bei einer Retrievalsprache — am besten derjenigen, die man sowieso wegen der zu recherchierenden Datenbanken zu erlernen hat, ansonsten ist es auch möglich, sich vorerst auf die im jeweiligen Fall (sei es wegen guter Host-Konditionen oder sei es wegen unentgeltlichem Datenbankzugriff) kostengünstigste Retrievalsprache zu konzentrieren. Als zusätzliche Alternativen kommen schon kurz nach der Kennenlernphase in Frage: Eigener PC-gestützter Datenbankaufbau desselben Retrievalsystems (z.B. STN-Mentor) und der Einsatz des jeweiligen

Host-Lernprogramms. Natürlich kann man so nur die Grund-Kommandosprache des Retrievalsystems trainieren. Viel wichtiger sind jedoch die datenbankspezifischen Kommandos, die man zwar auch bei Lernprogrammen und den Lerndatenbanken der Hosts, aber am besten bei anwendungsspezifischen Situationen lernen kann. Solche können zuerst durch PC-Simulationsprogramme erzeugt werden, in denen der Benutzer eine Reihe von Fragen vorgelegt bekommt, deren Lösung unter Berücksichtigung der Bearbeitungszeit mit Punkten bewertet wird.

Weiterhin muß berücksichtigt werden, wie man die richtigen Suchbegriffe des Kontrollierten Vokabulars findet (was man empirisch mit Freitextformulierungen vergleichen kann), welche Datenbanken man auszuwählen hat (sinnvoll sind hier Vergleiche mit den parallel existierenden gedruckten Diensten und Parallelrecherchen in mehreren Datenbanken), sowie Interpretation und Vergleich verschiedener Suchstrategien (s. Kap. 8.5). Wenn man damit einigermaßen vorbereitet ist und vor dem konkreten Einsatz des Online-Recherchierens in der Praxis steht, lohnt sich der Besuch eines datenbankspezifischen Ausbildungsseminars, zu dem es sich empfiehlt, möglichst praxisnahe Probleme der eigenen Dienststelle mitzunehmen, so daß man sich die datenbasis- und datenbankspezifischen Details möglichst gut einprägen kann.

8.3 Umfeld und Bedeutung von Host-Retrievalsprachen

Eine der bedeutendsten Retrievalsprachen ist *GRIPS*, das sich als erste und praktisch einzige Retrievalsprache an die von der Kommission der Europäischen Gemeinschaften formulierten Empfehlungen für eine gemeinsame Retrievalsprache *Common Command Language (CCL)* gehalten hat. GRIPS war auch die Retrievalsprache, die den Eigentümlichkeiten des deutschen Sprachraums und den Bedingungen in medizinischen Datenbanken am ehesten entgegenkam, einerseits wegen der schon zu Beginn möglichen Linkstrunkierung, andererseits wegen der möglichen hierarchischen Suche. Diese Sprache wird außer bei DIMDI auch bei den Hosts ECHO in Luxemburg, beim Deutschen Bibliotheksinstitut (DBI) in Berlin und beim Niedersächsischen Bibliotheksverbund in Göttingen eingesetzt.

Zu empfehlen ist sie also allen deutschsprachigen Benutzern biomedizinischer, psychologischer und landwirtschaftsbezogener (der Fachinformationszentren DIMDI und ZADI) sowie allgemeinbibliographischer Datenbanken. Vorteilhaft sind die Kenntnisse von GRIPS auch beim Einsatz des DEC-Inhouse-Retrievalsystems *TRIP*, dessen Benutzeroberfläche GRIPS gleicht und die auch vom Host GENIOS verwendet wird.

Die Sprache *Messenger* wird eingesetzt von den beiden Fachinformationszentren Karlsruhe (schwerpunktmäßig Energie, Physik, Mathematik) und Chemie (Berlin) und den übrigen Partnern von STN in USA (Ohio) und Japan. Der Vorteil liegt vor allem in der Verfügbarkeit eines internationalen Host-Netzes für das gesamte, am vollständigsten angebotenen Spektrums an naturwissenschaftlichen Datenbanken. Außerdem besteht mit der Private-File-Software eine günstige Möglichkeit, in PCs mit Messenger abfragbare Datenbanken bereitzuhalten.

Tabelle 8.2. Kriterien zum Entwurf und zur Auswahl von Retrievalsprachen

* Geeignet für die jeweils wichtigen Datenbasen
* Schnelligkeit (der Befehlseingabe und der Systemantwort — da "preprocessed searches" für häufige Suchaspekte)
* Vielseitigkeit
* Beliebige Verkettungen von Kommandos
* Präzision (gezielte Parameter für spezielle Fälle) * Einfache Struktur (so wenig Grundkommandos wie möglich)
* Einfaches Handhaben (Berücksichtigung der Auslegung der Eingabetastatur
* Weite Verbreitung
* Benutzerfreundlichkeit
* Erkennbarkeit des Systemstatus: wechselnde Anzeigen

Der Vorteil der Abfragesprache *DIALOG* besteht in der Zugriffsmöglichkeit auf das größte Spektrum an Datenbanken aller Fachgebiete bei einem Host — DIALOG (Kalifornien) —, den besonderen Funktionen des DIALINDEX und *One-Search* (s. Kap. 8.2.1) und der Möglichkeit des Recherchierens auf CD-ROM mit derselben Software, die außerdem noch ein ergänzendes Anwählen des Hosts DIALOG ermöglicht.

STAIRS-orientierte Retrievalsprachen sind *DSO* (bei Data-Star und FIZ-Technik) und *BRS-Search* (Bibliographic Retrieval Service). Das Beherrschen dieser Retrievalsprache öffnet die Tür zu einem breiten Spektrum an technischen (vor allem deutschsprachigen) und wirtschaftsorientierten Datenbanken und hat im übrigen noch den Vorteil der Kenntnis der in IBM-Inhouse-Systemen verbreiteten Retrievalsprache STAIRS. Eine Besonderheit dieser Familie von Retrievalsprachen ist die partielle Menü-Orientiertheit, die darin besteht, daß man z.B. mit ..*S* in einen Suchmodus bzw. mit ..*P* in einen Ausgabemodus überwechselt, innerhalb dessen dann nur noch die Suchwörter bzw. die Ausgabeparameter angegeben werden müssen. Ein weiterer Unterschied besteht in der jeweils vom System vorgenommenen Rückfrage, falls keine genauen Spezifikationen angegeben wurden, im Unterschied zu den andern Retrievalsprachen, die mit *Defaults* (Standardeinstellungen) arbeiten.

Von den obengenannten Retrievalsprachen sind Messenger, DIALOG und DSO an IBM-Rechner gebunden, während GRIPS ein Siemens-basiertes Retrievalsystem ist, wie übrigens auch *GOLEM*, die einzige der Großrechner-Retrievalsprachen mit von der deutschen Sprache abgeleiteten Kommandokürzeln, die im übrigen von JURIS eingesetzt wird.

Der Vollständigkeit halber sind noch die Retrievalsprachen weiterer nationaler Hosts in Europa anzugeben: *ESA-QUEST* bei der European Space Agency in Frascati (Italien) mit besonderer Schwerpunktsetzung in Luft- und Raumfahrt, *QUESTEL* von Telesystemes in Paris, sowie *BLAISE* von der British Library.

So wie sich aus ehemals nur intern verfügbaren Datenbanksystemen, z.B. STAIRS, große extern für viele Benutzer verfügbare Host-Systeme entwickelt haben oder wie deren Abfragefunktionen für die Hosts als Vorbild dienten, so spielen heute die Retrievalsprachen der großen Hosts eine federführende Rolle beim Endbenutzer. Während die Hosts noch vor einigen Jahren versuchten, *Private-File*-Kunden zu gewinnen, die ihre nur für sie zugänglichen internen Datenbanken auf dem bereits vertrauten Host recherchieren wollten, ist jetzt der Trend umgekehrt zu früher im Nachahmen der PC-Datenbanksystementwickler zu beobachten, den Funktionsvorrat und teilweise auch die Benutzeroberfläche der "Großen" nachzuahmen, und zwar in unterschiedlicher Weise. Einerseits gibt es die Tendenz der Hosts selbst, eine PC-Software für die eigenen Literatursammlungen der Benutzer anzubieten, die sowohl die gewohnte Kommandosprache des Hosts verwenden als auch direkte Umschaltmöglichkeiten von der PC-Suche zur Hostsuche über Datenfernübertragung ermöglichen (z.B. STN-Express). Einen weiteren Weg beschritt DIALOG mit seinem CD-ROM-Paketangebot, das es dem Benutzer ermöglicht, zuerst in der einschlägigen CD-ROM zu suchen, dann auf Datenfernübertragung umzuschalten, um sich die aktuellsten Literaturzitate hinzuzubesorgen. Der letzte Weg wird bei der Entwicklung des Inhouse-Informationssystems TRIP (Fa. Digital Equipment Corporation) ersichtlich, das seine Benutzeroberfläche an die GRIPS-Kommandos angelehnt hat. Die Dezentralisierung der Datenbanken hat infolge des immer größeren und billiger verfügbaren Speicherplatzes zugenommen.

8.4 Inhouse- und PC-gestützte Retrievalsysteme

Der oben schon beschriebene Dezentralisierungsvorgang bezieht sich auf mehrere Ebenen: zum einen auf den Verkleinerungsprozeß der Rechnersysteme, die kompakter werden und damit schon mittelgroßen Betrieben die Möglichkeit eröffnen, sich einen hausinternen Host, ein Inhouse-System aufzubauen, mit dem sie ihre eigene Firma ohne ein aufwendiges Rechenzentrum mit betriebsinternen Informationen versorgen können. Diese Systeme haben teilweise schon erhebliche Vorteile gegenüber den Großrechner-Informationssystemen: insbesondere, was den Aspekt der *Benutzerfreundlichkeit* angeht (s. Tabelle 8.3), dessen einzelne Faktoren jedoch je nach Vorkenntnissen unterschiedlich zu gewichten sind. Das UNIX- und auch PC-basierte Retrievalsystem STAR hat schon ausgefeilteste Operationen für die Erstellung und benutzergerechte Aufbereitung gedruckter Dienste und bietet komplexe Parametrisierungsmöglichkeiten zur Systemgestaltung. Das bereits erwähnte TRIP bietet eine hohe Konkordanz mit GRIPS und auch Möglichkeiten der maschinengestützten Thesauruserstellung, erwähnenswert sind auch BASIS, LARS und LIDOS u.a.

Tabelle 8.3. Eigenschaften der Benutzerfreundlichkeit

Eigenschaften	Erläuterungen
selbsterklärend	Benutzerführung mit Menüs, situationsabhängige Hilfefunktionen und Standardtastenbelegung, Transparenz des jeweiligen Systemzustandes.
erlernbar	Ohne umfangreiches Benutzermanual-Studium und spezielle EDV-Kenntnisse.
bedienungsfreundlich	Entlastung des Benutzers von Routineeingaben, sinnvoller Einsatz von Maus und Fenstertechnik, Möglichkeit des Aufrufs von häufigen Befehlskombinationen mit einem Kommando.
kontrollierbar	Unterbrechungsmöglichkeit des Dialogs an beliebiger Stelle ohne Verlust gespeicherter Daten, Entscheidungshilfen für Problemfälle, Fehlertoleranz bzw. Orientierungshilfen bei typischen Tippfehlern.

Je kleiner jedoch die entwickelten Systeme sind, desto eher lohnt sich ein hoher Softwareaufwand wegen des potentiell größeren Marktes. Insofern können heute die Funktionen der PC-Retrievalsysteme mit den Hostfunktionen in externen Datenbanken mehr als konkurrieren. Analog zur Einführung von

Menüoberflächen seitens der Hosts gibt es bei der PC-Software die Möglichkeit der wahlweisen Umschaltung vom Menü-Modus (mit Kommandobelegung der Funktionstasten) auf den Kommando-Modus und zusätzlich vom lokalen Betrieb auf Datenfernübertragung bei externen Hosts. Probleme dieser "abgespeckten" Versionen von Retrievalsprachen bereiten die zu kleinen Suchspeicher. Doch mit dem fortschreitenden Einsatz der Benutzeroberfläche *Windows* kann die bisherige DOS-Grenze für den Arbeitsspeicher von 640 kByte um ein Vielfaches gesteigert werden, womit es dann keine Speicherengpässe mehr geben dürfte. Eine Besonderheit der PC-Versionen von Retrievalsprachen ist, daß logische Operatoren und Kommandos wie Search, Expand, Display oft durch Funktionstasteneinsatz realisiert werden. Besonders aktuell ist die Fenstertechnik (mit Hilfefenster). Bei der Datenausgabe werden die Beschränkungen durch das Line-Mode-Protokoll überwunden und formatierte Bildschirme mit Auswahlmöglichkeiten erlaubt. Sehr elegant sind die gerafften Kurztitelausgaben, deren Markierung eine vollständige Ausgabe bewirkt. Eine bessere optische Erkennung der gesuchten Wörter (*Highlighting*) ist wegen der Verwendung des PC leichter möglich. Diese ist insbesondere bei Volltextrecherchen in langen Dokumenten unersetzlich.

Der Dezentralisierungsprozeß betrifft jedoch nicht nur das Anlegen eigener Speicher, sondern ebenfalls den Einsatz von PCs zur Abfrage von CD-ROM-Datenbanken. Natürlich sind hierzu besondere periphere Geräte erforderlich, und man hat sich auch nach anfänglichem Chaos schon auf einen technischen Standard, den *High-Sierra*-Standard, einigen können. Ein Problem ist dabei, daß der Benutzer von den Hosterfahrungen bei der Datenfernübertragung mit ähnlichen Erwartungen an das System herangeht, dann aber doch durch kleinere Abweichungen irritiert wird, die daher problematisch sind, weil die nicht CD-ROM-gerechten Benutzereingaben keine Fehlermeldungen auslösen (z.B. Eingabe des Erscheinungsjahres 2-stellig anstelle 4-stellig oder umgekehrt wird mit 0 Treffern beantwortet). Ein Problemfall sind oft auch andersartige Datenbankaufbereitungen und abweichende Indexierungen (z.B. die Bildschirmausgabe von *ä* als *a*, obwohl in der korrespondierenden Host-Datenbank online mit *ae* gesucht werden kann). Gelöst ist inzwischen das Problem der Mehrplatzfähigkeit und Serienschaltung von mehreren CD-ROM-Platteneinheiten, so daß mehrere Benutzer parallel auf mehreren Datenbanken recherchieren können.

8.5 Downloading und Uploading

Im Rahmen der Vernetzung von PCs mit LANs, lokalen Großrechneranlagen und über Datenfernverarbeitung angebotenen Hosts erhält das *Uploading* und *Downloading* eine wachsende Bedeutung. Unter Uploading versteht man das

Überführen von Daten aus dem Format des kleineren, mit Terminalfunktion ausgestatteten Rechners (meist im PC-Format gespeicherte Suchprofile) auf den Großrechner, um auf diese Weise kostspielige Anschaltzeit zu sparen. Downloading ist das Gegenteil, nämlich ein lokales Abspeichern sonst nur auf dem Großrechner verfügbarer Daten in das Format des kleineren Rechners, um ebenfalls unabhängig von Online-Kosten die Daten einer weiteren Bearbeitung zuführen zu können. Der Einsatz solcher Rechnersysteme lohnt sich hauptsächlich wegen der vielen betriebsintern anfallenden Daten, z.B. bei einem Bibliotheksinformationssystem für die Erwerbung und Benutzerverwaltung oder in einem Archiv bezüglich der Urkunden. Es existieren also folgende Möglichkeiten des Downloading:

1. *Kurzfristiges Zwischenspeichern* zum zeitlich retardierten Ausdruck (beschleunigt den Ablauf der Online-Recherche (in der Regel wird das von den Hosts gestattet, zur rechtlichen Situation s. Kap. 5.6).

2. *Zwischenspeicherung zur Nachbearbeitung* im Textsystem (in der Regel gibt es hier keine Einwände seitens de Hosts).

3. *Mittelfristige Speicherung* der Rechercheergebnisse in Erwartung eines ähnlichen Recherchethemas und danach erneute Nutzung für neuen Kunden (meldepflichtig beim Host).

4. *Langfristiges Abspeichern* und Konvertieren in eigene Datenbank (lizenzpflichtig beim Host: hierzu gibt es neuerdings Downloading-Formate, die das sonst mühevolle Konvertieren in ein Inhouse-System erleichtern).

Wenn man also mit den Recherche-Daten einer Datenbank selbst eine Informationsbank aufbauen will, braucht man die Copyright-Erlaubnis vom Host. Nur wenn die Daten ausschließlich intern genutzt werden, ist kein Vertrag nötig. Die Zielsetzungen des Downloading sind in Tabelle 8.4 zusammengestellt (vgl. Oberhauser 1986a).

Das Downloading findet inzwischen auf vielen PC-Rechnersystemen statt und bietet den Vorteil, daß die Daten ständig im Haus verfügbar sind, vorausgesetzt, die gewonnenen Daten sind schnell zugriffsbereit in einer *Datenbank* gespeichert und ein stabiles eigenes Inhouse-Dokumentationssystem liegt zugrunde. Die Daten aus dem Downloading können zum Bearbeiten in einem Textsystem abgespeichert werden und sind vorerst ohne getrennte Kategorien als Freitext definiert. Zum Aufbau einer eigenen Datenbank ist die Überführung in ein Dokumentationssystem notwendig, was mittels passender Konvertierungssoftware (z.B. Infotrans der Fa.Rieth oder Synopsis der Fa.Genesys) oder eigens dafür entwickelter Programmoduln oder Makros eines Textsystems geschehen kann. Die technischen Voraussetzungen für ein Downloading sind also:

– PC mit Microcomputer-Software für Downloading

– Verfügbarkeit einer Hardware-Schnittstelle und der Software für Datenfernverarbeitung

– Für jedes Datenformat eines Hosts muß ein Umsetzungsprogramm vorhanden sein, da die Datenformate für verschiedene Hosts und Datenbanken sehr unterschiedlich strukturiert sind, sowohl bezüglich der Datenerfassungsformate als auch der Kategorieninhalte, deren Ansetzung gemäß der jeweiligen Regelwerke zur Formalerschließung und Sacherschließung geschieht, die den einzelnen Dowloading-Daten zugrundliegen.

Tabelle 8.4. Zielsetzungen des Downloading

Kostenersparnis	Durch Downloading erübrigt sich das sofortige langsamere (und damit kostspielige) Ausdrucken. Die langwierige Relevanzprüfung kann in Ruhe in Form der Nachbearbeitung durchgeführt werden (dieser Punkt stimmt nur noch bedingt, weil die Hosts inzwischen die Online-Ausgabegebühren pro Dokumentationseinheit kräftig angehoben haben). Eine weitere Form der Kostenersparnis kann durch das Downloading in mehreren Etappen erfolgen, zuerst auf die hosteigene Mailbox und von dort auf den PC. Damit können die Anschaltzeiten drastisch reduziert werden, weil der längste Vorgang, die Datenfernübertragung, außerhalb des Zeittarifs der Datenbanklizenzen liegt.
Benutzerfreundliche Darstellung	Eine Nachbereitung wird oft zur Ausgabe einer optisch ansprechenderer Darstellung durchgeführt, die durch zusätzliche Anmerkungen ergänzt werden kann.
Fremddatenübernahme	Die Ergebnisse der Online-Recherche können nach einer Konvertierung mittels passender Programme (z.B. INFOTRANS) in eine eigene Datenbank übernommen werden. Diese Übernahme kann unter Umständen softwaretechnisch zu aufwendig werden, da für jede recherchierte Datenbank hostabhängig ein Umsetzungsformat für die Konvertierung der Downloading-Daten auf das Inhouse-Format zu erstellen ist (Import), der möglicherweise noch weitere Überarbeitungsmanipulationen im Textsystem vorausgehen.

Downloading bringt also erst dann Vorteile, wenn die gewonnenen Daten schnell (mit Kategorien) zugriffsbereit in einer internen Datenbank gespeichert sind und wenn die Konversionsprogramme nicht immer wieder wegen diverser Hoständerungen umgeschrieben werden müssen. Sofern das einmal eingerichtete System also stabil bleibt, sind die Hauptvorteile eine schnelle Beschaffung und schnellere Verfügbarkeit der Daten sowie eine Personalkostenersparnis.

Sofern man lediglich eine Datenbank downloaden möchte, sind nur die Aspekte des jeweiligen Datenerfassungsschemas zu berücksichtigen. Sollten aber aus den Quellen mehrerer Datenbasen die DEs in eine sie integrierende Datenbank übernommen werden, dann gelten ähnliche Probleme wie bei Verbundfragen. Das unterschiedliche Formalerschließungsregelwerk bedingt, daß die Informationselemente unterschiedlich strukturiert sein können. Das hat zur Folge, daß es gelegentlich günstiger sein kann, die Datensätze neu zu erfassen, insbesondere in den Kategorien mit der Ansetzung des Autors oder bei der Quellenangabe. Am ehesten lohnt sich noch das Downloaden der Abstracts, was bei vielen Firmen durchgeführt wird. Die restlichen Informationselemente werden nach dem firmeninternen Erfassungsschema eingegeben. Das hat schließlich ein Splitting in downloadfähige und nicht-downloadfähige Daten zur Folge, die später wieder zusammengeführt werden müssen.

Uploading ist sehr wichtig zur Vorbereitung von Recherchen, ermöglicht es doch das kostensparende Offline-Vorbereiten von Suchstrategien und der dazugehörigen Suchschrittformulierungen, die ohne große Verzögerung auf den Host-Rechner überspielt werden können. Wünschenswert ist auch ein automatisches Uploading der Logon-Prozedur an den Rechner, ein *Autologon*, um nicht zu sehr Zeit durch administrative Tätigkeiten zu verlieren.

8.6 Suchstrategien

8.6.1 Fragestellungen vor Beginn der Recherche

Eine Strategie betrifft die Gesamtplanung einer Recherche, eine Taktik dagegen, kurzfristige Ziele und Manöver zu definieren (vgl. Bates 1977). Es gibt zwei grundverschiedene Ansätze zu Strategien, die analytische und die empirische. Im analytischen Ansatz erforscht der Informationsvermittler Benutzerbedürfnisse und vergleicht Inhalte mit dem Informationsbedarf, um dem Benutzer auf diese Weise die passenden Dokumentationseinheiten zu übermitteln. Der Benutzer teilt dem Informationsvermittler seine Informationswünsche und den Grad der Erfüllung explizit mit und gründet darauf seine Ablehnung bzw. Zustimmung. Die empirische Suchstrategie geht von mittelbar in der Fragestellung versteckten Signalen aus, die dem Informationsvermittler Anhaltspunkte über möglicherweise relevante Themen geben. Der Benutzer akzeptiert oder weist vorgeschlagene Dokumentationseinheiten ohne einleuchtende Erklärung zurück, gibt aber dadurch eine Relevanzrückmeldung an den Informationsvermittler, und es ist jetzt an ihm, durch passende Fragen die noch fehlenden Hinweise zu eruieren.

Am Anfang steht die Erstellung eines Gesamtplans, der die Grundsatzfrage beinhaltet, inwieweit eine Datenbankrecherche erforderlich ist und in den ganzen Informationsvermittlungsprozeß eingebunden wird. Das wird oft erst nach der Beschaffung von Hintergrundkenntnissen zur Person und Dienststelle des Benutzers klar. Auch sind Wirtschaftlichkeitsüberlegungen angebracht und Erfahrungen, die man mit infrage kommenden Datenbanken gemacht hat, insbesondere was die Qualität der Informationen und Vollständigkeit angeht.

Wenn man sich wegen der auszuwählenden Datenbank nicht sicher ist, wählt man den Generalindex oder die Datenbankgesamtklassifikation eines Hosts. Darüber erhält man Auskunft, welche Datenbanken wohl die ergiebigsten Rechercheergebnisse liefern. Bei selten genutzten Datenbanken lohnt sich wegen der bequemeren Paßwortverwaltung das Gateway einer Mailbox-Firma.

Man sollte sich die verkehrsarmen Zeiten der Hosts einprägen, weil man dann schneller, effektiver und kostengünstiger arbeiten kann (z.B. bei DIALOG vormittags und spätnachmittags bei deutschen Hosts). Ein weiteres kostensparendes Element besteht in der Durchführung der offline vorbereiteten Suchschritte in der kostengünstigsten Datenbank des Hosts, um sie dort einmal zu testen und optimiert abzuspeichern. Das gespeicherte Suchprofil kann danach in der Datenbank der Wahl zur Ausführung gebracht werden.

Zu überlegen ist, welche Möglichkeiten von Suchstrategien es gibt, wie man sich jeweils verhält, z.B. ist stärker mit kontrolliertem Vokabular (Klassifikation, Deskriptor, Codes) oder eher eine Freitextsuche (z.B. in Titel und Abstracts) oder gar eine Suche im Volltext (Klartext des Artikels) durchzuführen.

Eine *Volltextrecherche* ist insbesondere für die neuesten Wörter sinnvoll oder wenn man nach präzisen, unzweideutigen Wörtern (Eigennamen, Individualbezeichnungen) oder Wortelementen sucht.

Gelegentlich ist ein *String-Search* erforderlich. Darunter versteht man zeichenweises, sequentielles Durchsuchen von Ausschnitten von Dateien nach Suchbegriffen — meist Wortfragmenten, — die in dieser Form nicht invertiert wurden, weil die Zerlegungsanweisung gewisse Sonderzeichen als Trenner definiert hat; eine sehr aufwendige Form der Recherche, die in den Retrievalsprachen meist nur in Verbindung mit einer auf einen Suchschritt eingeschränkten Suche ermöglicht werden.

Nachdem die Suchfrage in logische Komponenten aufgegliedert wurde, soll sie in retrievalsystemgerechter Form in eine Uploading-Datei geschrieben werden. So können Fehler und Überraschungen bei der Online-Sitzung vermieden werden. Man überlege sich auch alternative Strategien, falls das Ergebnis zu wenige oder zu viele Treffer liefert. Für den Fall einer delegierten Recherche ist mittels eines Anfrageformulars (s. Abb. 6.2) mit dem Benutzer eine Abstimmung zur Abklärung folgender Punkte zu erzielen (Näheres zum *Auskunftsinterview* vgl. Oberhauser 1988):

1. *Kern/ Träger einer Fragestellung* ("Worum geht es in **erster** Linie?").
Je nach Fachgebiet können als Träger in Frage kommen: Stoffe, Substanzen (in
der Chemie), Organe (in der Medizin), Personengruppen (in der Soziologie).
2. Beabsichtigter *Verwendungszweck* (Intention des Benutzers, Anforderungen
an das Niveau): Lehrzwecke, wissenschaftliche Arbeit, Einsatz in der Praxis.
3. *Umfeld des Auftraggebers* (Randbedingungen).

Für das Themengebiet "Problematik schwer erziehbarer Kinder" könnten
Eltern oder das *Jugendamt* bei dieser Fragestellung wohl eher *Erziehungshilfen*
interessieren, wohingegen *Soziologen* vielleicht eher eine *Typologie* bevorzugen
würden. Zu berücksichtigen ist beim Recherche-Interview mit dem Benutzer,
daß die Informationskette zwischen Benutzer und Rechercheur nicht zu lang
sein soll; die daran anschließende Nachbereitung soll zur Nachprüfung der
Ergebnisse, der Relevanzbeurteilung und der Protokollierung der Erfahrungen
führen (möglichst nach einer Rückkoppelung zum Benutzer), die dann zu einer
erneuten Eingabe in das Retrievalsystem führen kann.

Weiterführende Informationen zu Suchstrategien in Online-Datenbanken erläutern Claassen (1988) und Hartley, Keen, Large und Tedd (1990).

8.6.2   Charakterisierung der verschiedenen Anfrageebenen

Einer Suchfrage geht eine Situation in der Gesellschaft oder Wissenschaft voran,
die eine Fragestellung hervorruft. Diese setzt sich fort in einer Wunschvorstellung, die dann schließlich in einer Absicht des Benutzers ihren Niederschlag
findet; diese wiederum setzt er in eine sprachliche Formulierung der deutschen
Fachsprache seiner Disziplin um. Analog zur Verschlagwortung bei der Einspeicherung in die Datenbank muß die Suchfrage auch in die Deskriptoren der
Dokumentationssprache übersetzt werden, die schließlich mit den Operatoren
und Feldbezeichnungen der Retrievalsprache verknüpft werden müssen.

Dieser Vorgang soll anhand einer Situation erläutert werden, in der man sich
durch seine rauchenden Mitmenschen belästigt fühlt:

Wunschebene. Die anderen zum Nichtrauchen zu bewegen.

Absichtsebene. Abschreckung durch Hinweise über eine besonders bedrohlich
erscheinende Gefährdung der Gesundheit (konkrete Überlegung).

Sprachliche Ebene. "Ich hätte gern Informationen über die Häufigkeit von
Lungentumoren bei Rauchern und deren Überlebenschance" (Ausdruck dessen,
was tatsächlich benötigt wird).

Dokumentationssprache. Erarbeitung der für das jeweilige System passenden Begriffe, z.B.: Lunge (T), Häufigkeit, Raucher, Überlebenszeit. Für den Fall, daß die Dokumentationssprache an die englische Sprache angelehnt ist, muß vor der Umsetzung aus der muttersprachlichen Ebene in die Dokumentationssprache die Fragestellung in die englische Fachsprache übersetzt werden, bevor sie dann folgende Form, wie z.B. bei MEDLARS, erhält: Lung neoplasms, Statistics, Smoking, Survival rate.

Retrievalsprache. Da man sich eigentlich das gleichzeitige Vorkommen aller Suchbegriffe wünscht, lautet die Formulierung in GRIPS folgendermaßen:

F CT= (lung neoplasms AND statistics AND smoking AND survival rate)

Diese sehr spezielle Fragestellung wird wahrscheinlich nur wenige Zitate liefern, weshalb als Alternative dazu in der Suchstrategie darauf verzichtet wird, alle Suchargumente zu verwenden, es sollen weniger Begriffe verknüpft und Untergruppen bzw. einzelne Suchschritte gebildet werden, z.B.:

F CT= (lung neoplasms AND statistics AND smoking)   (STEP 1)
F CT= (lung neoplasms AND survival rate AND smoking)   (STEP 2)
F 1 AND 2

Falls zu wenige oder keine DE als Ergebnis erscheinen, betrachtet man nur die Relevanz einzelner Suchschritte oder die Fragestellung wird sogar erweitert, obwohl man eigentlich weiß, daß das Ergebnis nicht genau genug ist, doch man nimmt Ballast in Kauf, da man sowieso die ursprüngliche Wunschvorstellung nur ungenau trifft und insofern die Auswahl aus den angebotenen Literaturzitaten treffen muß. Mögliche Suchalternativen sind hierarchische Suchen im kontrollierten Vokabular (F CT DOWN oder F CT D), die alle Arten der dem Schlagwort lung neoplasms untergeordneten Unterbegriffe umfassen nämlich:

F CT D lung neoplasms AND CT=statistics AND CT=smoking

oder Trunkierungen im Basic Index (Index sämtlicher inhaltsbezogener Wörter)

F lung? neoplasm? AND statist? AND smok?

oder die Vereinigungsmenge

F 1 OR 2

In den meisten Fällen wird sich eine Blockbildungsstrategie als günstig erweisen (s. Kap. 8.6.3), die daraus besteht, alle denkbaren Suchschritte als Einträge für das Suchprofil zu erarbeiten, die dann später beliebig kombiniert werden und unter Hinzunahme weiterer Synonyme wie z.B. *tumor?* anstelle von *neoplasm?* sogar noch erweitert werden können:

F CT=lung neoplasms	*(STEP 1)*
F CT D lung neoplasms	*(STEP 2)*
F lung? neoplasm?	*(STEP 3)*
F statist?	*(STEP 4)*
F surviv?	*(STEP 5)*
F smok?	*(STEP 6)*

8.6.3 Arten von Taktiken

Zu Beginn steht das *Monitoring* (vgl. Bates 1977), das dazu führen soll, daß man mit einem sinnvollen Wirkungsgrad Fortschritte bei der Recherche erzielt und sich nicht in Details verheddert. Dazu gehört das fortwährende Überprüfen, ob das augenblickliche Recherchethema noch mit der ursprünglichen Suchfrage übereinstimmt, ferner das Abwägen mit einer Daumenregel, ob die Kosten-Nutzen-Analyse der jeweils geplanten Schritte eine Weiterführung noch sinnvoll erscheinen läßt. Auch soll man überprüfen, ob das jeweilige Searcher-Verhaltensmuster noch problemgemäß ist oder ob man schon einer fixen Idee nachjagt.

Schließlich soll man sich regelmäßig auf eventuelle Sach- und Schreibfehler überprüfen, alle Suchwege aufzeichnen und registrieren und mitprotokollieren — auch die Irrwege und diejenigen, die man (eventuell aus Zeitgründen) nicht ganz geschafft hatte. Man soll sich dabei Hilfsalternativen zur optimalen Strategie bzw. iterative Suchwege überlegen.

Ein weiterer entscheidender Vorgang besteht im *Herausfiltern* der bestmöglichen Datenbank. Dazu sollte man nachsehen und vergleichen, ob die Recherchierarbeit nicht schon von Kollegen durchgeführt wurde oder ob nicht Aufzeichnungen über ähnliche Fälle verfügbar sind. Dazu kann es sinnvoll sein, komplexe Suchfragen in Einzelprobleme zu zerlegen und dann in verschiedenen Datenbanken abzuarbeiten. Hierbei sollte man immer, an jeder Verzweigungsmöglichkeit, den Überblick über die noch folgenden Optionen behalten und im Falle von Entscheidungsmöglichkeiten für die Recherche immer diejenige auswählen, mit der man den größten Teil der gesuchten Inhalte abdecken kann, was bedeuten kann, daß eine Informationsquelle auch für andere als die ursprünglichen Nutzanwendungen zu verwenden ist.

Wie findet man nun die bestmögliche *Suchfragenformulierung?* Erforderlich sind zum einen die Auswahl passender Begriffe, aber auch Wege der allgemeinen Vorgehensweise bei der Verknüpfung der Suchschritte (s. 8.6.4 und 8.6.5).

8.6.4 Auswahl einzelner bestpassender Begriffe

Dazu verwende man möglichst einen Thesaurus oder falls nicht verfügbar, eine Sachklassifikation oder ein Glossarium des recherchierten Fachgebiets. Dann suche man nach dem bestpassenden Oberbegriff, wähle Unterbegriffe, analysiere verwandte Begriffe (Related Terms) und Geschwisterbegriffe mit demselben Oberbegriff. Mit der Methode des *Citation Pearl Growing* (s. Kap. 8.6.5) verfolge man die Querverbindungen zu anderen Dokumenten, um weitere Begriffe hinzuzufinden. Schließlich sind auch Variationen und andere Schreibweisen und Trunkierungen mitzuberücksichtigen. Oft hilft es auch, die Reihenfolge der Suchterme mit allen möglichen Abstandsoperatoren auszuprobieren. Schließlich ist es bei negiert formulierten Termen (z.B. Nichthistone, Non-Hodgkin-Lymphom) manchmal hilfreich, nach dem logischen Gegenteil zu suchen (z.B. nach Histone bzw. Hodgkin-Lymphom).

8.6.5 Methoden zur Verknüpfung von Suchschritten

Diese Methoden erfordern z.B. die sofortige Spezifikation, an die weitere Suchelemente angegliedert werden können, oder einen möglichst umfassenden Ansatz, an den mittels boolescher Operationen kreuzweise Verknüpfungen hergestellt werden können oder auch das Schrittweise-Reduzieren des Suchergebnisses, wobei gewisse Elemente ausgeschlossen werden (trotz der Gefahr des Informationsverlustes). Bei all diesen Vorgehensweisen sollte man nicht vergessen, die am besten passenden Begriffe beizubehalten. Im einzelnen werden sie folgendermaßen bezeichnet (s. Abb. 8.1) (vgl. Bunzel 1987):

***Blockbildung** (= Komponentenzerlegung: "Building Blocks").* Unabhängiges Bilden von Begriffs-Gruppen, indem das Informationsproblem in einzelne voneinander vorerst getrennt zu behandelnde Suchschritte eingeteilt wird, die sowohl inhaltlicher als auch formaler Natur sein können. Dies ist ein umfassender Ansatz, eigentlich ein Standardverfahren, und empfiehlt sich insbesondere bei schwierigen und komplexen Recherchen, bei denen man sich über die Weiterführung noch nicht im klaren ist. Als nächster Schritt notwendig ist unzweifelhaft die Beurteilung der Wichtigkeit der jeweiligen Blöcke für das gesuchte Thema, sowohl, was die Genauigkeit des Suchbegriffs betrifft, als auch inwieweit die zu recherchierenden Begriffe miteinander durch Über- und Unterordnungen miteinander verflochten sind. Eine Erleichterung für die Blockbildungsstrategie ist (in GRIPS) die Eingabe des Kommandos FS Suchbegriff1 AND (Suchbegriff2 OR Suchbegriff3), was zur zusätzlichen Anzeige und Eintragung der Zwischenergebnisse für die Suchbegriffe 1-3 in das Informationsprofil führt.

Spezifische-Wörter-Priorität ("Most Specific First"): Man gibt den prägnantesten Begriff sofort ein. Diese Strategie ist anwendbar, wenn einige Begriffsfelder im Vergleich zu andern wesentlich eingeschränkter sind.

Niedrigste-Treffer-Priorität (Lowest Posting First): Falls sehr divergierende Trefferzahlen der unterschiedlichen Begriffsfelder vorliegen, wählt man formal diejenigen mit der niedrigsten Frequenz aus.

Zitatbasierte Erweiterungsstrategie (Citation Pearl Growing): In diesem empirischen Verfahren tastet man sich iterativ an das Thema heran und überprüft die gefundenen Zitate, um sich neue Ideen (Benennungen) abzuleiten, mit denen man weitersuchen kann. Dieses Verfahren ist sehr zeitaufwendig und sollte nur durchgeführt werden, wenn man unsicher ist.

Schrittweise Verfeinerung (= Sukzessive Fraktionierung — "Successive Fractions Approach"): Es werden solange Teilmengen der ursprünglichen Recherche gebildet, bis man endlich die gewünschte Ergebnismenge gewonnen hat. Dieses Verfahren wird häufig über formale Angaben wie Erscheinungsjahr, Sprache durchgeführt, insbesondere dann, wenn man zu viele Zitate gewonnen hat, die man inhaltlich schlecht eingrenzen kann.

Folgerungen. Als Maßnahmen zur weiteren Eingrenzung bei zu vielen Zitaten empfehlen sich die *Qualifizierung* (= Einschränkung) auf die am sinnvollsten erscheinende Kategorie, die Kontextsuche mit Abstandsoperatoren und die boolesche AND- oder NOT-Verknüpfung mit anderen Suchargumenten. Ferner ist hilfreich das sukzessive Fraktionieren und die Auswahl von spezifischeren Unterbegriffen. Zur Erweiterung bei zu wenigen Zitaten empfiehlt sich die Hinzunahme von Oberbegriff und dessen Unterbegriffen, die Berücksichtigung anderer Schreibweisen, eventueller Synonyme und verwandter Begriffe, die Durchführung hierarchischer Suchen und Trunkierungen und verstärkter Einsatz von OR-Verknüpfungen. Sehr sinnvoll ist also auch, die Strategie des Citation Pearl Growing zu verwenden.

Ein Suchbeispiel. Gegeben sei das Suchbeispiel "Nutzen von Medikamenten bei der Bekämpfung von Schlaflosigkeit im Golfkrieg". An Hintergrundinformationen war zu bekommen, daß ein solches von einer französischen Pharmafirma hergestellt wurde.

Versucht man diese Suchfrage in einzelne Suchelemente zu zerlegen und diese dann später wieder zu verknüpfen, dann werden häufig typische Fehler gemacht, indem zuerst die scheinbar griffigsten Elemente isoliert und in das Suchprofil eingebaut werden, sofern überhaupt eines existiert. Dabei vergißt man, daß mit solchen Wörtern in der angewählten Datenbank wenig auszurichten ist, wenn

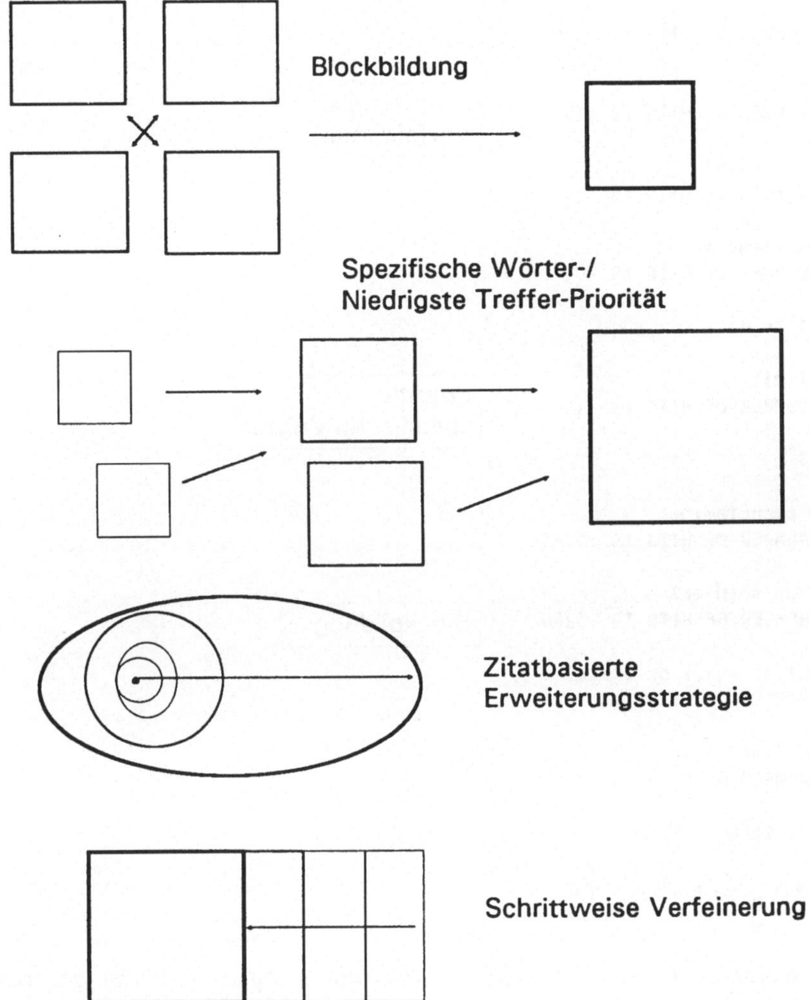

Abb.8.1. Methodische Verknüpfung von Suchschritten

man sie nicht mit datenbankspezifischen Inhalten verknüpft. In Abb. 8.2 wurde die methodische Verknüpfung nach dem Prinzip *schrittweise Verfeinerung* gewählt, formal zwar völlig korrekt, jedoch zu restriktiv, weil die deutsche Sprache in internationalen Datenbanken unterrepräsentiert ist und gemäß den Hintergrundinformationen eher französische oder englische Publikationen zu erwarten wären.

```
f war
1.00  NUMBER OF HITS IS   240
?
f 1 and gulf
2.00  NUMBER OF HITS IS   13
?
f 2 and py=1991
3.00  NUMBER OF HITS IS   11
?
f 3 and la=germ
4.00  NUMBER OF HITS IS   0
?
del s=1 to 4
?
f modafinil
1.00  NUMBER OF HITS IS   14
?
del s=1
?
f ct d amphetamine
1.00  NUMBER OF HITS IS   1185
?
f war? or soldier?
2.00  NUMBER OF HITS IS   1200
?
f sleep? or wake? or awake?
3.00  NUMBER OF HITS IS   110
?
f 1 and 2 and 3
4.00  NUMBER OF HITS IS   7
?
del s= 1 to 4
```

schrittweise
Verfeinerung

Priorität
spezifische Wörter

Blockbildung

Abb.8.2. Ein Suchbeispiel, Teil 1

Ein besserer Suchansatz ist nach der *Priorität spezifische Wörter* gegeben, hierzu hätte der erste Feedback zum Benutzer zu erfolgen, der ihm entweder das konkrete Medikament oder die zugehörige Stoffgruppe nennen könnte. Mit *Modafinil* sind konkrete Treffer zu finden, deren Analyse weiterführende Informationen (in Fettschrift anderen Schrifttyps) ergeben würde, die mit der Methode *zitatbasierte Erweiterungsstrategie* weiterverfolgt werden könnte (s. Abb. 8.3). Eine andere Alternative ist es, nach der Methode *Blockbildung* vorzugehen und in einer hierarchischen Suche mit der kompletten Stoffklasse der Amphetamine, jedoch unter den Aspekten Schlaf bzw. Wachsein und Krieg bzw. Soldaten durchzuführen. Dieser Ansatz kann mit der Erweiterungsstrategie optimiert werden, indem man die passenden Deskriptoren oder Freitextwörter hinzufindet:

CT = SLEEP DISORDERS/drug therapy

```
ND: 91273615
AU: Lyons TJ;  French J
TI: Modafinil: the unique properties of a new stimulant.
SO: Aviat Space Environ Med, 62 (5) 432-5   /1991 May/ IMD=9109
SU: M ... Subset priority 1 or 2 journals
LA: English
CY: UNITED STATES
JC: 9JA   SS: 0095-6562
CS: Headquarters USAF Human Systems Division,Brooks Air Force Base,TX 78235.
DT: JOURNAL ARTICLE
CT: ANALEPTICS/*/adverse effects/pharmacology/therapeutic use
    BENZHYDRYL COMPOUNDS/*/(M)/adverse effects/pharmacology/therapeutic use
    ANIMAL     HUMAN      SLEEP DISORDERS/drug therapy
TE: modafinil 68693-11-8
AS: Author
AB: Modafinil, a novel stimulant which has several remarkable features that
    distinguish it from other stimulants, has been developed by Lafon, a
    French pharmaceutical company. Unlike the amphetamines, for example,
    modafinil is reported to have minimal peripheral side effects at
    therapeutic doses. It also appears to have a low abuse potential, does
    not interfere with normal sleep, and does not seem to produce
    tolerance. It improves vigilance especially in sleep-deprived subjects.
    It has been used clinically for up to 3 years in the treatment of
    narcolepsy and idiopathic hypersomnia. It could be an ideal replacement
    for amphetamine in short-term operations in which fatigue might
    threaten the successful completion of a mission. We recommend that
    military laboratories experienced in studying sustained  performance
    include modafinil or perhaps a more selective alpha 1 receptor
    agonist in their investigations.
?
f ct d amphetamine
1.00  NUMBER OF HITS IS  1185
?
f sleep disorders/drug therapy
2.00  NUMBER OF HITS IS  350
?
f sleep? or wake? or awake? or vigil? or hypersomn?    Erweiterungsstrategie
3.00  NUMBER OF HITS IS  150
?
f war? or soldier? or militar?
4.00  NUMBER OF HITS IS  1250
?
f 1 and 2 and 4
5.00  NUMBER OF HITS IS  12
```

Abb.8.3. Ein Suchbeispiel, Teil 2

Die Wörter *hypersomnia* und *vigilance* bleiben später unberücksichtigt, weil
man bereits den ergiebigeren bestpassenden Deskriptor gefunden hat, der
Begriff *military* könnte jedoch später noch zu interessanten Hinweisen führen.

8.6.6   Suche mit Freitext oder kontrolliertem Vokabular?

Diese Frage ist im Prinzip schon beantwortet: Es gibt kein "entweder – oder", sondern nur ein "sowohl – als auch". Naiverweise könnte man denken, daß doch wohl Freitext, also die übliche Fachsprache, der sicherste und beste Weg zum Finden einschlägiger Informationen wäre, vergißt dabei aber, daß sowohl Verluste an relevanten Informationen als auch Ballast die Folge wäre. Diese ließen sich nachweisen, wenn die befragte Datenbank über beide Abfragemöglichkeiten verfügte, also Freitext in unterschiedlichen Formen wie Titel, Abstracts oder Volltext und Schlagwörter, Deskriptoren oder Klassifikationscodes.

Im Falle eines Vergleichs zweier Datenbanken mit nur jeweils einer der beiden genannten Suchmethoden würde dieser Beweis nicht gelingen. Auch beim Aufbau einer eigenen Datenbank könnte man bezüglich der Konzeption der Einteilung in passende Kategorien Fehler begehen, die sich nach Jahren noch rächen würden (vgl. Fugmann 1985). Auch Umstätter verglich 1983 die Qualitäten der Recherche in Freitext und kontrolliertem Vokabular. Wichtig wäre die Verfügbarkeit eines ganzen Kontinuums von kontrollierten und freien Elementen und je reichhaltiger das Angebot, desto zielsicherer die Recherche (s. Tabelle 8.5).

Tabelle 8.5. Vor- und Nachteile der Freitextsuche

Vorteile	Nachteile
Bei Suche nach Individualbegriffen, Eigennamen, Akronymen.	Verbale Umschreibungen, die bei der Inhaltserschließung durch einen Fachbegriff darstellbar wären, sind selbst durch Kontextsuche schwer zu finden.
Bei Suche nach neuesten, noch nicht im Thesaurus eingearbeiteten Bezeichnungen.	Synonym- und Homonymprobleme der natürlichen Sprache führen zu Ballast und Verlust.
Notwendig bei kleinen in Entwicklung befindlichen Datenbanken, da kontrolliertes Vokabular noch nicht ausgereift.	Großer Ballast in umfangreichen Datenbanken.
Notwendig zum Einstieg in die Recherche, um bestmögliche Deskriptoren zu finden.	
Zusätzlicher Einsatz sinnvoll wegen möglicher Indexierungsfehler.	

Genannt werden können an kontrollierten Einheiten nicht nur die o.g. Standarderschließungsinstrumente zur Abfrage, sondern darüber hinaus die Einordnung der Deskriptoren in einen hierarchischen Thesaurus, die Einteilung des Volltextes in Abschnitte, die Verwendung von codierten Bezeichnungen für Regionen oder Körperschaftscodes bei der Suche nach Reports in INIS oder von CAS-Registry-Nummern in (bio-)chemisch orientierten Datenbanken, aber auch die Angabe von Patentfamilien bei Patentrecherchen. Freitexteinsatz ist wesentlich, insbesondere bei der Suche nach *Eigennamen (Individualbegriffen)*, deren Schreibweise eindeutig ist. Diese sind wichtig, aber nicht über Thesaurusbegriffe abfragbar, weil es sie dafür nicht gibt. Andererseits ist der Vorgang der Informationsverdichtung auf Schlagwörter bzw. Deskriptoren auch wesentlich, weil eine Umschreibung von Sachverhalten im Volltext oft sehr viel schlechter gefunden werden kann als durch einen Deskriptor, auf den man über ein gutes Relationensystem geführt werden kann. Nicht zu vergessen ist auch, daß die Informationsverdichtung auf Abstracts oder sogar Titel weniger ballastanfällig ist als Volltext.

Weiterführende Informationen zum Vergleich sind bei Umstätter (1983a) nachzulesen, während Oberhauser (1986b) Hinweise dazu gibt, wie man in Online-Systemen mit Klassifikationen umgeht.

8.6.7 Auswahl von Spezial- oder multidisziplinärer Datenbank?

Angesichts des breiten Spektrums an großen und speziell auf eine Fachdisziplin oder Problembereich zugeschnittenen Datensammlungen ist man oft ratlos, welche der vielen für ein Suchproblem, selbst nach Konsultation von Datenbankführern, noch relevant erscheinenden Datenbanken nun wirklich die passendste wäre. Diese Frage kann allgemein schlecht beantwortet werden, da sie wirklich von dem jeweils gestellten Problem bzw. dem erwarteten Ergebnis abhängt, sei es, daß eine ergiebige Recherche erwartet wird oder sei es, daß der Benutzer mit einigen hochrelevanten Dokumenten zufrieden wäre. Ein maßgeblicher Vorteil bei der konkreten Recherche in Spezialdatenbanken besteht auf alle Fälle darin, daß man in mehrfacher Hinsicht gezielt suchen kann. Schon der Einstieg in die jeweilige Datenbank entspricht einer Verknüpfung mit einem Schlagwort, das den fachgebietorientierten Scope der Datenbank reflektiert. Zusätzlich sind in dieser Datenbank die Deskriptoren speziell auf das jeweilige Themengebiet zugeschnitten. Ein Überblick über die jeweils zu erwartenden Suchbedingungen zeigt Tabelle 8.6.

Tabelle 8.6. Vergleich der Merkmale multidisziplinärer und spezialisierter Datenbanken

Spezialdatenbank	multidisziplinäre Datenbank
Entsteht durch gezielte, selektive Auswahl nach fachlich-inhaltlichen und innovativen Gesichtspunkten in Bezug auf den Scope der jeweiligen Datenbasis.	Umfassende Abdeckung und relativ vollständige Erschließung eines großen Spektrums von Informationsquellen.
Reichhaltige Struktur an Ordnungselementen, die spezifisch für das jeweilige Fachgebiet sind: Art der eingerichteten Kategorien, Spezifität der nach unterschiedlichen Aspekten differenzierten Klassifikation und des Vokabulars, gut ausgebautes Relationensystem im Thesaurus.	Verfügbarkeit von allgemeinen Ordnungselementen mit hoher Bedeutung für allgemein gehaltene und interdisziplinäre Fragen, grobere Vokabularstruktur.
Aufbau der Datenbank gemäß spezieller Modellierung, die erst nach mehrmaligem Recherchieren bekannt ist.	Datenbankstruktur besser bekannt, weil Datenbank in der Regel häufiger benutzt.
Besonders geeignet für Suchfragen im Kerngebiet (im zentralen Scope) der Datenbank.	Besonders geeignet für interdisziplinäre Recherchen.
Eventuell Verluste in den Randgebieten des Scopes wegen unvollständiger Abdeckung.	Eventuell Ballast wegen Nachweis von nicht einschlägigen Treffern.

9 Informationsvermittlung / Literaturversorgung

9.1 Situationen des Informationsbedarfs

9.1.1 Allgemeine Vorgaben

Zu Beginn muß erörtert werden, inwieweit es sich um einen potentiellen Bedarf von Wissenschaftlern oder Praktikern handeln könnte, den die Informationsvermittlungsstelle wecken könnte oder ob es sich um das Informationsbedürfnis eines Kunden handelt, der seinerseits aktiv auf die Informationsstelle zugeht. Auch gibt es Kunden, die bereits die Informationsstelle benutzt haben, auf die die Dokumentationsstelle jedoch aktiv zugeht (vgl. Ockenfeld 1990; Wersig 1980). Im folgenden soll davon ausgegangen werden, daß ein konkretes *Informationsbedürfnis* vorliegt, sei es vom Kunden, er soll in Zukunft *Benutzer* genannt werden, oder sei es von der Informationsstelle selbst. Als Grundfragen stehen dann zur Debatte: Für welchen Zeitraum muß nachgeforscht werden? Wie vollständig muß die Suche sein? Wie rasch muß die Suche erfolgen? Mit welchen Kosten ist die Information erreichbar? Der Benutzer kann einen allgemeinen Überblick oder die Beantwortung spezifischer Probleme wünschen, womit die Art der Erstellung verknüpft ist: regelmäßig erstellte Informationsdienste oder speziell auf einen Benutzer oder eine Benutzergruppe zugeschnittene Informationsdienstleistungen. An Ursachen für negative (ergebnislose) Recherchen sind zu nennen:

- Unlösbare Probleme
- Zu spezielle Frage
- Forschungsergebnis negativ und daher nicht publiziert
- Schrifttum existiert, aber kein Zugang oder Sprache zu exotisch.

Im folgenden sollen die verschiedenen Arten eines *Informationsbedarfs* detailliert vorgestellt werden. Die Organisation nach Informationssystemen ist in Tabelle 9.1 dargestellt. In dieser Tabelle sind mehrere Gruppierungsfaktoren miteinander verknüpft.

Einzelnen Informationssystemen — dieser eigentlich veraltete Begriff wurde bewußt gewählt, um den Anwendungsbezug zu betonen — können z.B. im Falle eines Bibliotheks-Informationssystems sowohl Komponenten einer zu den relationalen Datenbanken gehörenden Faktendatenbank (z.B. Lieferanten, Ausleihe, Benutzer) als auch einer unter den satzorientieren Datenbanken klassifizierten Literaturdatenbank (z.B. Buchtitel) zugrundeliegen.

Tabelle 9.1. Arten von Informationssystemen

Art	Kurzbeschreibung
Archivierungs- und Schriftgut-Informationssystem	Ablagesystem zur Verwaltung der (meist) in einer Behörde nach Geschäftszeichen bzw. Aktenzeichen gesammelten Akten unter Aspek- ten, die im Aktenplan zusammengestellt sind.
AV-Medien-Informationssystem	Berücksichtigt die besonderen Schwierigkeiten der Erschließung in der Verbalisierung der optischen und akustischen Informationen (abhängig von der subjektiven Bewertung).
Bibliotheks-Informationssystem	Charakterisiert die komplexe Verwaltung von Bibliotheksbeständen von der Erwerbung zur Katalogisierung und Ausleihe über die Zusammenstellung von Ausleiheinheiten.
Fakten-Informationssystem	Sammelbezeichnung für alle Informationssysteme, deren in fester Länge formatierte Datenelemente objektorientiert abgelegt werden. Bei der Recherche können relational organisierte Dateien unterschiedlicher Strukturen verknüpft werden.
Literatur-Informationssystem	Strukturelle Grundlage dieses auch als Information-Retrieval-Systems (Referenzdatenbank) bezeichneten Typs ist die variable Feld- und Satzlänge von in **einer** Datei abgelegten Daten, die durch Verknüpfung mit invertierten Dateien normalerweise alle mit verfeinerten Suchfunktionen (s. Kap. 8.2) recherchierbar sind.
Objekt-Informationssystem	Inventarisierungssystem für Waren, Ersatzteile oder Museumsobjekte etc. gemäß einer eigens für den jeweiligen Objektbereich geschaffenen Klassifikation. Wichtig zur Verifizierung dieser Objekte ist die Einbindung von Bildern bzw. Graphiken, die diese Objekte unter verschiedenen Aspekten darstellen.
Statistisches Informationssystem	Unter verschiedenen Merkmalen gesammelte Daten können nach unterschiedlichen Parametern (Merkmalskategorien und Statistikfunktionen) kondensiert (aggregiert) ausgegeben werden. Die im Speicher verfügbaren Daten werden gegebenenfalls beim Retrievalvorgang nochmals verdichtet.

Tabelle 9.1. Arten von Informationssystemen (Forts.)

Art	Kurzbeschreibung
Innerbetriebliches Informationssystem	Verknüpfung sämtlicher für ein Unternehmen bereitgestellten Informationsangebote (Bibliothek, Archiv, Normenstelle, Patentabteilung, Forschungsberichte, Entwicklungsunterlagen, Öffentlichkeitsarbeit) zu einem Informationsnetz, das dem Unternehmen die planerisch notwendigen Informationen bereitstellt. Angegliedert sein muß auch eine Informationsvermittlungsstelle zur Bereitstellung externer Informationen. Als innerbetriebliche Informationssysteme können auch Bibliotheks-Informationssysteme oder Krankenhaus-Informationssysteme betrachtet werden. Letztere sind Kombinationen von unterschiedlichsten Datenbanktypen. Unter einem *Inhouse-System* wird oft das betriebsinterne Dokumentationssystem unter dem Gesichtspunkt der Software betrachtet.
Öffentliches Informationssystem	Einerseits wird hierunter das gesamte Netz für die Öffentlichkeit verfügbarer Informationsquellen bei Fachinformationszentren verstanden, andererseits wird gelegentlich der Begriff auch unter dem Aspekt eines für die öffentliche Hand verfügbaren Informationsnetzes betrachtet, das in der Form eines Landesinformationssystems oder Informationssystems für den Bundestag vorkommen kann.

9.1.2 Referral

Eine erste Aufgabe ist die Suche nach den passenden Nachschlagewerken bzw. Datenbanken, in denen das jeweilige Informationsproblem bearbeitet werden kann, oder falls dies nicht möglich ist, eine Suche nach der Institution bzw. den Experten, die den gewünschten Informationsbedarf decken können. Man braucht also einen Überblick über das existierende Angebot an Informationsmitteln.

Konventionelle Arten von Verzeichnissen sind in Universitäts- und Landesbibliotheken im sogenannten bibliographischen Apparat (oder bei den Auskunftsmitteln im Lesesaal) einsehbar und sind in vielen Fällen — vor allem bei weiter zurückliegender Literatur — eine große Hilfe. Der Online-Zugriff auf Datenbanken von Datenbanken ist den gedruckten Datenbankverzeichnissen kaum überlegen, die anfallenden Kosten sind zu hoch und es besteht auch keine Möglichkeit, selbständig Ergänzungen und persönliche Kommentare nachzutragen, aus diesem Grund ist es unbedingt zu empfehlen, eine gedruckte Version zu erwerben.

9.1.3 Zitat- und Titelverifizierung

Die Dokumentationsstelle selbst benötigt zur Erwerbung von Literatur über den Buchhandel oder andere Institutionen eine genaue Beschreibung der Titel. Ebenso gibt es Benutzer, die mit definitiven Literaturwünschen zur Informationsvermittlungsstelle oder Bibliothek kommen, weil sie sie entweder beschaffen oder zitieren möchten. Außerdem ist das Verifizieren auch zur Überprüfung der Literaturverzeichnisse am Ende einer Publikation notwendig. Für diese Aufgaben kommen in der Regel Nationalbibliographien, Adreßbücher, oder Verzeichnisse lieferbarer Bücher bzw. standortnachweisende Verzeichnisse für Bücher und Zeitschriften zur Anwendung. Hierbei können Fragen nach Wörtern im Hauptsachtitel, im Reihentitel, nach der ISSN, ISBN (wobei nach Ländern oder Verlagen getrennt gesucht werden kann), nach dem Erscheinungsjahr, nach Veröffentlichungen von Kongressen etc. auftreten. Man verwendet zu diesem Zweck mehr und mehr das Online-Bibliographieren (vgl. Hoffmann und Huthloff 1985; Scharna und Skalski 1986).

9.1.4 Kontrolle der Vollständigkeit einer Literaturzusammenstellung

Auch diese Fragestellung kann sowohl von einer Informationsstelle oder Bibliothek stammen, die ihren Bestand auf Vollständigkeit überprüfen möchte, sie kann aber auch von einem Benutzer stammen, der die Vollständigkeit seines Literaturverzeichnisses am Ende seiner Publikation kontrollieren will. Es gibt zwei Arten von Vervollständigung: Eine erste ist vergleichbar mit den im vorigen Abschnitt geschilderten Inhalten und zielt auf die Überprüfung der Vollständigkeit aller Angaben eines Zitats ab; hier kann eine formale Suche hilfreich sein. Eine andere Art ist die Vervollständigung der Anzahl einschlägiger Zitate (obwohl absolut nie möglich), sowohl vom thematischen Ansatz her als auch mit formalen Aspekten, z.B. eine Recherche in einer Sachklassifikation der Nationalbibliographie und zusätzliche Einschränkung auf das Erscheinungsjahr oder die Nachprüfung aller Publikationen eines Autors oder aller Publikationen, die einen Autor zitieren. Die formalen Suchen sind nach den in Kap. 8.6 beschriebenen Suchstrategien Blockbildung oder sukzessive Einschränkung möglich, während der inhaltlichen Suche eine Zitatverifikation vorausgeht, auf der die zitatbasierte Erweiterungsstrategie über das Herausfinden passender Schlagwörter oder Klassifikationen aufsetzen sollte. Gegebenenfalls könnte auch nach zitierten Autoren gesucht werden.

9.1.5 Suche nach Namen und Institutionen

Autorensuche. Bei Berufungsverhandlungen fallen folgende Fragen an: Wo publiziert die zu berufende Person? In welcher Sprache publiziert der Wissenschaftler? Wie häufig zitiert er? Wer zitiert ihn? In welchen Quellen wird er zitiert? Wie gut sind die Quellen, in denen er publiziert oder zitiert wird? Die Suchstrategie erfolgt wie bei Kap. 9.1.3. Die ersten beiden Fragen erledigen sich scheinbar, wenn man in der vom Bewerber angeforderten Literaturliste nachsieht, doch es fehlt eine Übersicht über die Bedeutung dieser Werke, die zum Teil darin zum Ausdruck kommt, daß sie in einschlägigen Datenbanken aufgenommen werden. Aus dem Verhältnis der vom Autoren angegebenen Publikationen zu den in Datenbanken vorkommenden Dokumentationseinheiten lassen sich entsprechende Folgerungen gewinnen.

Oft sollen auch die Arbeiten ausgewählter Autoren aus inhaltlichen Gründen verfolgt werden, weil sie repräsentativ für spezielle Entdeckungen oder Sachverhalte sind. Das Problem beim Suchen von Eigennamen ist, daß in den wenigsten Datenbasen Normierungen wie in Bibliothekskatalogen durchgeführt werden, die Eintragungen stehen dann oft mehr oder weniger zufällig so, wie sie in der Publikation verzeichnet sind, in der Interpunktion gemäß dem jeweiligen Erfassungsregelwerk. So findet man Variationen der Angabe von Autorennamen wie in Abb. 9.1a dargestellt.

Glücklicherweise werden Unterschiede in Groß- und Kleinschreibung für den Suchindex zur Großschreibung vereinheitlicht, doch es bleiben nach wie vor viele Varianten bestehen. Es könnte sogar noch sein, daß Zusätze wie (Hrsg.) dahinter stehen oder der Name ins Japanische und wieder zurück transliteriert wurde, dann könnte er leicht zu "Heenzrel" transformiert worden sein. Eine sich anbietende Trunkierung wird bei häufigen Namen wie Maier problematisch; wenn man sich der genauen Schreibweise nicht sicher ist, werden die durchzusehenden Eintragungen unermeßlich. Probleme gibt es auch mit sehr langen Namen, vor allem bei SCISEARCH (oder dem korrespondiernden gedruckten Science Citation Index), weil dort die im Eingabefeld zur Verfügung stehenden Zeichen zeitweilig beschränkt waren und die Stelle der Abkürzungen nicht immer voraussehbar ist. Die Verwirrung wird kom-

Henzler R
Henzler R.
Henzler R.G.
Henzler RG
Henzler Rolf
Henzler Rolf G
Henzler Rolf G.
Henzler, R
Henzler, R.
Henzler, R.G.
Henzler, RG
Henzler, Rolf G
Henzler, Rolf G.
HENZLER R
HENZLER R.
HENZLER R.G.
HENZLER RG
HENZLER Rolf
HENZLER Rolf G
HENZLER Rolf G.
HENZLER, R
HENZLER, R.
HENZLER, R.G.
HENZLER, RG
HENZLER, Rolf G
HENZLER, Rolf G.

Abb.9.1a. Mögliche Registereintragungen von Autoren

von der Trenck, W.
vonder Trenck, W.
von dertrenck, W.
vonderTrenck, W.
Trenck, von der W.
Trenck, vonder W.

Abb.9.1b. Mögliche Registereintragungen von Autoren

plett, wenn man bemerkt, daß orientalische Namen oft unter dem Vornamen angesetzt sein können. Man erhält dann nochmals unterschiedliche Ergebnisse, wenn man Datenbanken unterschiedlicher Nationalität abfragt, die nach verschiedenen Transkriptions- oder Transliterationsregeln verfahren. Die Behandlung von im normalen Alphabet nicht vorkommenden Sonderzeichen und Umlauten ist auch sehr uneinheitlich. Man findet hier insbesondere in angelsächsischen Datenbanken praktisch immer die vereinfachte Version des Sonderzeichens, so z.B. a anstelle ä oder å; o anstelle ö oder ø; c anstelle ç etc.

Bei mit Bindestrichen versehenen Doppelnamen muß man manchmal mit Leerstellen, gelegentlich auch mit zusammengeschriebenen Namen rechnen. Auch mit Adelstiteln und anderen Präfixen kann man Überraschungen erleben. So kann der Name "von der Trenck" wegen mangelnder internationaler Standardisierung (wegen Anwendung des Staatsbürgerprinzips) und durch unterschiedliche nationale Gegebenheiten im Register erscheinen wie in Abb. 9.1b zu sehen ist.

O M S
O.M.S.
OMS
Org.Mond.Santé
Organis. Mond.Santé
Organis.Mond.Santé
Organisat. Mondiale Santé
Organisat.Mondiale Santé
Organisation Mondiale de Santé
W H O
W.H.O.
Weltgesundheitsorganisation
World Health Org.
World Health Organ.
World Health Organisat.
World Health Organisation
Wrld.Hlth.Org.

Abb.9.2. Mögliche Registereintragungen von Institutionen

Institutionensuche. Zu Konkurrenzbeobachtungen ist es erforderlich, Firmenprofile zu erstellen und abzufragen, um potentielle Wettbewerber in ihren Leistungen zu beobachten. Hier erfolgt sowohl eine Namenssuche wie auch eine Suche nach Produkten. Ebenfalls geschieht auf diese Weise eine Suche nach Lieferanten oder potentiellen Abnehmern.

Die Suche nach Körperschaften ist wegen der vielfältigen Formen der Ansetzungsmöglichkeiten ein außerordentliches Problem, weil nicht nur die verschiedenen Möglichkeiten der Reihenfolge unter der Verwendung von Invertierungen, sondern auch die unterschiedlichsten Formen der Abkürzungen und Angaben der Rechtsform berücksichtigt werden müssen. Obendrein werden gelegentlich noch Akronyme (z.B. IBM oder I.B.M.

oder I B M) verwendet, die in unterschiedlicher Form geschrieben werden
können, und damit einen Einfluß auf die Positionierung beim Auflisten machen.
Verschärft wird dieses Problem bei internationalen Gesellschaften, die verschiedene nationalsprachliche Versionen ihrer Körperschaftsbezeichnung haben, die
sich auch noch durch unterschiedliche Akronyme unterscheiden. So findet man
zur Weltgesundheitsorganisation noch die Eintragungen der Abb. 9.2.

In der Regel findet man außerdem noch eine Reihe vertippter Bezeichnungen.
Man darf auch nicht überrascht sein, wenn man plötzlich Fa.Glomas unter **F**
findet, den Spiegel unter **D** oder eine mit *The* beginnende englische Firma unter
T. Noch komplizierter wird die Einordnung von Tochterfirmen oder Unterabteilungen von Behörden, die manchmal zu Beginn der Eintragung stehen. Doch
auch das Gegenteil kann passieren, nach den RAK werden eigenständige
Behörden wie das Ministerium für Wissenschaft und Kunst weder unter **M** noch
unter **K** oder **M** aufzufinden sein, sondern nachgeordnet unter Land Baden-
Württemberg.

Vordergründig mag man die genannten Probleme als irrelevant für die
Online-Recherche bezeichnen, weil ja jedes Wort suchbar ist. Doch gerade für
Körperschaften und Autorennamen ist normalerweise eine feldweise Indexierung der Dokumente üblich, so daß beim Auflisten ganze Namen bzw. Körperschaften erscheinen.

Außer Institutionen und Personen haben aber auch Krankheiten, chemische
Substanzen, Tiere oder Konsumartikel *Eigennamen*. Dabei sind folgende Probleme festzustellen (vgl. Lobeck 1981; Marx 1992): Bei chemischen Substanzen
erhält man wegen der Strukturkennzeichnungen in der Namensbezeichnung
Zahlen, z.B. 5-Fluorouracil oder 2,3-Butanedionedioxine. Nicht allein die
Tatsache, daß solche Wörter mit einer führenden Zahl versehen sind, macht
Probleme, sondern auch die diversen Normierungsbestrebungen, die führenden
Ziffern zu vermeiden, z.B. Fluoro(5)uracil. Denn dadurch erscheinen die
vielfältigsten Benennungen für dieselbe Substanz im Index.

9.1.6 Thematische Suche

1. *Kurze Sachinformation*, z.B. *Erläuterung des Begriffs* > Ökologie <. Diese
kann oft aus konventionellen Nachschlagewerken (zu Übersichts- bzw. Terminologiefragen) oder Enzyklopädien beschafft werden, indem man dem Benutzer
die interessierenden Seiten kopiert.

2. *Globale Auskunft*, z.B. *Übersichtsartikel zum Thema* > Katalysator <. Hier
sind es vor allem konventionell verfügbare oder aus Monographien-Datenbanken (oder -Speichern) zu selektierende Handbücher bzw. durch Angabe des
Dokumententyps aus Fachdatenbanken zu recherchierende Übersichtsartikel
oder State-of-the-art-reports.

3. *Wissenschaftliche Veröffentlichung/ Vortrag*, z.B. *Aktuelle Information zu Vorbeugungsmaßnahmen des Lungenkarzinoms.* Diese Anfrage ist schon sehr viel spezieller und erfordert auf alle Fälle den gezielten Einsatz einer Fachdatenbank unter Verwendung aller Suchstrategien.

4. *Dissertation/ Habilitation* zeichnet sich durch ein noch spezielleres Thema aus als 3., wobei die Aktualität nicht ganz so einschlägig ist. Hierbei muß auch eine größere Vollständigkeit des Ergebnisses erzielt werden, einerseits durch eine möglichst umfassend angelegte Suchstrategie, andererseits durch die Suche in möglichst vielen einschlägigen Fachdatenbanken.

5. *Projektbeginn.* Normalerweise sollte schon zu Beginn des Projekts (insbesondere bei Patententwicklungen) eine noch umfassendere Recherche als bei 4. gestartet werden, um eventuelle Doppelarbeit zu vermeiden.

5. *Patentanmeldung.* Zur Anmeldung eines Patents ist die Evaluation und Formulierung einer hinreichenden Erfindungshöhe im Vergleich zu übrigen Patenten erforderlich. Diese Informationen sind nur aus Patentdatenbanken zu gewinnen, da sie in anderen Datenbanken sonst nicht auffindbar sind.

6. *Verwaltungsakt*, z.B. eine Anfrage der Berufsgenossenschaft: *Inwieweit ist erwiesen, daß bei der Verarbeitung von Zementdecken so viel Asbest eingelagert wurde, daß die Arbeiter davon berufsbedingten Lungenkrebs erhalten konnten?* Auch hier kommt es auf möglichst umfassende Informationen an, wobei es jedoch sinnvoll ist, die anfallenden Dokumentationseinheiten auf ihre Verwendbarkeit für den vorliegenden Fall vorzuselektieren.

7. *Managemententscheidung*, z.B. für die Optimierung eines Vertriebs und zur Unterstützung des Außendienstes ist es immer sinnvoll, die passenden Detailinformationen über die jeweilige Firma bereit zu halten.

Man kann diese Liste der Bedarfssituationen in Abhängigkeit von der Benutzergruppe erweitern.

9.1.7 Statistische Informationen (inkl.Börsenkurse)

Statistische Informationen sind konventionell aus einer ganzen Reihe von Nachschlagewerken, z.B. des Statistischen Bundesamtes oder der World Health Organisation (WHO), beschaffbar und sind insbesondere für den Bereich der Wirtschaftsinformationen und des Gesundheitswesens einschlägig und unabdingbar. Der Vorteil in der Extraktion dieser Informationen aus Datenbanken besteht vor allem in den Möglichkeiten, Auszugsinformationen zu einschlägigen

Parametern zu erhalten, in der Aggregierbarkeit der Daten, in der Maschinenlesbarkeit und in der direkten Weiterverarbeitungsmöglichkeit zu Graphiken.

9.1.8 Bestellungen

Zur Feststellung der sofortigen Beschaffbarkeit eines Artikels werden Adresse des Großhandels bzw. des Lieferanten bzw. Agenten und Angaben über Lieferfristen benötigt. Hierzu sind Produktkataloge auszuwerten, für deutsche Bücher das *Verzeichnis lieferbarer Bücher (VLB)* oder für englische Werke *American* und *British Books in Print (BiP, BBiP)*. *International Books in Print (IBiP)* deckt den internationalen Bedarf ab.

9.1.9 Beschaffung von Materialien/ Direktwerbung/ Marketinganalysen

Die erfolgreiche Direktwerbung ist abhängig von der Definierbarkeit der anzusprechenden Zielgruppe. Hierzu die passenden Anschriften nach Branchenzugehörigkeit und mit Namen des Entscheidungsträgers zu finden, ist für die Direktwerbung unverzichtbar.

Für Online-Zwecke empfiehlt sich das *WHO IS WHO - Das Jahrbuch der Online-Szene* und das von der Gesellschaft für Mathematik und Datenverarbeitung herausgegebene *Verzeichnis deutscher Informations- und Dokumentationsstellen*.

9.1.10 Versand und Empfang von Nachrichten

Zur Eröffnung einer Mailbox muß ein Vertrag mit einer Mailboxfirma abgeschlossen werden, bei dem der angeschlossene Rechner und die gewünschte Kommunikationssprache (deutsch, englisch, französisch, ...) zu spezifizieren ist. Eine Mailbox wird auch verwendet zur Vermittlung (Gateway) an Hosts (Gebühren staffeln sich: Einmalzugriff, Minutengebühr) und zum Betrieb auch als Durchgangsstation zum Telex, Teletex.

Nutzung für Electronic Mail (am Beispiel der Deutschen Mailbox): Befehl *Senden* eingeben, dabei *Mailbox* oder *Brett* anwählen, Teilnehmerkennung *IVS...* eingeben, dann werden mit *Betreff* und *Empfänger* die entsprechenden Eingaben abgefragt. Nun ist es möglich, auf die Systemaufforderung *Bitte Text eingeben:* den zu versendenden Text einzugeben. Danach erscheint die Aufforderung *Korrektur (J/N oder Lesen)?* Mit *n* wird die Eingabe beendet. Die anschließende Abfrage *Archivieren / Weiter leiten* kann nach Belieben beantwortet werden.

9.2 Informationsmittel

9.2.1 Notwendige Kenntnisse

Ein guter Informationsvermittler muß persönliche und fachliche Qualitäten besitzen. Die fachlichen Voraussetzungen sind:

Fachwissen der zu recherchierenden Fachdisziplin: Das kann sogar soweit führen, daß einzelne Recherchen nur von den Fachspezialisten des zu recherchierenden Fachgebiets durchgeführt werden können. Das Fachwissen wird jedoch nicht nur durch ein Studium im betreffenden Studienfach erworben, wichtiger ist vielmehr die mit einer zielgerichteten Weiterbildung verbundene berufspraktische Erfahrung, die in der Regel bei zwei Jahren liegen sollte, bevor kompliziertere Recherchen durchgeführt werden können. Dokumentare sind durchaus konkurrenzfähig mit Fachwissenschaftlern anderer Disziplinen, die mit wachsender Einarbeitung in ihr dokumentarisches Umfeld ihre früher erworbenen Fachkenntnisse verlieren. Sie sind zwar noch als Gesprächspartner von früheren Fachkollegen akzeptiert, jedoch nicht mehr als Insider. Die Möglichkeit, daß Fachfremde im Informationsgeschäft tätig sein können, zeigt sich auch an der Tatsache, daß an Bibliotheken und Dokumentationsstellen von den wissenschaftlichen Referenten oft andere als die eigenen Fächer mitbetreut werden können. Ein volles Fachstudium wäre ohnehin bezüglich der meisten Themen überqualifizierend, die Fachkomponente soll jedoch im dokumentarischen Studium etwa 20% einnehmen, vor allem was die Einführung und Strukturierung des angestrebten übergreifenden Fächerspektrums, die Klassifikation und inhaltliche Erschließung, sowie Recherchen im genannten Fachbereich betrifft. Wichtig ist dabei vor allem lexikalisches Wissen, Strukturwissen und File-Kenntnisse der zu nutzenden verschieden strukturierten Datenbanken.

Kenntnisse des Informations- und insbesondere des Online-Markts: Dazu gehört allgemeines Wissen um die Tatsachen, welche Bibliotheken welche Bestände verwalten und welche Dokumentationsstellen welche Dienste herausgeben; diese Fragestellung reduziert sich mehr und mehr auf ein Wissen um Online-Dienste oder OPACs (Online Public Access Catalogue), das beinhaltet, bei welchem Host welche Datenbank am besten recherchiert werden kann.

Zugriffs- und Nutzungsmodalitäten: Das bedeutet ein Wissen um die Voraussetzungen des Zugriffs und die Begleitumstände, sowie Übersicht über anfallende Kosten derselben Datenbasis bei unterschiedlichen Hosts, sowohl die Kostenstruktur der Anzeigefelder als auch Anschaltzeiten.

Arbeitsweise eines Rechners: Handling der Datenendgeräte und Kommunikationsnetze.

Nutzung eines Informationssystems: Verständnis, daß Synonyme und andere Wortformen nicht automatisch gefunden werden.

Datenbasen-, Datenbankaufbau: Gemeint damit sind sowohl allgemeine Prinzipien als auch
- Aufbau und Recherchierbarkeit der Datenbanken
- Inhalt von Datenbasen bzw. Veröffentlichungsformen
- Erscheinungsweisen und Berichtszeitraum
- Auswahlkriterien für den Inhalt
- Ordnungsverfahren und Erschließungsformen
- Umfang und Art des angebotenen Mediums.

Retrievalsprachen: Kenntnisse der Grundstruktur und Verständnis für Detailfunktionen, Kenntnis von Suchstrategien in konventioneller und Online-Version, damit eine Entscheidung (unter Berücksichtigung von Zeit-und Kostenfaktoren) getroffen werden kann; hinzu kommt der Einsatz von allgemeinen und fachlichen Auskunftsmitteln.

Die **persönlichen Qualitäten** bestehen zum allergrößten Teil aus *Kommunikationsbereitschaft*, und zwar sowohl aus der Wahrnehmung des Umfelds der Benutzer als auch die Fähigkeit, mit klaren Fragen dem Problem auf den Grund zu gehen. Die Kommunikationskomponente beinhaltet auch ein gutes *Sprachgefühl* bei der Umsetzung eines natürlichsprachigen Themas in die Dokumentationssprache oder in Stichwörter (inkl. der passenden Trunkierungen). Beschleunigend und kostensparend wirkt ein gutes *Gedächtnis* für Kommandos der Retrievalsprache und Anzeigeformate, weil man immer wieder wegen überraschenden Zwischenergebnissen von der offline vorbereiteten Suchstrategie abweichen muß. Aus diesem Grund benötigt man auch viel *Geduld* für iterative Prozesse ohne klar definiertes Ende oder "bestes" Ergebnis. Bevor man sich aber für ein Ende entscheiden kann, muß man alle Aspekte eines Problems abgearbeitet haben. Für diesen Vorgang muß *logisches Denken* zur Analyse der theoretisch möglichen und sinnvollen Alternativen vorhanden sein. Verfügbar muß sein ein gut abgewogenes Bewußtsein für Bewertungskriterien zur Verifikation einer Benutzerrelevanz analog zur Dokumentationswürdigkeit beim Datenbankaufbau.

Konsequenzen für den Umgang mit Online-Systemen.
- Gründlichkeit bei der Auswahl der jeweils bestmöglichen Datenbank
- Man befasse sich gründlich mit einigen der bedeutendsten Datenbasen

– Man erkenne die Grenzen der eigenen Recherche-Fähigkeiten
– Man schätze die entstehenden Online-Kosten nicht zu knapp ein
– Man suche bei komplexen Fragestellungen jemand anderen um Rat
  (vgl. Friend 1986).
– Bei zu vielen relevanten Zitaten kann eine Einschränkung thematisch,
  sprachlich, zeitlich, nach der Dokumentationsart erfolgen.

9.2.2 Aufstellung und Angebotsformen der Informationsmittel

Allgemein zugrundeliegende Vergleichskriterien beziehen sich vor allem auf
Möglichkeiten und Qualität des Retrievalvorgangs, die Aktualität der Daten,
den Platzbedarf, den Verfügbarkeitszeitraum der Daten und die Geräteabhängigkeit; und bereits dabei gibt es erhebliche Unterschiede. Die gezielten
Retrievalmöglichkeiten sind bei CD-ROM und (internen oder externen) Onli-
ne-Datenbankanschlüssen bedeutend besser als bei konventionellen Angeboten,
wobei der Gesichtspunkt des bei konventionellen Medien inspirierenden Blätterns und Stöberns leider nachteilig ist. Die Aktualität ist bei den modernen
Zugriffsmedien ebenfalls besser, wobei hier noch ein kleines zusätzliches Plus
für die Online-Datenbanken zu vermerken ist. Auch unter dem Gesichtspunkt
des Platzbedarfs können sich konventionelle Medien nicht mit modernen Medien
messen. Zwar sind konventionelle Verzeichnisse rund um die Uhr lesbar, jedoch
nicht in den sie bereitstellenden Bibliotheken, insofern ergibt sich wieder ein
Vorteil bei den täglich oft mehr als zwanzig Stunden bereitstehenden Hosts.
Nachteilig ist natürlich die Geräteabhängigkeit bei allen Medien, die nicht
Druckmedien sind. Die wesentlichen Vorteile aller Angebotsformen sind in
Tabelle 9.2 zusammengestellt.

Neue Medien

Bildschirmtext *(Btx)* ist sowohl ein Speichermedium mit Zugriff zu großen
Dokumentenspeichern, ein Dialogmedium zum individuellen Informationsaus-
tausch, ein aktuelles zeitungebundenes Informationsmedium zum Abruf aktueller oder älterer Informationen, ein Vertriebsmedium mit Bestellmöglichkeiten
und ein Werbeträger für Anzeigen und Massenrundschreiben. Jeder Anbieter
muß erhebliche Summen in Btx investieren und ist daher an der Nutzung dieses
Mediums als Werbeträger interessiert. Dies ergibt sich aus den Kosten, die
niedrig sind für die Anmietung eines speziellen Modems für den Nutzer, jedoch
unvergleichlich hoch für Anbieter. Die Informationen können entweder direkt
mit der bekannten Btx-Seite oder indirekt über menügesteuerte, jedoch alphabetisch angeordnete Suchhilfen, nach Schlagwort (auch geographisch orientiert), Sachgebiet oder Anbieter abgerufen werden. Btx ist nicht nur ein
Informationsmittel zur Gewinnung von Auskünften, sondern auch ein Nachrich-

ten- und Kommunikationsmedium zur Kontaktaufnahme mit Anbietern oder anderen Nutzern, zum einen durch direkten Versand von Nachrichten mittels Mitteilungsdienst, Telex oder Ausfüllen einer vom Anbieter bereitgestellten Antwortseite, zum anderen über gemeinsame Eintragungen in Datenbanken zu einschlägigen Themenangeboten (Teletreff).

Tabelle 9.2. Vorteile verschiedener Angebotsformen von Informationsdiensten

Angebotsformen	**Wesentliche Vorteile**
Druckmedien	Höhere Schrift- und Bildqualität Leichteres Browsing Ohne technische Hilfsmittel lesbar Portabel Lokal verfügbar
Microfiche	Hohe Speicherdichte im Vergleich zu Druckmedien Billigstes Speichermedium Leicht zu vervielfältigen Lokal verfügbar
Magnetbanddienste	Maschinenlesbarkeit von Fremddaten: Integrationsmöglichkeit in eigenes Datenbanksystem (Großrechner)
Diskettendienste	Maschinenlesbarkeit von Fremddaten: Integrationsmöglichkeit in eigenes Datenbanksystem (Benutzer-PCs)
Online *– Interne Datenbanken* *– Externe Datenbanken*	(Methodische Vorteile siehe ausführlich in Kap. 6.1) Leicht aktualisierbar Schneller Zugriff Vernetzung möglich Großes Spektrum an Fachinformationen Kosten nur für die erforderlichen Informationen
Bildschirmtext	Großes Spektrum an allgemeinen Informationen/ Nachrichten Kostengünstiger Zugriff Praktische Bestellmöglichkeiten Kommunikationsmedium für Kontakte
CD-ROM	Hohe Speicherdichte Zum Speichern und Recherchieren von Datenbanken geeignet Schneller und gezielter Zugriff Preiswert bei hoher Auflage und intensiver Nutzung Transportabel Lokal verfügbar

Über die Antwortseite können Bestellungen bei Warenhäusern abgeschickt oder auf der Bank Kontobewegungen veranlaßt werden. Anbieter können zusätzlich zu den zeitabhängigen Postgebühren für die technische Bereitstellung des Mediums Btx zusätzlich Vergütungen für die mitgeteilte Information fordern. Die praktische Durchführung des Abrufs von Bildschirmtextseiten kann mit der numerischen Fernbedienungs-Tastatur (eines Fernsehers) und den zusätzlichen Tasten * und # bewerkstelligt werden; zur Eingabe von Antwortseiten sind für Kommentare gelegentlich alphanumerische Tastaturen nützlich.

Nicht wie geplant sind die privaten Haushalte auf das Informationsangebot eingestiegen, sondern vielmehr haben es die mittelständischen Unternehmen zu ihrem Medium gemacht, auch ist es überaus stark durchdrungen von Werbeangeboten als Alternative zu der noch teureren kompletten DV. Durch die Entwicklung nicht Btx-kompatibler OPACs ist wiederum der Trend zur "normalen" DFÜ sichtbar. Bei der Nutzung von Btx werden Daten gewünscht, die über das Medium Radio bzw. Fernsehen zwar regelmäßig ausgestrahlt werden, jedoch kann es bis zur nächsten Sendung eine Stunde dauern; die Realität zeigt aber bei der Nutzung von Btx zu geringe Leitungskapazitäten, was wiederum Wartezeiten beinhaltet. Dann ist es oft noch besser, eine Stunde später **sicher** seine Information zu erhalten. Die von der technischen Realisierbarkeit unbeeinflußte Bevölkerung (vgl. Spiegel-Buch Persönlichkeitsstärke 1983) sieht in ihrem Wunschdenken bezüglich aktueller elektronischer Information Sonderangebote, Reisetips, Stellenangebote als besonders attraktiv, gefolgt von Informationen über Öffnungszeiten der Ämter, Bundesbahnfahrpläne, Theater- und Kinoprogramm, Kochrezepte, Büchertips, sowie Informationen über Anlagen (Zinssätze) und Gesetzestexte — wohlgemerkt ohne zu wissen wie umständlich es ist, bis man seine Informationen bekommt. Wenn der Normalverbraucher dann noch wüßte, wie schwierig die Interpretation dieser Angaben (z.B. Gesetzestexte, Anlageberatung) ist, wäre er sicher von mancher Illusion geheilt. Rein technisch hat man mit dem Zugriff vieles verfügbar: den direkten Kontakt zur Btx-Leitzentrale in Ulm mit einer riesigen Fülle von Seiten und Anbindungen (Gateways) an externe Rechner. Da die Btx-Organisation diese Zugriffe auf externe Rechner nicht mehr kontrollieren und abrechnen kann, muß man einer *geschlossenen Benutzergruppe* beitreten, was einen speziellen organisatorischen Aufwand zur Vertragsgestaltung erfordert. Doch nur so ist das wirklich interessante Angebot an Recherchemöglichkeiten zu nutzen; er ist allerdings nur für unerfahrene Nutzer attraktiv — erfahrene Onliner bevorzugen den schnelleren, direkten Datex-P-Zugriff ohne umständliche Menüführung. So zweckmäßig der Mitteilungsdienst als Ersatz für ein Telefax wäre, sind auch hier die weitergehende Möglichkeiten des Telefax infolge der größeren Anzahl angeschlossener Teilnehmer attraktiver, inzwischen sogar noch durch die *Electronic Mail*-Möglichkeiten vieler Hosts mit zusätzlicher Konkurrenz versehen. Weitere Informationen zu Btx bietet Strauch (1990).

Der Vorzug von Btx gegenüber den Online-Datenbanken besteht vor allem bezüglich eines allgemeinen Bildungsangebots an Informationsquellen. Bedauerlich ist jedoch die mangelnde Verläßlichkeit und Kontinuität des Btx-Angebots.

CD-ROM (Compact Disc, Read Only Memory) sind ca. 500 MB fassende, nur lesbare Scheiben, die meist auf einer menügesteuerten, endbenutzerorientierten Abfragetechnik basieren. Die Retrievalsoftware wird auf einer Diskette mitgeliefert und erlaubt aufgrund der dauernden Verfügbarkeit gute Browsing-Möglichkeiten aufgrund einer im Gegensatz zu den Hosts von der Anschaltzeit unabhängigen Suche. CD-ROM-Dienste können teilweise den Aufbau einer eigenen Datenbank ersetzen, wenn man an der Mehrzahl der angebotenen Daten interessiert, nicht auf größte Aktualität angewiesen ist und häufig auf die Daten zugreifen möchte. Allerdings gibt es CD-ROM-Dienste, die regelmäßig auf Abonnementbasis aktualisiert werden. Technische Voraussetzung sind ein PC mit mindestens einem Diskettenlaufwerk und eine periphere oder einzubauende CD-ROM-Station. Problematisch ist es manchmal, wenn mehrere CD-ROM-Produkte parallel auf einem PC angeboten werden sollen, weil Probleme wegen verschiedener Installationsparameter auftreten können. Man kann sich dabei aber dadurch helfen, daß man Kommandos für die jeweilige Konfiguration des Betriebssystems[1] definiert und nach dem Aufrufen nochmals "bootet".

Die Nutzung der CD-ROM ist sowohl unter Effektivitäts- als auch nach Effizienzaspekten zu bewerten: Das erste Kriterium hängt neben der Suchqualität der Retrievalfunktion vor allem von den Aktualisierungsintervallen ab; sie sollten nicht länger als bei den Hosts sein. Die Effizienz hängt von der Nutzungshäufigkeit ab. Der Kauf einer CD-ROM lohnt sich wegen des hohen Preises nicht für Randgebiete, sondern eher für zentrale Forschungsgebiete, zu denen viele Suchfragen anliegen; denn es wäre kostenmäßig zu aufwendig, eine größere Anzahl von Recherchen in externen Datenbanken durchzuführen. Dialog bietet die CD-ROM im Paket mit der Online-Nutzung an, auf die die Software per Knopfdruck umschalten kann. Schwerpunkte des CD-ROM-Angebots sind elektronische Text- und Bildarchive in folgenden Formen:

- Kataloge
- Lexika
- Bibliographien
- Fachdokumentationen (Patente, Marken, Substanzen)
- Softwaregestützte Lehr- und Lernsysteme (Training, Bedienung u. Wartung)

---

1 Passende Kombination von config.sys und autoexec.bat im DOS-Betriebssystem

– Elektronische Bildarchive
– Informationssysteme für Service, Außendienst, Messen
– Werbungsbezogene Firmenpräsentationen
– Informationsdienste auf Film- oder Tonmedium für speziell gehandikapte
  Benutzergruppen.

9.3 Das Angebot der Hosts und Bibliotheken

9.3.1 Konkrete Arten von Informationsquellen und -mittel

Zu allen in Kap. 2 aufgeführten Informationsquellen sollten Zugangsverzeichnisse zum Auffinden existieren. Zu vielen gibt es inzwischen auch schon Online-Datenbanken, die jedoch im Bereich der Geisteswissenschaften nach wie vor unterrepräsentiert sind.

Referral. Zum Nachweis von Referral-Informationen kommen in vielen Fällen vor allem konventionelle Verzeichnisse in Frage, beispielsweise gibt es:
– Expertenverzeichnisse
– Adressenverzeichnisse
– Biographienverzeichnisse
– Bibliographie der Bibliographien
– Datenbankverzeichnisse
  (Datenbankführer)

Bessere Suchhilfen geben Datenbanken der Datenbanken aller Art (Referraldatenbanken vgl. Kap.6). Die typische Kategorienstruktur einer Datenbank der Datenbanken ist in Tab.9.3 abgebildet.

Allgemeine Wörterbuchinformationen. Enzyklopädien, (Übersetzungs-) Lexika, Fachwörterbücher, Nomenklaturverzeichnisse, Klassifikationen, Systematiken.

Tabelle 9.3. Kategorienstruktur
einer Datenbank der Datenbanken

DB-Name
DB-Bezeichnung ("label")
DB-Hersteller
Parallele gedruckte Version
Host
Retrievalsprache
Fachgebiet (Scope)
Quellen
Inhaltliche Beschreibung
Sprache
Abgedeckter Zeitraum
Gesamtbestand
Jährlicher Zuwachs

Diese Informationsmittel dienen einerseits zur Beantwortung von kurzen Sachfragen, andererseits zur terminologischen Klärung vor oder bei der Übersetzung und zur Vorbereitung von Recherchen. Insofern empfiehlt sich auch hier eher die Nutzung konventioneller Nachschlagewerke in größeren Allgemeinbibliotheken, auch wenn sie nicht allzu aktuell sind. Andererseits sind wegen der von den Onlinern ohnehin bevorzugten Druckversion und der daraus resultierenden, mangelhaften Benutzung von Online-Versionen letztere nur zögernd vervollständigt. Besonders wichtig sind die Querverbindungen in Thesauri (deren Nutzung von Online-Versionen nützlich ist), doch auch terminologische Informationen in Nomenklaturverzeichnissen, Systematiken und Klassifikationen sind oft einschlägige Informationsquellen. Die Bedeutung dieser Informationsmittel liegt im wachsenden Fachvokabular und fremdsprachigen (in der Regel englischem) Vokabular, das dauernder Klärung bedarf.Weiter verdichtete Informationen sind in *Fortschrittsberichten* und *State-of-the-art-reports* (online: Datenbanken der Information Analysis Centers) sowie in *Handbüchern* (online: Volltextdatenbanken von Handbüchern, z.B. GMELIN, BEILSTEIN).

Buch- und Medienproduktion. Bewertungskriterien zur Beurteilung einer konventionellen Bibliographie sind: Abdeckungsquote, Aktualität, Genauigkeit, leichte Benutzung, Layout, Schlagwörter (Existenz und Qualität), Querverweise, (vollständige) Auffindungsrate, Ballastquote. Gesucht wird:

1. die *allgemeinbibliographische Literatur aller Fachgebiete* (z.B. eines Landes oder international bezüglich eines Medientyps) als selbständige Literatur. Hinweise zu Recherchen in allgemeinbibliographischen Datenbanken gibt Bauer (1989). Bibliodata als Vertreter der Gruppe der Nationalbibliographien hat u.a. folgende typische Kategorien einer Datenbank für selbständige Werke:
Zugangs-Nr.
Hauptsachtitel
Serientitel
Autor (Vorlage- und Ansetzungsform)
Verlag, Verlagsort, Erscheinungsjahr
Veröffentlichungsvermerk.
Besonderheiten sind die (inhaltliche) Erschließung:
Dokumententyp
Klassifikationscodes (Sachgruppen)
Schlagwörter (standardisierte Systematikstellen und freie Schlagwörter)
Aspektschlüssel für länderspezifische Literatur
geographische Codes.

2. Die *bibliographische Literatur eines Fachgebiets* (quer durch alle Medientypen: enthält überwiegend auch unselbständige Literatur, z.B. INDEX MEDICUS, Engineering Index, INSPEC, oft in Form von Referateorganen, die online als bibliographische Datenbanken mit Abstracts recherchierbar sind.

Patente. Patentinformationen waren früher nur für Patentanwälte und Juristen von Interesse. Heute interessieren sich zusehends mehr Ingenieure und Marketingexperten für solch anderweitig oft nicht veröffentlichte Informationen, die jährlich um 500 000 zunehmen. Eine überaus fein gegliederte Klassifikation mit 600 000 Positionen sorgt für einen gezielten Zugriff und eine sofortige Bereitstellung der Originaldokumente. Dies kann durch dezentral angesiedelte Patentauslegestellen garantiert werden. Problematisch ist die Freitextsuche in den Abstracts oder sog. Hauptansprüchen, weil die eigentlich interessierende Fachterminologie juristisch geschickt "versteckt" und umschrieben wird. Die angebotenen Patentdatenbanken sind unterschiedlich strukturiert: Sie enthalten in der Regel Patente und Gebrauchsmusterschriften. Zu berücksichtigen ist, daß Graphiken für Patentzeichnungen, chemische Strukturen und komplexe mathematische Formeln zusätzlich abgespeichert sind, die nur mit einer speziellen graphikfähigen Telekommunikationssoftware (z.B. STN-Express) abrufbar sind. Ausführliche Informationen sind in einem Handbuchbeitrag von Wittmann (1990) enthalten.

Die Feldangaben sind überaus reichhaltig, und es fällt schwer, eine Auswahl zu treffen. Die wichtigsten nur patentspezifischen Suchfelder sind:
Patenttyp
Anmeldeinformationen (Erfinder, Firma, Land, ...)
Prioritätsangaben
Informationen zur Patentfamilie
Internationale Patentklassifikation (IPC).
Die Internationale Patentklassifikation ist eine maximal zehnstufige Klassifikation mit den Sektionen A - H (Täglicher Lebensbedarf; Arbeitsverfahren; Chemie und Hüttenwesen; Textil und Papier; Bauwesen und Bergbau; Maschinenbau, Beleuchtung, Heizung, Waffen; Physik; Elektrotechnik). Außerdem existieren nationale Patentklassifikationen.

Periodika. Hier interessieren Verzeichnisse aller Arten von in Deutschland ausleihbaren Periodika (die korrespondierende Online-Version aller in deutschen Bibliotheken verfügbaren Zeitschriften und Periodika ist die Zeitschriftendatenbank (ZDB) beim DBI), Zeitschriftenverzeichnisse (online: Datenbanken der Zeitschriften und der zugehörigen, zu Bestellung und Nachweis erforderlichen bibliographischen Angaben, z.B. Ulrich's Directory) und Zeitungsverzeichnisse. Zeitschriften haben einen hohen Stellenwert für die Informationsvermittlung, weil mit ihnen das komplette Spektrum aller für den entsprechenden Scope einschlägigen Informationen verfügbar ist: Originalartikel, Terminkalender von Messen, Kongressen und Seminaren, Inhaltsverzeichnisse von verwandten Zeitschriften desselben Fachgebiets, Buchbesprechungen, aktuelle Kurzinformationen, Übersicht über aktuell publizierte Literatur. Online gibt es eine Reihe von Zeitschriften in Form von Volltextdatenbanken, die damit einer völlig unterschiedlichen Auswahltechnik unterliegen.

9.3.2 Literaturnachweis für besondere Medienformen

In diesem Abschnitt erfolgt eine Gliederung nach der veröffentlichenden Institution und nach dem Anlaß:

Amtliche Druckschriften. Wichtigste Adresse für den Nachweis und das Recherchieren ist die Staatsbibliothek Preußischer Kulturbesitz in Berlin. Mehr und mehr interessieren hier die Ausschreibungen und *Förderungsprogramme* der EG, des Bundes und einzelner Länder zu Projekten, die in besonderen Datenbanken des Hosts ECHO gesammelt werden und nach einer Reihe einschlägiger Kriterien abfragbar sind.

Hochschulschriften. In Deutschland werden Dissertationen in der Reihe H der Deutschen Bibliographie (Bibliodata) nachgewiesen, international gibt es Dissertation Abstracts sowohl in Papierversion als auch online.

Normen, Richtlinien, technische Regeln. Hier hat eine Datenbank eindeutig Vorzüge gegenüber konventionell lange nicht so ideal erschlossener Inhalte. Gesucht werden können ISO- und EG-Normen, DIN-Normen, VDE- und VDI-Normen, TÜV-Normen und deren Querverbindungen bezüglich eines vorgegebenen Problembereichs. Ausführliche Hinweise zum Thema Normen geben Baxmann-Krafft und Ermert (1990) sowie Marschall (1990).

Medien- oder Presseinformationen. Diese stammen von Presse-Agenturen, die oft auch gleichzeitig als Online-Agenturdienste wirken und Hostfunktionen übernehmen. Im Unterschied zu traditionellen Fachinformationen wird ein reichhaltiger Querschnitt aller Arten von Informationsquellen und -methoden aus den verschiedensten Fachdisziplinen in allgemeinverständlicher — oft stark vereinfachter, aber auch blumenreicher Sprache, angeboten. Typisch ist eine hohe Fehleranfälligkeit wegen Zeitdrucks. Eine nachzuweisende Dokumentationseinheit wird oft aus unterschiedlichen Dokumententeilen zusammengesetzt, die einen Vorgang oder ein Ereignis dokumentieren.

Kalender von Kongressen und Messen gibt es auch online in Form von Konferenzdatenbanken und Termindatenbanken. Sie dienen zur langfristigen

Strategie eines Unternehmens oder einer wissenschaftlichen Institution. Dazu gehören auch **Projektnachschlagewerke** (online: Projektdatenbanken laufender oder abgeschlossener Forschungsprojekte).

Reportverzeichnisse (online: Datenbanken grauer Literatur, z.B. SIGLE) dienen vor allem zur Identifikation wesentlicher grauer Forschungsliteratur, die anderweitig nicht verfügbar wäre.

Verzeichnisse oder Datenbanken nichtnumerischer Fakten
Abkürzungen
Experten
Körperschaften, Adressen
Produkt- und Firmenverzeichnisse
Messekataloge, Auktionskataloge zur Anbahnung von Geschäftsverbindungen (aktiv und passiv als Konkurrenzbeobachtung)
Übersetzungen
Biographien.

Nachschlagewerke numerischer Fakten
Datensammlungen, Technische Fakten
Stoffdatenbanken, Produkte
Chemische Substanzen
Physikalische und chemische Eigenschaften.

Historische Quellen. Diese Art von Informationen ist meist nicht in Datenbanken enthalten. Man kann sie in Archiven bekommen. Die Suchkriterien sind überwiegend Jahreszahl und Provenienz (Herkunft/ Land). Weitergehende Kriterien können der mangelnden Erschließung wegen nicht recherchiert werden.

Statistische Daten, Wirtschaftsdaten. Die bereitgestellten Informationsquellen umfassen text-, graphik- und tabellen-orientierte Fakten zu ökonomischen Entwicklungen, sei es als Zeitreihen oder auch in Form integrierter Datenbanken (vgl. Staud 1991):
Börsenkurse (online: Börsendatenbanken)
Handelsdaten
Statistische Jahrbücher
Hersteller und Produkte
Marktforschungsuntersuchungen
Messen
Bilanzen
Inserate

Kooperationswünsche, Partnerschaften
Geschäftsprofile, Dossiers.

Zu einer effektiven Suche von Wirtschaftsdaten gehört unbedingt der Einsatz von Suchcodes und Klassifikationen, mit einer Freitextsuche wird man im Unterschied zu Literaturinformationen nichts erreichen. Entscheidend ist auch der Einsatz von Intervall(Range)-Suchen mit Zwischenwerten, die nicht genau in derselben Form geschrieben in der DB vorkommen.

9.3.3 Informationsdienstleistungen

Wie in Kap. 9.1 erläutert, gibt es je nach Informationsbedarf regelmäßige Informationsdienste oder speziell auf einzelne oder kleine Benutzergruppen individuell zugeschnittene Informationsdienstleistungen. Diese können entweder in gedruckter Form über Buchhandel bzw. Bibliotheken für größere oder über Dokumentationsstellen für kleinere Benutzergruppen bereitgestellt werden. Zur Erstellung von gedruckten Diensten können auch Rechnersysteme zur Extraktion der Informationen aus Datenbanken eingesetzt werden, so z.B. für Standardprofile, Current Contents, Titellisten, Auswahlbibliographien (s.u.).
Die nächste Form einer Individualisierung von Dienstleistungen ist das Angebot zur eigenständigen Nutzung in Form von Dialogteilnehmerdiensten. Traditionell ist hier die klassische Form des Zugriffs auf einen eigenen Rechner, der entweder durch eigene Informationserschließung oder durch Übernahme von Magnetbanddiensten (z.B. der Deutschen Bibliothek) oder aber durch Integration von Downloading-Daten mit jeweils passender Retrievalsoftware zu einem Inhouse-Informationssystem ausgestattet wurde. Diese Art von "Host" kann auch ein PC wahrnehmen, der seine Daten entweder regelmäßig aus Disketten-Diensten bezieht (z.B. Reference Update) oder, nach Anschluß eines zusätzlichen CD-ROM-Laufwerks, von einer CD-ROM abfragen kann. Dies kann auch im Rahmen eines lokalen Rechnernetzes realisiert werden. Externe Rechner können als einzelne Hosts, als in Vernetzung kooperierende Hosts oder über Gateways angewählt werden. Als Gateways kommen Mailbox-Firmen oder Btx in Frage (wobei Btx auch direkt Informationssammlungen anbietet).

Darstellung nach methodischen Gesichtspunkten

Retrospektive Recherchen, Online-Recherchen in Datenbanken, Individuelle Literaturzusammenstellungen: Man versteht darunter Recherchen in Datenbeständen über einen meist längeren Zeitraum in der Vergangenheit bis zur aktuellen Gegenwart. Diese Recherchen können online durchgeführt werden, in diesem Fall nennt man sie salopp Online-Recherchen. Der Begriff der Erstellung individueller Literaturzusammenstellungen reflektiert noch mehr konventionelle Vorgänge. Der Benutzer gibt Kriterien für diese Recherche in einem Rechercheauftragsblatt an und erwartet gezielte Informationen.

Periodische Profildienste: Hier handelt es sich um einen auf die Zukunft ausgerichteten Informationsdienst, der vorerst für ein Jahr fixiert wird und gegebenenfalls verlängert werden kann. Er muß sehr breit angelegt sein, denn der Benutzer erhält monatlich neue Literatur nachgewiesen und eine zu genaue Eingrenzung würde sowohl zu restriktiv bezüglich neuer Entwicklungen sein als auch zu wenig Informationsangebot bereitstellen. Der Fachterminus hierfür ist: *Selective Dissemination of Information* (*SDI*), dies bedeutet, daß die Informationsprofile möglichst spezifisch auf einen Benutzer zugeschnitten sind.

Standardprofildienste, Standardrecherchen, Aktuelle Auswahlbibliographien. Die selektiv auf einzelne Benutzer zugeschnittenen Informationsprofile können auch für kleinere Benutzergruppen zu globaleren Themenprofilen zusammengefaßt werden, die von der Informationsstelle auch aktiv als besondere Auswahlbibliographien oder sonstige Datensammlungen angeboten werden können. Selbstverständlich sollte man sich bei der Erstellung solcher Profile von der Nachfrage leiten lassen.

Schnellinformationsdienste, Current Contents, Current Titles (Titellisten), Neuerwerbungslisten. Diese Diensteform zeichnet sich durch ein sich auf wesentliche Informationselemente beschränkendes Angebot aus, das mittels schneller, notfalls wenig komfortabler Präsentation und Erschließung möglichst aktuell verbreitet wird (vgl. Wersig 1980). Dieser Begriff wird weitgehend durch die Current Contents vom Institute for Scientific Information (ISI), Philadelphia, geprägt, die auch die Grundlage für deren Citation Indices (s.u.) sind. In den auf Dünndruck bedruckten Heftchen sind Zeitschrifteninhaltsverzeichnisse der international bedeutendsten Zeitschriften in Faksimile-Kopien enthalten. Außerdem sind Gesamtinhaltsverzeichnisse mit Autoren- und Stichwort-Registern enthalten. Diese nach Fächerspektren sortierten Heftchen erscheinen wöchentlich hochaktuell ungefähr gleichzeitig mit den sie enthaltenden Zeitschriften. Sie sind mit das aktuellste Instrument, um die laufende Zeitschriftenliteratur zu überschauen. Ein analoger Dienst wird gelegentlich in Form von Titellisten von Dokumentationsstellen herausgegeben, indem die wöchentlich neu hinzukommenden Titel entweder unsortiert oder nach formalen Kriterien (z.B. KWIC, s. Kap. 3.2.4) sortiert verteilt werden. Ebenso kann man mit den aktuell eingegangenen Buchtiteln in Form von Neuerwerbungslisten verfahren. Ein weiterer Schnellinformationsdienst ist das Cataloguing-in-Publication (CIP), die gedruckte, auf Magnetband und in der Datenbank enthaltene Vorankündigung einer Publikation werden vor allem in der Deutschen Bibliographie veröffentlicht.

Zitierindex: Dieses ist ein Dienst, dessen herausragende Vertreter ebenfalls erstmals von ISI präsentiert werden: Science Citation Index, Social Sciences Citation Index und Arts and Humanities Index. Sie werden auch online über

mehrere Hosts angeboten. Das Besondere daran ist der völlig andere Zugang
zur Fachinformation, nämlich nicht über Schlagwörter, sondern über die in den
Artikeln zitierten Autoren bzw. die die Artikel später zitierenden Autoren. Man
kann damit ideal die in Kap. 8.6.5 zitierte Retrievalstrategie *Citation Pearl
Growing* einsetzen, die ein Follow-Up der Ergebnisse eines Forschungsgebiets
sowohl über SDI als auch online ermöglicht, indem man lediglich die Dokumentationseinheiten selektiert, die einen konkreten Autor oder eine konkret
publizierte Veröffentlichung zitiert. Weiter verfeinert wurde diese Idee, indem
über einen komplizierte Verknüpfungsalgorithmus Forschungstrends isoliert
wurden, die in der Kategorie *Research Fronts* auch abfragbar sind.

Informationsanalyse und -beratung (Information Brokerage). Hierbei handelt
es sich um eine Art Unternehmensberatung auf dem Informationssektor. Der
Information Broker muß versuchen, gezielt für ein vorgegebenes Problem
einschlägige Literatur oder bereits anderweitig verfügbare Informationen zu
finden, auszuwerten und daraus die für die jeweilige Problemstellung optimalen
Entscheidungsvorschläge zusammenstellen.

9.3.4 Fachspezifische Aspekte

Eine globale Standard-Einteilung in Fachdisziplinen (s.u.)
Allgemeines
Naturwissenschaften
Biomedizin
Technik
Sozialwissenschaften
Geisteswissenschaften
Rechtswissenschaften
Wirtschaft

wird bei den Hosts oft aus pragmatischen Gründen nicht akzeptiert. *DIMDI,
FIZ-Technik* und *STN* listen ihre Datenbanken alphabetisch auf, *Dialog* hat
folgendes Sachgebietsspektrum:

Agrarwissenschaften und Ernährungswissenschaft
Bücher und Monographien
Chemie
Computertechnologie
Energie und Umwelt
Medizin und Biowissenschaften
Nachrichten
Nachschlagewerke
Naturwissenschaft und Technik

Patente und Gebrauchsmuster
Recht und Regierung
Sozial- und Geisteswissenschaften
Wirtschaftsinformationen
   Allgemeine Wirtschaftsinformationen
   Finanznachrichten
   Firmeninformationen, internationale Firmeninformationen
   Firmennachrichten
   Industrie
   Märkte, Produkte, Technologien
   Ökonomische Daten
   Produktankündigungen und -zusammenstellungen
   Reisen.

Data-Star führt auf:
   Wirtschaft
   Biomedizin
   Chemie
   Technik
   Nachrichten
   Nachschlagewerke.

ESA hat in seinem QUESTINDEX folgende Gruppierungen, wobei gegebenen-
falls Datenbanken mehrfach zugeordnet werden:
   Bauwesen
   Biochemie
   Biologie
   Chemie
   Computer
   Energie
   Informationswissenschaft
   Luft-/ Raumfahrt/ Astronomie/ Meteorologie
   Medizin/ Pharmakologie/ Toxikologie
   Physik
   Technik
   Telekommunikation
   Transport
   Umwelt/ Verpackung
   Verwaltung/ Wirtschaft.

Datenbankrecherchen zu in für den deutschen Sprachraum interessanten
Themengebieten können schwerpunktmäßig bei den in Tabelle 9.4 aufgeführten

Hosts durchgeführt werden, wobei nicht auszuschließen ist, daß sich im Laufe der nächsten Zeit Schwerpunktverschiebungen ergeben. Wie schon erwähnt, sind fachspezifische Kenntnisse für Informationsvermittler wichtig, um sinnvoll und anerkannt fachorientierte Recherchen in allgemeinen und Fachdatenbanken durchführen zu können. Zur eigenen Fortbildung ist hierfür ein Literaturstudium erforderlich, das ergänzt werden muß durch Analysen der Datenbanken mittels Häufigkeitsverteilungen von Begriffen und Überlappungen von Inhalten.

Wie bereits in den Kapiteln 6 und 8 erwähnt, sind Strategien zur Übersetzung von Benutzerfragen in semantische Komponenten und in retrievallogische Formulierungen erforderlich. In Kap. 6 wurde dazu ein Anfragebogen vorgestellt, der über seine Funktion und Dienststelle eine klare Zuordnung des Benutzers zu dem Typ der Informationswünsche und dem einschlägigen Fachgebiet ermöglichen soll.

Tabelle 9.4. Themengebiete und einschlägige Hosts

Themengebiet	Hosts
Allgemeines, Nachweise	DBI, STN, ECHO, Dialog
Biowissenschaften	DIMDI, Data-Star
Geisteswissenschaften	Dialog, Telesystemes
Ingenieurwissenschaften	FIZ-Technik, STN, ESA
Naturwissenschaften	STN, ESA, Dialog
Normen, Standards	FIZ-Technik, STN, Dialog
Patente	STN, FIZ-Technik/Data-Star, ESA, Dialog
Presse	dpa, Data-Star, Dialog,
Rechtswissenschaften	JURIS, DATEV, Dialog
Sozialwissenschaften	DIMDI, Dialog, BLAISE
Statistische Daten	Reuters/I.P.Sharp, WEFA, DRI
Wirtschaftswissenschaften	GBI, Data-Star, Genios, BRS

9.4 Nutzung von Bibliotheken zur Literaturversorgung

Die Hauptaufgabe einer Bibliothek besteht in der Archivierung und Bereitstellung (auch mittels technischer Einrichtungen) von Literatur, wozu unterstützende Maßnahmen unterschiedlicher Intensität bezüglich der Beratung getroffen werden. In der Regel ist der Benutzer dabei weitgehend auf sich alleine angewiesen. Insbesondere für einführende Literatur ist durchaus eine eigenständige Nutzung von Bibliotheken sinnvoll. Für verschiedene Fächerspektren (s. Tabelle 1.4) sind Schwerpunktbibliotheken anzugehen: In der Regel gibt es Sachkataloge (systematischer Katalog oder Schlagwortkatalog). Handbücher und Fachlexika stehen meist am Anfang des Bestands in den Fachlesesälen. Gelegentlich gibt es in Spezialbibliotheken wie in der TIB eine Kartei mit Fortschrittsberichten von Übersichtsartikeln aus Zeitschriften.

Der Nutzen einer größeren Bibliothek besteht darin, daß Auskünfte zur Nutzung allgemeiner Auskunfts- und Nachrichtenmittel angeboten werden, die sich eine kleinere Dokumentationsstelle zur Anschaffung nicht leisten kann, sie stehen jedoch in der nächsten Universtäts-Bibliothek oder Landes-Bibliothek (inkl. Beratung durch die bibliographische Auskunft) zur Nutzung bereit, gelegentlich sind sie auch online verfügbar. In den meisten Bibliotheken ist für diese nicht ausleihbare Literatur ein eigener Bereich vorgesehen. Auch besondere Medien sind oft mit Ausleihbeschränkungen versehen und überwiegend in getrennten Lesesälen aufzufinden. Die Bezeichnung *Informationsvermittlungsstelle* an Bibliotheken ist terminologisch etwas irreführend: diese sind für allgemeine Auskünfte nicht zuständig, dort werden kostenpflichtige, gezielte Online-Recherchen durchgeführt.

Eine selbständige, kostenlose Information über die vorhandene Literatur ist über einen OPAC (Online Public Access Catalogue) möglich, der sich in verschiedenen Bibliotheken wachsender Beliebtheit erfreut. Er ist ein schnelles Mittel, in einem einstufigen Ansatz herauszufinden, welche Medien für ein vorgegebenes Problem einschlägig sind **und** ob diese Literatur beschafft werden kann. Der Ablauf ist in etwa folgendermaßen: Beim Einschalten (vgl. Langenfeld 1986) kommen Systemmeldungen mit aktuellen Informationen (z.B. geänderte Öffungszeiten der Bibliothek, Betriebszeiten); dann wünscht sich der Benutzer die Anzeige des momentanen Inhalts der Datenbank (Literaturgattungen bzw. Erscheinungszeiträume), und es werden Hinweise über Grundlagen der Systembedienung bzw. Hilfe-Funktionen für neue Benutzer gegeben. Die Kommunikation mit dem System beginnt bei der Bereitmeldung des Online-Katalogs, ein Kommando zu empfangen ("System-Prompt"), worauf der Benutzer Zeichen eingeben kann. Die Reaktion des Systems besteht aus der Bestätigung über die empfangenen Zeichen und einer Meldung über das Ergebnis der Kommandobearbeitung (auch eine Nachricht darüber, daß das System noch arbeitet), möglicherweise kommen Fehlermeldungen, bei guten Benutzerschnittstellen kommen Korrekturvorschläge. Ein wünschenswerter, nicht immer realisierter Komfort besteht darin, daß die Ausgabe jederzeit unterbrochen und wieder fortgesetzt werden könnte und eine Rückwärtsbewegung auf den letzten Bildschirm möglich sein sollte.

Die Anforderungen an die Optionen für die Formatierung der bibliographischen Zitate (vgl. Hildreth 1982) sind noch selten erfüllt: Tabellarisches Format, wichtige Informationen an exponierter Stelle — "nicht titelkartenmäßig", Darstellung logisch zusammengehöriger Informationen. Die Benutzer haben immer noch gewaltige Akzeptanz-Probleme, entweder, weil sie durch die komfortablen klassischen Retrievalsprachen verwöhnt sind oder noch zu wenig Erfahrung im Umgang mit Abfragesprachen haben; so ist häufig unbekannt, wie boolesche Operatoren eingesetzt werden, d.h. wie man unter Verwendung der bereits erhaltenen Treffer eine Erhöhung oder Reduktion der Trefferzahl erzielen kann, wie man korrekte Schlagwörter bestimmen oder ob man Trunkierungen durchführen kann.

Will man eine Bibliothek zur Beschaffung bereits nachgewiesener Literatur nutzen, so kommt in erster Linie die *Ortsleihe* in Betracht: Hierbei ist die Benutzungsordnung der jeweiligen Bibliothek zu beachten, die insbesondere Ausleihbedingungen und -fristen regelt. Doch um in den Genuß dieser Bibliothek zu kommen, ist zuerst ein Antrag für einen Benutzungsausweis zu stellen, der häufig Scheckkartenformat hat, da schon viele Bibliotheken eine automatische Ausleihverbuchung ermöglichen. Diese Regelung erlaubt dem Benutzer eine bequemes Vormerken und Verlängern. Es gibt dann je nach Bibliothekstyp noch eine zusätzliche regionale Hilfestellung (entweder Nachweis über Kataloge oder Bestellung) zur Beschaffung von Büchern und Zeitschriftenartikeln. Diese ist vor allem erwünscht, wenn die bestellende Stelle extern gelagert ist, sei es bei einer Zweigstellenorganisation eines zweigeteilten Universitäts-Campus oder sei es bei der Beschaffung über eine an sich autonome Bibliothek (z.B. Institutsbibliothek oder Stadtbibliothek), die sich — mit einer Agentur vergleichbar — an die ortsansässigen Universitätsbibliothek wendet. Nur für den Fall, daß das zu beschaffende Werk generell nicht am Ort beschaffbar ist, darf die *Fernleihe* eingeschaltet werden.

Nach dem konventionellen Ausfüllen eines *roten Leihscheins* geht die Bestellung nach einem komplizierten *Leitweg* an diverse Zentralkataloge (s. Tabelle 9.5), um die möglichen Besitzer dieses Werkes um eine Ausleihe anzugehen, was normalerweise durchschnittlich vier Wochen dauert.Bei mehreren Besitznachweisen ist die eigene Leihverkehrsregion zuerst zu berücksichtigen.

Das über Zentralkataloge abgewickelte Verfahren kann auf folgende Weise abgekürzt werden:

1. Man identifiziert über online verfügbare Verbundkataloge eine Bibliothek, die das betreffende Werk besitzt und bestellt sie dann direkt (s. Tabelle 9.6).

Tabelle 9.5. Die Leihverkehrsregionen Deutschlands

Bundesland	Leihverkehrsregion	Ort des Zentralkatalogs / Verbundkatalogs
Baden-Württemberg, Saarland, Rheinland-Pfalz (südlicher Teil)	Baden-Württemberg	Stuttgart/ Konstanz
Bayern	Bayern	München
Berlin	Berlin	Berlin (Gesamtkatalog)
Brandenburg	Brandenburg	Potsdam
Hessen, Rheinland-Pfalz (östlicher Teil)	Hessen	Frankfurt/M
Niedersachsen	Niedersachsen	Göttingen
Hamburg, Bremen, Schleswig-Holstein	Norddeutschland	Hamburg
Mecklenburg-Vorpommern	Mecklenburg	Rostock
Nordrhein-Westfalen, Rheinland-Pfalz (nördlicher Teil)	Nordrhein-Westfalen	Köln
Sachsen	Sachsen	Leipzig/Konstanz
Sachsen-Anhalt	Sachsen-Anhalt	Erfurt
Thüringen	Thüringen	Magdeburg

Von der Direktbestellung ausgeschlossen sind Monographien. Zeitschriften werden meist nicht ausgeliehen, jedoch werden Kopien von Zeitschriftenartikeln hergestellt. Im zweiten Schritt kann dann die Direktbestellung vorgenommen werden, was für den Fall zentraler Fachbibliotheken meist möglich ist.

2. Man bestellt die Literatur über den Vorgang des *Online-Ordering* über die Verbindung zum Host, entweder direkt nach der Recherche oder später unter Angabe der Dokumentnummer. Monographische Literatur ist so jedoch nicht bestellbar.

3. Man nutzt Bestellmöglichkeiten im Ausland, z.B. bei der British Library Document Supply Center (BLLD) in Boston Spa (GB), die korrekt nach ihren Vorgaben formatierte Bestellungen online oder auch über Telex akzeptiert. Doch auch hier sind Monographien nicht bestellbar.

Tabelle 9.6. Adressen für Direktbestellungen

Fachgebiete	Institution	Adresse
Betriebswirtschaft	Zentralbibliothek der Wirtschaftswissenschaften Universitäts- und Stadtbibliothek Köln	Postfach 4309 2300 Kiel Universitätsstr. 33 5000 Köln-41
Biologie	Senckenbergische Bibliothek	Bockenheimer Landstr. 134-138 6000 Frankfurt/M
Land-/Forstwirtschaft, Ernährungswissenschaft	Zentralbibliothek der Landbauwissenschaft	Postfach 2460 5300 Bonn-1
Medizin	Zentralbibliothek der Medizin	Joseph-Stelzmann-Str.9 5000 Köln-41
Naturwissenschaften, Technik	Technische Informationsbibliothek (TIB) (Konv.Literatur) FIZ Karlsruhe, Bibliographischer Service (Graue Literatur)	Welfengarten 3000 Hannover Kernforschungszentrum 7514 Eggenstein-Leopoldshafen
Volkswirtschaft	Zentralbibliothek der Wirtschaftswissenschaften	Postfach 4309 2300 Kiel

Zur Beschleunigung der Literaturversorgung sind mehrere Tendenzen ersichtlich, zum einen die direkte Publikation auf maschinenlesbarem Datenträger, die über die bereits existierenden Kommunikationswege an den Benutzer geleitet werden könnte — das von Verlagskonsortien initiierte elektronische Publizieren (*Electronic Publishing*). Zum zweiten gibt es die Literaturversorgung über die bei den Hosts existierenden Volltextdatenbanken, die elektronische Dokumentlieferung (*Electronic Document Delivery)* (vgl. Oßwald 1990) und außerdem ein *Online-Ordering*[2] über die Bestellkomponente der Hosts, die auf einem Kooperationsvertrag mit angeschlossenen Spezialbibliotheken fußt. Es bietet die Möglichkeit, die in Informationsbanken verzeichnete Originalliteratur mit Hilfe

---

2 Online-Literaturbestellsystem, das im Anschluß an eine Recherche oder schon während dieser vom Terminal gestartet wird.

weniger Kommandos aus Bibliotheken oder anderen Informationszentren kostenpflichtig mit normaler oder hoher Priorität zu bestellen, dazu haben die Hosts auf ihren Rechnern Dateien angelegt, auf denen die betreffenden Benutzerwünsche von den Rechercheuren gespeichert werden, bis sie von den Lieferanten online abgerufen werden. In Bibliotheksverbundsystemen ist statt dieser Bezeichnung das Wort *Bestellkomponente* üblich. Die zu erwartenden Produkte/ Vertriebswege zur ersten Alternative sind elektronische Medien in Form von CD-ROM, Disketten, Telesoftware, Bildschirmtext und Hosts. Im Rahmen dieser Entwicklung war es auch erforderlich, daß ein einheitlicher Standard zur Formatierung, Codierung und Speicherung der Texte und Graphiken entwickelt wurde. Nachdem das Electronic Publishing im Rahmen eines Projektes *ADONIS* von einem aus den Verlagen Blackwell, Elsevier, Pergamon und Springer bestehenden Konsortium geplant wurde, ist es nun für den Teilbereich von etwa 400 pharmazeutischen Zeitschriften Realität. ADONIS basiert auf einem schnellem PC der 80386er- oder 80486er-Reihe mit großem Arbeitsspeicher und Festplatte sowie einer CD-ROM-Platteneinheit. Es ist in der Lage, Volltext und graphische Informationen wöchentlich aktualisiert bereitzustellen. Bezahlt werden muß ein Abonnement-Preis zuzüglich einer Gebühr für jede ausgedruckte Seite.

Mit eine Grundvoraussetzung für die Übernahme elektronischer Manuskripte ist ein einheitliches Format, das vom Börsenverein des Deutschen Buchhandels zusammen mit dem Bundesverband Druck erarbeitet wurde und *strukTEXT* genannt wird. Dieses Format ist analog zum in der ISO-Norm 8879 festgelegten internationalen Format *SGML* (Standardized Generalized Markup Language) entwickelt und entspricht einem Dachregelwerk, aus dem für das jeweilige Fachgebiet spezielle Regeln abgeleitet werden können (vgl. Böhle 1990).

Benutzerstrukturen und -gruppen, Informationsbedarf, Informationsverhalten. Es gibt folgende Kategorien von Benutzern: profitierende und frustrierte Benutzer; Endbenutzer, indirekte Benutzer; tatsächliche, vermutete und potentielle Benutzer. Die Benutzer können differenziert werden nach ihren äußerlichen Merkmalen Alter, Geschlecht und Rasse, ihrer Gesellschaftsschicht, ihrer Sprachzugehörigkeit, ihrer Herkunfts- und Beschäftigungsregion und der beruflichen Komponente (Studium, akadem.Grad: z.B. Dipl.Math., erlernter Beruf: z.B. Statistiker, Rolle: z.B. Dozent, Position: z.B. Leiter, Institutionsbereich: z.B. Pharmaindustrie, Tätigkeitsbereich: z.B. Programmierung). Die von Tittlbach bereits 1973 durchgeführte Untersuchung über Benutzergruppen hat prinzipiell heute noch Gültigkeit.

Faktoren, die den Anstoß zur Benutzung geben, sind Informationsanforderungen und individuelle Informationsbedürfnisse (objektiv, subjektiv). Die Faktoren, die das Verhalten generell beeinflussen, sind oft allgemeiner Natur (z.B. beim Anpacken eines Problems), aber auch individuelle Geschmacksfragen,

Auskunft zu erhalten, sind schon sehr häufig Untersuchungen durchgeführt worden, davon viele Fragebogenaktionen und Interviewstudien, die interessanteste war wohl die Delphi-Studie[3] anläßlich der Einführung von DIMDINET in den 70er Jahren. Auch die Untersuchung von Ausleihstatistiken reflektiert gesteigerte Nutzung von Online-Diensten.

Die Hauptkritikpunkte, die schon in den 70er Jahren gegenüber Informationssystemen geäußert wurden (vgl. Balke 1973; Dzida, Herda, Itzfeldt und Schubert 1977), war die mangelnde Benutzerfreundlichkeit der Informationssysteme, eine Tendenz, die sich heute sogar noch verstärkt hat und zu den Disziplinen Informationsethik und Informationsökologie geführt hat: Die Systeme sind heute überaus technisiert und zwingen den Benutzern ihre Vorgaben auf. Sie bieten Mengen von irrelevanten Daten an, ohne diese Tatsache einsichtig zu machen. Sie sind noch weit von einer Vollständigkeit entfernt, nicht einmal nach dem mühsamen parallelen Recherchieren mehrerer Datenbanken. Sie suggerieren dem Benutzer auf indirekte Weise (bedingt durch die Computergläubigkeit der heutigen Zeit) eingefahrene Vorstellungen von Forschungs- und Praxisrelevanz.

Für Klein- und Mittelbetriebe ist ein entscheidender Faktor die sofortige Reaktionsmöglichkeit auf Informationsbedürfnisse, die heute durch die Online-Datenbanken unbedingt gegeben ist. Pauschal geäußerte Benutzerwünsche fordern das Sammeln ohne Ballast (nur "relevantes, wertvolles Material") und das Erstellen von Tertiärliteratur (Übersichtsberichte und State-of-the-art-reports).

Benutzerschulung. Zu Beginn der Einführung eines Services legt man Informationsblätter aus, die auf einen Einführungskurs mit praktischer Demonstration hinweisen. Für den Dauerbetrieb ist es sinnvoll, ein Angebot von Tonbildschauen/ Filmen/ Videobändern oder Online-Tutorials bereitzuhalten. Für die Anleitung zur selbständigen, praktischen Arbeit in Inhouse-Systemen/ OPACS ist das Bereitlegen von Faltblättern in Form von kurzgefaßten Anweisungen (*User Guides*), Kommandolisten (zum Mitnehmen) erforderlich. Die Auslage von *Reference Manuals* (Handbüchern zur Nutzung des Systems und der Datensammlung) soll Vertiefungen in den Gebrauch besonderer Funktionen und die Klärung von Mehrdeutigkeiten ermöglichen.

Die effektivste, aber auch aufwendigste Form ist die individuelle Beratung, das Benutzerinterview (vgl. Oberhauser 1988): Der Kunde kennt meist nicht die Voraussetzungen und Randbedingungen des Informationssystems, das er

---

3 Eine nach der *Delphi-Methode* durchgeführte Studie arbeitet iterativ: Die Befragungsergebnisse aus einer ersten Fragebogenaktion werden den Interviewten mitgeteilt und sie werden danach um erneute Stellungnahme zu den Fragen gebeten.

nutzt, und kann sich daher nicht vorstellen, welche Angaben für die Bearbeitung seiner Recherche benötigt werden. Zu diesem Zweck ist es nützlich, Rechercheauftragsblätter zu verwenden, auf denen er seine Hintergrundinformationen wie Dienststelle, Funktion bzw. Berufsbezeichnung und Zweck der Informationssuche vermerken kann. Wenn der Benutzer unrealistische Erwartung bezüglich des Systemerfolges hegen sollte, muß er frühzeitig gewarnt bzw. informiert werden, auch sind ihm die in etwa auftretenden Kosten mitzuteilen.

Ob die Recherche *kooperativ*, d.h. im Beisein des Kunden durchzuführen ist, um in den Genuß einer sofortigen Relevanzrückmeldung zu kommen, oder ob es wichtiger wäre, die Recherche unbeeinflußt von Ablenkungen durchzuführen, hängt von der Situation und auch vom Naturell des Recherchierenden ab.

10 Auswertung, Aufbereitung und Präsentation von Daten und Informationen

10.1 Grundsatzfragen

Man kann das Thema des Kapitels einteilen in Prinzipien der Planung, Art der Gewinnung von Daten (wie z.B. Umfragen oder Extraktion aus dem Speicher), die konkrete Analyse und Aufbereitung zur Diskrimination (Unterscheidung) aussagekräftiger Werte und die Präsentation in Form von integrierter Text-/Graphikdarstellung, wobei hier nochmals nach der Herkunft der Daten differenziert werden kann. Einerseits kann es sich um numerische, andererseits um nichtnumerische Daten handeln; die ersten können in Zahlenkolonnen, Tabellen oder in Form numerisch skalierbarer, graphischer Darstellungen präsentiert werden, die letzten können in freier graphischer Gestaltung zusammen mit Texten dargeboten werden; beide Arten können aber auch in ein diese Elemente integrierendes Programm eingebunden werden.

Der Sinn einer Dokumentation ist zwar traditionell auf das Speichern und Wiederfinden von Einzelfällen in Form von Dokumentationseinheiten abgestellt, kann aber in einzelnen Fachdisziplinen auch in die Richtung aggregierter (systematisch zusammengefaßter) Daten gehen; dieser Ansatz führt zur Gewinnung übersichtlicherer, verdichteter, dafür aber unvollständigerer Informationen und läßt konkrete Auswertungsergebnisse folgern. Man unterscheidet in *Analytische Statistik*, wenn die Folgerungen mit Fehlergrenzen und Toleranzen quantitativ meßbar sind, die dann als statistisch signifikant gelten, und *Deskriptive Statistik* für eine Verdichtung und Darstellung der Beobachtungen zur verbalen, graphischen oder tabellarischen Beschreibung des erfaßten Sachverhalts. Da man die insgesamt zu untersuchende Gruppe von Elementen (*Population*), die sog. *Grundgesamtheit* von Werten, praktisch nie vorher kennt (wie z.B. vor Wahlen) oder nie kennen wird (wie z.B. die Gesamtzahl aller möglichen Recherchethemen eines Fachgebiets), muß man sie mittels einer Stichprobe *schätzen*.

Fehler bei der Planung einer Stichproben-Umfrage, die nach Mitteln der Analytischen Statistik auszuwerten sind, sind nachträglich nicht mehr wettzumachen. Man sollte also vor Beginn der Erhebung einen professionellen Statistiker einschalten. Die meisten Fehler werden im Verständnis des Begriffs *zufällig* gemacht: Würde man beispielsweise versuchen, eine Stichprobe potentieller Benutzer einer wissenschaftlichen Spezialbibliothek zu rekrutieren und sich nach Feierabend vor ein Fabriktor stellen und die nach Hause hetzenden Arbeiter befragen, so würde man andere Ergebnisse erhalten als bei Studenten, die sich langweilen, weil sie in einer Schlange warten. Es gäbe ein verzerrtes Ergebnis, wenn man eine solche Auswahl auf ein zu enges Zeitintervall, an einem zu eng umrissenen Ort begrenzen würde, und das mit einer zu eng definierten Population mit unterschiedlicher Bereitschaft zum Gespräch. Statistiken kranken oft daran, daß keine sinnvollen Vergleichsgruppen ausgewählt werden, das sind "normale" Gruppen, deren Zusammensetzung *repräsentativ* für die Grundgesamtheit ist. Dies erst kann dazu führen, daß man z.B. ein neues Verfahren bezüglich einer sinnvollen Einführung bejahen könnte. Unsinnig wären in solch einen Fall Messungen der Konsequenzen bei der Umstellung eines Verfahrens zum Jahresende, weil es hier zu einem Überlagerungseffekt sonstiger Bedingungen zum Jahreswechsel käme: zu viele Parameter auf einmal messen zu wollen, ergibt dann oft einen Mischeffekt und man weiß dann nicht mehr, woher die Einflüsse kommen. Selbst wenn Ergebnisse statistisch gesichert wären, ist eine eindeutige Interpretation schwer, weil es immer Störfaktoren gibt. Man muß sie durch wirklich zufälliges Auswählen umgehen, was meist durch Würfeln oder die Auswahl mit Zufallszahlen bewerkstelligt wird, man nennt das *Randomisieren*. Der nächste Punkt ist die Formulierung passender Hypothesen unter Berücksichtigung aller aktiv gewählten Randbedingungen.

Dabei ist die *Nullhypothese*, daß ein neu aufgetretenes Phänomen rein zufällig wäre; und die Alternativhypothese suggeriert eine tatsächlich vorhandene kausale Abhängigkeit. Jetzt ist das Aufstellen von Vergleichsgruppen durchzuführen, dann sollte eine Wiederholung unter anderen Bedingungen stattfinden und jahreszeitliche Faktoren sollten ausgeschaltet werden. Man kann den Versuchsfehler minimieren, wenn Blöcke gebildet werden und so z.B. für Personen eine *Schichtung* nach Alter und Geschlecht vorgenommen wird: zu jeder Person mit einer zu untersuchenden Eigenschaft stünde ein Partner gleichen Alters und gleichen Geschlechts ohne diese Eigenschaft gegenüber (*Matched Pairs*). Mit verhältnismäßig kleinen Zahlen kann so schon eine gute Stichprobe gewonnen werden. Ein *statistischer Test* legt dann fest, wie groß eine beobachtete Differenz zwischen zwei Angaben/ Datengruppen sein muß, bevor man diesen Unterschied mit einer gewissen Gültigkeit, dem "Vertrauen" als verallgemeinerbar annehmen kann. Detaillierte Informationen zur Statistik enthält Sachs (1984).

Ein herausragende Stellung für den Retrievalprozeß ist die Bestimmung der Retrieval-Qualität mit *Bewertungsparametern* (s. Kap. 10.2).

Da die Zusammensetzung der Grundgesamtheiten in der Dokumentation selten bekannt ist, kommen Verfahren der Analytischen Statistik selten zum Tragen, meist ist man mit der (deskriptiven) statistischen Darstellung von Sachverhalten zufrieden, doch hüte man sich vor voreiligen Interpretationen, Folgerungen und Prognosen. Ein Dokumentar sollte sich darauf beschränken, seinen Speicher regelmäßig auswerten und den Experten als eine Informations-dienstleistung zukommen zu lassen. Man nennt dies *bibliometrische Auswertung* (s. Kap. 10.2.5). Dabei ist es insbesondere gefährlich, die Daten allzusehr zu komprimieren, weil dann oft der Zusammenhang verlorengeht. Jedes Bild über Häufigkeitsverteilungen von Merkmalsgrößen ist für die Beurteilung von Problemen wertvoller als eine rechnerische Reduktion auf nur einen Wert. Insofern ist es besser, lediglich in der graphischen Darstellung auf das volle Spektrum der Daten zu verzichten, die volle Variationsbreite der Daten sichern. Zur graphischen Darstellung in Programmen ist Kap. 10.3.1 zu beachten. Weitere Aspekte der Aufbereitung sind in der Datenpräsentation von Downloading-Daten und deren Weiterverarbeitung. Die Grundlage hierzu bildet Kap. 10.3.2 mit Textverarbeitung, worauf Gestaltungsfragen folgen (s. Kap. 10.3.3).

10.2 Informetrie

Nacke hatte 1981 einen neuen umfassenden Begriff, *Informetrie*, geprägt und damit versucht, eine interdisziplinäre Fachrichtung zwischen Informationswis-senschaften und Mathematik zu definieren, also die mathematische Behandlung informationswissenschaftlicher Problemstellungen. Grundsätzlich ist zur Ma-thematisierung der Informationswissenschaften auszuführen, daß sie keine Voraussetzung zur Verwissenschaftlichung ist, dagegen eine Mathematisierung von Verfahren eine Objektivierung, Präzisierung, Rationalisierung und Opti-mierung in der Entwicklung einer Wissenschaftsdisziplin mit sich bringt (vgl. Nacke 1979).

Selbstverständlich haben diese Leistungen auch ihre Grenzen und Gefahren, wenn sie nicht richtig eingesetzt werden, da nicht alle Probleme der Informationswissenschaft mathematisierbar sind und nicht alle mathema-tisierbaren Probleme auch sinnvoll bearbeitet werden können, sei es, daß es einen zu großen Aufwand darstellen würde, sei es daß benötigte Daten unzu-gänglich sind oder es emotionale Widerstände gegen scheinbar fremdartige Denkweisen gibt. Die Gefahren liegen vor allem in der fehlerhaften, unkontrol-lierten und zwecklosen Anwendung mathematischer Verfahren, die zwangsläu-fig zu fehlerhaften Ergebnissen führen muß (vgl. Nacke 1979).

Dagegen ist es sinnvoll, informetrische Verfahren in Zusammenarbeit mit Fachwissenschaftlern der zu untersuchenden Fachgebiete einzusetzen. Der Staat sollte sich weniger an marktwirtschaftlichen Prinzipien orientieren, sondern eher an unter Forschern anerkannten Forschungsrichtungen. Die Definition der Forschermeinung der sogenannten *Scientific Community* ist allerdings problematisch. Garfield hat 1977 als Maß für die Zugehörigkeit zu einer aussagekompetenten Forschergruppe die wissenschaftliche Leistung genommen und findet damit als wichtigste Vergleichsgruppe die Nobelpreisträger. Sein informetrisches Maß (hohe Publikationsrate, hohe Zitierungsrate) verifiziert er daran, inwieweit sich damit als wissenschaftliche Elite auch Nobelpreisträger herausfiltern lassen. Die Entscheidung der Vorschlagsberechtigten für die Nobelpreisvergabe stellt er dabei nicht in Frage, obwohl gerade hier Kritik angebracht wäre, weil die am meisten kompetenten Wissenschaftler gebraucht werden, um eine Elite zu definieren. Aus diesem Grunde ist es sinnvoll, mehrere Ansätze zur Bestimmung von wissenschaftlichen Indikatoren zu planen.

10.2.1 Maße für die Wertbestimmung von Information

Überlegungen zum Wert und den Kosten von Information, als Argumentationsgrundlage für die Rechtfertigung von Dokumentationsstellen, sollten sich stärker auf die Informationsdienstleistung ausrichten. Steigende Anteile der Informationskosten bei der Produktion machen den Artikel Information gleichberechtigt mit Ware, jedenfalls hat das der Bundesminister für Forschung und Technologie im Fachinformationsprogramm 85-88 postuliert. Und dennoch gibt es oft Informationen kostenlos, ohne daß sich die Produktionskosten am Verkaufspreis ablesen lassen. Der Wert einer Information ist abhängig vom Umfeld und den Randbedingungen. Entsprechend hat eine große Menge von Information nicht mehr Wert als eine geringere Menge, man kann nur darüber aussagen, daß Information einen potentiellen Wert hat. Der Wert der Information wird zudem noch dadurch beeinflußt, zu welchem Zeitpunkt und unter welchen Umständen man sie erwirbt, sowie durch den Gewinn, den man durch ihren optimalen Einsatz erzielt. Eine alternative Überlegung zielt auf die Input-Seite ab: Wieviel ist der Benutzer bereit, für die Informationsdienstleistung zu bezahlen? Oder man legt den Wirkungsgrad der Erreichung der Ziele mittels der erhaltenen Information zugrunde (Output-Seite). Zusammenfassend kann festgestellt werden, daß die Bewertung des Wertes von Informationen schlecht mit dem von Waren vergleichbar ist, folgenden Gründe illustrieren die Problematik (vgl. Griffith und King 1982; Repo 1987; Umstätter 1992b):
– Trotz Aufbewahrung und Lagerung keine Verderblichkeit
– Trotz Verwendung oder Weitergabe kein Verzehren oder Abnehmen
– Alterung nur, weil sich die Ansprüche der Nutzer wandeln
– Information am falschen Ort oder zur falschen Zeit ist wertlos
– Kaum Vorhersehbarkeit der Nachfrage (wovon Nutzen abhängig ist)
– Information ist abstrakt und keine zählbare Variable; es kann zwar die Anzahl der übermittelten Dokumentationseinheiten gezählt werden, nicht jedoch der Wert des Informationsgehaltes.

Als Möglichkeit, den Wert der Information zu ermitteln, wird in Unternehmen oft versucht, die Kosten-Nutzen-Analyse einzusetzen. Es gibt jedoch, je nach Theorie, verschiedene Versionen. Die Wahl der Methode hängt letztlich stark vom Unternehmen, den Nutzern und der Konzeption der Informationsabteilung ab.

10.2.2 Indikatoren für die Bewertung der Effizienz von Dokumentationseinrichtungen

In der folgenden Tabelle 10.1 wird eine Auswahl wesentlicher Parameter zur Bewertung von Dokumentationseinrichtungen gegeben (vgl. BMFT 1978):

Tabelle 10.1. Indikatoren für die Bewertung der Effizienz von Dokumentationsstellen

Namen der Parameter	Erläuterung	Beispiele
Systemparameter	Einflußgrößen auf die Organisation, Leistung und Kosten der untersuchten Einrichtungen (werden als konstant angenommen)	
a) Umweltparameter	Bestimmung durch Umgebungseinflüsse der jeweiligen Einrichtung	
	Literaturaufkommen	Menge, Art und Sprachen der vorhandenen Informationsquellen und Informationsträger
	Benutzerstruktur und Informationsbedürfnisse	Arbeitsplatz, Ausbildung, Branche
	Allgemeine politische, ökonomische, technische und rechtliche Rahmenbedingungen	Subventionen, Kenntnisstand der Information und Technik, Konkurrenz, Arbeitsmarkt
b) Institutionsparameter	Konkretisierung durch die eigene Einrichtung	Scope, Arten der Kooperation, Betriebsgröße, Qualifikation der Mitarbeiter
c) Funktionsparameter	Organisatorische Gestaltung der Grundfunktionen	Menge und Art der Informationsquellen, Auswahl der Quellen, Art und Schnelligkeit der Beschaffung Erfassungstiefe/-quote
	Inhaltserschließung	Ordnungssystem, Vokabularumfang, Spezifität der Dokumentationssprache, Erschließungsbreite/-tiefe/-spezifität/-konsistenz

Tabelle 10.1. Indikatoren für die Bewertung der Effizienz von Dokumentationsstellen (Forts.)

Namen der Parameter	**Erläuterung**	**Beispiele**
c) Funktionsparameter (Forts.)	Formalerschließung	Menge, Art und Sprachen der ausgewerteten Informationsquellen; Technische Erfassungshilfen; Produktivität des Personals
	Speicherung	Speicherart und -technik; Aktualität, Zuwachs, Umfang
	Erstellung von Dienstleistungen	Arten; Suchfragenformulierung; Retrievalverfahren; durchschnittliche Suchzeit; Techniken der Datenausgabe; Verfahren zur Erstellung von Informationsdiensten; Service
Operative Variable		
a) Kosten		Investition, Betrieb
	nach Kostenarten	Personal, Maschinen-, Material-, Grundstück
	nach Funktionen	Input, Recherchen
b) Leistungsvariable	Leistungsaspekte, -kriterien	Quantität der Dienstleistungen Schnelligkeit der Beantwortung Aktualität, Neuheitswert Vollständigkeit, Selektionsgüte Einschlägigkeit, Zuverlässigkeit Benutzerfreundlichkeit Flexibilität des Angebots

10.2.3 Bewertungsparameter des Information Retrieval

Wie bereits in Kap. 6.1 erwähnt, ist eine vollständige Recherche ohne Ballast Illusion. Der Recherchierende wird sich für den Fall der Gewinnung von Textdokumenten im Rahmen des Information Retrieval entweder für eine hohe Wiederauffindungsquote/ Vollständigkeitsrate (*Recall*) oder für eine hohe Treffsicherheitsrate/ Relevanzquote (*Precision*) entscheiden müssen.

Ein hoher Recall (also möglichst alle nur in Teilaspekten einschlägigen Dokumente — dieser Parameter wird oft auch *Completeness* genannt) wird z.B. bei einer Patentrecherche gewünscht, eine hohe Precision (also nur einige wenige, dafür sehr einschlägige Dokumente) dagegen wird bei einer Anfrage gefordert, die den Einstieg in ein neues Sachgebiet vorbereiten soll.

Beide Werte stehen in einer inversen Relation zueinander: Wünscht man eine sehr hohe Precision, riskiert man dabei geringen Recall und umgekehrt. Die Precision kann genau berechnet werden, der Recall dagegen kann in unterschiedlicher Weise verstanden werden: Man könnte den System-Recall bestimmen, wenn man die zu einer Suchfrage relevanten Dokumentationseinheiten auszählen würde. Normalerweise kann dieser Wert also nur geschätzt werden. Den absoluten Recall aller weltweit relevanten Dokumentationseinheiten kann man nur vermuten. Der Berechnung zugrunde liegen folgende Zahlengrößen (s. Abb. 10.1):

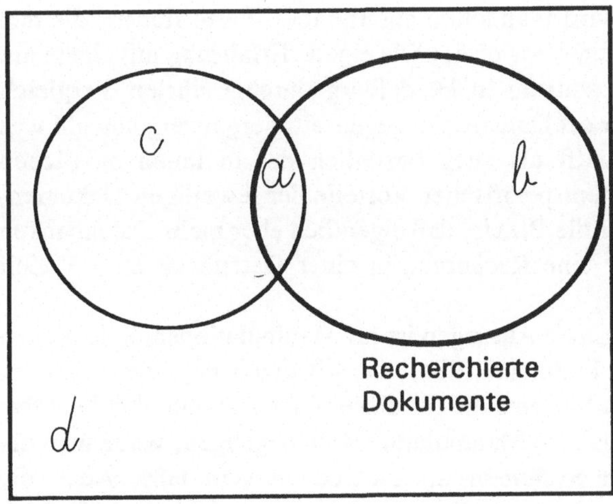

Legende:

a = Anzahl der **relevanten** Dokumentationseinheiten, die bei der Recherche **gefunden** wurden (irreführenderweise wird manchmal diese Anzahl in der Literatur Recall genannt).

b = Anzahl der **nicht relevanten** Dokumentationseinheiten, die bei der Recherche gefunden wurden.

c = Anzahl der **relevanten** Dokumentationseinheiten, die bei der Recherche **nicht gefunden** wurden.

d = Anzahl der **nicht relevanten** Dokumentationseinheiten, die bei der Recherche **nicht gefunden** wurden.

a+b = Anzahl **aller** Dokumentationseinheiten, die bei der Recherche **gefunden** wurden.

a+c = Anzahl **aller relevanten** Dokumentationseinheiten, unabhängig davon, daß sie bei der Recherche **gefunden** wurden.

$$\text{Recall} = \frac{a}{a+c}$$

$$\text{Precision} = \frac{a}{a+b}$$

Abb.10.1. Recall und Precision

10.2.4   Vergleich von Informationssystemen

Ein exakter statistischer Vergleich von Informationssystemen (Datenbasen und Datenbanken) ist aus vielen Gründen nicht machbar. Der zu betreibende Aufwand wäre dem Resultat nicht angemessen, ist doch schon aufgrund des gesunden Menschenverstands zu erwarten, daß es kein bestes System an sich gibt, sondern dieses immer in Abhängigkeit von den gestellten Fragen und den bearbeitenden Personen gesehen werden muß. Die Grundgesamtheit aller potentiellen Fragen ist nicht bekannt, folglich kann davon auch keine Stichprobe gezogen werden. Auch stehen in der Regel zu wenige für die Bearbeitung kompetente Personen zur Verfügung, als daß durch eine Durchschnittsbildung subjektive Faktoren ausgeschlossen werden könnten. Aus diesem Grunde sind alle Aussagen bezüglich der Qualitätsbewertung von Datenbasen mit Vorsicht zu genießen. In der Regel wird man kaum signifikante Werte finden, die den Vorzug eines konkreten Systems beweisen. Die eigene Erfahrung mit einem am Deutschen Krebsforschungszentrum in Heidelberg durchgeführten Vergleich zeigt vielmehr, daß sich sehr oft Datenbasen gegenseitig ergänzen, sowohl was die gefundenen Treffer betrifft als auch bezüglich der in ihnen möglichen Suchstrategien aufgrund systemspezifischer Vorteile der jeweiligen Dokumentationssprache. Dies zeigt für die Praxis, daß eigentlich eher mehr Datenbanken abzufragen sind als daß für eine Recherche in einer Datenbank zu viel Zeit investiert werden sollte.

Aufgrund der vorangegangenen Aussagen ist für Manipulationsmöglichkeiten Tür und Tor geöffnet (vgl. Fugmann 1984), die oft damit beginnen, daß der Verfechter eines bestimmten Systems die für dieses System optimalen Suchfragen auswählen kann. Eine weitere Manipulation wird begangen, wenn man die Recherchedauer bei beiden Systemen unterschiedlich sein läßt. Auch die Relevanzentscheidung von gefundenen Dokumenten sollte nicht ausschließlich von einer Person bestimmt sein, weil sie nicht mit der Pertinenzentscheidung zu verwechseln ist, die das Benutzerurteil ausschließlich in den Mittelpunkt stellt und auch nicht gefragte, aber für ihn interessante Dokumente akzeptiert. Der Ballastanteil der Systeme sollte auch mitbewertet werden. Letztlich sollte diese Untersuchung unbedingt zu einem anderen Zeitpunkt mit anderen Fragen und anderen Bewertern wiederholt werden, um so die Reproduzierbarkeit des Ergebnisses zu gewährleisten. Schon seit drei Jahrzehnten hat sich Salton (1987) ausführlich mit Bewertungsfragen beim Information Retrieval beschäftigt.

10.2.5   Scientometrie und Bibliometrie

Unter Scientometrie versteht man eine Wissenschaft des Messens von Wissenschaftsprozessen, die Wissenschaftswissenschaft, das systematische Befassen mit der Wissenschaft selbst, deren Vorgänge metrisch untersucht werden, d.h. anhand von statistischen Werten und Relationen können Tendenzen im Wissenschaftsgeschehen entdeckt werden, deren Bewertung für die Fortschritte in der jeweiligen Forschungsdisziplin wichtig sein kann und für die Forschungsorganisation von planerischem Interesse ist. Aus welchen Quellen lassen sich nun Auswertungen gewinnen? Es lassen sich sowohl aus konventionellen Quellen als aus Datenbanken Ergebnisse gewinnen. In beiden Fällen ist im wesentlichen nur ein Organisieren der Informationsgewinnung erforderlich, denn es wird auf verschiedene Weise jede Art von wissenschaftlicher Tätigkeit ausgewertet, sei es bei der Erwerbung von Informationsquellen, sei es bei der Nutzung von Datenbanken. Eine wesentliche Aufgabe ist es, diese Informationen zu verdichten und daraus Indikatoren zu erstellen, die die Wissenschaft interessieren.

Scientometrische Untersuchungen können unter fünf Aspekten betrachtet werden: Zu einem Untersuchungs-*Zweck* wird ein *Objekt* unter einem *Aspekt* unter Zugrundelegung einer *Quelle* nach einer *Methode* untersucht. Beispielsweise zum Zweck, ein optimales Retrieval durchzuführen, wird das Objekt Zeitschriftenaufsätze unter dem Aspekt der Häufigkeit der Treffer aus einer Datenbank (Quelle) nach der Methode "Bestimmung von Überlappungsmaßen" untersucht (vgl. Nacke 1976).

Die Bibliometrie ist ein Teilgebiet der Scientometrie, das sich nur mit bibliographischen Quellen beschäftigt und früher auch *Statistical Bibliography* genannt wurde. Interessant ist diese Disziplin für Praktiker, seitdem es auch Retrievalfunktionen zur Unterstützung dieses Vorgangs gibt. Zur Auswertung dieser Speicher sind vor allem auch scientometrische Methoden interessant.

10.3 Präsentation von Informationen

10.3.1 Textverarbeitung

Die für ein Buch zu erfassenden Daten, sei es, daß sie original erstellt werden, oder sei es, daß sie per Downloading gewonnen werden, müssen mit einem Textverarbeitungssystem erstellt bzw. formatiert werden. Die führenden Textsysteme Word und WordPerfect können heute unter der graphischen Standard-Benutzeroberfläche Windows betrieben werden — was zu einer Erweiterung der Speicherplatzkapazitäten führt — und haben in vielen Punkten schon Eigenschaften der DTP-Programme[1] in ihren Funktionenkatalog aufgenommen,

---

1 DTP heißt Desk-Top-Publishing und bedeutet, daß der Schriftsatz am Schreibtisch komplett für den endgültigen Druck vorbereitet werden kann.

wie z.B. Konvertieren (Importieren und Exportieren) verschiedener Text- und Graphik/Tabellenkalkulationsformate, Darstellung des späteren Druckbilds am Bildschirm etc., Verfügbarkeit verschiedener Formatierungsstile (der Vorgabe von Rändern, Schriften und Seitengestaltung; s. Kap. 10.3.3). Sie haben aber auch eine ganze Reihe von Funktionen, die von DTP-Programmen nicht durchgeführt werden können, wie z.B. Darstellung von Formeln, das Suchen und Austauschen von Textteilen per Algorithmus, die Serienbrieferstellung, die Wörterbuchkontrolle und kleinere Sequenzen von Programmbefehlen, genannt Macros. Trotz der verfügbaren Wörterbuchkontrolle und den angebotenen maschinenlesbaren Wörterbüchern ist die Benutzung dieser Funktion in der Praxis sehr aufwendig, bedingt durch die Besonderheiten der vielen Variationen von Beugungsendungen in der deutschen Sprache. Auch das Problem der Datensicherung (Backup) lohnt die Aufmerksamkeit: Es empfiehlt sich, eine automatische Funktion anzulegen, damit die Folgen eines immer möglichen Systemabsturzes minimiert werden können. Insgesamt ist jedoch die stürmische Entwicklungsphase auf dem Sektor der Textverarbeitungssoftware in ein stabileres Stadium gekommen, so daß aufgrund der Verfügbarkeit von Lernprogrammen, guter Handbücher und Hilfefunktionen ein Selbststudium empfohlen werden kann.

10.3.2 Graphische Darstellung von Ergebnissen informetrischer Untersuchungen

Die Präsentationen von informetrischen Untersuchungen in Form von Nutzerstatistiken oder Worthäufigkeitsstudien lassen sich gut in Form von Graphiken oder Schaubildern darstellen. Dieses sind für die Akzeptanz informetrischer Aktivitäten durch das Top-Management sogar unabdingbar. Es bietet sich an, zur Präsentation von Graphiken und Diagrammen Softwarepakete wie *Spread-Sheet*-Programme oder *integrierte* Pakete (s.u.) zu benutzen, sie können in Graphiken umgesetzt werden. Der Vorteil des Softwareeinsatzes besteht darin, daß regelmäßig auftretende Berechnungen und Abbildungen nicht stets neu erstellt, sondern nur einmal als passende Parametereinstellungen gespeichert werden müssen und dann nur jeweils die aktualisierten Werte mittels einer Eingabemaske zu erfassen sind. Ein weiterer Vorteil besteht darin, daß auch bereits erfaßte Daten nach unterschiedlichen Darstellungsarten präsentiert werden können. Dem Dokumentations-Praktiker stellt sich jedoch das Problem, welche Art der Software er auszuwählen hat, und noch ein weiteres Problem, welches der konkurrierenden Produkte für seine Fragestellung optimal geeignet ist.

Wenn man versucht, verschiedene Softwarepakete zur graphischen Darstellung von Ergebnissen aus bibliometrischen bzw. informetrischen Untersuchungen auf ihre praktische Anwendbarkeit in der Informetrie zu vergleichen, findet man methodische Begrenzungen, denn die Anzahl der zu messenden Parameter ist viel zu umfassend. Ein anderes Problem ist die vergleichende Untersuchung mehrerer Pakete bezüglich der zu messenden Parameter, die einerseits durch die mangelnde Vergleichbarkeit der Funktionen an sich, andererseits durch die völlig unterschiedlichen Programmphilosophien erschwert wird: Untersucht wurden Systeme verschiedener Softwaretypen, von denen jeweils nur ausgewählte Komponenten für den Vergleich, nämlich hinsichtlich der Präsentationsmöglichkeit, von Interesse ist, da nur dieser Aspekt für die Informetrie einschlägig ist. Ein umfassender Test aller verfügbaren Funktionen wurde nicht durchgeführt (vgl. Zedler et.al. 1992).

Als Art der zugrundeliegenden Software sollen nun verschiedene *Spread-Sheet*-Programme (= Tabellenkalkulationsprogramme), Multifunktionspakete (= Kombinationsprogramme, integrierte Pakete) sowie reine Graphik-Präsentations-Systeme verglichen werden. Der Hauptvorteil für die Verwendung von Tabellenkalkulationsprogrammen kann in deren Vielfältigkeit liegen, Daten können in Arbeitsblättern erfaßt oder aus anderen Systemen importiert und beliebig weiter- verarbeitet werden. Neben reinen Diagrammen lassen sich natürlich auch Tabellen (formatiert) erstellen und anzeigen. Mit den Präsentationsfunktionen lassen sich Graphiken erstellen und, wie Tabellen auch, in andere Systeme übernehmen. Nicht die Programmpakete als solche stehen im Zentrum der Betrachtung. Die Haupttestpunkte sind Bedienungsergonomie, Graphik- und Darstellungsmöglichkeiten, Editierung und Textdarstellung. Kriterien zur Eingabe und Ausgabe sind Datenimport und -export (Konvertierung sowie Weiterverarbeitung in anderen Systemen), Ausdruck und Sonderfunktionen. Der Vergleich soll jedoch vor allem im Hinblick auf optimale Darstellungsmöglichkeiten erfolgen. Vorrang in der Bewertung hat die individuelle Gestaltung bei der Ausgabe.

Allgemeines. Vor der Illusion, daß diese Art von "Fertigsoftware" per Knopfdruck einsetzbar sein könnte, muß gewarnt werden. Dies bedeutet, daß man zuerst einmal einige Zeit investieren muß, bevor man mit den Paketen arbeiten kann. Je komfortabler und multifunktionaler die Systeme sind, desto zeitaufwendiger ist die Einarbeitung. Es ist mit den üblichen Problemen beim Kauf von Software zu rechnen. Im Unterschied zu bereits ausgereiften Produkten der Textverarbeitungs- und Datenbanksysteme sind Graphikprogrammpakete noch entwicklungsbedürftig; wegen der geplanten Verbesserungen ist unbedingt die Beschaffung der jeweils neuesten Version zu empfehlen.

Probleme. Bereits die Installation der Programme gestaltet sich teilweise kompliziert: Eine mangelnde Erläuterung im Handbuch sowie Kopierschutzmaßnahmen der Hersteller lassen es oft nur dem erfahrenen PC-Freak gelingen, das Softwarepaket ordnungsgemäß einzurichten. Handbücher sind wenig aussagekräftig, zu umfangreich bzw. zu unübersichtlich, weshalb die zu lösenden Probleme nicht auffindbar oder zu knapp dargestellt sind. Außerdem werden Bedienungsmöglichkeiten angesprochen, deren Ausführung nicht erläutert wird. Die Bedienung der Menüs ist oft problematisch, weil die Funktionsvielfalt die Menüs unüberschaubar macht. Der Aufbau der Menüs ist durch die Hersteller oft willkürlich definiert und kaum nachvollziehbar. Häufig gebrauchte Kommandos bzw. Optionen verbergen sich überraschend in tieferen Hierarchiestufen. Hilfefunktionen sind oft nicht kontextsensitiv oder nicht aussagekräftig. Bei Tabellenkalkulationsprogrammen, die neben der Graphikkomponte über eine Vielzahl anderer Funktionen verfügen, ist eine relativ lange Einarbeitungszeit aufzubringen, bis effektiv gearbeitet werden kann. Auch die Druckausgabe ist bei einigen Systemen schwierig, die gewünschten Seitenformate und Schriftgrößen sind oft nicht realisierbar, da teilweise die entsprechenden Drukkertreiber fehlen.

Systemvoraussetzungen. Allgemein kann ausgesagt werden: Je besser die verfügbare Hardwareausstattung, desto farbiger und eindrucksvoller können die Präsentationen gestaltet werden. Mittlerweile ist die Leistungsfähigkeit gerade der PC-Systeme schon so fortgeschritten, daß es möglich ist, nach einer Einarbeitung sehr gute Graphiken mit verhältnismäßig geringem Aufwand herzustellen. Diese Art der Darstellung wird heute auch schon als selbstverständliches Handwerkszeug von Dokumentaren erwartet.

Zu berücksichtigen ist, daß einige Programme nicht direkt auf DOS-Ebene arbeiten, d.h. man muß auch die entsprechenden graphischen Benutzeroberflächen (MS Windows oder GEM) miterwerben. Andererseits hat dies den Vorteil der einheitlichen Benutzeroberfläche.

Minimale Systemanforderungen sind IBM PS/2 oder IBM-AT bzw. kompatible Geräte, Graphikkarte, mind. 5 MB freie Speicherkapazität auf der Festplatte, 640 kB Hauptspeicher, Betriebssystem MS-DOS 3.0 oder höher. Verwendet man Apple MacIntosh, dann hat man schon mit der Standardausrüstung eine optimale graphische Benutzeroberfläche und sehr gute graphische Darstellungsmöglichkeiten.

Einzelne Systeme. Angeboten werden und sinnvoll für den Einsatz informetrischer Darstellungen sind die Tabellenkalkulationsprogramme *Excel*, *Lotus 1-2-3* (multifunktional), *Quattro Pro* und auch *GEM Graph* — ein reines Graphikprogramm, das nur mithilfe der mit Windows vergleichbaren Benutzeroberfläche

GEM lauffähig ist. *Harvard Graphics* schließlich ist ein Präsentationsprogramm und wird in Computerzeitschriften immer wieder zum Vergleich herangezogen, um andere neu auf den Markt gekommene Programme zu testen.

Bei der Tabellenkalkulation hat Lotus einen Standard gesetzt, was die weite Verbreitung erklärt. MS-Excel ist das Konkurrenzprogramm zu Lotus und nur unter Windows lauffähig; für Besitzer von Windows ist dies ein Vorteil wegen der vereinheitlichten Menüs; für sonstige Benutzer wegen der hohen Kosten weniger geeignet. Die guten Import- und Exportmöglichkeiten erklären sich teilweise durch das problemlose Übertragen von Daten bei Windows. Für ein Tabellenkalkulationsprogramm bietet das Quattro Pro eine gute Graphik und Präsentationsmöglichkeiten, die an die Qualität von reinen Präsentationsprogrammen heranreicht. Eine Besonderheit bei GEM ist, daß der Ausdruck über einen gesonderten Programmteil läuft, der voraussetzt, daß man vor dem Drucken die Graphik abspeichert. Ein Vorteil an GEM Graph ist, daß man sehr schnell eine Graphik erstellen kann, da das Programm sofort eine Graphik anzeigt und das Programm aufgrund der begrenzten graphischen Möglichkeiten relativ schnell (ohne Hilfetexte) erlernbar ist.

Harvard Graphics bietet eine gute Graphik und neben Quattro Pro optimale Präsentationsmöglichkeiten und soll der hohen Bedeutung wegen im folgenden etwas ausführlicher diskutiert werden: Die Bedienungsoberfläche von Harvard Graphics ist ausgefallen, die Menüpunkte sind aber alle verständlich. Überraschend ist gelegentlich die Tatsache, daß die Einstellung von Optionen mehrere Seiten umfaßt. Auf dem Bildschirm findet man keinen Hinweis, wie man zwischen diesen Seiten wechselt. Der Einsatz der Hilfefunktion ist daher regelmäßig zu nutzen. Gelegentlich müssen auch Tastenkombinationen erst in der Hilfe nachgeschlagen werden. Der Maus-Einsatz ist zwar möglich, aber nicht zeitsparend. Harvard Graphics verfügt über eine große Anzahl von Graphiktypen, die im Menü nach der Zweckbestimmung (nicht nach Art der Graphik) gegliedert sind. Es gibt Kreisdiagramme zum Vergleich zweier Zahlenreihen, Balken- und Liniendiagramme zur Darstellung mehrerer Zahlenreihen, Flächendiagramme zur aufsummierten Anzeige, wie auch Wertpapiergraphiken und Organigramme. Es gibt einen weiten Gestaltungsspielraum, weil sich Graphiken editieren und viele Parameter einstellen lassen und zusätzliche Zeichenfunktionen für Darstellungen außerhalb der Tabellengraphik vorhanden sind, die durch eine Symbolauswahl von über 400 Symbolen aus verschiedenen Bereichen ergänzt werden. Ein Vorteil von Harvard Graphics gegenüber anderen Programmen liegt in den guten Präsentationsmöglichkeiten. Graphiken können entweder über einen Diabelichter ausgegeben oder als Präsentation auf dem Computer verbunden werden. Dazu dienen zum Überblenden verschiedene Spezialeffekte verwendet. Die Ausgabe kann auf Drucker oder Plotter erfolgen. Möglich sind Probeausdrucke und Ausdrucke mit guter Qualität. Tabellendateien können im Lotusformat und Excelformat importiert werden. Exportieren kann man die Graphiken in das HPGL-Format (Hewlett Packard Graphic Language), das von Standardprogrammen weiterzuverarbeiten ist. In Abb. 7.5 (S. 208) ist ein Beispiel abgebildet, das in Harvard Graphics erstellt wurde und über das HPGL-Format in den Ventura Publisher (s.u.) überführt wurde.

10.3.3 Desk-Top-Publishing

Traditionell ist jede Art der Herstellung eines bedruckten Schriftstücks ein Spezialfall der Herstellung eines Buches, dessen Aufbau und Gliederung bezüglich der formalen äußeren und inhaltlichen Struktur zu erläutern ist. Zur inhaltlichen Gliederung beachte man Abb. 10.2 und die ausführliche Darstellung bei Ebel und Bliefert (1990) sowie Blana (1991).

Äußere Form. Ein Buch besteht aus der *Buchdecke*: zwei Buchdeckeln und dem verbindenden Buchrücken, die den Buchblock umschließen. Die Verbindung zwischen Buchdeckel und Buchblock wird der Vorsatz genannt (das ist das Doppelblatt, das mit der einen Hälfte an die innere Seite des Deckels geklebt ist und mit der anderen Hälfte mithilfe eines schmalen Streifens an den ersten Bogen geklebt wird. Der Buchblock besteht aus dem Innenteil des Buches ohne Vorsatzblätter und ist damit der Gesamtteil der Papierblätter, die durch die Bindung zusammengehalten werden. Diese Einzelblätter werden (drucktechnisch bedingt) aus Druckbogen hergestellt, das ist großformatiges Papier, das im Doppelformat bedruckt wird, z.B. 16 Seiten auf die eine Seite (Schöndruck) und 16 Seiten auf die Rückseite (Widerdruck). Durch Auseinanderschneiden bzw. Falten erhält man dann 32 Seiten. Durch Falten eines oder mehrerer Bogen entsteht buchbindetechnisch eine Lage: normalerweise 8 Blätter oder 16 Seiten. Die Einteilung einer Buchseite wird vorgenommen in *Satzspiegel*, also die vom Text (oder den Bildern) eingenommene Fläche und die Stege, das sind die Seitenränder, und zwar der obere Rand (Kopfsteg), der untere Rand (Fußsteg), der innere Rand (Bundsteg) und der Außenrand (Seitenrand). Man unterscheidet in folgende Buchformate:

2° = folio   (bis 45 cm - 1 x gefalteter Druckbogen)
4° = quart   (bis 35 cm - 2 x gefalteter Druckbogen)
8° = oktav   (bis 25 cm - 3 x gefalteter Druckbogen)
16° = sedeziv (bis 15 cm - 4 x gefalteter Druckbogen)

Technische Aufbereitung der Informationen. Bei der Aufbereitung von Informationen ist man mittlerweile von der früher gehandhabten arbeitsteiligen und schrittweise durchzuführenden Prozedur abgekommen, und man versucht vieles mehr oder weniger professionell in einer Hand auf dem Schreibtisch (on

1. Titelei (Titelseite: die dem Buchtext vorangehenden Teile)
2. Vortitel [blatt] (Schmutztitel: steht vor dem Titelblatt und soll es
schützen, es handelt sich dabei meist nur um den Titel des Werkes.
3. Haupttitel [blatt]: Haupttitel, Untertitel, Verfasser, Herausgeber,
Mitarbeiter, Band, Auflage. Erscheinungsvermerk: Verlag, Verlagsort,
Erscheinungsjahr.
– **Impressum** (= Druckvermerk). Angabe von Verlag und Drucker mit Sitz in
Deutschland (pressegesetzlich vorgeschriebene Angabe zur Klärung bei
eventuellen Haftungsansprüchen).
Im weiteren Sinn: Printed in .... (auch Copyright-Vermerk) gemäß
internationalen Urheberrechtsbestimmungen, die vor unerlaubtem
Nachdruck schützen sollen.
– **ISBN/ISSN**: zur eindeutigen Kennzeichnung des Werkes
4. Widmung
5. Geleitwort: Empfehlung des Buches durch namhafte Persönlichkeit
6. Vorwort: Subjektive Einführung und Absichtserklärung durch den Autor
7. Inhaltsverzeichnis
8. Textteil
– Einleitung
– Hauptteil inkl. Fußnoten
– Schluß
– Nachwort / Anmerkungen
– Anhang
– Literaturverzeichnis (verwendete Literatur)
– Register (Index)
– Abbildungsverzeichnis

Anmerkung:

Der Textteil kann für die Darstellung von spezieller Literatur (bei Benutzer-
handbüchern) eine andere Struktur haben, z.B.
– mitgelieferte Bestandteile der Programmdokumentation
– Installation
– Kurzfassung zur Bedienung
– Lernlektionen
– Nachschlagen
– Sonderfunktionen
– Glossar
– Register.

Abb.10.2. Inhaltliche Struktur einer Publikation

the desk top) durchzuführen. Die Technik gibt einem dazu viele Werkzeuge in die Hand, zum einen leistungsfähige Laserdrucker, zum andern leistungsfähige DTP-Programme, wie *Aldus Pagemaker* oder *Ventura Publisher*, die in der Lage sind, alle Arten von Informationselementen, nämlich Textbausteine, Formeln, Tabellen, graphisch dargestellte Tabellenkalkulationen zu setzen. Freie Graphiken und Bilder müssen vor einer Reproduktion in der passenden Auflösung *gerastert* werden, bei einer Digitalisierung mittels Scanner gibt es ein Standard-Dateiformat zum Speichern (das *TIFF-Format*), der Begriff Raster heißt also das Ergebnis des Scannens. Das *Scannen* ist das Lesen eines Bildes, indem nacheinander jeder Bildpunkt auf seine Helligkeit bzw. Farbe untersucht wird. Die kleinste Einheit des Bildes wird *Pixel* genannt.

Der unter Fachleuten gängige Begriff *CAP* (Computer Aided Publishing) charakterisiert den Hauptvorteil dieser Technik besser: das Vorliegen maschinenlesbarer Daten auf allen Ebenen, die nach unterschiedlichen Attributen, Gestaltungen und Größen parametrisiert werden können. Die wesentlichen Arten zu publizieren könnten also entweder die Fertigstellung der Publikation auf dem Laserdrucker sein (natürlich nur bei kleinsten Auflagen), oder die Fertigstellung der Druckvorlage auf dem Laserdrucker, oder die Fertigstellung der postscriptfähigen Datei.

Postscript ist eine von *Adobe Systems* entwickelte Seitenbeschreibungssprache (Programmiersprache, die über einen Algorithmus die Gestaltung einer Seite durchführt), die inzwischen zum Standard für den Austausch von Text- und Graphikinformationen zwischen PC-Systemen und professionellen Satzbelichtungen wurde und dem *WYSIWYG* (what you see is what you get) im weitesten Sinne entspricht, indem nicht nur der Ausdruck auf dem PC-Drucker, sondern auch die Ausgabe auf dem Belichter der ursprünglichen Bildschirmausgabe entspricht. Zum eigentlichen Drucken muß entweder der PC oder der Drucker selbst (falls er wie der Apple Laserwriter einen schnellen Prozessor mit genügend großem Arbeitsspeicher hat) das Postscript-Programm ausführen. Der Hauptvorteil dieser Sprache war zu Beginn, daß Buchstaben und Graphiken nur in einer Größe verfügbar sein mußten, da sie vom Rechner per Algorithmus auf die richtige Größe abgebildet werden können. Inzwischen gibt es jedoch auch andere technologische Entwicklungen, mit denen man diese Eigenschaft (= Skalierbarkeit der Schrift) ebenso erreichen kann.

Eine sinnvolle Anwendung der ersten Alternative zu publizieren ist bei individuell zu gestaltenden Informationsblättern gegeben, der zweite Weg ist dann gangbar, wenn keine allzu hohen Anforderungen an die Druckqualität (300 dpi [= dots per inch]: Maß für die Auflösung) gestellt werden bzw. bei der Verfügbarkeit eines sehr guten Laserdruckers (z.B. HP III, enhanced Resolution). Eine postscriptfähige Version wird nur für eine hochauflösende (je höher die Auflösung, desto mehr Bildpunkte auf derselben Fläche) Belichtung bei sehr hohen Qualitätsansprüchen des Buchdrucks (2000 dpi) gefordert.

Der große Nachteil dieser an sich großartigen technischen Möglichkeiten ist eine mangelnde Professionalität im Umgang mit diesen Instrumenten, weil die wichtigsten Grundvoraussetzungen fehlen. Diese sollten vor dem Einstieg in diese Welt des DTP unbedingt erworben werden. Im folgenden werden die wesentlichen Komponenten und wichtigsten Grundvoraussetzungen kurz charakterisiert. Zu erwerben sind Kenntnisse und Fähigkeiten zum Layout und zur Gestaltung, zu Schriftarten, -mustern und -schnitten, zum Schriftsatz und Auszeichnungsarten und zum Papier. Beim DTP muß man also Graphiker, Typograph, Setzer und eventuell Drucker in einer Person vereinigen.

Je nach Benutzerkreis muß man sich zu Beginn der Publikation über das Layout klar werden (Größe des Satzspiegels, ein- oder mehrspaltig etc.). Beispiele hierzu sind bei Baeseler und Heck 1989 zu finden. Danach ist ein Arbeits- und Zeitplan zur Erstellung der Publikation zu erarbeiten. Hierbei ist auf die Kompatibilität der unterschiedlichen Elemente zu achten, die in das DTP-System integriert werden sollen, z.B. ist es nicht selbstverständlich, daß Daten aus Tabellenkalkulations- und Zeichenprogrammen in das DTP-System konvertiert werden können, nicht einmal aus Textverarbeitungssystemen können alle Elemente übernommen werden. Insofern empfiehlt es sich, die Texte nur in Rohform, nämlich rechtschreibegeprüft im ASCII-Code zu erstellen und die Auszeichnung und Gestaltung im DTP-Programm *vorzunehmen. Dies geschieht in der Regel durch die Definition von *Styles*, in denen verschiedene, noch näher zu erläuternde Standardparameter für die Schriften festgelegt werden und *Rahmen*, mit denen eine Überlagerung mehrerer voneinander unabhängiger Elemente (z.B. Graphik, Bild und Text) auf einer Seite erreicht werden kann.

Schriften. Es sollen hier nur die wesentlichen Charakteristika für den praktischen Umgang erläutert werden. Bei der Auswahl und Mischung ist grundsätzlich auf eine Verträglichkeit der Schriften untereinander, insbesondere ihrer Ober- und Unterlängen, zu achten.

Man unterscheidet verschiedene Schriftarten (mit *Serifen*:[2] Antiqua oder ohne Serifen: Grotesk), denen jeweils *Schriftfamilien* zugeordnet sind (z.B. Times/ Antiqua, Swiss/Helvetica, Palatino). Eine Schriftfamilie kann aufgrund mehrerer Varianten (*Schriftschnitte*) der Schriftstärke (mager, halbfett, fett), -breite (eng, breit), -stil (italic/kursiv, roman/normal), -grad (8 Punkt, 10 Punkt, 12 Punkt [=1 Pica =1/6 Zoll]) sehr groß sein (z.B. Helvetica eng, fett, breit). Eine Schrift, die nur aus Großbuchstaben in der Höhe der Kleinbuchstaben existiert, wird Kapitälchenschrift genannt. Auch hierzu und zur passenden Auswahl bringen Baeseler und Heck 1989 einige Beispiele.

---

2   Darunter versteht man den unteren Abschlußstrich als Fuß

Man unterscheidet in Proportionalschriften, in der die Buchstaben unterschiedliche Schriftbreite haben können, und in "Schreibmaschinen"-Schriften. Der Text dieses Buchs ist in *Times (Antiqua)* [10,5 Punkt] gesetzt, Tabellen und Fußnoten in 9 Punkt und Überschriften in 12 oder 16 Punkt fett. Gelegentlich wird in Abbildungen Univers (eine der *Helvetica* ähnliche Schrift) verwendet. Die Schrift der Registerabbildungen in Kap. 4 heißt *Modern*. Sonstige gängige Schriftmuster für Proportionalschrift sind *Palatino, ITC Bookman, ITC Zapf Chancery, ITC Zapf Dingbats, ITC Avant Garde, New Century Schoolbook*, während *Courier, Prestige, Letter Gothic, Elite* sowie *Line-Printer* Schreibmaschinenschriften sind. Die Line-Printer-Schrift wurde in Kap. 4 (S. 94) zur Darstellung der Computerausgabe verwendet.

Die bei Laserdruckern verfügbaren *Fonts* (= "Schriftquellen") bestehen aus dem kompletten Zeichensatz einer Schriftart bei vorgegebenem Schriftgrad, -stärke und -stil. Möchte man z.B. eine Antiqua in den vier Größen 9, 10, 12, 14 Punkt und den Schriftstilen kursiv, normal in fett und mager, dann benötigt man 4 x 2 x 2 = 16 Fonts für den normalen Fall von bitmäßig zusammengestellten *Bitmusterfonts*; moderne Laserdrucker und postscriptfähige Drucker haben in verschiedenen Größen skalierbare Schriftgrößen, die vektoriell erzeugt werden und auch beliebige Zwischengrößen (z.B. 14,67 Punkt) zulassen. In diesem Falle wären für alle Schriftgrößen und die genannten wesentlichen Schriftarten einer Antiqua-Schrift nur 4 Fonts erforderlich. Im übrigen können diese Schriften in dreierlei Weise verfügbar gemacht werden: Sie können *resident* im Drucker sein, dann sind sie ohne Komplikationen verfügbar, sie können in kostspieligen Schriftenkassetten geliefert werden, die in den Laserdrucker hineingesteckt werden können oder man kann downloadfähige *Softfonts* durch besondere (teilweise in Textverarbeitungssystemen verfügbaren) Programme in den Arbeitsspeicher des Druckers laden, dessen Größe dann über die Anzahl gleichzeitig verfügbarer Fonts entscheidet.

Die Arbeit des Typographen besteht aus verschiedenen Maßnahmen zur Verbesserung der Lesbarkeit, z.B. dem *Kerning* (Ausgleich des Abstands zwischen den Lettern), dem Verändern des *Ausschusses* für den Wortabstand und des *Durchschusses* beim Zeilenabstand. Wählt man Blocksatz (Textspalten mit beidseitig geraden Kanten), dann erhält man variable Größen für den Ausschuß oder den Abstand zwischen den Lettern, die umso sichtbarer werden, je schmaler die zu bedruckende Spalte ist (Beispiele hierzu finden sich in Baeseler und Heck 1989).

Angesichts der dargestellten Sachverhalte soll zum Schluß nochmals darauf hingewiesen werden, daß damit nur das methodische Werkzeug zur Verfügung gestellt wird, Informationen zu bearbeiten und zu verdichten. Bei allen großartigen technischen Möglichkeiten, die heute entwickelt werden, um Information zu verdichten (*Informationskompression*), überflutet uns täglich ein vielfaches von dem, was wir gedanklich bewältigen können. Nicht vergessen sollte man nämlich, daß geistiges Wissen auf der Basis gedanklicher Folgerungen entsteht, jedoch zusätzlich der Decodierung der Information in den zur Verfügung stehenden Daten bedarf. Es wird immer zu Mißverständnissen führen, wenn man das gedankliche Verarbeiten von Wissen mit dem bloßen Dechiffrieren von Daten verwechselt (vgl. Umstätter 1992b).

Literaturverzeichnis

Anders M (1984) Blätter zur Berufskunde.Bd.1 - Bd.3 Dokumentationsassistent/Doku-
mentationsassistentin. Wissenschaftlicher Dokumentar/wissenschaftliche Dokumentarin, 3.Aufl. Bertelsmann, Bielefeld

Arbeitsblätter (1990) zum Berufsbild der Dokumentare in IuD-Stellen und Banken.
Informationsring Kreditwirtschaft e.V., Frankfurt

Autorenteam der ZMD (1980) Maschinelle Verfahren in der Information und Dokumentation. In: Laisiepen K, Lutterbeck E, Meyer-Uhlenried KH (Hrsg). Grundlagen
der praktischen Information und Dokumentation, 2.Aufl. Saur, München New York
London, S 483

Baeseler F und Heck B (1989) Desktop Publishing Gestaltung. McGraw-Hill, Hamburg
New York St.Louis

Bahr K (Hrsg) (1991) Praktische Empfehlungen und Anwender-Lösungen für die
wirtschaftliche Nutzung von ISDN im Inhaus-Bereich. v.Decker, Heidelberg

Balke S (1973) Benutzerprobleme der Dokumentation und Information. Nachr Dokum
24(1):2-9

Bates MJ (1977) Information search tactics. JASIS (July 79):205-214

Bauer P (1989) Information Retrieval in externen allgemeinbibliographischen Datenbanken. Fachhochschule für Bibliothekswesen, Stuttgart

Baxmann-Krafft EM, Ermert A (1990) Normung im Bereich Information und Doku-
mentation. In: Buder M, Rehfeld W, Seeger T (Hrsg) Grundlagen der praktischen
Information und Dokumentation, 3.völlig neu gef.Ausg. Saur, München New York
London, S 805

Blana H (1991) Die Herstellung. Ein Handbuch für die Gestaltung, Technik und
Kalkulation von Buch, Zeitschrift und Zeitung. (Grundwissen Buchhandel – Verlage
Bd.5). Saur, München

Beling G und Wersig G (1980) Register. In: Laisiepen K, Lutterbeck E, Meyer-Uhlenried KH (Hrsg) Grundlagen der praktischen Information und Dokumentation, 2.Aufl.
Saur, München New York London, S 228

Bernhardt R (1979) Aufbau von Informationsbanken. Nachr Dokum 30:173-178

Bibliotheksplan (1973) 1973. Deutsches Bibliotheksinstitut, Berlin

Bocker P (1987) ISDN. Das diensteintegrierende digitale Nachrichtennetz. Konzepte,
Verfahren, Systeme, 2.Aufl. Springer, Berlin Heidelberg New York

Böhle K (1992) Elektronisches Publizieren. In: Buder M, Rehfeld W, Seeger T (Hrsg)
Grundlagen der praktischen Information und Dokumentation, 3.völlig neu gef.Ausg.
Saur, München New York London, S 275

Buder M, Rehfeld W, Seeger T (Hrsg) (1990) Grundlagen der praktischen Information und Dokumentation. Ein Handbuch zur Einführung in die praktische Informationsarbeit, 3.völlig neu gefaßte Ausgabe in zwei Bänden. (DGD-Schriftenreihe Bd.9). Saur, München New York London

Bullinger HJ (Hrsg) (1991) Handbuch des Informationsmanagements im Unternehmen. Technik, Organisation, Recht, Perspektiven, in zwei Bänden. Beck, München

Bundesministerium (1978) für Forschung und Technologie [BMFT] (Hrsg) Wirtschaftlichkeit von Informations- und Dokumentationseinrichtungen. (BMFT-FBID 77-01). ZAED, Eggenstein-Leopoldshafen

Bunzel J (1987) Endbenutzerorientierte Informationsvermittlung an wissenschaftlichen Bibliotheken. ZfBB 34:343-377 mit einer Replik in: ZfBB 35:170-172

Claassen W, Ehrmann D, Müller W, Venker K (1986) Fachwissen Datenbanken: Die Information als Produktionsfaktor. Klaes, Essen

Claassen W (1988) Fachwissen Online-Suchstrategien in Online-Datenbanken. Klaes, Essen

Codd FA (1979): A relational model of data for large shared data banks. Communic ACM 13:377

Conrads D (1989) Datenkommunikation: Verfahren - Netze - Dienste. (Reihe Moderne Kommunikationstechik). Vieweg, Braunschweig Wiesbaden

Cuadra Associates (1991) Directory of Portable Databases. Cuadra/Elsevier, New York

Davinson D (1978) The periodicals collection. Deutsch, London

DIN-Normen (1984) Nr. 1430, 1462, 1502, 1506, 2340, 3166, 31 620, 31 631. In: Publikation und Dokumentation Bd. 1 u.2. (DIN-Taschenbücher Bd.153 u.154) Beuth, Berlin

Dzida W, Herda S, Itzfeldt WD, Schubert H (1977) Zur Benutzerfreundlichkeit von Dialogsystemen. Ergebnisse einer Umfrage (IST-35), Gesellschaft für Mathematik und Datenverarbeitung (GMD), St.Augustin

Ebel HF, Bliefert C (1990) Schreiben und Publizieren. VCH, Weinheim

Eddison EB (1988) How to build your own database. Database (June 88):15-25

Fachinformationsprogramm (1985) 1985-1988 der Bundesregierung. Bundesministerium für Forschung und Technologie (BMFT), Bonn

Fachinformationsprogramm (1990) der Bundesregierung 1990-1994. Bundesministerium für Forschung und Technologie (BMFT), Bonn

Fichtl L (1991) Typen von Datenbanken. Überlegungen zur Terminologie und Klassifikation. Nachr Dokum 42:362-364

Friend L (1986) Identifying and informing the potential end-user: Online Information Seminars. Online(Jan.86):47-56

Fugmann R (1984) Probleme des Vergleichs von Informationssystemen. Unveröffentl. Vortrag

Fugmann R (1985) The five axiom theory of indexing and information supply. JASIS 36:116-129

Fugmann R (1985) Theoretische Grundlagen der Indexierungspraxis. In: Henzler R (Hrsg.) Anwendungen in der Klassifikation Bd.I. Proceedings der 8.Jahrestagung der Gesellschaft für Klassifikation (Studien zur Klassifikation, Bd.14). INDEKS, Frankfurt/M

Garfield E (1977) Essays of an information scientist. Inst Scientific Information (ISI), Philadelphia

Gaus W (1983) Dokumentations- und Ordnungslehre. Springer, Heidelberg Berlin New York
Gaus W (1992) Berufe im Archiv-, Bibliotheks-, Informations- und Dokumentationswesen. Ein Wegweiser zur Ausbildung. Springer, Berlin Heidelberg New York
Gebhardt F (1981) Dokumentationssysteme. Springer, Berlin Heidelberg New York
Gernet E (1987) Das Informationswesen in der Unternehmung. Aufbau-, Ablauf- und Projektorganisation (Studienbücher der Wirtschaft, Bd. 281). Hanser, München
Gesellschaft für Mathematik und Datenverarbeitung (1989) Verzeichnis deutscher Information- und Dokumentationsstellen. Bundesrepublik Deutschland und Berlin (West). Ausgabe 5-1989. Saur, München New York London
Gränzer W (1992) Informationslogistik. Qualitäts- und Funktionsparameter der Ressource "Information". Nachr Dokum 43:165-167
Greiner G (1978) Allgemeine Ordnungslehre. Lehrinstitut für Dokumentation (LID), Frankfurt/M
Griffith J-M, King DW (1982) Methods for attributing value to information and related systems, products and services. Online Information Meeting, London
Hackemann (1987) Urheberrechtlicher Schutz von Datenbanken - rechtsvergleichend und nach internationalem Recht. ZUM 1987/5:269-276
Hacker R (1992) Bibliothekarisches Grundwissen. Saur, München New York London
Haller K, Pobst H (1981) Katalogisierung nach RAK-WB. Saur, München New York London
Handbuch (1992) der Datenbanken für Naturwissenschaft, Technik, Patente 1992. Hoppenstedt, Darmstadt
Handbuch (1992) der Wirtschaftsdatenbanken 1992. Hoppenstedt, Darmstadt
Hartley RJ, Keen EM, Large JA, Tedd LA (1990) Online Searching: principle and practice. Bowker-Saur, London
Henzler RG (1981) Methoden der Datenerfassung am Beispiel des Krebsliteratur-Informationssystems CANCERNET. Nachr Dokum 32:181-186
Henzler RG (1983) Online oder konventionell suchen. Wege der Entscheidungsfindung. In: 5.Frühjahrstagung der Online-Benutzergruppe vom 26.-28.4.1983 in Neu-Isenburg,S 99-114. Deutsche Gesellschaft für Dokumentation, Frankfurt/M
Herget J, Hensler S (1992) Informationsvermittlung zu Beginn der 90er Jahre. Teil 1: Strukturdaten von Informationsvermittlungsstellen. Nachr Dokum 43:143-158
Hildreth CR (1982) Online catalogs: The user interface. OCLC, Dublin (Ohio)
Hiller H (1980) Wörterbuch des Buches. Klostermann, Frankfurt/M
Hitzeroth C, Marek D, Müller I (1976) Leitfaden für formale Erfassung. Verlag Dokumentation, München
Hoffmann B, Huthloff C-R (1985) Online-Bibliographieren in allgemeinbibliographischen Datenbanken. Online-Versionen und konventionelle Bibliographien im Vergleich. (Arbeiten zur Bibliotheks- und Dokumentationspraxis Nr.2). Koechert, Hannover
Hügel R (1990) Der internationale Markt für Online-Datenbanken. Lang, Frankfurt/M
Hügel R (1991) Grenzprobleme. Der Online-Markt als Teil der Informationsindustrie. Cogito, 3/91:2-4
Jamin KW (1988) Das Software-Lexikon. Expert, Ehningen
Jonas C (1987) Datenübertragung mit Personalcomputern. Wie Rechner miteinander kommunizieren, 2.aktual.Aufl. (CHIP-Wissen). Vogel, Würzburg

Katzenberger (1990) Urheberrecht und Datenbanken. GRUR (1990,H.2):94-100

Kauffels F-J (1986) Lokale Netze. Systeme für den Hochleistungs-Transfer. (Reihe DV-Praxis Online). R.Müller, Köln

Kazlanskas (1987) Information management software. Guidelines for decision making. Database (December 88):17-25

Kemmler H-W (1990) Öffentlichkeitsarbeit. In: Grundlagen der praktischen Information und Dokumentation, 3.völlig neu gef.Ausg. Saur, München New York London, S 1007

Kind J (1990) Bürokommunikation. In: Grundlagen der praktischen Information und Dokumentation, 3.völlig neu gef.Ausg. Saur, München New York London, S 315

Kind J (1990) Online-Dienste. In: Grundlagen der praktischen Information und Dokumentation, 3.völlig neu gef.Ausg. Saur, München New York London, S 366

Klein M (1989) Einführung in die DIN-Normen, 10.Aufl. Teubner/Beuth, Stuttgart Berlin

Kmuche W (1988) Recherchen in numerischen Datenbanken. Computer Pers 13:58-60

Koch FA, Schnupp P (1991). Software-Recht. Springer, Berlin Heidelberg New York

Koch K (1989) Telefax und PC, gemeinsam oder getrennt? PC-Welt 4/89:90-93

Körner HG (1983) Anforderungen an gedruckte und bildschirmgängige Register. In: Nachr Dokum 34:99-107

Köttelwesch C (1976) Das wissenschaftliche Bibliothekswesen in der Bundesrepublik Deutschland (Studienhefte der Bibliotheksschule, 1). Bibliotheksschule, Frankfurt/M

Koszyk K, Pruy KH (Hrsg) (1981) Handbuch der Massenkommunikation. Saur, München

Laisiepen K, Lutterbeck E, Meyer-Uhlenried KH (Hrsg.) (1980) Grundlagen der praktischen Information und Dokumentation. Eine Einführung, 2.Aufl. (DGD-Schriftenreihe Bd.1). Saur, München New York London

Langenfeld J (1986) Zur Benutzung von Online-Katalogen in den USA. Bibliothek Forschg Praxis 10:20-61

Lehmann M (1988) (Hrsg) Rechtsschutz und Verwertung von Computerprogrammen. O.Schmidt, Köln

Lehmler L, Schnelling, H (1988) (Hrsg) CD-ROM: technische Grundlagen und Anwendungen in Katalogisierung, Erwerbung und Benutzung. Deutsches Bibliotheksinstitut (DBI), Berlin

Lobeck MA (1981) Namensrecherchen. Nachr Dokum 32:20-26 ·

Löcher W, Schuhmacher F (1986) Die Nutzung von Datenbanken. Eine Einführung in die Praxis der elektronischen Recherche. Modellversuch JOUR-FIZ II (Kennzeichen PT 370.06). Verlag Wirtschaft und Finanzen, Düsseldorf

Löhr (1988) Registrierung von Software und Copyright-Vermerk, CR:453-459

Löns K (1990) Datenkommunikation. In: Grundlagen der praktischen Information und Dokumentation, 3.völlig neu gef.Ausg. Saur, München New York London, S 779

Marek D (1980) Beschaffung der dokumentarischen Bezugseinheiten. In: Grundlagen der praktischen Information und Dokumentation, 2.Aufl. Saur, München New York London, S 192

Marek D (1981) Glossar zum Bereich Informationswesen. Bibliothek Forschg Praxis 5:182-186

Marschall HW (1990) Technische Regeln als Quellen wissenschaftlich-technischer Fachinformation. In: Buder M, Rehfeld W, Seeger T (Hrsg). Grundlagen der praktischen Information und Dokumentation, 3.völlig neu gef.Ausg. Saur, München New York London, S 534

Marx W (1992) 4-thia-1-azabicyclo(3.2.0)heptane-2... Chemische Verbindungen in Online-Datenbanken. Cogito 3-92:17-23

Matthews JR (1982) Public access to online catalogues: a planning guide to managers. Weston, Connecticut

Medizinische (1992) Dokumentation. Ausbildungsmöglichkeiten, 3.Aufl. Deutscher Verband Medizinischer Dokumentare, Ulm2

Mehrings J (1990) Der Rechtsschutz computergestützter Fachinformationen. Nomos, Baden-Baden

Meyer-Uhlenried KH (1980) Hilfsmittel zur formalen Erfassung dokumentarischer Bezugseinheiten. In: Laisiepen K, Lutterbeck E, Meyer-Uhlenried KH (Hrsg) Grundlagen der praktischen Information und Dokumentation, 2.Aufl. Saur, München New York London, S 228

Mie F (1990) Fakteninformationssysteme, In: Buder M, Rehfeld W, Seeger T (Hrsg) Grundlagen der praktischen Information und Dokumentation, 3.völlig neu gef.Ausg. Saur München New York London, S 547

Mitchell J (Hrsg) (1990) The CD-ROM-Directory 1991. TFPL Publishing, London

Müller S (1992) Vergleich der Volltext-Retrievalsysteme LARS und STAR am Beispiel des Aufbaus und der Entwicklung einer Inhouse-Datenbank zum Thema "Verkehrsleitsysteme". Diplomarbeit. Fachhochschule für Bibliothekswesen, Stuttgart

Müller von der Heide (1989) Die Verwendung des Copyright-Vermerks ist weiterhin anzuraten. Börsenblatt d dtsch Buchhandels 37:1648-1649

Nacke O (1976) Scientometrie und Bibliometrie in Planung und Forschung. Inst. für Dokumentation und Information über Sozialmedizin und Gesundheitswesen (idis), Bielefeld

Nacke O (1979) Informetrie: Ein neuer Name für eine neue Disziplin. Nachr Dokum 30:219-226

Neubauer KW (1984): Neuere Tendenzen bei der Entwicklung von Verbundsystemen für Bibliotheken. ABI-Technik 4:247-254

Oberhauser O (1986) Klassifikation in Online-Informationssystemen. Int Classif 13:79-87

Oberhauser O (1986) Downloading und Uploading im IuD-Bereich. Eine Übersicht über technische Probleme und Lösungen. ABI-Technik 6:177-187

Oberhauser O (1988) Das Auskunftsinterview im Kontext des Online Information Retrieval: Ein Überblick aus bibliothekarischer Sicht. Nachr Dokum 38:85-90

Ockenfeld M (1990) Klassische Informationsdienste. In: Grundlagen der praktischen Information und Dokumentation, 3.völlig neu gef.Ausg. Saur, München New York London, S 345

Online (1991) searching in science and technology. British Library, Boston Spa

Ordemann H-J, Schomerus R (1988) Bundesdatenschutzgesetz. Gesetz zum Schutz vor Mißbrauch personenbezogener Daten bei der Datenverarbeitung, 4.Aufl. Beck, München

Oßwald A (1990) Electronic Document Delivery. In: Grundlagen der praktischen Information und Dokumentation, 3. Aufl. Saur, München New York London, S 305

Payer M (1989) RAK für On-line-Kataloge. Ein Arbeitspapier. Fachhochschule für Bibliothekswesen, Stuttgart

Persönlichkeitsstärke (1983) Spiegel-Verlag, Hamburg

Programm (1974) der Bundesregierung zur Förderung der Information und Dokumentation, IuD-Programm, Bundesministerium für Forschung und Technologie (BMFT), Bonn

Programm (1975) der Bundesregierung zur Förderung der Information und Dokumentation Nachr Dokum 26:41-46

Ratzke D (1984) Handbuch der Neuen Medien. Deutsche Verlagsanstalt, Stuttgart

Rehm M (1991) Lexikon Buch - Bibliothek - neue Medien. Saur, München London New York

Reiner U (1991) Anfragesprachen für Informationssysteme. (Reihe Informationswissenschaft Bd.1). Deutsche Gesellschaft für Dokumentation, Frankfurt/M

Reinhold G (1991) Der PC im Zeichen von ISDN. PC Netze,3:18-22

Reinke G (1992) Erstellung einer dBase-Datenbank mit Benutzeroberfläche für Schriftgut in einem Familienarchiv und Vergleich mit einem Retrievalsystem. Diplomarbeit. Fachhochschule für Bibliothekswesen, Stuttgart

Repo AJ (1987) Economics of Information. Annual Rev Inform Science Techn 22:3-35

Rhodius W (1982) Eine technische Informationsquelle für Industrie und Forschung: Die Patentschriftsammlung der Hessischen Landes- und Hochschulbibliothek Darmstadt. ABI-Technik 2:155-160

Rompel H (1988) Mit PC's an Online-Datenbanken: Der schnelle Draht zur Information. IWT, Vaterstetten

Sachs L (1984) Angewandte Statistik. Springer, Berlin Heidelberg New York

Salton G, McGill M (1987) Information Retrieval - Grundlegendes für Informationswissenschaftler. McGraw-Hill, Hamburg New York St.Louis

Sandmaier W (1990) Informationsvorsprung mit Online-Datenbanken: Internationale Wissensressourcen für die Praxis. Frankfurter Allgemeine Zeitung, Frankfurt/M

Scharna D, Skalski D (1986) Online-Recherchen im Bibliographier- und Signierdienst wissenschaftlicher Bibliotheken. Darstellung von Methodik und Einsatzmöglichkeiten. 2.erg.Aufl. Berlin-Verlag, Berlin

Scheidgen H, Strittmatter P, Tack WH (1990) Information ist noch kein Wissen. Beltz, Weinheim

Schneider K (1991) Hypertext. Funktionen und Anwendungsfälle. Technische Dokumentation 5:14-16

Schön J (1992) Lust und Leid. Ein Erfahrungsbericht über den Übergang vom Großrechner zum PC. Cogito 2-92:17-19

Schön J (1992) Lust und Leid. Teil II: Datenbankaufbau am PC. Cogito 3-92:57-62

Schubert S (1986) Online Datenbanken: Zugang zum Wissen der Welt mit Personalcomputer. Sybex, Düsseldorf Berkeley Paris

Schweigler P (1977) Einrichtung und Ausstattung von Bibliotheken. Reichert, Wiesbaden

Schwuchow W (1990) Informationsökonomie. In: Grundlagen der praktischen Information und Dokumentation, 3.völlig neu gef.Ausg. Saur, München New York London, S 1007

Seeger T (1990) Grundbegriffe der Information und Dokumentation. In: Buder M, Rehfeld, W Seeger T (Hrsg) Grundlagen der praktischen Information und Dokumentation, 3.völlig neu gef.Ausg. Saur, München New York London, S 1

Seeger T (1990) Zur Entwicklung der Information und Dokumentation. In: Buder M, Rehfeld W, Seeger T (Hrsg) Grundlagen der praktischen Information und Dokumentation, 3.völlig neu gef.Ausg. Saur, München New York London, S 9

Solla Price DJ de (1963) Little science, big science. Columbia Univ, New York

Stacy AH (1989) Interconnectivity. Open Enterprise Networking. Ungermann-Bass, Santa Clara (Calif.,USA)

Staud JL (1991) Aspekte dokumentarischer Tätigkeit. Nachr Dokum 42:420-427

Staud JL (1991) Online-Datenbanken: Aufbau, Struktur, Abfragen. Addison-Wesley, Bonn München Paris

Staud JL (1991) Statistische Datenbanken, ihre Anbieter und Produzenten. Lang, Frankfurt/M

Strauch D (1990) Bildschirmtext. In: Buder M, Rehfeld, W Seeger T (Hrsg) Grundlagen der praktischen Information und Dokumentation, 3.völlig neu gef.Ausg. Saur, München New York London, S 331

Swets und Zeitlinger (1990) Werbeprospekt. Lisse (Holland)

Thiele G (1990) Reprografie. In: Buder M, Rehfeld, W Seeger T (Hrsg) Grundlagen der praktischen Information und Dokumentation, 3.völlig neu gef.Ausg. Saur, München New York London, S 716

Tittlbach G (1973) Benutzergewohnheiten und Informationsbedarf. Erfahrungen einer zentralen Dokumentations- und Informationsstelle. Nachr Dokum, 24:29-36

Ulmer P, Brandner HE, Hensen H-D (1989) AGB-Gesetz. Kommentare zum Gesetz zur Regelung des Rechts der Allgemeinen Geschäftsbedingungen, 6.Aufl. O.Schmidt, Köln

Umstätter W (1983) Freitext oder kontrolliertes Vokabular - Was ist besser? In: Deutsche Gesellschaft für Dokumentation, Online Benutzergruppe (Hrsg) 5.Frühjahrstagung in Neu-Isenburg, S 115

Umstätter W (1992) Nutzen der Indexierung bei Online-Datenbanken. Infobase '92. Tagung der Online-Benutzergruppe (OLBG), Frankfurt/M

Umstätter W (1992) Die Skalierung von Information, Wissen und Literatur. Nachr Dokum, 43:227-242

Verzeichnis (1989) deutscher Informations- und Dokumentationsstellen in der Bundesrepublik Deutschland und Berlin (West). Saur, München New York London

Wahls J (1989) Informationsbeschaffung mit dem PC. McGraw-Hill, Hamburg, New York, St.Louis

WEFA (1991) COMEXT. Commerce Extérieur. Außenhandelsstatistik. Datenbank-Handbuch. WEFA GmbH, Frankfurt/M

Weiske C (1980) Kostenfragen in IuD-Stellen und Bewertung der Leistung von IuD-Stellen. In: Laisiepen K, Lutterbeck E, Meyer-Uhlenried KH (Hrsg) Grundlagen der praktischen Information und Dokumentation, 2. Aufl. Saur, München New York London, S 595

Wersig G (1980) Informationstätigkeit. In: Laisiepen K, Lutterbeck E, Meyer-Uhlenried KH (Hrsg) Grundlagen der praktischen Information und Dokumentation, 2.Aufl. Saur, München New York London, S 161

Who (1991) is who. Das Jahrbuch der Online-Szene 1991/92. Breidenstein, Frankfurt/M

Wiederhold G (1987) File organization for database design (McGraw-Hill computer science series). McGraw-Hill, New York

Windel G (1980) Was ist Information und Dokumentation? In: Laisiepen K, Lutterbeck E, Meyer-Uhlenried KH (Hrsg) Grundlagen der praktischen Information und Dokumentation, 2.Aufl. Saur, München New York London, S 1

Wittmann A (1990) Patentdokumentation. In: Buder M, Rehfeld W, Seeger T (Hrsg) Grundlagen der praktischen Information und Dokumentation, 3.völlig neu gef.Ausg. Saur, München, New York, London, S 522

Wöhe G (1990) Einführung in die Betriebswirtschaftslehre, 17.Aufl. Vahlen, München

Wüster E (1976) Internationale ABC-Regeln. Nachr Dokum 27:214-227

Zedler H, Reinke G, Henzler RG, Bogenfürst M, Hein M, Müller S, Ranzinger R, Schneider M (1991) Informetrie in der Ausbildung. Software für die graphische Darstellung von Ergebnissen informetrischer Untersuchungen: Ein Vergleich. Vortrag Deutscher Dokumentartag 1991

Sachverzeichnis

Das Sachregister ist nach dem Schlagwortprinzip erstellt und gibt als Fundstelle die Seitenzahl(en), gefolgt von f für den Fall, daß die Folgeseite auch noch einschlägig ist, von ff für mehrere relevante Folgeseiten; der Zusatz (Abb) bzw. (Tab) weist auf ein Vorkommen des Sachverhalts in einerAbbildung bzw. in einer Tabelle hin. Die Auswahl der Registerbegriffe nach dem Schlagwortprinzip besagt, daß im Text möglicherweise ein anderes (mit dem Registereingang nahe verwandtes) Stichwort oder gelegentlich eine Kombination von Stichwörtern vorkommt; z.B.verweist der Begriff **Dokumentationsverfahren (Einteilungskriterien)** auf S.5: Hier kommen in kursiver Schreibweise die Textstichwörter *Zugriffsart, direkte Dokumentation, Unterteilungskriterien, Dokumentationsobjekt* etc. vor. Auch Synonymbezeichnungen, andere Schreibweisen und Abkürzungen verweisen direkt auf die Fundstelle, um dem Leser das umständliche Nachsuchen und Blättern zu ersparen. Andererseits werden nicht alle kursiven (teilweise für den Kontext erforderlichen Hervorhebungen) in das Register aufgenommen. Gelegentlich wird ein Sachverhalt unter verschiedenen Aspekten mehrmals erläutert. In diesen Fällen wird, sofern sinnvoll, ein Zusatz in runden Klammern angegeben. Akronyme und Eigennamen werden groß geschrieben. Die Zusätze in eckiger Klammer betreffen entwederdie Abkürzung zum Registereingang in Langform oder umgekehrt. Auf diese Weise kann das Register als Abkürzungsverzeichnis verwendet werden. Die Sortierung der Einträge erfolgt Zeichen für Zeichen (allerdings Groß-und Kleinschreibung gleichwertig und ä -> ae, ö -> oe, ü -> ue, ß -> ss).

Verzeichnis der Tabellen

Verzeichnis der Abbildungen